本成果受到中国人民大学"中央高校建设世界一流大学(学科)和特色发展引导专项资金"支持,项目批准号:15XNLG09

大国学研究文库

极高明而道中庸
四书的思想世界

Extending the High and Brilliant, Pursuing the Way of the Mean:
On the Thoughts of the Four Books

成中英　梁涛 ◎ 主编

中国社会科学出版社

图书在版编目（CIP）数据

极高明而道中庸：四书的思想世界/成中英，梁涛主编．—北京：中国社会科学出版社，2016.12（2018.4 重印）

（大国学研究文库）

ISBN 978-7-5161-8893-4

Ⅰ.①极… Ⅱ.①成…②梁… Ⅲ.①儒家②四书—研究 Ⅳ.①B222.15

中国版本图书馆 CIP 数据核字（2016）第 217289 号

出 版 人	赵剑英
责任编辑	史慕鸿
责任校对	周　昊
责任印制	戴　宽

出　　版	中国社会种学出版社
社　　址	北京鼓楼西大街甲 158 号
邮　　编	100720
网　　址	http://www.csspw.cn
发 行 部	010-84083685
门 市 部	010-84029450
经　　销	新华书店及其他书店
印　　刷	北京君升印刷有限公司
装　　订	廊坊市广阳区广增装订厂
版　　次	2016 年 12 月第 1 版
印　　次	2018 年 4 月第 2 次印刷
开　　本	710×1000　1/16
印　　张	25.5
插　　页	2
字　　数	418 千字
定　　价	90.00 元

凡购买中国社会科学出版社图书，如有质量问题请与本社营销中心联系调换
电话：010-84083683
版权所有　侵权必究

序

儒家《四书》(《论语》《大学》《中庸》《孟子》)作为一套代表古典儒学经典的书,是北宋二程提出的理念。但真正把《大学》与《中庸》从《礼记》中抽引出来,独立成篇,并把《四书》形成概念上的一体,代表孔孟学派的正统思想而有经典或经学的含义,应是朱子的功劳。朱子之后,才有元明清三代的所谓《四书》学的理解与传承。这里我们面临两个重要问题:一是何以《四书》被集合为古典儒家的代表?二是此一代表的真正含义与精神何在?关于第一个问题,我们必须认识到儒学自孔子提出以后,一定有一个历史的发展与继承的线索。孔子的弟子很多,但真正继承开发与彰显孔子思想的弟子有哪些,他们是谁?我们也要问他们如何继承?如何开发?如何彰显?这里有一个比照与印证的重要工作,需要进行历史与出土文物考证来建立真实的历史关系。从《史记·仲尼弟子列传》中,我们知道颜回等人,至北宋二程传言曾子作《大学》,而我们看到《孔子世家》记载子思作《中庸》,孟子自然是《孟子》一书的作者。因之我们有理由相信孔子的思想有一个实际发展的历史过程。《四书》概念的形成因之反映了一个先秦儒家思想(不只是德行、政事与文学)建立的历史。此一历史(包含唐之韩愈与李翱)体现了一个孔子思想发展的大纲领。在此大纲领的认识中,《荀子》并未列入,说明此一历史文本系列已经在一个整体的思考之中做了一些选择与整合。

基于此,我们要问,这些反映历史的文本何以能反映孔子儒家思想的内涵,何以可以说即为儒学。有何历史与理性的原因未能把《荀子》放入其中?显然,对此一问题的回答必须提出一些对孔子儒学的界定性的思想认识,方能把历史上的《四书》文本结合为一个思想与哲学的统一体。这个认识可以说是《四书》被赋予古典儒学的载体的重要驱动力。当然这就带来《四书》排列次第的问题。

在此我要指出，朱子尽其一生可说都在致力于注解《四书》，其目的有二：一是抉发孔孟道学的本义与真义，二是对前此诸家注释（自汉以来达30—50种）进行疏解，以定其是非或优劣。此两目的决定了他的方法，他推敲文本章句，用自己的已有的学问（可说源于二程及张载），参考前人的注释，作出他认为最恰当的诠释与评论。钱穆说他晚年最后改订本只是复述原文，看不到新意了。但如就朱子本人的体验来说，48岁定本的章句集注经过一再体验涵练，能回到本文的表达就是最自明的表达了。但有一点不同：此时的本文已是活的语言，而不是死的文字了。若就真理值来说，此也合乎逻辑学家Tarski所提出的一句子之真即句子本身之呈现与肯定的说法。但此一呈现与肯定在此必须是自明的，或假设为自明的，这样也可以说把传承与诠释，经学与理学合而为一了。这里我想简述一下经学与理学的态度差别，为一般学者所忽视者：经学以儒家文本为真，旨在彰显其真，维护其真；理学以儒家文本说理，意在诠释义理，并富批判精神。宋明理学中，宋人多由理学进入经学，但明人却由理学而进入心学，而非经学。

当然这仍未解决《四书》之所以为一思想的整体的问题。此点当然涉及《四书》内涵次第问题。朱子对《四书》的内涵次第表述如下："某要人先读《大学》，以定其规模；次读《论语》，以立其根本；次读《孟子》，以观其发越；次读《中庸》，以求古人之微妙处。"（《朱子语类》卷十四）朱子弟子陈北溪则发挥曰"概不先诸《大学》，则无以提纲挈领，而尽《论》《孟》之精微；不参诸《论》《孟》，则无以发挥蕴奥，而极《中庸》之归趣；若不会极于《中庸》，则又何以建立天下之大本，而经纶天下之大经哉！"（陈淳《严陵讲义》）这个内容次第是就一个读者或学者的理解过程与有效性来说明的：这当然不是一个历史发展的次序，而是一个教育思考的次序。但这也可以说是一个理论展开的程序。但作为一个理论开展的程序，显然这个次第并非唯一可行的次第。因为理论实现的方式可以有不同的考虑。如就思想发生过程中开展处理的问题与观念考虑，也是理论逐渐开显的可能步骤。即就朱熹与吕祖谦合编的《近思录》而言，其所呈现的一个理论程序是以本体论（道体）为其首务。次之以为学、致知、存养与克己等，体现了一个由深远而浅近的思虑过程，愈到后面愈是与具体实践有关，愈能见到实践功夫的重要。

这里我们看到朱子思考的梗概，朱子思想一方面受到《大学》循序渐进的逻辑思路的影响，从内在的理解与对道体的认识渐进于笃实的体现个人的诚正人格，然后从一己的修持扩大影响到家庭、社群以及天下，同时也成就了一己的圣贤心志。从这一个修持的角度观察，我们看到朱子所说的《四书》学习次第与《近思录》的进程自有相互呼应对接之处。唯一不同之处在前者是针对古典儒学提出的，而后者则把北宋理学的精华含摄进去了，其中包含了周敦颐、二程与张载的本体宇宙论思想。古典儒学自然也有本体宇宙论这一向面，而且是孔子后期开发出来的，体现在《易传》里面，但《四书》却并不包含《易传》。由此观之，《四书》还只是孔子之学的一个大体，更体现孔子经孟子到《中庸》的一条理论路径，但对从荀子到《易传》这一理论路径却是有所阙如的。

现在我们仍然要问《四书》作为一个古典儒学的经典，究竟体现了什么思想发展的途径。我们要追问一个历史性与理论性发展统一的过程，此即一个理论性发生的次第过程。在实践上，显然《论语》是首先发展出来的文本，而最后发展出来的文本则是《孟子》。至于《大学》与《中庸》，我们又如何判别其前后呢？对于这个问题我是思考良久的，最后我决定的标准是以"心"与"性"概念的出现与表达作为基础。这个标准的出现是由于我发现在《论语》孔子是"罕言"心、性与天道的，但在《孟子》中，心性之说已经明显地提出了，并在文字上已有专门的论述。至于《大学》，我注意到它只论及心的功能而未能涉及人之性。朱子《大学补传》也是就心的全体大用予以点出，而不涉及人之性。心是可以知觉的，但性却见人的情感与行为的根源。从这个意义上说，心的出现应在性的出现之前。有了心的知觉才能有性的反思。有意思的是我们检查《中庸》，却只见到了性之出现，而不见心的运用。整本《中庸》可以看成是一本论性不论心的儒家论述。综合来说，我们看到《四书》体现了一个不论心性的《论语》，到论心不论性的《大学》，到论性而不论心的《中庸》，再到心性俱论的《孟子》。我们看到了人类心性概念与思想的逐渐出现与概念化，似乎等待者一个心性哲学的发挥。我由此认识到《四书》之成为《四书》取决于人的心性的自觉，由此提供了儒家道德哲学一个心性本体学的基础，值得我们去做深入的概念及其关联的探讨。此一探讨可以命名为四书哲学的探讨。四书哲学应可包含传统的《四书》学，而为《四书》的精义与基础开启一个大门与通道。

我想在此另行补充一个有关孔子思想内涵的认识：孔子说他的哲学

（道）是一以贯之的。但何为此一以贯之之道并未明显地涉及心性的概念呢？回答是：心性的功能与概念实已潜在于"己所不欲，勿施于人"的命题中，心能欲，但也能制欲，能同情于人，则由于性。心与性的细微区分何在？则要到《孟子》中才透露出来。事实上，此一区分到了曾子与子思才透过《大学》与《中庸》得到表达。

我在此等对《四书》的深刻认识下，接受了香港中文大学教育学院前院长杜祖贻教授的捐款，并与梁涛教授商议，决定在中国人民大学国学院举办"国际四书学学术"研讨会。这是一次非常成功的会议。除了我有机会向相关学者们表达了我的四书哲学的理念，同时也有机会聆听大陆、港台及海外汉学家发表他们对《四书》的见解，感到分外喜慰。如今开会的成果经过整理成书，即将付梓。我在此利用机会对杜教授及中国人民大学国学院及本次会议的当地负责人梁涛教授表示深切的感谢。

是为序。

成中英
2014.8.11

目　录

创造与和谐：论《大学》与《中庸》心性统一的本体学 ………… 成中英（1）
"新四书"与当代经学的重建 ……………………………………… 梁　涛（15）
百年来香港华文学校的四书教材
　　——辛亥后清末翰林遗民在香港的文化与教育事业 …… 杜祖贻（22）
从"五经之学"到"四书之学" ……………………………………… 陈壁生（34）
论元人的"《四书》《六经》观" ……………………………………… 周春健（43）
朱熹与中国思想的道统论问题 …………………………………… 陈　赟（58）
子思与《学》《庸》 …………………………………………………… 郭　沂（76）
读《大学》《中庸》札记 ……………………………………………… 黄怀信（93）
中庸思想：荀学进路的诠释 ……………………………………… 刘又铭（106）
朱熹对《大学》"明明德"的诠释 ………………… 朱汉民　周之翔（123）
宋儒《中庸》学之滥觞：从经学史与道学史的
　　视角看胡瑗的《中庸》诠释 ………………………………… 郭晓东（136）
《大学》《中庸》重返《礼记》的历程及其经典地位的下降 …… 石立善（151）
朱熹、王阳明关于《大学》"至善"概念的不同阐释
　　——以明代"大礼议"为视角 ……………………………… 曾　亦（165）
段正元对《大学》的现代诠释 …………………………………… 韩　星（180）
《论语·里仁》篇三考 …………………………………………… 廖名春（206）
如琢如磨：《论语》中的人性与道德修养 ……………………… 陈　慧（221）
孔子的人性论 …………………………………………………… 张茂泽（233）
"伐颛臾事件"评议
　　——以《论语·季氏》章的"谁之过"问题
　　　　为中心的探讨 …………………………………………… 赵　新（243）
陆九渊诠释《论语》的心学特色 ………………………………… 唐明贵（283）

对《论语》"今之学者为人"的诠释与宋代儒学的内倾 ……… 肖永明（292）

朱子对《孟子》"尽心知性"的诠释 ………………………… 方旭东（304）

《五臣解孟子》与宋代孟子学 ……………………………… 吴国武（322）

北宋文教举措与《孟子》的官学化 ………………………… 李峻岫（343）

张九成对孟子性善论的诠释特点 …………………………… 李春颖（362）

《孟子》中的德性与关系 …………………………………… 金　瑞（391）

创造与和谐:论《大学》与《中庸》心性统一的本体学

夏威夷大学哲学系 成中英

作为儒学的两个重要经典,《大学》以人心为中心建立儒学的伦理与政治体系,而《中庸》则以人性为基础发挥人之参与天地生化万物的德能。此两系统如何整合为一体应是中国哲学史上的一个重大问题。所谓整合为一体应在认识两者的共源以及两者的差别作用及共同目的。本文第一部分将指出《论语》中本有心性的潜在信息。即使孔子看似罕言性与天道,其预设生之自然与心的活动实不容置疑。此一事实导致重心之创造活动之观点与重性之自然潜能之观点。两者相互激荡,形成了"尽心以见性"的《大学》与"尽性以见心"的《中庸》。第二部分则将论述《大学》之心智与《中庸》之性与天道,见其相得益彰,相互发明,潜显互用之机。两者实已构成了古典儒学两个支柱,由于少为人所知,在宋明之前未能得到适当的定位。宋明朱陆之争也未能真正说明两者在四书结构中的本体性的次第《论语》《学》《庸》《孟子》及作用。本文将对此有重要抉发,并借以说明孟子之兴实大有得于此两观点的觉知与结合。第三部分则将以孟子的心性理论与思想为典范进行对学庸的整合,用本体诠释的方法,显示一个本体相生、心性互函的动态连续整体,结合创造性与和谐性为一连续活动的本体(onto-generative continuum of creativity and harmony),以趋向终极心性价值的实现,导向吾人对孟子更深一层的理解。第四部分将强调因《学》《庸》而有《孟子》,然后因《孟子》而又有对《学》《庸》更进一步的体认与理解。此一巡回理解不但导致四书体系的重新整合,而且说明何以启发了宋明理学,进行了一个新的探索与新的思考。总言之,《学》《庸》在历史上与义理上的同时整合指向本体存在的人同时具有创造性与和谐性，在两者相互引申中，展现了一个天地人本、体相生的生命形上学，亦即发展为一个充满生命的人的心性本体学。

一

尽管朱熹提出学习顺序先《大学》后《中庸》，但是他认为，要掌握知与行的基础，则应该先学习《中庸》。这是在1175年，朱熹将其系列理论汇集成《近思录》。[①] 朱熹之所以把《大学》置于《中庸》之前，是因为他发现，古代小学先教授六书，古人年满十五岁时，才会被送到当地的学堂学习。在当时的这种社会风气下，年轻人需要掌握基本原则以及修身的践行技能，以便建立实现和平与正义的远大抱负，由此展示循序渐进达到目标的活动。从以上观点中能看到，朱熹的思想中有两个"优先性"：一是理论的理解应建立在对本体论的基本概念和观点的理解之上；二是怎样教育和启蒙年轻人。很明显，应该采取从简单到复杂的教学路线。因此，在这两种要求下，把《大学》置于《中庸》之前学习。尽管如此，《中庸》在道德和政治的某些观点与《大学》相一致，从本体论上看《中庸》则更为基本。

本文将探讨在理解《大学》时，应当考虑《中庸》的哲学体系，而不仅仅局限于理论层面，与之相似的是，在理解《中庸》时，应当也考虑到《大学》的哲学思想，而不仅仅是理论上的理解。为什么会出现这样的情况？答案很简单，但这里需要先解释两个名词：传统儒学和程朱理学，及其所对应的"心""性"思想。孔子在《论语》中六次提到了"心"。每一个"心"都表明其一种作用。每一次的使用都暗含着心的功能，即人的意图或希望（有心哉，14.39），人的注意力和集中力（无所用心，17.2），人的渴望和喜欢（从心所欲，17.2），顺从和控制行动的能力（其心三月不违仁，6.7），选择的能力（简在帝心，20.1），人的感觉和情绪（天下之民归心焉，20.1）。毋庸置疑，当孔子谈到"知"与"未知"时，人们必定会认为心"知"或"未知"。因此，"心"的认知功能作为"心"的常见活动在《论语》中得到了论证。

[①] 朱子曾经考虑过要不要调整《近思录》第一章的次序，但是他终究还是认为学者应当首先了解"道体"这个概念，而这个概念将贯穿整部书。

从以上"心"的多种功能来看，可以说孔子和他的学生已经意识到"心"能知晓，能爱恨，能或不能表达情感，有或没有某种意图，能或不能集中精力。所有的这些功能是认知的，感性的，意志的，强制性的能力，全部囊括在一个"心"字中。① 可以肯定地说，同一个人拥有相同的心能产生很多不同的功能，确切地说，同一个人有一个心，而这个人运用心的不同功能时，可以认为源于同一思想。从这种意义上能看到，即使是孔子也认为"心性同源"。显然，孔子也许没意识到心性统一能起到多重不同的功能，比如在日常交谈、交换看法和表达情感时扮演着不同角色。

孔子也许没有探究"心性"如何在提升或毁灭道德的方向上运转自如。显然，如果"心性"是以自我修养为目的，我们没办法让人决定是否去提高其品行。如果行得通，就如孔子所说："过则勿惮改"，我们必须发展"性"或者"本性"的概念，这样"心性"就能够得以提高，进而一个人在不断的纠错中渐渐升华自己。从这儿能看出，人的"心""性"之间存在着这样一种内在联系：我们的所作所为不仅反映了"心性"的轨迹，同时也反映了心性活动下潜在的性情轨迹。因此，在一定程度上，纠正错误对自我提升非常重要。只有这样，在下次行动时才会避免犯错，观察事物的角度也会有所不同，因为心性有助于改善人的品性。

鉴于心性多种功能，可以发现《大学》论述其内在的联系，比如"好好色，恶恶臭"这句，意思是说，我们可以感知可爱的事物，然后同时或之后会判断它是否值得被喜欢。同理，我们可以感知可憎的事物，然后同时或之后会判断它是否值得被厌恶。这将会形成一种认知顺序：付出情感，情感判断，行为评估。这是心性不同的功能带来的本质和自发顺序的展示。但可想而知，由于一些原因或者不寻常的情况，这种顺序可能会扭曲或转移。因此，必须考虑到心性作为一种本体结构，如同是身体整体结构的一部分。

什么是一个人的性格或性情呢？在《论语》中，子贡说几乎没听孔子讲过"性"和"天道"（夫子之言性与天道，不可得而闻也，5.13）。

---

① 我运用"功能"来说明那些我们在对于自身，或者同他人交往之经验中已经表现出来的能力。玛莎·娜斯鲍姆发展了功能理论，并将它作为权利的基础，但是我区分了功能和能力这两个概念，功能就像是胜任某件事的能力，而能力则需要能够胜任的能力为表现提供支持。要了解娜斯鲍姆这一观点，参看她1993年在牛津大学出版社出版的 Quality of Life 以及1999年于牛津大学出版社出版的 Sex & Social Justice。

但这并不能表明在孔子的思想中没有"性"和"天道"的概念。孔子在许多文章中都多次提到了"天道",表达他对天的认识。但严格地说,对于"性",孔子只有一次提到了它,他声称所有人的本性都是相近的,只不过会随着习惯而改变(性相近也,习相远也,17.2)。孔子说"人之生也直"(6.19),这就是指人的本性是善的,扭曲本质就是恶的。从这个隐含的关于人性的解释中,我们会提出这样一个问题:人类如何提高德行?如何不断提升自我修养?而这一切难道都是设定在心性的各种作用下,教与学会提升一个人的品格,发展一个人的心性上的吗?

这个关于修身的问题的确需要解答。但是一个更为抽象的哲学问题出来了,也就是说,什么是心性?什么是人性?它们之间有什么哲学上的联系?我们需要了解如何定义人类自身,或本性、心性以及它们的多种功用。心性与本性会在这样一种方式下融为一体:本性为头脑活动奠定基础,而心性发挥不同功能,目的是维持、提升抑或是实现本质特征等活动。这样的整体叫作"自己"。我已经提出和分析"自己"的概念如何体现在密不可分的整体中,如"阴"和"阳",而非"体"和"用"。而湖湘新儒学流派提出"体用"范式,借用《中庸》"中和"的观点来阐述心性的关系。但朱熹对他的观点做了纠正,他认为,"心"与"性"是相对独立的,前提条件是,我们必须知晓自然的存在。除此之外,"发"仅仅是本性的一种活动,正如我们所见,从哪里识别、从哪里决定、从哪里坚持、从哪里评价、从哪里决断或管理,都是心的活动,而我们却不认为这是由本性自然地引起的。但是,考虑到宇宙观的起源和心性的作用,不可能同时把"阴阳"和"体用"同时作为范式:拿人类来说,心性随着一系列进化而产生和整合,可以这样说,在被赋予本性的同时也有了心,同理亦然。因此心和性是同源的,而且自然、心和性组成一个动态发展的整体。

有意思的是,《孟子》中明确阐释了"心"与"性"的关系,书中是这样说的:

> 尽其心者,知其性也。知其性,则知天矣。存其心,养其性,所以事天也。(《尽心上》1)

这里的关键词是"尽其心",然后才能"知其性"。为了说明是如何"尽心知性"的，我们在这里提出一个问题：对孟子来说，"心"和"性"到底意味着什么？我不想就孟子的理论及其体系大谈特谈，简单来说就是，心性在一些描述人类经验中有生动体现，因此，心性是有意识的，靠意志推动的，有情感的。所以，认知的空间得以展现出来，它们的关系也变得明朗。以下面的例子为证。

首先，《孟子》的第一章，孟子与齐宣王的著名的问答：齐宣王不忍心看到要祭钟的牛恐惧的样子。孟子说这种不忍之心就是仁。如同看到快要落井的孩子，自然会表现出来的同情心是一样的。由此可以看出心性既有情感层面，也有道德层面，也可以说这是由心性所展现出的一种道德情感。

值得一提的是，孟子首先提出了心性是道德情感的系统理论，奠定了道德的基础和来源。因此他认为，"恻隐之心，人皆有之"。同样他也说"羞恶之心，人皆有之；恭敬之心，人皆有之；是非之心，人皆有之"（《告子上》6）。这些道德情感和人类的自然情感，如快乐、愤怒、悲伤、喜悦等有区别，《中庸》和《孟子》都有提及。在上述的四种道德情感中，可以说，孟子是提出这种区别的第一人。尽管如此，孟子却没有告诉我们自然情感与道德情感之间有什么联系。可以肯定的是，一个人应该提升其道德情感以致不被自然情感所左右而步入歧途。这样，就达到了人类与自然的和谐与安宁。这是受到曾子影响的《中庸》中一个非常重要的观点！

第二个例子就是关于孟子"不动心"的观点（《公孙丑上》2）。孟子说，心可能因欲望而蠢蠢欲动，或是不受欲望干扰而面对危机不动摇。从孟子提出的两种勇气来看，"不动心"是由于坚强的意志力和长远的眼力，因此坚定达到目标的信念。但是孟子以切身经验将"不动心"说成"持其志，无暴其气"①。特别指出，孟子认为"气"是身体和性情的反映，把"心"作为思考和认知能力的反映。他将自己与告子作对比，反对告子"得于言而求于心，不得言不得气"。这里，孟子构建了思想倾向、身体情感及情感表达的三种关系。

---

① 这里，赵岐将"志"解释为与"心"相关的概念，而"气"则是充塞人的身体，因此我们才能够感受到喜怒的情绪。相比较而言，朱熹认为"志"为心之所之，是气之帅，而气又是充满人全身的。

这种关系可以从一个人或两个人的谈话中得以体现。在后者的例子中，交谈中存在着一种非常复杂的情况，即交谈是两个人需要互相理解对方的意图、感情和表情的活动。孟子的观点是，一个人能坚持自己的心意而不受情感或者语言表达的影响，反过来说就是，最好让情感跟随自己的心或不让情绪影响到自己的心。语言表达不明确时，有必要遵循内心来表达情感，决定要做的事情。通过这个简单的分析得出，心性的概念显示出"心"可以同时是意志的，认知的，感性的。而且，心性的意志是"心性"最重要的功能。这无疑也影响了理学派张载、朱熹等提出的"心主性情"或"心统性情"的观点。

在这种关系中，孟子提到了"存心"。① 具体就是，孟子希望一个人能从道德角度自省，换句话说，就是要从"仁"和"礼"的角度来判断"心"是否遵从"仁""礼"的标准。这里，"心"有一个复杂的功能，即道德情感是自然情感的评判与要求，确保心性能够遵从其植根于头脑中的道德规范。然而，这不是说人存在着两种心性，反而暗示，在以人性为本，以道德情感为准则的追求下，在自然情感和道德情感中，心性的结构包含着一种动态的张力。心性的识别标准是，只有在道德情感能够监督支配本性或自然情感时，才能确保善行并最终达到应达到的标准。

关于自然情感和道德情感是如何产生的，以及它们之间存在什么联系的问题，应该看到，孟子把它们统一归为"人性"，但在某种程度上，道德情感处于较深的层次，因此，它的形成需要努力和较为严格的条件。这在《孟子》中提到将要落井的孩子的故事，以及关于牛山之木的隐喻中都有所体现，表明朝气与夕气也是宇宙中自然源泉的活力。

值得注意的是，对孟子来说，当"心"起着好恶的功能时，它便自然地倾向于注意德行或"理""义"。他说："心之所同然者何也？谓理也，义也。圣人先得我心之所同然耳，故理义之悦我心，犹刍豢之悦我口。"（《告子上》7）但事实是，我们有可能丧失食肉的味觉，可能会丧失欣赏美景的能力，因为我们丧失了用眼睛观察事物的能力。这种可能性使孟子对"放心"发出哀叹，他认为"放心"应该通过自己的意志和努力重新获得。他甚至建议"学问之道无他，求其放心而已矣"（《告子上》11）。这当然包含了孟子的隐义，即我们应该学会保留道德情感，一旦我

---

① 在《离娄下》28，赵岐将"存"解释为"察"或省察。

们失去了，也能够重新获得它们。这表明，我们有潜力通过努力和学习好榜样来重新找回道德情感。而这又引出了孟子的"天生良知"的观点。它被赋予了自然的光辉，良知存在于人性中，它应该时时刻刻起作用，并能够在休眠状态时被及时唤醒。要做到这些，人们就要克制欲望，加强内心道德情感修炼，勿忘抓住它们出现的机会。

关于道德心，最关键的一点是，它经常呈现在允许它展现其全部能力的某一刻；第二点就是，我们需要铭记有这样一种"本心"的存在（《告子上》10）。① 孟子所言也暗示了一些人在权力和物质的诱惑下会失去其本心。

那么，根据一个人心性的情感与意志功能，人的心应该起源于哪里呢？答案就是：应该在人的本性中寻找。因为它是人性不可或缺的一部分，可以说是人性的最终来源，存在于人性的最深层或者说人性的核心处。通常情况下，外部力量的诱惑、腐蚀或内心的意愿，都不会暴露这个深层或核心，尽管若不经历这样的过程会受到伤害。可以想象，一旦失去它，就没有任何办法复原。但是对孟子来说，他不寄希望于这种情况，而且总是声明它是可以恢复的。那也解释了孟子是如何希望当时的君主为自己和人民施行仁政的想法。

不必再说，孟子认为"心性"就是心、情感、意志和欲望的统一。但是，在区分何为圣人何为普通人时，他明确指出心的作用是思考（《告子上》15），并相对于身体独立存在，因而才能够意识到人之所以为人的伟大之处。也就是说，能够识别出我们怎样在道德行为中坚持我们的本性。

《孟子》把"性"的复杂性和不确定的概念最终归于"心性"，可以看到，心性被赋予思考和理解道德情感的功能，因为这些感觉也是心性的情感活动。同样也可以看出，孟子想将心性定义为：可能会丢失也可能会找回的道德情感的基础和起源。因为心能够意识到它所喜爱的和所需要的，也能坚持这些；这种心还可以维持一个人的道德行为，从而更好地保护其不会堕落与损失。孟子还极力辩称，道德意识作为人类所共有的道德情感就像我们都有鼻子、眼睛和嘴一样。然而，这是为了生存和发展能够培养出来的道德情操的共性。

---

① "本心"最好可理解为"有根的心"（rooted mind）。

为什么人们希望谈及拥有多种功能的心性，而不是单独地讨论作为人的技能的情感、意志、认知和欲望等能力呢？这是因为，人类的生活只有一个单一的目的，即意识到作为一个完整的人所具有的潜力和满足于作为单个人取得的成就。这说明，人的社会性与个体性，甚至是思想的独立性，与人性的指引或自主性构成了所谓的"心性"：心性是人性单一的存在。关于这一点，我们将会探究，孟子是如何将心性与人的本性联系在一起的。

据说在孟子的那个时代，哲学家在许多文献中，诸如《礼记》中以及最近才发现的郭店竹简中已经谈到了人性。"本性"的概念一般被认为是本能的内涵，即由自然或天所给予的东西。尽管所有的事物都有其本性，但是只有人类能够意识到这种与生俱来的能力并能够自然地以某种方式进行活动。因此，如果需要的话，本性可以跟随，修正，也许会被改变或转化，如果这样做是有利的，而我们有能力这么做时。任何根本或强制性的改变也许看起来不尽如人意，甚至在今天，它也可能是为了达到某种理想目标，在某种困难的条件下我们不得不改变自身行为的一种东西，就像是训练航天员去太空。在心理治疗中，出于个人、社会和教育目的，我们也会创造出合适的环境诱导行为变化。在多数情况下，我们总能够从承受者一方进行保护合作行为，在这种方式下，心理态度或观点必须达成一致，才能使承受者的意识通过内在努力与外界努力的合作，帮助他们作出改变。说到这，可以参照孔子关于通过身心学习，培养气质和性格的观点。

孟子认为，"本性"就是一个人从其过去的行为中所学到的东西，而所谓的"行为"就是建立在自然习性上的。孟子用"故"——这个经常用来表示"过去"的词，同时也有"因此"的意思。这表明，本性是通过一代一代的经验经过归纳、思考形成的。"利"表示自然习性，它在《易传》中也有"繁荣昌盛"的意思。这意味着所谓"本性"必须要通过某种方式引向兴旺，它才可以成为行为方式的一种。综上可以看出，本性就是来自能够观察到的实践经验，而并非抽象的存在于经验之外的东西。这是告子所讲的"本性"的起源。这是因为儒家，也许对大多数人来说，拥有生命或者提升生活是件自然的事情，因此本性也就形成了。但是也应看到，我们不能将本性定义为"简单地活着"，因为世间有许多种生物，我们应该看到是什么使它们不同并能够继续繁衍着。在这一点上，孟子与告子的见解不同，我们所说的本性应该能反映不同物种，这样才能注意到他们的区别。人类必须具有使他们不同于其他生物的属性，即人性。孟子将人性的定义与如何让人性更完美从而构建和谐社会作为他一生主要的哲学命题。这里，我想引用一段文字，这是关于如何定义"本性"的，这一点在孟子与告子关于"性"的概念的争论中也一直被忽视：

> 孟子曰：天下之言性也，则故而已矣。故者以利为本。所恶于智者，为其凿也。如智者若禹之行水也，则无恶于智矣。禹之行水也，行其所无事。如智者亦行其所无事，则智亦大矣。天之高也，星辰之远也，苟求其故，千岁之日至，可坐而致也。（《离娄下》26）

这段关于人性"故"和"利"的表述中，最为突出的是，孟子认为必须依本性而为，这样才能比其他人成功。孟子以大禹引道治水作为例证。依事物本性做事便可"行其所无事"。这是对一个人的思考能力和实践能力的最高检测。孟子认为，只要掌握了天体运行的规律，不论天多高，星多远，都可获得关于天体的知识。朱熹根据对每年冬至的观察制成了日历。从这个原因来看，"性"的观点与孟子"命"的观点形成了对比。①

通过对孟子本性的形成的认识，能定义人性和讨论人性中的"善"了吗？对孟子来说，答案是肯定的，而他也确实说明了人性善的作用，只有意识到这些，我们才具有了道德情操的基础。

孟子谈到了人的"大体"和"小体"。"大体"是指展现在"仁义礼智"四种情感中的道德本性，"小体"则是指人的本能和欲望。人性的全部感觉是由大体和小体组成的，所以没有理由排除人本性中的"食色"本能。《孟子》的深刻见解就是，他认识到了将"小体"纳入"大体"而被支配的重要性，否则人类连生存都不能保证，更别谈什么繁荣与发展了。他见解的独特之处在于，能深刻认识到人性的大体准则，即未被觉察的生存目的，也就是，人要尽可能作为完整的人而活着。这种目的性决定

---

① 来看孟子关于性与命的对比说法：孟子曰："口之于味也，目之于色也，耳之于声也，鼻之于臭也，四肢之于安佚也，性也，有命焉，君子不谓性也。仁之于父子也，义之于君臣也，礼之于宾主也，智之于贤者也，圣人之于天道也，命也，有性焉，君子不谓命也。"（《尽心下》24）这表现出在孟子那里，性有两个方面，必要性或者确定性的方面和创造性或者不确定性的方面。我们需要存心养性以事天。这正是心所应当了解并践行的。

或引出了人类本性的特质，即善。善满足人的生活，符合人的本性。善是能够以某种方式让你去处理人与人，人与自然之间甚至与你自己的关系的一种能力，能够使人活得幸福。

任何一个人都不能独自生存，也不会仅靠自己来获得快乐或变得完美，这种善必须囊括所有力量和性情——这些是人类幸福与社会和谐有利的因素。这个论断既是经验的也是客观的，因为它反映了孟子对人性的主观看法，尽管这种看法是没有依据的。因为孟子说据观察和经验，能够获得某种好处是所有生物的根本驱动力。因此，他视其为基本需求，希望人们能保持并且认识到，善是人性的一部分，并能够自然地看待和理解它。正如看到和理解的那样，希望我们付诸行动从而完善本性并完成作为人类的使命。

孟子认为人性包括"仁"和"义"两部分，因此"人性善"，但他的观点遭到了告子的质疑。告子对孟子提出了以下四个疑问：（1）告子将"人性"比作柳树，将"仁义"比作杯子，人不能将"人性"当作"仁义"正如人们不能将柳树与木杯等同一样。（2）告子将"人性"比作水流，水改道后既可向东流也可向西流，这样的话，人性中就区别不出好坏，就像水不能区分东西一样。（3）共有的东西是"人性"，别无他物。（4）天生的人性即是"食、色"，仁爱是人的内心形成的，对其"性"来说并不是外在的，但是，"义"是外在的，并不是人性内在的东西。

不再赘述，我尽可能简单地讲讲孟子是如何反驳的。对告子提出的第一条，孟子指出做木杯与柳树的本性相关，但并不违背其本质。这表明：（1）我们将人性发展为"仁"和"义"，但并没有破坏人性。就像木杯是由柳树做成的一样，我们通过让人性具有"仁"和"义"等美德从而使人性更"善"。（2）对于第二条，孟子指出水往低处流是其本质属性，不管它是向东还是向西流；同样，人性是向"善"的，尽管它会发生改变，即使它最终变"恶"，这也不是它的内在属性。（3）对于告子提出的第三条，孟子质问告子"生之谓性也，犹白之谓白与？"告子认为然也，"白羽之白也，犹白雪之白；白雪之白，犹白玉之白"。从这一质问中，孟子通过"犬之性犹牛之性，牛之性犹人之性与？"的反驳，使告子处于下风。也许有人会说，孟子是想让告子知道，人性并不像"白色特质"那么简单，它是一个集合了各种自然属性的综合术语。这表明了孟子的逻辑观察和推理。（4）在最后一条对告子的回应中，孟子指出，就像人本质的一些东西一样，尊敬老人来源于人的内心，尽管尊敬的人不是我们自己。孟子的观点不够有力，因为他没有完全理解告子的论点。告子想强调，"义"的对象与"喜欢"的对象差别很大。我们不得不从他人的角度来决定是否要尊敬。孟子可以回应说"义"的观点就是，一个人必须先判断是否要尊敬，这样尊敬与否就取决于内心的决定。但是没有理由不将尊敬的客体与喜欢的客体一样纳入考虑的范围之内。这表明，德行是内在的，因为它建立在我们的能力和感情之上，但当"义"有区别时，"仁"可能没有什么区别，这就是孟子坚持的"义高于仁"。在这一点上，孟子与告子没什么不同，"内"和"外"的定义也就变得不明确了。

总的来说，显然孟子费尽周折来表明人性是可以发生变化的，但单单就其本身来说，人性是"向善"的。孟子的四心四端说也证实了他自己对本性的理解。我们有自然情感，它们也是道德情感，都要积极发挥作用，避免发生改变或者转变成其他的东西。这也是自我修养极其重要的原因，这种提升要求以心为本，并化作实际的道德行动。我们注意到孟子一直认为人性善，并认为"善"是情感的源头，他称其为"本心"。有趣的是，他并没有用"本性"这个词。问题就是"本心"是否与"本性"相同。据我所知，答案是：既是相同的，也是不同的。

根据孟子"性"的概念，能区分出人与"非人"的能力。不管能否意识到它，这种能力必须是独特的，这样才能观察到这种自然倾向性，认识到这点才能谈"本性"。另外，孟子对人性的概念提出了更多的想法，即尽管我们会时不时地忽略或忘记，但总能意识到人性向善的这一点，而且这种意识总会回来。这种"性善"的道德意识蕴含在本性当中，因此我们才能用"善"的本能对某些环境做出反应。他把这种本能称为"良知"。陈荣捷把它翻译为"固有的关于善的知识"（innate knowledge of the good）。① 据此，可以得出结论，正如今天所提到的"良知"一样，我们的本体不仅是"善"的，这种本性的"善"作用于人们并推动人们做出善举。因此，"本心"才能称为"良知"，我们能够体会和感觉到这种良知，并且在心性结合下，"良知"既是"性"的一部分也是"心"的一

---

① Wing-Tsit Chan, *A Source Book in Chinese Philosophy*, Princeton, New Jersey, Princeton University Press, 1969.

部分。"良知"就是本体已感知的"善"。陆象山和王阳明都抓住这一点来说明人性本善，本心即本性，本心足以包括人性，并以此认为"性即理"。

关于如何了解本心或者重新获得已失去的本心，牟宗三提出了"逆觉体证"这一说法。这表明我们能反映本性，因此就能了解本心。但事实是，孟子认为本心已经在四端和四德中得以展现。这样，现在讲到的道德情感的本源，就叫它"善的本源"或包含着自我意识起因的"性本源"吧。换句话说，除了这个，没有其他能够见证本心的方法，因此不需要将本心与内心的道德感分离开来。

澄清了这一点，我们现在了解了孟子"尽其心，知其性"中"心"与"性"的关系。所谓"尽心"，就是要意识到通过人类外在的行为可以知其本心；不仅如此，任何生物都有发展和自我满足的追求。因此"心"肯定了"性"，本性必须包括能力以及对心的功能与活动的认识。能看出，(1)"心"知"性"本善。(2)"心"引"性"发展。(3)"心"和"性"能整齐划一。(4)"心"能反映"性"并和"性"相依，尽管它们相对独立地反映世界并与世界相连。这是通过探索内心活动的本源实现目标，以及意识到我们要寻求的情感与期望而得来的。(5)"心"听从本性的指令，并能够建立与行动的关系，这样才能了解本性。这样，不仅通过植根于本性的内心功能与活动做到"知性"，而且做到了《中庸》中提到的"尽性"。在"知性""尽性"的基础上，了解了"天"作为根本的存在，为我们提供了"知性"和"向善"的基础。

从"知性"和"晓天"的推断中，可以得出"心即性"的结论。可以说，"心"是"性"，但"性"并不总是"心"，因为还存在许多不能用"心"定义的"性"的特质。"性"是自然的，无意识的，当"心"处于主动，有自我意识并能够通过努力和意志变成行动时，"性"总是被赋予了某些东西。"心"能通过"知其性"而"尽其性"，但"性"不能"尽其心"，因为必须要在"性"的基础上才能"知心性"。"性"是基础，但它不能代替"心"。因而"心""性"处于两种不同的地位，有着不同的功能。它们同为"良知"提供了土壤，它们相同的起源使自己和双方的存在成为可能。因此相比"心性同一"，我更认同"心性同源"。心性不仅仅有着同一起源，而且互为基础，互为补益，所以人们才可以在充满变化的世界中升华和完善自身。

二

随着孟子心性理论的澄清和阐述,我们准备从事这项工作,即解释心性理论是如何使我们将《大学》和《中庸》这两个关于人的单独论述联系起来的。因为我们知道《大学》只用了一句模糊涉及性的话来解释心①,然而《中庸》解释性时没有一个词涉及心,所以问题变得十分紧迫而且相当重要。不论从历史上还是从理论上来看这都异乎寻常。我将要讨论的是这两种理论,他们的言论是先于孟子,来源于孔子思想的两条线索,追根溯源则分别源于曾子和子思。如今由于孟子的清晰阐述,我们意识到可以从《大学》和《中庸》的地位和哲学性角度提出以下论题。

1. 为什么《大学》和《中庸》一定先于《孟子》,并为孟子处理心与性的复杂问题提供材料和议题?

2. 为什么人们认为孟子能用《大学》和《中庸》提出的问题来发展自己心与性统一的哲学?

3. 这种心性合一是如何为更好地了解《大学》和《中庸》提供关键问题的同时,也以调解者的身份,提出两种潜在的心性合一的观点的,即"心即礼"和"性即礼"?

4. 心性合一的理论是如何共同促成心性本体论生成的?

5. 性是如何被看成一种基于创造性的和谐物质的?心是如何被解读成一种趋向和谐的创造性物质的?两者如何一起形成一种生成的形而上学,或者是心性的生成本体论,或者和谐、创造性的生成本体论?

6. 在意义阐释的过程中,也带来了四书的统一:《论语》提供心和阳的最初经验和反思;《大学》和《中庸》在对孔子的理解上成了差异化的话语,那么《孟子》是如何吸收两者的精华并形成他自己对心和性的重要理论呢?

7. 理学家在对心和性理解的基础上又是如何进一步提出他们的观点

---

① 《大学》倒数第三段我们读到:"好人之所恶,恶人之所好,是谓拂人之性,灾必逮乎身",这仅仅揭示了"心"是怎样以"性"作为基础和来源。然而在《大学》第7章文本当中清楚地表明,"心"是一种好恶的能力,因此说"(心)有所好乐,则不得其正"。心不得其正,则灾难终必至。故《大学》是不必涉及"性"的。

和理想的?

8. 在以《大学》和《中庸》为基础和以孔子思想为根源的孟子一体化思想中,鉴于对心、性、礼潜在同一性的新解,程朱和陆王之间的分歧是如何化解的?

"新四书"与当代经学的重建

中国人民大学国学院　梁　涛

一

中国人民大学国学院成立后，将经学作为一个重要研究内容，2010年召开了第一次经学会议，主题是"经学：知识与价值"。这次会议主要解决一个问题：人大国学院的经学研究要走一条怎样的路？1949年后，大陆的经学研究基本中断了，周予同先生有一个说法："经学的时代结束了，经学史的时代刚刚开始。"虽然说是经学史研究，但周先生还有其弟子朱维铮先生，对于经学基本是否定的态度，很难说是客观、公允的研究。如果我们今天还是采用这样一种态度，还是周予同、朱维铮的研究方法，可以说是自绝于时代、自绝于学术界，必将走进一条死胡同。前些年在中国社会科学院工作时，我参与了姜广辉教授主持的"中国经学思想史"课题，前后历时十三年，《中国经学思想史》四卷六册终于2010年出版了，受到学术界的极大关注。这项研究一个重要的工作就是为经学正名，为经学翻案，姜广辉先生提出了"根"和"魂"说：经学是中国文化的根；经学的价值是中国文化的魂。所以对待经学，我们不能是整理国故的态度，视其为博物馆中没有生命的陈列物，而应将其看作与我们的生活息息相关的价值体系、精神家园，经学研究也不应只是把经学当作一种古董知识来了解，不只是对经学演变的轨迹作历史性的陈述，而应把它当作中国古代价值理想的思想血脉来理解，通过经学注疏透视其时代的精神和灵魂。所以这次会议我们专门加上了"价值"两个字——经学不仅是一套知识体系，同时还是一种价值信仰，今天经学研究的一个重要任务便是重建中国文化的核心价值观，使经学与中国人的精神生活重新发生关联。

2011年国学院开了第二次经学会议，主题是"经学与史学"，主要是讨论经学与史学的关系问题，同样是经学研究的一个重要问题。我们知道，中国传统的经学主要分汉学和宋学，汉学重视五经，宋学突出四书。五经是前转轴心时期（注：Axial age。现学术界一般译为"轴心时期"，不确）的文化积累，四书则是转轴时期的文明创造。雅斯贝尔斯有转轴时期的说法，认为公元前800年至前200年这一时期，世界几大古代文明都出现了突破性发展，奠定了人类自我理解的框架和基础，以后每一次飞跃都要回到这一时期，并被它重新点燃。但中国文化的特殊之处在于，她不仅有一个灿烂的转轴时期，还有一个漫长的前转轴时期，转轴时期是春秋战国，前转轴时期则是尧舜和夏商周三代。以后每一次飞跃不仅回到转轴时期，同时也可能回到前转轴时期。汉唐是回到前转轴时期，所重是五经，故周孔并称，孔子附属于周公之后。宋明以后，则是回到转轴时代，四书地位提升，故孔孟并称。当前的经学研究，我觉得五经面临的主要是历史观的问题，四书则是哲学或义理的问题。章学诚说"五经皆史"。"史"是指史官，故五经是由史官掌握的历史文献。但在传统社会中，五经不同于史，二十四史不能与五经相提并论。从经学史看，经之为经，一是因为唐虞、三代是理想社会，五经记载的是尧舜禹汤文武周公等圣王的事迹，是三代理想社会的典章法规、制度成法，这与后世的"相斫书"是不同的——这一般是古文经学的看法。二是五经经过孔子的删订，删订的时候把儒家的一些基本价值观体现在里面了，故经之为经不在于文献本身，而在于孔子赋予其特殊的"义"，"其义丘窃取之也"——这一般是今文学家的看法。但这两点在近代基本被否定掉了。

首先是古史辨派的兴起，顾颉刚提出层累地构成古史说，认为五经所记载的内容都是后人的伪造，是后人添加上去的，比如禹是一条虫，尧舜等可能根本也不存在。这样古史辨派通过否定三代历史，进一步否定了儒家经学的价值理想。如果儒家的理想是建立在一个根本不存在或者虚幻不实的历史上，从当时科学主义的眼光看来，自然就失去了合理性。其次是历史唯物主义特别是五种社会形态理论的传入，按照这种理论，三代就是奴隶社会，是落后反动的。儒家推崇三代、周公可能就是在开历史倒车，是复辟、倒退，这样儒家经学的权威也就被消解了。所以我们今天讨论经学，首先遇到的就是经学与史学的关系问题，是历史观的问题。只有搞清这个问题，才有可能对经学重新定位，重新看待经学的价值与意义问题。2011年的会议主要是讨论这个问题。

二

2012年国学院召开了第三次经学会议，主题是四书，涉及宋学，而宋学主要是哲学或义理的问题。

几年前，我请余敦康先生来历史所做过一个报告。余先生说："我们搞了一辈子，无非搞的是哲学史，没有搞哲学。搞思想也是，我们搞的是思想史，不是搞思想。就我来说，我没有哲学，我没有思想。人生的悲哀就在这个地方啊！"当然这有历史的原因，余先生的时代，个人绝对不要狂妄地想做个哲学家，只能做一个哲学史工作者、宣传者。那个时代，谁想做哲学上的发展，一个个都被批倒了。古人则不是这样，他们是有自己的哲学和思想的，而他们建构自己的思想则是通过经学诠释的方法，通过与经典的不断对话，逐渐形成自己的思想，然后又用其思想去诠释一部经典，朱熹、王夫之、戴震等无不是如此，这就是"六经注我，我注六经"。所以中国的诠释学跟西方是不一样的，我们是往往有了自己的思想之后，用自己的思想去解释经典，把自己的思想贯穿在经典之中，通过对经典的诠释建构自己的思想体系。这是中国诠释学的特点。朱熹的《四书集注》到底是孔子、孟子的思想还是朱子的思想？王阳明的《大学问》到底讨论的是《大学》的思想还是阳明的思想？戴震的《孟子字义疏证》到底是孟子的思想还是戴震的思想？这是很难分得清的，往往是我中有你，你中有我。所以余敦康先生说，如果我们今天想发展儒学，建构思想体系，恐怕还要回到传统经学中去。

当然也有学者不同意这个看法，例如，香港中文大学的刘笑敢教授提出，中国哲学至少有三个身份：现代学科，民族文化，生命导师。两个定向：面向历史的、文本的定向和面向现实、当下的定向。我们在哲学史研究中，一方面是要回到文本、回到历史中去，客观地把握文本的原义；另一方面则要有一种现实、当下的考虑，甚至是未来的展望。这两种定向是有一种张力的。作为现代学科，中国哲学研究面对的是文本、历史。而作为民族文化，其关注则是现实、当下。至于生命导师，主要是对普通民众的宣教，如于丹所做的工作。刘笑敢教授认为中国哲学界的混乱就是没有把这三种角色分开，他尤其反对将自己的思想强加到经典中去。明明是要建立21世纪的哲学，为什么一定要说是古人已有的？明明是要创造当代的哲学体系，为什么一定要套上古人的思想？这样套的结果，一是对文本的原意做出附会和扭曲，二是束缚你自己的思想。自己讲、讲自己不是更好吗？抛开了经典的束缚，不是更有利于思想的创造吗？刘教授承认中国古代有一个通过经典诠释创造思想体系的传统，但是他怀疑这个传统在今天是否还适用，是否还可以继续作为我们思想创造的形式。

对于刘笑敢教授的说法，我是不接受的，按他这个说法，我们今天建立新经学就是不可能了。我们与刘教授在中国人民大学曾经有过一次对话，我和其他几位年轻学者提出不同的意见，语言很激烈，文章后来发表在《中山大学学报》上。刘笑敢教授也很大度，后来他在香港中文大学搞了个诠释学的会议，他把这个材料印出来，发给每一位学者。

我的看法是，今天每一位学者当然可以建构自己的哲学体系，比如安乐哲的哲学、杜维明的哲学、成中英的哲学等。但是这些内容按中国传统学术的划分来看，只能算是子学，而子学是不可能代替经学的。经学是民族文化的历史记忆，是核心价值观的体现，它是子学的源头，其地位是更为重要的。就好比今天西方哲学家的思想，不可能替代基督教圣经学，不可能替代柏拉图、亚里士多德一样。每一位哲学家的思想创造，都是通过与其民族最基本的经典反复对话来完成的。从这点上来讲，经学还是必要的，经学和子学是不矛盾的，经学是经学，子学是子学，子学是不能代替经学的。中华民族文化的延续，经学依然要发挥其作用。

另一方面，经典的意义是一个无尽藏。不是说被某人注释过了，其意义就被穷尽了。一部《论语》，汉代人读，唐人也读，宋明人读，今人也在读，一百年后也还有人读。理解可能是不一样的，不断有新的问题出来，有新的诠释。而且根据西方施特劳斯学派的观点，经典诠释不是探讨苏格拉底、柏拉图讲了些什么，而是像苏格拉底、柏拉图那样去思考，去寻找历史上一个个的柏拉图时刻，苏格拉底时刻。用到中国来说，就是寻找中国历史上的孔子时刻、孟子时刻、荀子时刻。如果孔子、孟子、荀子生在今生今世，当做何思、当做何想？在这点来看，经典的意义当然是无限开放的，不可能被束缚住，被穷尽了，随着人们问题意识的变化，肯定有不同的读法，有新的诠释，不好说哪一个是更为客观的。

所以，正如当年宋儒通过经典诠释重建儒学体系，压倒佛老，复兴儒学一样，我们今天依然可以借鉴宋儒的方法，完成当代儒学的复兴和重建。宋儒的方法包括以下几个方面。第一，道统说的提出。唐代韩愈提出道统说，认为自尧舜禹汤文武周公以来一直有一个道统，这个道统经孔子传给曾子，曾子传给子思，子思传给孟轲，孟轲之后就不传了。这一看法被理学家如朱熹等人继承下来，成为主流的观点。其实，孟子之后还有荀子，还有汉唐儒学，为什么道就不传了，中断了？这与对道的理解有关。朱子的道统说是一个哲学、超越的说法，道是永恒、超越的价值理念，其核心是仁义，而仁义又体现为心性或性与天道的问题。按照这个标准，重视礼义及礼制建构的荀子和汉唐儒学自然被排除在外了。第二，经典的选择。道是抽象的，要体现在具体的经典中，那么，哪些儒家经典能够反映儒家之道的精神呢？这就是四书。其中，《论语》记录孔子思想，《大学》是曾子，《中庸》是子思，《孟子》是孟子。所以，四书与道统说是联系在一起的。第三，儒家哲学的探讨。宋儒注经，不同于汉儒的章句之学，不仅仅是一种注疏，而是一种哲学诠释，他们借鉴佛老的形上思维，通过对理气、心性、已发未发、格物致知等概念的细致辨析，建构自己的哲学思想。按照学界的最新看法，宋明理学可分为四派：理学、心学、气学、性学。这些派别的不同，实际是哲学建构的不同，体现了对宇宙本体、价值根源的不同认识和理解。第四，经典诠释的具体实践。根据各自的哲学思想和义理架构，对儒家经典进行诠释，如朱子注释《四书》，等等。

三

宋儒的方法是值得借鉴、学习的，但其具体内容和看法则需要作出重新检讨。首先是道统说。朱子认为，只有孔子、曾子、子思、孟子代表了道统，他们的思想一以贯之，传递着相同的道，这是否符合事实呢？答案显然是否定的。郭店竹简等地下文献的发现，使我们认识到从孔子到子思，再到孟子、荀子，实际是儒家内部的分化过程，子思的思想固然影响到孟子，但与荀子也存在一定联系，学术史上虽然并不存在一个思荀学派，但从思想的联系来看，子思的思想同样对荀子产生过影响和启发。分化的好处是深化，如孟子对孔子仁学作出进一步发展，提出性善论、浩然之气等等，荀子则对儒家礼学作出更多继承和发展，并援法入礼，出现儒法合流的趋势等；其不好的地方则是窄化，不论是孟子还是荀子都没有代表整个儒学传统，而存在"所失"或"所偏"。因此，将道统仅仅限定在曾子、子思、孟子等少数人上，显然是不合适的，如钱穆先生所批评的，"是一种主观的道统"，"一种一线单传的道统"，是"甚为孤立的，又是甚为脆弱，极易中断的"。

另外，朱熹继承韩愈的看法，将道统的内容理解为仁义，并将其还原成心性的问题，性与天道的问题，显然是不合适的。在早期儒家那里，仁学与礼学是一个整体，完整的仁—礼之学才是儒家的真道统。从这个角度去看，孟子是有所失（重视内在仁义，而对外在礼仪有所忽略），荀子则是有所偏（偏于礼乐制度，而内在仁学有所欠缺）。故将道统限定在曾子、子思等少数人，或以孟子为正统，而排斥荀子，都是不合适的。只有统合孟荀，恢复早期儒学的丰富传统，才能建构起儒家的真道统。

那么，如何表达儒家的道统呢？我觉得传统的"内圣外王"一语是一个不错的选择，儒家之道即内圣外王之道。其中，内圣相当于仁学，指内在主体和精神超越，外王相当于礼学，指外在制度和礼仪法度。但在周公和孔子那里，内圣外王实际包括了由内圣而外王和由外王而内圣两个方面，是一种双向互动的过程。而以后孟子主张"有不忍人之心，斯有不忍人之政"，实际是由内圣而外王；而荀子提出"明分使群"、"化性起伪"，则是由外王而内圣。由于宋明理学家推崇孟子，其所理解的内圣外王主要是由内而外王，突出的是内圣之学，而忽略了荀子所代表的由外王而内圣。其实后者也是儒家道统的一个重要内容，代表了儒家的外王学。所以统合孟荀，尤其是补上由外王而内圣的路向，才是完整的儒家道统。

其次是经典的选择。如果说《论语》《大学》《中庸》《孟子》四书是旧道统的产物，并不能反映早期儒学的丰富传统，那么，与新道统相应，则应对儒家经典作出重新选择。在我看来，能够反映早期儒家文化精神与生命的应该是《论语》《礼记》《孟子》《荀子》四部书，可称为新四书。其中《礼记》代表了七十二子及其后学的思想，《大学》《中庸》本来就是来自《礼记》，现在将其放回《礼记》。而《礼记》中的其他各篇，如《礼运》等，都是理解早期儒学的重要篇章。对于新四书，我们也不是将其内容看作是一以贯之，彼此一致，没有分歧的，而是认为其反映了儒家文化生生不息，成长、发展、曲折、回转的过程。所以无论是孟子还是荀子都无力独自承担儒家的道统，只有统合孟荀，互为补充，才能够重建道统，恢复儒学的精神生命和活力。孟荀思想中的某些对立或分歧，恰好使其相互补充成为必要。故读《孟子》须兼《荀子》，读《荀子》须归于《孟子》。万物并育而不相害，道并行而不悖。

还有儒家哲学的探讨以及经典的诠释实践，也就是确立儒家的精神本体，并以此精神本体对儒家经典作出创造性诠释。

因此，正如当年宋儒出入佛老数十载，然后返诸六经，借鉴佛老形上思维，通过对四书的创造性诠释，完成儒学的伟大复兴。我们今天也应借鉴宋儒的方法，重新出入西学（黑格尔、康德、海德格尔、罗尔斯等）数十载，然后返之于六经，以新道统说为统领，以新四书为基本经典，"六经注我"、"我注六经"，以完成当代儒学的开新与重建。什么是"六经注我"？"六经"的价值、意义注入"我"的生命中，滋润了"我"，养育了"我"，是谓"六经注我"；什么是"我注六经"？"我"的时代感受，"我"的生命关怀，"我"的问题意识又被带入"六经"中，是谓"我注六经"。正是在这种意义上，我们可以说"六经皆史"——"六经"是一部民族成长、发展的历史，是精神的历史，自由的历史。此精神、自由之历史才是儒家道统之所在，是孔、曾、游、思、孟、荀精神之所在，也是新四书所要解决的问题。

百年来香港华文学校的四书教材

——辛亥后清末翰林遗民在香港的文化与教育事业

密西根大学　杜祖贻

甲　本文题旨

　　自隋唐至清末，科举是政府选拔人才的主要途径。虽然历代的考试不尽公平，遗才实在太多，可是经过层层的淘汰，最终取得进士资格的人，也可以说是当时的精英分子。百余年来，批评科举制度的人，每每讥讽科举出身的多是目光狭隘、抱残守缺的书呆子，这是谬论。试随意列出一些主持科举考试和登进士第的人，不就是当时的社会栋梁、文教典范么？如唐朝的沈佺期、宋之问、杜绾（状元）、王维（状元）、陆贽、柳公权，宋代的王著、吕蒙正（状元）、梁灏（状元）、晏殊、王尧臣（状元）、欧阳修、王安石、司马光、苏轼、范仲淹、范成大、文天祥（状元），辽代的王翚（状元），明代如李东阳、伦文叙（状元）、唐顺之、李春芳（状元）、张居正、张瑞图、董其昌、文震孟（状元）、吴伟业，清代的沈荃、梁清标、王鸿绪、王士禛、汪士铉、张廷玉、梁诗正、于敏中（状元）、纪昀、庄有恭（状元）、沈德潜、刘统勋、钱维城（状元）、毕沅（状元）、朱珪、董诰、曾国藩、阮元、冯桂芬、李鸿章、林则徐、张之万（状元）、翁同龢（状元）、孙家鼐（状元）、陆润庠（状元）、张百熙、张謇（状元）、谭延闿等。

　　科举考试制度于1905年终止，光绪三十年甲辰年（1904）的二百七十三名进士，便成为最后的一届。六年之后，清室覆亡。关于科举的历史和兴废，近年学者撰作了不少专文，值得大家参考；可是晚清科举所产生的许多功名人士，在辛亥以后的政治制度和教育体系之下如何适应环境，如何寻求出路，如何发展其个人志趣，仍有待史家去研究。

本文叙述的范围，限于清末翰林（进士被选入翰林院的）在辛亥（1911）移居香港后的文教活动和生活状况，以及他们对香港社会的贡献和影响。本文作者少时求学的经验与这些前清遗老有关，于是写成此稿，以补辛亥百年历史文献所未备。

乙　广东翰林移居香港

长期定居于香港的翰林（包括翰林院修撰、编修、检讨、庶吉士）都是广东效忠逊清皇室的汉人（也有过境短期居留的苏浙籍和闽籍，但资料不足，本文不论）。广东的文风，明初渐兴，到清咸丰以后，粤人的科举成绩，几足与苏浙人士比美。光绪癸卯（1903）进士第二名榜眼左霈及第三名探花商衍鎏，都是广东人；光绪甲辰（1904）进士第二名榜眼朱汝珍，也是广东人。这两届得进士而入选翰林的广东人，至少有十八名于辛亥革命之后迁居香港。

本文图一"癸卯甲辰通籍同人叙于香港学海书楼"摄于民国丙子年（1936），时距辛亥革命（1911）已经二十五年，可是照片中那十位居港的翰林，所穿戴的仍是长衫马褂，其言行举止一如既往，不因朝代更易而改变。中立者是赖际熙（癸卯年进士），赖氏于1911年赴港，1923年创立学海书楼，邀约一众翰林，仿照广州学海堂（1817—1826年清两广总督阮元所办）的传统，聚徒讲学，以弘扬国粹为职志。

1841年鸦片战争后香港沦为英国殖民地。对英国而言，政治和商业利益至上，其他次要，只要不影响其绝对的统治权，民间活动自由，管治相当松弛。如孙中山早期筹谋反清活动，富商可以纳十二个妻妾，洋行买办可以批发鸦片，翰林太史在香港，也可以遥奉溥仪为宣统皇帝而不必受到干预。百年前，这批才艺不凡的御用文人迁居香港，就在这种环境下，开始在这个殖民地上建立一个特殊的旧学传统，默默地与在内地的维新进士和革命翰林们进行长期的文化抗衡。

图一　癸卯甲辰通籍同人叙于香港学海书楼

丙　清末科举名士的政治取舍

　　本文图二"孙中山就任临时大总统后与临时政府各部总长次长留影"摄于辛亥翌年（1912）2月，此照正是图一的强烈比对。照中的人都已弃掉逊清时代的衣帽而换上西式的礼服。请看照中人：革命领袖孙文（中山）和黄兴（克强）居中，前后坐的立的不少是取得前朝功名的名士，如1892年进士出身的翰林院编修蔡元培（任教育部总长），1892年进士出身的翰林院编修汤寿潜（任交通部总长），1894年进士及第的状元张謇（任实业部总长），1906年（时已废科举）以留学生资格授进士的陈锦涛（任财政部总长），还有举人胡汉民（任总统府秘书长），举人魏辰祖（任外交部次长），举人于右任（任交通部次长）及秀才宋教仁（任法制局局长）。其实，坐在孙文左旁任陆军部总长兼参谋本部总长的开国元勋黄兴，也曾于1892年县试考取了秀才的资格。没有在照片中出现民国要员而具科举功名的,还有后来出任大总统的徐世昌(1883年的进士翰林),任国务院总理的梁士诒(1894年的进士翰林)。至于文采不凡的汪兆铭(精卫)则是1901年广东番禺县试考名列第一的秀才。

图二　孙中山就任临时大总统后与临时政府各部总长次长留影

考获科举功名的人所受的教育是传统的,但他们的政治取向则因人而异。与孙中山结盟的可称民国革命派,如蔡元培、张謇等;推动戊戌维新的可称立宪派,如进士康有为和举人梁启超等;策划宣统复辟的是保皇派,如进士翰林郑孝胥,秀才罗振玉和秀才王国维等。还有可称共产革命派,如陈独秀(1896年秀才)、董必武(1903年秀才)和朱德(1905年参加乡试,当时应已取得秀才的资格)等。

辛亥以后,香港成为清末广东科举功名人士的一个集中地,估计进士(包括翰林)、举人和秀才的总数有五六十之众。他们都以清遗民自居,(按:他们以汉人效忠满人,与今日台独分子崇拜日本人,以及不少香港人仍依恋把他们看作次等民族的英国人颇为相似;这种心理与行为值得研究,但不在本文讨论范围之内)。这些翰林也曾热衷于宣统复辟,却没有如郑孝胥及罗振玉等直接参加政治活动。

丁　清室遗老在香港的文化教育事业

本文图三"香港商人冯平山六十岁生辰翰林院编修赖际熙撰翰林院

编修温肃书的贺寿序文的最后一屏"及图四"香港商人杜四端七十岁生辰翰林院编修区大典撰并书贺寿对联",这两件同于辛亥革命之后十八年（1929）创作的文物（现为博物馆所收藏），不仅为民初时代香港艺文的佳制，而且具有特殊的历史意义，值得注意的是：

赐进士出身 夫為非貢諛乎 诰授通奉大夫 实录馆协修 国史馆总纂翰林院编修通家愚弟赖际熙顿首拜撰

赐进士出身 诰授光禄大夫头品顶戴 赏食三品俸 南书房翰林前都察院副都御史通家愚弟温肃顿首拜书

翰林院编修通家弟区大典翰林院检讨通家弟区大原度支部主事通家弟罗汝楠河南即用知县通家弟陈煜庠湖北候补道愚弟金湛霖文科学士通家弟李景康文科学士通家弟林栋世愚弟宋宝琳同顿首拜祝

昔岁在屠维大荒落壮月穀旦

图三　香港商人冯平山六十岁生辰翰林院编修赖际熙撰翰林院编修温肃书的贺寿序文的最后一屏（1929）

**图四　香港商人杜四端七十岁生辰翰林院编修区
大典撰并书的贺寿对联（1929）**

1. 对联和寿序的文句和书法，都显示传统体制和观念，充分表现清廷御用文书的翰林风格。

2. 不用民国纪年。区大典的对联索性不记年号；赖际熙的寿序则用隐晦的干支别名（屠维即"己"大荒落即"巳"，己巳年即民国十八年，公元1929年）。香港的书画家，至今仍用干支纪年。

3. 对联的下款，区大典自称"遗史"，以示对清室忠贞不渝。寿序之末，赖际熙不厌其详地开列他本人过去的职衔：赐进士出身，诰授通奉大夫（从二品，溥仪逊位后所赠空衔），国史馆总汇，翰林院编修（辛亥前官职，从五品）。寿序书者温肃也如此，他所列除赐进士出身之外，都是末代皇帝溥仪离开北京后在天津及长春所赠的空衔，包括诰授光禄大夫头品顶戴（正一品）、赏食三品俸、南书房前都察院副都御史等。其他联署向冯平山贺寿的进士翰林们，都分别列出他们辛亥以前的职衔。

4. 从对联和寿序可以看出避居香港的科举人士与当地的商界人物相互交往。冯平山和杜四端分别是广东和福建工商领袖，他们也通晓文墨，因此对文人学士十分尊重，而居港的翰林们，也须倚仗当地有地位而又慷慨的商人支持他们的生活和文教活动，以及推介他们出任公私团体的适当职务。

当时活跃香港的进士翰林可考者有十八人，现按他们登第的年份依次列出：

1. 丁仁长（1861—1924）　　1883年进士 翰林院侍读 1911年赴港
2. 张学华（1863—1951）　　1890年进士 登州知府 1911年赴港
3. 陈伯陶（1855—1930）　　1892年进士探花 翰林院编修 民初赴港
4. 何藻翔（1865—1930）　　1892年进士 兵部主事 1920年赴港
5. 桂坫（1865—1958）　　1894年进士 翰林院检讨 1921年赴港
6. 梁士诒（1869—1933）　　1894年进士 翰林院编修 1928年赴港
7. 赖际熙（1865—1931）　　1903年进士 翰林院编修 1912年赴港
8. 左霈（生卒待考）　　1903年进士榜眼 翰林院修撰 民初赴港
9. 周廷干（1852—1936）　　1903年进士 翰林院检讨 民初赴港
10. 陈念典（生卒待考）　　1903年进士 礼部郎中 民初赴港
11. 区大原（1869—1945）　　1903年进士 翰林院编修 1912年赴港
12. 区大典（1872—1937）　　1903年进士 翰林院检讨 1912年赴港
13. 陈煜庠（生卒待考）　　1903年进士 翰林院庶吉士 民初赴港
14. 黎湛枝（1870—1929）　　1903年进士传胪 翰林院编修 民初赴港
15. 温肃（1878—1934）　　1903年进士 翰林院编修 民初赴港
16. 江孔殷（1865—1950）　　1904年进士探花 翰林院编修 民初赴港
17. 朱汝珍（1870—1942）　　1904年进士榜眼 翰林院编修 民初赴港
18. 岑光樾（1876—1960）　　1904年进士 翰林院庶吉士 1925年赴港

这十八位进士中,到港早、抱负大和能力强的是赖际熙。他是广东增城人,少时以岁增生就读于广雅书院(两广总督张之洞所设)。光绪二十九年(1903)癸卯会试成进士入翰林。辛亥革命后迁居香港,以弘扬孔孟学说为己任。他得到香港绅商的支持,于1923年创立学海书楼,复以张之洞于光绪元年所编的《书目答问》为纲领,广集善本图书,供众阅览;同时又聘请科举名流及国学宿儒在学海书楼公开讲学,或课经史,或授辞章,并不收任何费用。张学华、陈伯陶、何藻翔、桂坫、左霈、周廷干、区大原、区大典、陈煜庠、黎湛枝、朱汝珍、岑光樾诸人,皆曾应邀主讲,其后各元老先后逝世,书楼续聘大学及中学名师承其余绪(其中不少是已故翰林的弟子)。学海书楼创办至今将九十年,其不问来学的人的资历,欢迎各界人士参加书楼的国学课程,每周多次在香港中央图书馆、各区分馆及学海书楼的演讲厅举行,书楼的文教活动已经成为香港文化教育的一大特色。

香港大学开办之初,百分百是英式殖民地的小型大学。成立时仅得医科及工科,且限用英文讲习。后来因需培训华洋兼擅的人员,便增设一个小规模的中文学院。1929年聘赖际熙和区大典主授经史,赖际熙又推荐温肃和朱汝珍出任汉文教席,此时中文学院深得颇懂中文的香港总督金文泰(Cecil Clementi)欣赏(金氏且聘赖氏为其私人中文教习)。中文学院的传统式的课程训练,一直维持到1935年赖区二氏同时退休,港大改聘燕京大学出身、曾留学美国、能写方言的基督徒许地山为中文教授为止。许氏上任后随即更易课程,设立文史哲翻译四门专科。今天港大的中文系,大体与欧美大学的汉学系相似(本文图五)。但仍保留部分传统旧学。著名文史教授马鉴、罗香林、马蒙、饶宗颐、罗慷烈诸先生,都曾在港大任职多年。

百年来,传统国学能够在香港延续不断,除了赖区等翰林利用香港大学及学海书楼在高等教育及平民社会奠立基础外,同样重要的是他们也将国粹旧学带到中小学校中去。1926年,香港华人绅商多人倡办以中文为本的汉文中学,旋即得到金文泰氏的同意,同年即设立第一所官立汉文中学。港府委任赖际熙和区大典为课程督导,又聘翰林温肃、岑光樾、陈煜庠等担任国文教席,香港其他的中英文学校也争相效尤,纷纷延聘进士举人秀才授课。本文图六"香港私立崇兰中学小学部书法比赛颁奖"摄于1949年夏,照中穿白色长衫,主持颁奖的长者即为1894年翰林院编修桂

图五　香港大学中文学院今貌

坫（字南屏）太史，领奖的是崇兰的小学生（按：崇兰是香港中文教育先驱清末举人陈子褒的别号）。香港学校重视书法教学，由来已久，香港民众也特别欣赏书法艺术。当年各区的名胜古迹、庙宇楼台、学校商肆，多有碑记匾额和楹联，游客常常可以见到这些翰林太史的遗墨。

具有翰林资格的遗老，在香港备受礼遇，除了在大学和中小学讲课及督导之外，并为文教机构及工商社团担任顾问，为敬慕者的子弟开学启蒙。有些尊师重道的世家豪门，也会按时馈赠。翰林们虽说不上富裕，生活总算丰足，他们很爱惜自己的名声，因此言行审慎，对生徒子侄，皆能善为管教。他们的后代，也不乏继承家学，以学术研究与教育工作为职志的，例如赖际熙的儿子赖恬昌，成为翻译教授及书画家，岑光樾的儿子岑公鉽成为中学校长，温肃的儿子温中行成为国学教师。

图六　香港私立崇兰中学小学部书法比赛颁奖

这十几位逊清遗老，在香港殖民地的政治经济及文教环境下得到下半生庇荫之所，虽然远离故都（翰林在京任职）仍然心系故主，对曾经赋予他们特殊地位和名誉的清皇室念念不忘。他们自然地形成一个志趣相投的文社，与科举功名人士，包括举人秀才以及民间的宿儒，约期举行雅集，互相唱酬，各以诗赋述怀。平居也勤于撰述，冀以文章传世。他们的著作以通志、地方志、音韵、文字、史稿、经义、传记、诗词等为主，时论则绝无仅有。

戊　作者经验

笔者年轻时游学海外，然后在大学任职多年，以从事西方理论与科学方法的教学研究为主。课余则以国学艺文自娱，也曾就文史哲要义的辑述出过一点力量，并担任过前述赖太史创立的学海书楼的董事会主席。笔者的祖父（即本文前段所述遗史区大典赠联的人）于光绪初年自厦门到香港经商，服膺孔老学说，时与来港的科举人物往还。第二次世界大战后，笔者进入崇兰小学，就是前述翰林院编修桂坫教导学生写毛笔字的学校。中学则在前述的官立汉文中学（现已改称金文泰中学以纪念批准创校的港英总督）肄业。因此，笔者所受的早期教育是辛亥后香港特产的中文训练。当时趋新的人说，清朝覆亡也半个世纪了，还在读古文，写诗词，抱残守缺，真的不合时宜，这种课程早应淘汰了。笔者曾亲历旧式教育，认为这种说法是不合理的。相反地，传统的课程，如与现代科学教材配合得宜，正好相得益彰，更有利于栽成学兼中外、识贯今古的人才，即以笔者三十余名同班同学为例，毕业后升学一流学府，取得最高学位，然后从事数理或工程专业而有成的就有六七人。香港中文大学和香港大学现任或前任的生物化学、地理学、教育学、儿科医学等学科的讲座教授，就是汉文中学的校友。诺贝尔物理学奖得主美国加州大学的崔琦教授，他中学的最后一年，也在汉文中学就读。当时也有多位优材生，毅然回国升学，在艰难的环境中，为国家作出贡献。客观的解释是：学生们在学习新知识，探求新思想的同时，早年国粹的熏陶使他们能不断反省，使他能在中华文化为本位的立场上，取得更为丰富和更加意义的进步与创新。

至于继承翰林国粹传统的课程，进而与现代教育作适当的融合而发挥优良的效果，请参本文附录《香港金文泰中学八十周年（2006）校庆访问节录》。辛亥革命驱使许多科举文人避居香港，凭着他们的才智和理想，意外地在这个殖民地上保全了当时正在内地迅速消失的国粹传统。他们主导了香港的大学和中小学的国学课程，培育后继的师资；他们设立香港第一所民间图书馆，借着公开讲学，把国学的知识和兴趣传播到社会民间；他们提倡诗文书画，为香港的商业社会，增添了文化气息。今日香港众多图书馆和博物馆的规模，雄视东南亚的城市都会；民间艺术收藏之富，堪称全国（包括台湾）之冠。居港的前清遗老早已成为历史，但他们的影响是深远的。内地经过辛亥、军阀、抗战、内战与"文革"，台湾经过日治和"台独"，旧学凋零，中华四千年的典籍，尘封百载。

要重拾辛亥前后的文教的余绪，还须到香港特区去考察和研究。

致谢：香港赖恬昌教授、关礼雄律师、许礼平先生及朱家贤女士曾为本文提供重要资料，谨此致谢。

附录　香港金文泰中学八十周年（2006）校庆访问节录

誦詩書，理絃歌，春風化雨六七載；修文行，立忠信，薪火相傳八十年。

杜祖貽教授書面訪問(節錄)

元老校友馮秉芬爵士、利榮森博士及金文泰中學黃景漆校長合影（前排中為杜祖貽教授，攝於1986年）

同學問： 杜教授的國學基礎深厚，請問有何建議或心得，可令中學階段的學弟學妹學好中文、熱愛中國文化？

杜祖貽校友答： 我的國學並沒有什麼特別基礎，只為興趣而學習，漸漸地累積了一些知識和能力。我沒有進過中文系，也沒有在外國大學唸過中國研究；不過小學時得到清末翰林桂南屏先生（當時已八十餘歲）的指導學寫毛筆字。中學時，文史科老師劉隨先生、黃兆鈞先生和容宜燕先生都是廣東大儒朱次琦（朱九江）先生的再傳弟子。他們的學問高、辭章好、書法美；同學們無不受到啟迪，無論後來從事何種職業，都仍服膺中華文化；可見學校的風氣與教師的修養，對學生是很重要的。金文泰中學原名官立漢文高級中學，是香港中文學校的表率，它有責任維持以中華固有文化為本位傳統，也有條件去將這個傳統發揚光大。我希望母校師生，繼續朝此方向努力。

要同學熱愛中國文化、學好中文，那末，我們當年的經驗，也許值得參考：國文科超過三份之二是文言課文。所用的是中華書局出版的《高中國文》，編者是宋文翰和張文治。老師精解，學生誦習，定期默書。因此，不少同學長於文字，熟於辭令。國文習作用毛筆書寫，老師鼓勵我們臨寫歷代碑帖，做個業

與同班同學梁逸民、蘇瑩、周一朗等合影（後排右二為杜祖貽教授，攝於1954年）

餘書法家(我學英西嶽華山廟碑和晉王獻之洛神賦)。作文以文言為主，兼習語體，也曾試寫駢文聯句。

黃師老師靳微天先生雖是西洋水彩畫家，不過，他在課堂中所教的盡是國畫的花鳥蟲魚和山水人物，我們為之敬服。有些人或以為當時金文泰中學是保守和落伍的學校，但在我們看來，這卻是最合理、最正常的教育。難道英國的學生不習Chauce和Shakespeare嗎？不寫西洋畫嗎？有些人或以為這種傳統的課程和教材，會成為少年人學習先進科學和現代思想的障礙。事實上卻不然：接受嚴格的母語訓練和本土文化的薰陶，不但提高了智能，也增加了自信。以當年我班（高三甲）為例，三十多人中，就有唐十洲、曹占美、林家昕等在美加的一流學府獲得理科和工科的博士學位。

同學問： 杜教授的學術成績斐然，可否向中學階段的學弟學妹提供一些治學心得？

杜祖貽校友答： 我早年的為學途徑是由劉隨老師所撰的金文泰校歌和聯合書院文字學教授馬康侯先生寫給我的對聯所啟迪出來的。校歌其中四句：「際茲寰宇，文化交彰；折衷中西，為世所尚」。我作如下的解釋：做現代人，必須兼習中西文化和學問，務求融會貫通；我後來便去外國研習西方的社會哲學和教育。馬先生的七言聯：「古人居在人節，君子之學無常師」。我的解釋是：做人應分大小輕重，求學須轉益多師，這便我一方面專注治學的目標，另一方面擴展知識的領域和探究不同的方法，擇其善者而用。校歌和對聯這兩個指南針，使我受益不淺，特別寫出來給同學們思考。

劉隨先生行書詩 (1974年贈杜祖貽教授)

从"五经之学"到"四书之学"

中国人民大学国学院　陈壁生

经学作为华夏文明的本源与主干，历两千余祀，几经理论迁变，虽然历代经解都是围绕着五经、四书进行，但是，对经典的不同解释，往往开出完全不同的理论。这些理论既回应每个时代的历史，又作为理想价值，与时代有一定程度的张力。

在经学史上，经学主要存在着三种明显的思想形态。《四库总目提要》之经部总序云："自汉京以后垂二千年，儒者沿波，学凡六变。……要其归宿，则不过汉学、宋学两家互为胜负。"[①]《提要》之作，尚在清初，称汉学者，即五经之学，包括西汉之微言大义，东汉之章句训诂，六朝之五经义疏，及至唐朝之《正义》。称宋学者，实宋明以《四书》为中心建立的学问。五经与四书两种学术形态，在对经学的定义，对孔子的看法，对秩序如何安排，政治如何展开，制度如何建构的观点等方面，也有完全不同的理论。经学内在精神的一致性与经学史不同诠释的差异性，共同构成了经学生生不息的义理世界。

宋学的兴起，是理解五经之学转向四书之学的关键。

一　宋学兴起的背景："古礼难行"

宋学是经学的革命性发展。经学发展到南宋，从程朱开始，经学典籍完成了一次根本性的置换，即从"五经之学"向"四书之学"转变，并且，朱熹通过集注"四书"，构建了一个新的思想系统。这个思想系统与

[①]《四库总目提要》，中华书局2003年版，第1页。

此前的今文经学、古文经学相比，有其明显的教化特色。五经之学的通经致用，强调整个政治、社会生活都必须模仿圣人所制作的礼乐——不管这圣人是以孔子为主，还是以周公为主。而在四书之学中，圣人所制作的礼乐，已经不是最重要的内容，更具根本性意义的是圣人所遵循的"天理"，只要抓住了这"天理"，人便会不断实现生命的超越，不断接近圣人的境界。对比这三者，可以说，今文经学以孔子集前圣之大成，提出了唯一的圣人观，并把经书视为唯一的圣人所创制的法度，所以，经学作为常道，可以说类似于今天所说的真理、教义，圣人、经书都有超时空的意义。而古文经学把经视为史，背后则是一个多元的圣人观，因为圣人多元化，而历代之圣治法不同，所以只能把圣人历史化，圣人不再是超时空的圣人，而是历史中的圣人，经书也不是超时空的常道，而是时空中的经验。而宋学则从历代圣人中抽象出一个"道统"，把尧、舜、禹、汤、文、武、周公、孔子都列入道统之中，他们之所以成为圣人，在于他们都能完满地体认天理，这样，圣人的多元化便无碍于天理的一元性。

在朱熹的时代，五经之学已尊崇千年，但经学中所描述的那种大道行于天下，人民以德性相合的局面，却从来没有出现过。与董仲舒一样，朱熹看到了经学中有一个万世不易之道，这个"道"，在五经所描述的义理之中。对董仲舒而言，在一个继体守文之君在位的时代，将五经之学定位一尊，模仿五经之礼乐制度，便能够塑造共同的价值理想，从而把无道的天下变成有道的天下。而真正理想的局面出现，还需要等待新的"圣人受命"。而对于朱熹而言，圣人之道不在五经之具体礼乐之中，而在五经之抽象义理之中，五经之具体礼乐，只不过是圣人之道的表现之一种而已。真正的圣人之道，从尧、舜、禹、汤、文、武、周公、孔、孟之后，便断绝了，所以，必须找到一扇开启通往圣人之道的大门。

在这里，我们必须澄清的是，从"五经之学"到"四书之学"，从"经"中具体的礼乐制度的致用到"道"的抽象精神的致用，是一个非常重大的转换，这种转换，与宋明理学家对历史的判断密切相关。

经学所记载的，是从治国平天下到身心安顿的根本大法。从天下政制言，不管是以《王制》为制度基础的今文经学，还是以《周礼》为基础的古文经学，基本的政制，都是封建制度。而从经学被尊奉的汉代开始，天下政制却一直不是封建制，而是皇帝专制。皇帝专制制度并非儒家思想的产物，而是与儒家思想相对立的法家思想的制度产物。这一点，到了朱熹这里有了非常明确的确认。当黄仁卿问:"自秦始皇变法之后,后世人君皆不能易之,何也?"朱熹回答:"秦之法,尽是尊君卑臣之事,所以后世不肯变。且如三皇称'皇',五帝称'帝',三王称'王',秦则兼'皇帝'之号。只此一事,后世如何肯变?"① 但是事实上,经书中的制度,也不能照搬到现实中。自秦汉开始,历代儒生,不乏主张效法经学,用封建之制者。至唐,柳宗元以一篇《封建论》雄辩地证明,在当时的皇帝专制体制中,经书中作为具体规定的封建制度,不能裨益时局。《朱子语类·论治道》中有驳辨封建、井田之制者数条。如朱熹云:"封建只是历代循袭,势不容已,柳子厚亦说得是。贾生谓'树国必相疑之势',甚然。封建后来自然有尾大不掉之势。成周盛时,能得机时。到春秋列国强盛,周之势亦浸微矣。后来到战国,东西周分治,赧王但寄于西周公耳。虽是圣人法,岂有无弊者!"② 朱子所评论的是东西二周的封建制度的历史经验,而不是抽象的孔子之法的封建精神。朱熹认为即便由圣王周公制作的制度,到后来也有尾大不掉的弊端,乃至演成战国之世。但事实上,朱熹不是在经学的意义上议论封建井田之制的是非,而是认为在具体的历史中不能随便沿用施行。他针对胡五峰论封建井田数事而说:"封建井田,乃圣王之制,公天下之法,岂敢以为不然!但在今日恐难下手。设使强做得成,亦恐意外别生弊病,反不如前,则难收拾耳。"③ 因为"道"永恒不变,而法则历代不同,治法的好坏,必须在具体的社会环境中加以考虑。朱子说:"居今之世,若欲尽除今法,行古之政,则未见其利,而徒有烦扰之弊。又事体重大,阻格处多,决然难行。要之,因祖宗之法而精择其人,亦足以治,只是要择人。"④ 也就是说,把经学中的封建、井田诸制度照搬到现实政治中,不但不可能造就一种好的政治,而且可能更加败坏政治。

经中封建天下之法既不可行,经中之一般礼乐,也不可照搬,甚至有的礼乐连稽考清楚都非常艰难。在《朱子语类》中,朱子论礼的《论考礼纲领》《论后世礼书》《论修礼书》数节,明确地表达了朱子对古礼的

---

① 黎靖德编:《朱子语类》卷一百三十四,中华书局1986年版,第3218页。
② 同上书卷一百八,第2679页。
③ 同上书,第2680页。
④ 同上书,第2682页。

态度。他一再引用"礼,时为大"的话,一再说"古礼难行"。古礼难行,因为礼书中的记载不全,朱子说:"礼学多不可考,盖其为书不全,考来考去,考得更没下梢,故学礼者多迂阔。一缘读书不广,兼亦无书可读。"① 又说:"古礼既莫之考,至于后世之沿革因袭者,亦浸失其意而莫之知矣。非止浸失其意,以至名物度数,亦莫有晓者,差舛讹谬,不堪着眼。"② 朱子所说的这些难考难行的礼,最主要的是《仪礼》中各种具体的仪轨。这些仪轨记载保存在经书之中,然而数代之后,公室制度、衣冠文物,皆大迁变,要按照经书所记载的仪轨去实行,不但不可能,而且无必要。因此朱熹说:"礼乐废坏二千余年,若以大数观之,亦未为远,然已都无稽考处。后来须有一个大大底人出来,尽数拆洗一番,但未知远近在几时。"③ 这个"大大底人"自然是指新出的圣人,只有圣人才能重新制作礼乐。但在圣人重出之前,通过学习以往的圣人之法,也能够删削礼乐,所以朱熹说:"古礼难行。后世苟有作者,必须酌古今之宜。"④ "使圣贤用礼,必不一切从古之礼。疑只是以古礼灭杀,从今世俗之礼,令稍有防范节文,不至太简而已。"⑤

经书中的礼乐制度都无法真正落实于现实生活中,理学家转而追求更高的意义,即在经书的基础上,追求"道"。从二程到朱熹,发现了一个新的经学系统,即将《礼记》中的《大学》与《中庸》抽出来,与《论语》《孟子》相结合,重新构建起一个新的经学体系,展现了从凡人到圣人的学习过程,希望通过学为圣人,以圣人之心为心,去损益旧礼乐,以成新礼乐。当五经之学转化为四书之学,宋明儒家完成了经学范式的根本性转换,宋明理学家所讨论的对象,从"礼"转化为"理",从礼乐制度转化为心性良知,从国家政制人生仪轨转化为理气心性。

二 宋儒的"帝王之学"

但是,这并不意味着宋明理学家失去了今古文经师所具有的强烈的政

---

① 黎靖德编:《朱子语类》卷八十四,第2177页。
② 同上书,第2181—2182页。
③ 同上书,第2177页。
④ 同上书,第2178页。
⑤ 同上书,第2185页。

治关怀。相反，在理学大儒那里，宋学的政治关怀丝毫不比今古文经师逊色。理学家所要追寻的目标，是超越汉唐政制，直达三代之道，因此，落实经书中礼乐制度的重要性，不如通过学为圣人以造就圣贤。宋明理学家从孟子那里直接承接一种观念：人皆可以为尧舜。圣人可学而至，甚至到了王阳明的心学思想中，用"满街都是圣人"来激发成贤成圣的信心，这是对今古文经学的根本性突破，宋学之伟大在乎此，宋学之废疾亦在乎此。说它伟大，在于它为个体生命的自我超越提供了无限广阔的空间，使人不仅仅是在固有的礼乐制度中被动地活着的人，而能通过学习圣人，在德性上无限地上升。而其废疾，在于大儒之末学便会沉溺于理气心性，而忘却了理气心性的最终目的，即开出新的政治格局，开出新的生活方式。

对比朱熹的对诏与董仲舒的对策，可以看出汉学与宋学的根本差异。孝宗即位，诏求直言。朱熹上封事言"帝王之学"。他说：

> 圣躬虽未有过失，而帝王之学不可以不熟讲。朝政虽未有阙遗，而修攘之计不可以不早定。利害休戚虽不可遍举，而本原之地不可以不加意。陛下毓德之初，亲御简策，不过风诵文辞，吟咏情性，又颇留意于老子、释氏之书。夫记诵词藻，非所以探渊源而出治道；虚无寂灭，非所以贯本末而立大中。帝王之学，必先格物致知，以极夫事物之变，使义理所存，纤悉毕照，则自然意诚心正，而可以应天下之务。①

而我们将之与董仲舒对汉武帝的第三策相比，可以看出今文经学与宋学迥异的思路。董仲舒的对策是：

> 《春秋》大一统者，天地之常经，古今之通谊也。今师异道，人异论，百家殊方，指意不同，是以上亡以持一统；法制数变，下不知所守。臣愚以为诸不在六艺之科孔子之术者，皆绝其道，勿使并进。邪辟之说灭息，然后统纪可一而法度可明，民知所从矣。②

---

① 《宋史·道学·朱熹传》，中华书局 2004 年版，第 12752 页。
② 《汉书·董仲舒传》，中华书局 1962 年版，第 2523 页。

朱熹对诏与董仲舒对策，虽然时势各不相同，但是，对策的内容，仍然可以看出董仲舒和朱熹在以经学、理学面对政治时候的不同态度。对朱熹来说，帝王之学，不是参照古经中的圣王法度，以损益礼乐而用之，而是《大学》中的格物致知诚意正心，这是宋学迥异于汉学的地方。朱熹希望帝王这一角色所做的，不是让帝王模仿圣王的礼法去重新改革制度，而是帝王去学习圣人的心性，使帝王本人的个人修养不断向古圣先王趋近。其背后的预设，即是"人皆可以为尧舜"的观念——帝王可以不断接近圣人，这个过程就是政治不断改善的过程。对于人主在政治生活中的重要性，朱熹说："天下事，须是人主晓得通透了，自要去做，乃得。如一事八分是人主要做，只有一二分是为宰相了做，亦做不得。"① 如果帝王能够在学习圣王之心中不断提高德性，那么《论语》中所说的"政者，正也"，"君子之德风，小人之德草，草上之风，必偃"，"为政以德，譬如北辰，居其所而众星共之"，等等，便会自然实现。而要让帝王提高德性，关键是找到学习做圣人的方法。而在学习做圣人的道路上，不管是君主还是凡人，都是一样的，那就是通过四书所建立起来的成圣之道。《朱子语类》中有问："或言今日之告君者，皆能言'修德'二字，不知教人君从何处修起？必有其要。"朱熹回答："安得如此说！只看合下心不是私，即转为天下之大公。讲一切私底意尽屏去，所用之人非贤，即别搜求正人以用之。"② 帝王之修己德，成为好政治的核心内容。朱熹自己上书，也曾说："愿陛下自今以往，一念之顷必谨而察之：此为天理耶？人欲耶？果天理也，则敬而充之，而不使其少有壅阏，果人欲耶，则敬以克之，而不使少有凝滞。推而至于言语动作之间，用人处事之际，无不以是裁之，则圣心洞然，中外融彻，而天下事将惟陛下所欲为，无不如志矣！"③ 朱熹把政事之好坏，归根于皇帝之心。他上书言政务曰："今天下大势，如人有重病，内自心腹，外达四肢，无一毛一发不受病者。且以天下之大本与今日之急务，为陛下言之：大本者，陛下之心；急务则辅翼太子，选任大臣，振举纲纪，变化风俗，爱养民力，修明军政，六者是

---

① 黎靖德编：《朱子语类》卷一百八，第2769页。
② 同上。
③ 《宋史·道学·朱熹传》，第12757页。

也。"① 在仔细阐明此六者之后，朱熹又说："凡此六事，皆不可缓，而本在于陛下之一心。一心正则六事无不正，一有人心私欲以介乎其间，则虽欲愈精劳力，以求正乎六事者，亦将徒为文具，而天下之事愈至于不可为矣。"② 朱熹把皇帝之心视为人之心腹，以天下万事视为四肢、毛发，心腹有病则四肢毛发俱病，所以，要使四肢毛发好起来，首先需要心腹好起来。而心腹好起来的关键，即在于帝王自正其心。可以说，在朱熹的思想中，所谓"帝王之学"，在格物致知，诚意正心，正是因为通过此，帝王才能在一念发动之时，便能觉察其为"天理"所趋，或者为"人欲"所使，从而存充天理，克灭人欲，使君主屏去私意，转而合于天下之大公。由此应对万事万物，则无不得心应手。

可以说，董仲舒与朱熹论帝王之学的最大不同，在于董仲舒不相信时王，即一个继体守文之君，能够通过自己的德性修行而臻于圣王之境，所以，时王只有不断学习圣王制作的礼乐并因时因地制宜地推行礼乐，以圣王制作的礼乐去教化天下，从而把天下从无道变成有道。而朱熹则相信每一个人都可以通过学习，趋近乃至于达到圣人的德性，那么时王同样也可以通过道德自省，以趋近或达到圣王的程度，时王在学习圣王之心的过程中，自然能够选用适当的贤人辅助，以改变天下无道的局面。

如果说古今文经学强调的都是经教，经教的核心是政教，即通过政治制度的重新建构，去构建一种好的政治，从而去建设好的社会，那么，宋明理学强调的是"理教"，开出的是"天理—秩序"格局，在这个格局中，构建了一个由历代圣王共同揭示的道统，历代圣王的圣德即体现在他们承担了完满的天理。而在这天理之下，众生平等，每个人都能够通过四书这一进德之阶梯，入圣之宝筏，修炼自己的德性。而在共同的德性基础上，自然能够构建一个好的政治社会。

三 宋儒的政治关怀

在朱熹的思路中，今古文经师所极为重视的一个领域被忽视了，那就是经学家根据经学中的制度，为皇纲政制所作的改制立法。在五经之学

---

① 《宋史·道学·朱熹传》，第 12758 页。
② 同上书，第 12762 页。

中，经学家通过对明堂、辟雍、巡狩等诸种圣王礼乐的一再解说强调，为时王确立一种行为准则，也为各级官吏确立礼义的标准，也就是说，强调君主既无圣德，便应当学习圣王之礼乐，即"王"的一面，以正己正人。而朱熹一味强调君主应当学习古代圣王"圣"的一面而非其"王"的一面，导致的结果，是圣王所立的礼义法度，即五经中大量可以参照施用的内容，被排除在外，而无法成为改革皇纲政制的资源。五经之学的政教功能的弱化，也导致宋代以后的君主，既无一个"圣"的维度，也失去了"王"的标准，所以专制愈演愈烈。

但是，宋学也有其制度关怀，主要体现在社会上的礼乐制度损益重建，而不是朝廷中皇纲政制的改革。理教秩序虽然没有使有位的君主变成有德之圣人，但其对华夏文明的功绩，在于营造好的社会上，其中包括通过建立书院制度，形成儒教士共同体，通过制定家礼、宗族制度建立血缘共同体，通过制定乡规民约，建立地缘共同体，又通过民俗、说书、戏曲等诸种形式，把儒学观念渗透到社会的方方面面。这些共同体的相同特征，都是有一定的自治性质，都能使生活于其中的人们形成一套更好的、有礼义的生活方式。就如笔者在《经学、制度与生活》中所说的："宋明儒虽然对整体的皇纲政制、治国之法没有产生足够的影响，但是，'制度儒学'在宋明时期，仍然有明显的体现，那就是在'国'之外的社会领域上。理学影响下的大儒，每至地方，每治一处，皆以儒家之义，敦仁崇孝，教民化俗，行一方之政。可以说，'制度儒学'在宋明时期的体现，主要在于乡约、族法、家礼，乃至于书院制度上。但是，如果我们看宋明儒为家族、书院所立的制度，便可以看到，其主要来源仍然是经学。因为经学提供的是家国的礼法制度，一个人对另一个人的教化，可以通过'先觉觉后觉'实现，而对一家、一族、一乡、一地区的教化，则只有通过家礼、族法诸制度才能实现。因为，家礼、族法诸制度，不是启发每一个人的理性，而是通过制度建构，形成富有德性的社会风俗，这样，美德沉淀于共同体的礼制生活之中，日用而不知。生活在共同体中的人们自然能够在日常生活中不知不觉中接受美德的教化。正因如此，宋明儒家在以礼乐进行教化中，仍然重视五经，只不过他们会以心性体知，去损益礼乐。"①

---

① 陈壁生：《经学、制度与生活》，华东师范大学出版社2010年版，第15页。

其中，宗族制度是在宋学的影响、教化下起到重新塑造华夏族群生活方式的作用的制度。家族制度的要素，日本学者井上彻在《中国的家族制度与国家礼制》中说："作为通过宗法实践来组织、维系理想化父系亲族集团的物质性要素，主要指共有地（义田、祭田等族田）、作为祖先祭祀场所的祠堂（宗祠）以及记载了共同祖先以下系谱关系的族谱（家谱）。"① 家族制度，是周代贵族才能实行的各种礼仪被重新损益、解释，而施用于宋代以后平民生活的结果。义田、祠堂、族谱等要素，把分散的平民以血缘关系为纽带牢牢地抟结在一起，使平民也能够有礼义地生活。在五经系统中，诸如立庙、冠、婚、丧、祭诸礼，只有士以上的阶层才能实行，《仪礼》所载的诸种人生仪轨，所需的宫室、衣服，所费开销，实非庶民所能行之。而宋明社会设计的伟大突破，便在于通过宗族制度的建立，使几乎所有庶民，都能够过上有礼义的生活，尤其是《朱子家礼》大行于天下之后，祠堂、宗子之制大定，所有庶民，皆能奉天祭祖，皆能在乡村生活中实行冠、婚、丧、祭诸种礼仪。宋学没有塑造出更好的政治，却塑造出更好的社会，因此，宋以后不乏朝纲大坏，专制日甚的时代，但由于社会与政治相分离，庶民生活得以避免随着政治的日趋专制而趋于败坏。

---

① ［日］井上彻著：《中国的家族制度与国家礼制》，钱杭译，上海书店出版社2008年版，第3页。

论元人的"《四书》《六经》观"

中山大学哲学系　周春健

一　问题的提出

《四书》与《六经》的关系问题，是四书学乃至哲学史上的一个重要问题。《四书》与《六经》的关系能够成为一个问题，主要源于宋儒朱熹曾经提出过"四子，《六经》之阶梯"[①]之说。《四书》《六经》观，是朱熹四书学体系的一个重要组成部分。

需要指出，《四书》与《六经》关系语境下的"六经"，与代表周秦礼乐文化的"六艺"之义大为不同，而与汉唐"五经"近义。朱熹在《文集》《语类》中，有多处表述是将"六经"理解成了与汉唐训诂之学相应的《诗》《书》《礼》《易》《春秋》五部经书。有时虽然提及《乐》，却往往仅是与《礼》对举，并非实指其书。

讨论《四书》与《六经》关系的学术意义在于，《四书》与《六经》孰先孰后，孰为主导，反映的是两种迥然相异的学术主张，甚至代表着不同的学术时代。一般而言，从支撑某一阶段的经典系统角度划分，中国思想史可以分为先秦"六艺时代"、汉唐"五经时代"和宋明"四书时代"三个大的阶段。经过隋唐儒者尤其是北宋理学家的大力表彰，《大学》《中庸》《论语》《孟子》四部典籍逐渐形成一个有着密切内在关联的经典系统，至南宋朱熹结集定名为《四书》，并精心结撰《四书章句集注》，集儒家心性学与义理解经之大成，最终创立"四书学"。自此，支撑汉唐

[①] 《朱子语类》卷一百五，见朱杰人、严佐之、刘永翔主编《朱子全书》第十七册，上海古籍出版社、安徽教育出版社2002年版，第3450页。

学术的《五经》系统逐渐退却，理学《四书》系统走到幕前。譬如元仁宗皇庆、延祐年间恢复科举，士子首先要考的经典正是《四书》，并且答题只能依据朱熹之《四书集注》。这一规定为明清两代所沿袭，影响中国后期宗法社会八百年。用钱穆先生的话讲："《四书》结集于程朱，自朱子以来八百年，《四书》成为中国社会之人人必读书，其地位实已越出在《五经》之上。……朱子有言：'《语》《孟》工夫少，得效多；《六经》工夫多，得效少。'此一条，即已把宋以下之孔孟并重代替了汉以下之周孔并重，把《四书》地位来代替了《五经》地位。换言之，乃是把当时之理学来代替了汉唐之经学。"①

那么，作为一个由蒙古"异族"统治的特殊王朝，作为一个崛起于漠北草原、"南北道绝，载籍不相通"②的北方政权，元代学者对《四书》《六经》关系究竟如何看待？是否真如前人所说，元代学术皆"株守宋儒之书"③而无所发明？是否有其独属于这个特殊时代、特殊政权的新说？与明清学术究竟有着怎样的不同？这些问题都值得我们细心考究。

二 朱熹"四子，《六经》之阶梯"说辨正

讨论元代学者的《四书》《六经》观，必须要从朱熹的《四书》《六经》观谈起，因为朱熹是四书学的最终确立者，并且其学说在元代"悬为令甲"④，享有崇高地位，对学者产生着重大影响。讨论元人的《四书》《六经》观，当以朱熹之说作为参照。

朱熹对于《四书》《六经》的关系，有着明确说明，这集中体现在弟子陈淳的一段记录中："《近思录》好看。四子，《六经》之阶梯；《近思

---

① 钱穆：《朱子学提纲·朱子之四书学》，第180—181页。又，丁为祥先生在其新著《学术性格与思想谱系——朱子的哲学视野及其历史影响的发生学考察》第四章中称："六经或五经与四书（四子）本身就代表着不同时代的传统，——六经代表着举世公认之儒家经典的系统，而四书则代表着儒家的子学系统。"（人民出版社2012年版，第282页）应当说，自朱熹正式结集《四书》并撰作《四书章句集注》，《四书》就不只是代表着儒家的"子学系统"了，而跃身成为居于《六经》（或《五经》）之上的新的"经典系统"。
② 《元史·赵复传》，中华书局1976年版，第4314页。
③ 皮锡瑞：《经学历史》，中华书局2002年版，第205页。
④ 永瑢等：《四库全书总目·四书类小序》，中华书局1965年版，第289页。

录》,四子之阶梯。"① 关于"四子"所指,一直以来普遍认为当指《四书》无疑,而方旭东先生对这一说法提出了质疑:

> 陈淳所录的"四子",不是指《四书》,而是指周、张、二程四子。……对陈淳所录"《近思录》,四子之阶梯"这句话,可作如下判断:它是说《近思录》是周张二程之书的入门读物,而不是说读《四书》前当先读《近思录》。②

这里,我们对《近思录》与"四子"的关系姑且不论,单就《四书》与《六经》的关系而言,其实在朱子那里,即便不把"四子"理解为《四书》,也不影响先《四书》后《六经》、《四书》主导《六经》、《四书》为《六经》之阶梯这一基本观念的成立。朱熹在其他地方的多处论述就印证了这一点,譬如朱子在《书临漳所刊四子后》中说:

> 河南程夫子之教人,必先使之用力乎《大学》《论语》《中庸》《孟子》之书,然后及乎《六经》。盖其难易、远近、大小之序固如此而不可乱也。③

《朱子语类》卷六十七载:

> 人自有合读底书,如《大学》《语》《孟》《中庸》等书,岂可不读?读此四书,便知人之所以不可不学底道理,与其为学之次序,然后更看《诗》《书》、礼、乐。某才见人说看《易》,便知他错了,未尝识那为学之序。④

同书卷一一五又载:

---

① 朱熹:《朱子语类》卷一百五,见《朱子全书》第十七册,第3450页。
② 方旭东:《〈近思录〉新论》,《哲学研究》2008年第3期。
③ 朱熹:《晦庵先生朱文公文集》卷八十二,见《朱子全书》第二十四册,第3895页。
④ 朱熹:《朱子语类》卷六十七,见《朱子全书》第十六册,第2226页。

又问读《诗》。曰:"《诗》固可以兴,然亦自难。先儒之说亦多失之。某枉费许多年工夫,近来于《诗》《易》略得圣人之意。今学者不如且看《大学》《语》《孟》《中庸》四书,且就见成道理精心细求,自应有得。待读此四书精透,然后去读他经,却易为力。"①

如上所言,先用力乎《四书》,然后及乎《六经》;为学次序当先读《四书》,再读《易》《书》《诗》《礼》;待《四书》读透,再读他经等等,足以证明朱熹"四子,《六经》之阶梯"命题的成立。

那么,朱熹为什么会主张《四书》在先,《六经》在后呢?在他看来,从读书进学次序和理会"圣人本意"的角度讲,《四书》具有明显的优于《六经》的特质。譬如《朱子语类》卷十九云:"《论语》易晓,《孟子》有难晓处。《语》《孟》《中庸》《大学》是熟饭,看其它经,是打禾为饭。"又同卷:"《语》《孟》工夫少,得效多;《六经》工夫多,得效少。"同书卷一百四则云:

> 某尝说,《诗》《书》是隔一重两重说,《易》《春秋》是隔三重四重说。《春秋》义例、《易》爻象,虽是圣人立下,今说者用之,各信己见,然于人伦大纲皆通,但未知曾得圣人当初本意否。且不如让渠如此说,且存取大意,得三纲、五常不至废坠足矣。今欲直得圣人本意不差,未须理会经,先须于《论语》《孟子》中专意看他,切不可忙;虚心观之,不须先自立见识,徐徐以俟之,莫立课程。

从朱熹的话中不难看出,朱子主张先《四书》后《六经》的深层学术原因乃在于:"《四书》是直接的孔孟之道,更便于阐发理学思想;而《五经》则是孔孟以前的'先王之教',与理学的关系远一些、浅一些。"②也就是说,推崇《四书》,退却《五经》,是宋代理学得以创立的一个学术前提,在理学家心目中至关重要。当然,这一经典系统"替换"的更为宏阔的思想背景是:这是以程朱为代表的宋代理学家应对儒学内部革新和外部佛道挑战的重大举措,也是宋代"新儒学"得以产生的重要条件。

---

① 朱熹:《朱子语类》卷一百十五,见《朱子全书》第十八册,第3639页。
② 邱汉生:《四书集注简论》,中国社会科学出版社1980年版,第20页。

正因为此，钱穆先生认为："把《四书》放在《五经》之上，这是开天辟地学术思想里的大革命。"①

三　元人诸说："述朱派"、"反朱派"、"申发派"

如所周知，元代是一个由蒙古族统治的北方政权，政治中心在大都（今北京），元代四书学也经历了一个由南向北的传播过程，并在南方和北方各自形成了众多学派。譬如北方有以许衡为代表的"鲁斋学派"，以刘因为代表的"静修学派"；南方有以金履祥、许谦为代表的"北山学派"，以吴澄为代表的"草庐学派"，以陈栎、胡炳文为代表的"新安学派"，等等。不同学派的四书学主张存在诸多差异，在《四书》与《六经》关系问题上，也与朱熹之说多所不同，呈现出多样的色彩。

1. 述朱派："四子，《六经》之阶梯"

元代各派学者中，皆有遵从朱熹"四子，《六经》之阶梯"之说者。或完全复述此命题，或说法略异而精神实通。尤其是元仁宗延祐科举之后，这派说法更是因朝廷的表彰而占据主导。从学术师承上讲，这些学者大多是朱学的续传。

北山学派代表人物金履祥（1232—1303）、许谦（1270—1337）虽然号称"纯然得朱子之学髓"②，但在《四书》《六经》关系上并没有明确的论断，姑置不论。而新安学派的陈栎（1252—1334）完全赞同朱熹之说，譬如《定宇集》卷十七《又答先生书》云：

> 吾乡自式车姜介轩先生开其源……主簿胡余学先生数老，先后相续，不但文辞古雅，而以《近思录》为四子之阶梯，以四子为《六经》之阶梯，必使人人习之。

陈栎为徽州休宁人，草窗先生黄智孙门人，智孙学于万菊滕氏（铅），而

---

① 钱穆：《经学大要》，台北：素书楼文教基金会2000年版，第483页。
② 黄宗羲、全祖望：《宋元学案》卷八十二，中华书局1986年版，第2801页。

"滕之先璘、珙二伯仲,皆为朱子高弟"①,故陈栎论学亦"以朱子为宗"②。

再如汪克宽(1301—1369,一说1304—1372)《重订四书集释序》云:"《四书》者,《六经》之阶梯,东鲁圣师以及颜、曾、思、孟传心之要,舍是无以他求也。"所论与朱子原话几乎一致,而克宽为东山先生汪华再传,汪华为双峰饶鲁门人,饶鲁则为朱熹之再传弟子。

莆田人黄仲元(1223—1312)《四如讲稿》卷一曾云:"《论》《孟》,《六经》之阶梯。二书首尾次第,各有条序,而不可乱。"亦与朱子之说无二。值得注意的是,仲元与《六经》并提的只是《论》《孟》,而未及于《大学》《中庸》,但实际上《论》《孟》在这里可以作为《四书》的代称来理解。朱熹在其《语类》《文集》即有多处《六经》《语》《孟》并称的情况,并以《语》《孟》指代《四书》,看来这是一个传统。而据《宋元学案》,仲元乃得其父黄绩"德远家学",黄绩为瓜山先生潘柄门人,潘柄则"年十六,即有志于道,与立之往事朱子于武夷,朱子以所学授之"③,故而仲元亦属朱子续传。

2. 反朱派:"《语》《孟》,圣贤之成终者也"

元人对《四书》《六经》关系的认识,"述朱"一派是主流。这易于理解,因为毕竟当初实现元代四书学北传的关键人物德安(今湖北安陆)儒生赵复(1215—1306),其身份便是"朱学续传"(《宋元学案·晦翁学案下》)或谓"程朱续传"(《宋元学案·鲁斋学案》),何况后来有了国家科举制度对朱熹《四书集注》尊崇地位的保障。但更值得关注的当是"反朱"一派,因为在这种对朱说反动的背后,折射出的是元代学术的多样面目和独特品格。这中间,又以刘因(1249—1293)和吴澄(1249—1333)二人最有代表性。

先来看刘因。

刘因字梦吉,保定容城(今河北容城)人,学者称"静修先生"。据《元史·刘因传》,因"初为经学,究训诂疏释之说",后见周、程、张、

---

① 黄宗羲、全祖望:《宋元学案》卷七十,第2350页。
② 同上书,第2354页。
③ 黄宗羲、全祖望:《宋元学案》卷六十九,第2291页。

邵、朱、吕之书而发生四书学转向，并撰有《四书集义精要》三十卷等。"《语》《孟》，圣贤之成终者"，是刘因在《叙学》一篇中提出的观点，涉及对《四书》与《六经》关系问题的认识，他说：

> 先秦三代之书，《六经》《语》《孟》为大。世变既下，风俗日坏，学者与世俯仰，莫之致力，欲其材之全，得乎？三代之学，大小之次第，先后之品节，虽有余绪，竟亦莫之适从，惟当致力《六经》《语》《孟》耳。世人往往以《语》《孟》为问学之始，而不知《语》《孟》圣贤之成终者。所谓博学而详说之，将以反说约者也，圣贤以是为终，学者以是为始，未说圣贤之详，遽说圣贤之约，不亦背驰矣乎？所谓"颜状未离于婴孩，高谈已及于性命"者也。①

此处"《语》《孟》"，亦可作为《四书》的代称来理解。如前所述，《四书》是宋代理学体系得以建立的最重要的典籍依据，一定程度上说，倒了《四书》便是倒了理学，《四书》在先的位置不容动摇。然而在刘因这里却试图动摇它，"世人往往以《语》《孟》为问学之始，而不知《语》《孟》圣贤之成终者"，前半句道出了宋元以来学术发展的实情，后半句则意在说明《四书》之学应当作为问学之终，而非如程朱等人所言的问学之始。而且，"圣贤以是为终，学者以是为始，未说圣贤之详，遽说圣贤之约，不亦背驰矣乎"的反问，分明是对朱熹以来的四书学传统的严厉反动和批判。

至于当以何者为始，刘因接下来称：

> 虽然，句读训诂不可不通，惟当熟读，不可强解，优游讽诵，涵咏胸中，虽不明了，以为先入之主可也。必欲明之，不凿则惑耳。《六经》既毕，反而求之，自得之矣。治《六经》必自《诗》始。……本诸《诗》以求其情，本诸《书》以求其辞，本诸《礼》以求其节，本诸《春秋》以求其断，然后以《诗》《书》《礼》为学之体，《春秋》为学之用，一贯本末具举，天下之理穷，理穷而性尽矣。穷理尽性以至于命，而后举夫《易》。《易》也者，圣人所以成

---

① 刘因：《静修集》续集卷三《叙学》。

终而所成始也。

不难看出，刘因乃是将代表"圣贤之详"，可以"反而求之而自得"的《六经》作为问学之始的。反对朱熹"四子，《六经》之阶梯"而主张"问学自《六经》始"，这是刘因四书学独具的特点。

再来看吴澄。

吴澄字幼清，抚州崇仁（今江西崇仁）人。曾任国子监丞、国子司业、太中大夫等，著有《五经纂言》《吴文正集》等，学者称"草庐先生"。他所开创的"草庐学派"，与北方"鲁斋学派"、"静修学派"鼎足而为元代三大理学派别之一。吴澄并没有在其著述中明确提出《四书》《六经》是何种关系，但在他任国子司业时提交的国子监改革方案中，却清楚地表明了先《六经》后《四书》的立场。这需要从许衡（1209—1281）任国子祭酒之事说起。

许衡较早接受了南儒赵复传播而来的四书学，并将之教授弟子，在忽必烈朝任国子祭酒兼管太学时，又通过规定教材及亲自著述在教育层面推广《四书》，使四书学得到更广泛的传播。至元十年（1273），许衡在以阿合马为代表的"理财权臣派"排挤下辞职还乡，由于朝中诸多汉人儒士的坚守，由许衡订立的在国子学中推行《四书》的规矩并未废除。至元十三年（1276），国子学社生不忽木、坚童、太答、秃鲁等上书忽必烈，提出兴学要求，并建议将《大学》的"修身、齐家、治国、平天下"之道列为国子学教学内容，忽必烈也最终先于至元十四年（1277）设置蒙古国子监，又于至元二十四年（1287）再置国子监，并确定其制度，正式将《四书》列为教材且使其占据了先于《六经》的重要位置，规定：

> 凡读书，必先《孝经》《小学》《论语》《孟子》《大学》《中庸》，次及《诗》《书》《礼记》《周礼》《春秋》《易》。博士、助教，亲授句读音训，正、录、伴读以次传习之。讲说则依所读之序，正、录、伴读亦次而传习之。①

然而到忽必烈统治晚期，国子监教学内容却发生了细微的变化。至元

---

① 《元史·选举志一·学校》。

二十五年（1288），南儒程钜夫（1249—1318）曾向朝廷建议："吴澄不愿仕，而所定《易》《诗》《书》《春秋》《仪礼》《大小戴记》，得圣贤之指，可以教国子，传之天下。"① 这其实是一个信号，即要在国子监教育中加重《五经》的分量，这便与许衡等极力推重《四书》的立场有了很大差别。成宗时，袁桷（1266—1327）上《国学议》，对宋末以来推崇《四书》的风气提出了严厉批评，同时指出："今科举既废，而国朝国学定制，深有典乐教胄子之古意。倘得如唐制，《五经》各立博士，俾之专治一经，互为问难，以尽其义……庶足以见经济之实。"② 这一主张，便使《四书》优于《五经》的地位受到了很大挑战。仁宗即位的当年（1311），时任国子司业的吴澄提交了他的国子监改革方案：

> 公为取程淳公《学校奏疏》、胡文公"二学教法"及朱文公《贡举私议》三者，斟酌去取，一曰经学：学《易》《诗》《书》《仪礼》《周礼》《礼记》（大戴记）附《春秋三传》，附右诸经各专一经，并须熟读经文，旁通诸家，讲说义理度数，明白分晓。凡治经者，要兼通《小学书》及《四书》。……是为拟定教法。③

这个方案虽然不像袁桷那样态度激烈地排斥《四书》，而是再次将《小学》及《四书》纳入教学内容，但《四书》仅处于"兼通"地位、逊于《五经》的倾向显而易见。尽管吴澄自幼即习读《四书》，也曾提出过"《四书》，进学之本要也"④的论断，但在这份国子监改革方案中，却明显地主张《六经》为先，与朱熹之说迥然相异。

3. 申发派："《六经》《四书》所以相通"

元代还有个别学者，对朱熹"四子，《六经》之阶梯"说有所申发，颇具新意。

作为东莱吕祖谦续传的义乌人王祎（1322—1374），在其所撰《四子

---

① 虞集：《道园学古录》卷四十四。
② 袁桷：《清容居士集》卷四十一。
③ 吴澄：《吴文正公集》卷首《吴文正公年谱》。
④ 吴澄：《吴文正集》卷十一《赠学录陈华瑞序》。

论》中称：

> 然而先儒之论，以谓治《六经》者，必先通乎《四书》，《四书》通则《六经》可不治而通也。至于《六经》《四书》所以相通之类，则未有明言之者。①

王祎所谓"《四书》通则《六经》可不治而通"之说，显然来自二程。《河南程氏遗书》卷二十五载程氏之语云："学者当以《论语》《孟子》为本，《论语》《孟子》既治，则《六经》可不治而明矣。"而这种"读论语孟子法"，亦被朱熹当作指导性的"纲领"，置于《论语集注》之前。当然，"《论语》《孟子》既治，则《六经》可不治而明矣"的提法，意在强调《论》《孟》乃至整个《四书》的重要，并非真的说治《四书》后即可不治《六经》。程朱之意乃在于，《六经》之"道"与《四书》之"道"相通，而《四书》易于理会，故通《四书》亦可通《六经》。

饶有兴味的是王祎所阐述的"《六经》《四书》所以相通"的理据，当属发前人所未发。兹移录如下：

> 以予论之，治《易》必自《中庸》始，治《书》必自《大学》始，治《春秋》则自《孟子》始，治《诗》及《礼》《乐》必自《论语》始。是故《易》以明阴阳之变，推性命之原，然必本之于太极，太极即诚也，而《中庸》首言性命，终言天道、人道，必推极于至诚，故曰治《易》必始于《中庸》也。《书》以纪政事之实，载国家天下之故，然必先之以德峻德、一德三德是也，而《大学》自修身以至治国、平天下，亦本原于明德，故曰治《书》必始于《大学》也。《春秋》以贵王贱霸，诛乱讨贼，其要则在乎正谊不谋利，明道不计功，而《孟子》尊王道，卑霸烈，辟异端，距邪说，其与时君言，每先义而后利，故曰治《春秋》必始于《孟子》也。《诗》以道性情，而《论语》之言《诗》，有曰："《关雎》乐而不淫，哀而不伤"，又曰："可以兴，〔可以观，〕可以群，可以怨。"《礼》以谨节文，而《论语》之言礼，自乡党以至于朝廷，莫不具

---

① 王祎：《王忠文集》卷四。

焉。《乐》以象功德，而《论语》之言"乐自《韶》舞"以及"翕纯皦绎"之说，莫不备焉，故曰治《诗》及《礼》《乐》必始于《论语》也。此《四子》《六经》相通之类然也。虽然，总而论之，《四子》本一理也，《六经》亦一理也。汉儒有言："《论语》者，五经之錧辖，六艺之喉衿。《孟子》之书，则而象之。"嗟乎！岂独《论语》《孟子》为然乎？故自阴阳、性命、道德之精微，至于人伦日用、家国天下之所当然，以尽乎名物、度数之详，《四子》《六经》皆同一理也。统宗会元，而要之于至当之归，存乎人焉尔。

在这里，王祎找到了《六经》与《四书》在哲学上的契合点，将《六经》与《四书》一一比附，以此解释《六经》与《四书》之所以相通，这可算作元代一种新型"四书六经观"。不过，程子所谓"《论语》《孟子》既治，则《六经》可不治而明矣"，强调的是《四书》与《六经》的相通；而朱熹所谓"四子，《六经》之阶梯"，强调的则是《四书》与《六经》的差别及阶段性。二者虽有关联，却不完全属同一层面的问题。

四　元人"《四书》《六经》观"与元代学风

那么，对于元人在《四书》《六经》关系上的"述朱"、"反朱"、"申发"诸说，到底该如何认识？每种说法的背后，与学者个人学术渊源以及整个元代学风有着怎样的关联？

"述朱派"与"申发派"的问题相对简单，因为持这两派观点的学者大都属于朱学续传，对朱子之学十分崇信。这与元代四书学北传的大趋势有关，赵复等人将朱学《四书》传到北地，并逐渐为朝廷所重视，继而于仁宗时期恢复科举，带来了朱熹《四书集注》更为广泛的传播，并促使元代学术风气发生了一个"四书学"的转向。[①] 时人虞集即称："昔在世祖皇帝时，先正许文正公得朱子《四书》之说于江汉先生赵氏，深潜玩味而得其旨，以之致君泽民，以之私淑诸人。而朱氏诸书定为国是，学

---

① 参周春健《元代四书学研究》第二章，华东师范大学出版社2008年版，第73—76页。

者尊信，无敢疑贰。"① 欧阳玄（1283—1357）亦云："后是四十年，贡举法行，非程朱学不试于有司，于是天下学术，凛然一趋于正。"② 这一四书学转向，聚集了更多学者探研朱学《四书》，并在《四书》《六经》关系上尊崇朱熹"四子，《六经》之阶梯"之说。

"反朱"一派的情形较为复杂。吴澄的主张先《五经》后《四书》，不排除他任国子司业时可能面临政治上的竞争；另外从其学术行历考察，在《五经》和《四书》之间，吴澄明显倾力于《五经》，他以理学解说《五经》，于《易》《书》《仪礼》《礼记》《春秋》皆为《纂言》，代表了其学术上的最高成就。四书学方面，则仅有《中庸纲领》一篇，以及《吴文正集》卷三中所保留的论述《大学》一书的文字。受其影响，"草庐学派"门人弟子中治《四书》者亦甚寥寥，看来并不偶然。

至于刘因的"问学自《六经》始"之说，则需要从如下几个方面来认识。

首先，刘因主张问学先《六经》而后《四书》的立论根据，在逻辑上存在一些问题。他是从经学发展历史前后顺序的角度提出这一观点的：

> 《六经》自火于秦，传注于汉，疏释于唐，议论于宋，日起而日变，学者亦当知其先后，不以彼之言而变吾之良知也。近世学者，往往舍传注疏释，便读诸儒之议论，盖不知议论之学自传注疏释出，特更作正大高明之论尔。传注疏释之于经，十得其六七；宋儒用力之勤，铲伪以真，补其三四而备之也。故必先传注而后疏释，疏释而后议论，始终原委，推索究竟以己意体察，为之权衡，折之于天理人情之至。③

然而正如《宋明理学史》所言："这些说法，意在强调汉唐传注疏释的重要。这与'拨弃汉唐训诂'的宋代理学家们有所不同。"④ 理学传统轻视汉唐训诂，他们直接以《四书》探求孔孟精义，而他们获得理学精义的

---

① 虞集：《道园学古录》卷三十九《跋济宁李璋所刻九经四书》。
② 欧阳玄：《圭斋文集》卷五《赵忠简公祠堂记》。
③ 刘因：《静修集》续集卷三《叙学》。
④ 侯外庐等：《宋明理学史》第三编，人民出版社1997年版，第718页。

途径恰恰越过了汉唐训诂，主要靠"自家体贴出来"①。由此说来，在时代顺序上，理学及四书学固然居于汉唐训诂及《六经》之后，但"议论之学自传注疏释出"之说却并不符合学术发展实际，也无法推导出问学当先《六经》而后《四书》的结论。

其次，"《语》《孟》为问学之始"与"《语》《孟》圣贤之成终者"，其实并不相"背驰"，在朱熹那里是统一的。朱子"四子，《六经》之阶梯"之说，应该是从学习程度难易角度立论的。若说"圣贤之成终"，《六经》与《四书》都是理学精义的最终所在，都是理学家的最高追求，朱熹所谓"《六经》《语》《孟》皆圣贤遗书，皆当读，但初学且须知缓急。《大学》《语》《孟》最是圣贤为人切要处"②，就是明证。朱熹从来没说过《四书》包含圣人之道而《六经》不包含之类的话，相反，他曾说："道在《六经》，何必它求？"③又说："窃谓圣人道在《六经》，若日星之明。"④他只是将《四书》的学习作为第一个阶段，待《四书》通透后再研《六经》，而"阶梯"之义，正在于此。刘因却把二者对立起来了，以为"问学之始"便不是"圣贤之成终者"，这也可算作对朱子本旨的一种偏离。

最后，刘因重《六经》"传注疏释"而轻《四书》"议论之学"，显然是针对入元以来的虚浮学风而发的，所谓"世变既下，风俗日坏，学者与世俯仰"，"颜状未离乎婴孩，高谈已及于性命"，"学者多好高务远，求名而遗实，逾分而远探，躐等而力穷"，指的就是这种情况。这说明，四书学由南宋传衍至元代初年，即已暴露了一定的弊端，与朱熹当年创立四书学时面临的学术情势有着很大不同。刘因如此提倡，目的是为虚浮的风气中注入一些"求实"的成分，这在思想史上又有着进步意义。

可是，为什么同样是北方学者的许衡没有做到而刘因做到了呢？除去二人所处学术环境有所差别外，一个至关重要的原因就是刘因有着深厚的北方传统经学渊源，"与宋儒否定汉唐儒学史不同，他认为宋代儒学不过

---

① 程颢、程颐：《河南程氏外书》卷十二，见《二程集》，中华书局2004年版，第424页。
② 朱熹：《朱子语类》卷十三，见《朱子全书》第十四册，第412页。
③ 朱熹：《晦庵先生朱文公文集》卷三十《答汪尚书（七月十七日）》，见《朱子全书》第二十一册，第1299页。
④ 朱熹：《晦庵先生朱文公文集》卷四十三《答李伯谏（甲申）》，见《朱子全书》第二十二册，第1953页。

是汉唐儒学史的发展而已。这也是北方学术传统在刘因身上的表现"①。

五 元明清四书学："偏离"与"回归"

作为理学集大成者的宋儒朱熹,将《大学》《论语》《孟子》《中庸》四部书汇集成编,撰作《章句集注》,并在客观效果上,最终完成了经典系统由汉唐《五经》向宋代《四书》的替换。朱熹所倡导的"四子,《六经》之阶梯"之说,开启了一个理学新时代。自南宋末年朱学受到最高统治者的推崇,至元仁宗延祐年间恢复科举,朱学《四书》"悬为令甲",朱子的这一观念作为主流观念在社会上流行。

元朝是一个特殊时期,元代学术乃在北方"训诂疏释之学"与朱熹"理学四书学"相互交错的基础上展开。就元代学者的"四书六经观"而言,既有完全恪守朱子之说的"述朱派",也有因受北方学风或政治因素影响而出现的"反朱派",又有试图寻找《四书》《六经》所以相通理据的新型"《四书》《六经》观",故而绝非完全"株守宋儒之书"、毫无建树。所有这些,都具备了元朝这个特殊政权、特殊朝代所独有的品格,对于全面认识元代学术以及整个四书学,有着重要价值。

至于明清,由于科举的日益稳固发达,朱学《四书》地位如日中天,朱熹的《四书》《六经》观更是受到学者甚至统治者的崇扬。譬如明人何乔新《道统》云:"紫阳朱夫子后出江左,年弥高而德弥邵。其著述之大者……《四书》之精详,为《六经》之阶梯。"② 又如明人薛己云:"医之有《内经》犹儒道之《六经》,无所不备。四子之说则犹《学》《庸》《语》《孟》,为《六经》之阶梯,不可缺一者也。"③ 甚至清代乾隆帝本人亦称:"朕观宋儒周、程、张、朱之学,与《四书》相表里,为《六经》之阶梯,平易精实,有裨学者。"④ 皆与朱熹之说毫无二致。

那么,元人的"《四书》《六经》观",在整个四书学史上到底处于什么位置,有着怎样的特点?我们说,"四子,《六经》之阶梯"之说,

---

① 查洪德:《理学背景下的元代文论与诗文》,中华书局2005年版,第212页。
② 何乔新:《椒邱文集》卷二。
③ 薛己:《薛氏医案》卷二十。
④ 《圣祖仁皇帝御制文》第四集卷四《谕大学士温达、松柱、李光地、萧永藻、王掞》。

乃是朱熹在北宋理学家基础上总结并最终定型，又因四书学北传而影响至元朝。有元一代，在"《四书》《六经》观"上大致可以区分为"述朱"、"反朱"、"申发"三派，呈现出多样色彩。就元代四书学而言，"其时经义、经疑并用，故学者犹有研究古义之功"①，未曾脱离学术太远。时至明清，虽然四书学得到了更为广泛的传播，但主要是缘于国家科考对于广大士子的无限诱惑力，以至出现"坊刻《四书》讲章，则旋生旋灭，有若浮沤；旋灭旋生，又几如扫叶，虽隶首不能算其数。盖讲章之作，沽名者十不及一，射利者十恒逾九"②的糟糕情况。在这一趋势下，学术层面的四书学渐趋淡漠，关于《四书》《六经》关系的讨论，也显得单调了许多。不少士子眼中只有《四书》甚至只有《朱注》，而无意理会其余经书，这是对朱熹"四子，《六经》之阶梯"本旨的更大"偏离"。当然，到了明清之际，顾炎武（1613—1682）等启蒙思想家开始反思并批判理学、朱学之弊端，重视考据训诂，由此带来了清代"汉学"的兴起，天下学术又"鬼使神差"地由宋明《四书》之学"回归"到汉唐《五经》之学上去了，不过这与朱熹的"阶梯"之说有着重大区别。

---

① 永瑢等：《四库全书总目·四书类案语》，第307页。
② 永瑢等：《四库全书总目·四书类存目案语》，第320页。

朱熹与中国思想的道统论问题

华东师范大学哲学系　陈　赟

一　"中国"的成立与道统论之发端

在政教典范的层次上，早期中国的古典文明发展可分为三个阶段。崔述《洙泗考信录》云："二帝三王孔子之事，一也；但圣人所处之时势不同，则圣人所以治天下亦异。是故，二帝以德治天下，三王以礼治天下，孔子以学治天下。"① 所谓二帝，就是传说中的五帝时代的尧舜，那是中国文明的开端；所谓三王，就是夏商周三代；自孔子以后的历史被视为中国文明的第三阶段。以上三期的发展，由于历史时势的不同，而有圣人所以治天下之异，这是问题的一个方面；另一方面则是三个政教类型或阶段的连续性，是同一理念的不同展开或体现，这一理念在中国文化的自我理解方面，后来被表述为"道统"，此道统的内容便是中道。

以中道作为中国文明的基础，可以追溯到中国文明成立的轴心时代，正是那个时代奠定了中华文明的基本方向。轴心时代最大的问题是对此前已有的上古文明进行总结，这个总结既是消化以部族联盟、共主主导众多诸侯方国的政教结构，从而将既有文明历史化的方式，同时也是为中国在文明、种族、国家三个层面上的系统成立提供思想基础的方式。中道思想就是以这种方式被提出来的。在《论语》的最后一篇《尧曰》（该篇是《论语》的最后归宿），孔子提出，可以溯及的上古文明中三"帝"（尧、舜、禹）所授受的内容就是一个"中"字。

---

① 崔述：《崔东壁遗书》，上海古籍出版社1983年版，第261页。

> 尧曰："咨，尔舜，天之历数在尔躬，允执其中。四海困穷，天禄永终。"舜亦以命禹。

《论语》并不是孔子本人的著作，而是孔子弟子对孔子（也包含部分弟子）言行的记录，自宋代四书学成立以来，一直是研究孔子思想的第一手资料；而在汉唐时代，《论语》则被理解为中国文化的最核心文本——《六经》的最重要的解释性传记[1]，在思想上，它与《六经》有一种深层的表里关系。事实上，《六经》是孔子讲授传承下来的上古文明的总汇，它展现的并不是当时已知的上古文明知识的总体，而是经过孔子消化、处理了的上古文明体系，只不过随着孔子整理的《六经》的流行，《六经》之外的上古资料失去影响，甚至消失，对古代人而言，《六经》最终在事实上成为上古文明的全部知识。《尚书》以《尧典》开篇，这意味着孔子将源远流长的上古文明断自尧、舜，就与他对尧、舜、禹之间的禅让与授受的理解有关，这个禅让与授受，在他看来，已经为中华政教文明提供了理念性的基础，因而才得以作为中国文明叙述的开端。后来的司马迁正是接受了孔子的上述理解，将中国的文明史，同时也是中国所已知的世界史的开端，断自五帝时代。20世纪的中国历史学业已发现，尧、舜、禹等并不是来自同一个部族与地域，而是各有自己不同的甚至在本然意义上互不相关的历史文化脉络，但孔子将它们编织在同一个体系内，实际上是一种"整齐世传"的做法，这一做法遂得以构成中华文明历史传承的谱系化方式。《大戴礼记·五帝德》等都是这种谱系化的工作。《史记·三代世表》云："于是以《五帝系谍》《尚书》集世纪黄帝以来讫共和为《世表》。"显然，按照司马迁，《尚书》就其性质而言，本身也具有这种谱系化工作的

---

[1] 扬雄云："传莫大于《论语》"（《汉书·扬雄传》）；《后汉书·赵咨传》引用《论语·八佾》则称《论语》为《记》："《记》又曰'丧与其易也，宁戚。'"此处的"记"也是针对"经"而成立的。另有学者指出：汉人读书用竹木简编缀成册，写"经"书，用长二尺四寸的策（汉尺，合今约55.92厘米，1959年甘肃武威所出土汉简《仪礼》可为实物证明）；若《论语》，据《论衡·正说篇》，便只用八寸为一尺的竹简。此亦可证《论语》只是"传"、"记"。

性质。①

被认为传自孔子的《尚书》，在其《大禹谟》篇中，也可以找到与《论语》对应的叙述，这就是被宋明儒者称为"十六字心传"的"人心惟危，道心惟微，惟精惟一，允执厥中"。尽管阎若璩《尚书古文疏证》、惠栋《古文尚书考》等怀疑其真实性，甚至视之为抄袭《论语》和《荀子》而成，但要彻底地否证毕竟缺乏足够的证据；而且，后人所要否证的，关键在于其是否为孔子所传之《尚书》的实际篇章，但其作为"传自孔子"的重要文献，却是无可置疑的。事实上，在《荀子·解蔽》曾提及古老的《道经》，并且指明"人心之危，道心之微"来自《道经》。这似乎意味着孔子所传的《尚书》有着更古老的历史渊源。更为关键的是，《尚书·大禹谟》以"中"总结舜、禹之间的禅让授受，与《论语》尧、舜、禹三者授受的表述形成对照，体现了经与传之间在内容上的一致性与相应性。

"允执厥中"是舜在禅让帝位于禹时的叮咛告诫，同篇舜帝赞赏皋陶使"民协于中"，即让老百姓"皆合于大中之道"②。可见中道的意义，在《尚书》中就很重要；当舜要求大禹"执中"时，这是在明确"天下莫与汝争功"、"天之历数在汝躬"、"汝终陟元后"这一前提下进行的，换言之，二帝之间的告诫大概是当时的近于传承的传统，而"执中"则是这一告诫的核心内容。孔子对上古文明也即对所谓五帝时代的理解，即是以尧、舜、禹授受内容的"中"作为核心；"中国"观念说到底也就在

---

① 唐代司马贞索隐谓太史公取《五帝德》《帝系》之谍与《尚书》为之。起自黄帝，下为颛顼、偌（喾）、尧、舜、夏、殷、周七属：

(1) 黄帝—昌意—颛顼（高阳氏）。
(2) 黄帝—玄嚣—蛴极—高辛（帝偌）（黄帝曾孙）。
(3) 黄帝—玄嚣—蛴极—高辛—放勋（尧）。
(4) 黄帝—昌意—颛顼—穷蝉—敬康—句望—蛴牛—瞽叟—舜。
(5) 黄帝—昌意—颛顼（夏祖）（黄帝孙子）。
(6) 黄帝—玄嚣—蛴极—高辛—契（殷祖）。
(7) 黄帝—玄嚣—蛴极—高辛—稷（周祖）。（《史记》，中华书局1959年版，第488—489页）此乃司马迁根据礼家记录，整理古文数据，所形成的古史系统，所属诸圣，与"道统说"之诸圣，大致相同。参见黄人二《战国简宝训通解——兼谈其在中国经学史上"道统说"建立之重要性》，《中国哲学史》2010年第3期。

② 《尚书正义》卷四《大禹谟》，《十三经注疏》（整理本），北京大学出版社1999年版，第93页。

于这个"中"字。换言之,以"中"作为尧、舜、禹授受的内容,实际上也是在确立"中国"的起源,五帝之所以成为中国史的开端,并非偶然。

但问题是:在春秋战国人的意识中,随着五帝三王的历史叙述的出现,如何理解三王时代与中的关联?在这个方面,《清华简·保训》有补缺的作用。简文记载文王病重而授受武王的故事,文王一方面追溯了五帝时代的舜"求中"、"得中"而获帝尧之禅的历史;另一方面也追溯了商人先祖上甲微"假中"、"归中"以中传之子孙,有商终获帝命之故事,从而告诫武王执中而行,以获天命。① 《保训》对《论语》《尚书》构成了补充,尧、舜、禹归属五帝时代,《论语》与《尚书》所记载的执中的授受,及于五帝时代,而未及三王时代,《保训》则提供了三王时代关于"中"的传授内容。这一文献的发现,得以将五帝、三王时代同为"中国"的连续性揭示出来,这就是"中"的观念。宋代学者蔡沈所作的《书经集传序》云:"精一执中,尧舜禹相授之心法也。建中建极,商汤周武相传之心法也。"② 显然,也是以中道作为帝的时代与王的时代连续性的思想基础。作于战国时代子思(孔子之孙)的《中庸》,则是以"祖述仲尼之德"作为自己的内容,孔子祖述尧舜、宪章文武的要点被概括为"中庸",即"用中之道"。从而,"中"连接了五帝、先王与孔子以后的时代。

正是基于对帝、王、孔子三个政教典范及其文明史分期与连续性的理解,出现了道统的意识。道统说的渊源,可以追溯到《论语·尧曰》对尧、舜、禹授受的理念性理解,在《孟子·尽心下》中,《论语》中的授受得到了扩展:

---

① 《保训》讲"舜":"昔舜久作小人,亲耕于历丘,恐,求中,自诣厥志,不违于庶万姓之多欲,厥有施于上下远迩。乃易位设仪,测阴阳之物,咸顺不逆。舜既得中,言不易,实变名身,兹服惟允,翼翼不懈,用作三降之德。帝尧嘉之,用授厥绪。呜呼!祇之哉!"讲上甲微:"昔微假中于河,以复有易,有易服厥罪,微无害,乃追中于河。微志弗忘,传贻子孙,至于成汤,祇服不懈,用受大命。呜呼!发,敬哉!"而后告诫武王:"朕闻兹不久,命未有所引。今汝祇服毋懈,其有所由矣,丕及尔身受大命。敬哉,勿淫!日不足,惟宿不祥!"参看李学勤主编《清华大学藏战国竹简》(一),上海文艺出版社、中西书局2010年版,第143页。

② 《朱子全书外编》第一卷蔡沈《书集传》,华东师范大学出版社2010年版,第1页。

> 孟子曰:"由尧舜至于汤,五百有余岁,若禹、皋陶则见而知之,若汤则闻而知之。由汤至于文王,五百有余岁,若伊尹、莱朱则见而知之,若文王则闻而知之。由文王至于孔子,五百有余岁,若太公望、散宜生则见而知之,若孔子则闻而知之。由孔子而来至于今百有余岁,去圣人之世若此其未远也,近圣人之居若此其甚也,然而无有乎尔,则亦无有乎尔!"

孟子的叙述基于"五百岁必有王者兴"的术数观念,以"见而知之"与"闻而知之"两种方式构筑文明在历史中的连续性。虽然后来汉代扬雄的《法言·五百》①、唐代司马贞的《史记索隐·太史公自序》②批评了"五百年必有王者兴"的术数史观,却无人质疑五帝、三王以及孔子在精神层面上的连续性。

先秦时代出现的道统论(严格地说是道统论意识),并不是以概念层次上的主题化方式呈现,而是以谱系性的道统意识的方式彰显。就其功能而言,它与文化层面、种族层面、地理层面上中国观念的形成及其统摄性的要求有关。中道作为一种精神性的理念,构成了中国作为天下之国(中央之国)的精神本质。而这个观念的统摄性意义在于,从五帝、三王的方国时代向着大一统的天下型国家的构成形态的过渡,首先是在理念层面上完成的。无论是在五帝时代,还是在三王时代,甚至在孔子的时代,社会结构基本上都还是以部族文化为基础的方国为基本形态,中国作为诸方国的共主,而形成对当时已知的人间秩序的统摄与主导。但每一个方国都具有不同的地域性古文化,换言之,有不同的祭祀系统、饮食衣服形式、语言系统,等等,或总言之,具有不同的生活形式与政教方式。而作为道统内容的中道,则是将这些地域文化"整齐世传"、统摄凝构成一贯

---

① 《法言·五百》:"或问:'五百岁而圣人出,有诸?'曰:'尧、舜、禹,君臣也而并。文、武、周公,父子也而处。汤、孔子数百岁而生,因往以推来,虽千一不可知也。圣人有以拟天地而参诸身乎。'"见《法言义疏》,王荣宝撰,陈仲夫点校,中华书局1987年版,第247—248页。

② 唐代司马贞《史记索隐》:"按:《孟子》称尧、舜至汤五百余岁,汤至文王五百余岁,文王至孔子五百余岁。按:太史公略取于《孟子》,而杨雄、孙盛深所不然,所谓多见不知量也。以为淳气育才,岂有常数,五百之期,何异瞬息,是以上皇相次,或有万龄为闲,而唐尧、舜、禹比肩并列。降及周室,圣贤盈朝;孔子之没,千载莫嗣,安在于千年五百乎?具述作者,盖记注之志耳,岂圣人之论哉。"《史记》,第3297页。

性的整体，而得以谱系化与结构化的方式。道统的功能便是建构"道一同风"之世，换言之，是在思想与教化层面上确立的"大一统"，这个思想层面上的大一统是此后政治上大一统得以可能的前提。从"效果历史"的角度来看，道统说的真正意义在于确立了"中国"成立的精神基础，这就是中道或中庸之道，而所谓的历代圣贤，都是中道精神的具体展现者、实践者或诠释者。中国之所以为中国的基础，在整个古代思想中，便是通过中道得以呈现的。在此意义上，中道乃是中国之道，即中国所以为中国之道，是（数）千年中国的精神理念之所系。这个意义上的道统意识的指向并不是为了确立百家语之一的儒家的正统意识，相反它具有更大的关切，既展现了对整个上古文明进行的消化与理解，也指向中国的成立这样一个对于百家学术具有共通性的问题。

二　朱熹与道统的连续性及两条道统论

朱熹的道统论，是在中国思想的格局发生了儒、佛、道三教并存格局的状况下发生的。随着这一格局的出现，儒家的内涵也发生了变化。在西汉以前的时代，儒学是子学，是百家学中的一家一派之学。相对于子学，更具有统摄性的乃是经学或六艺学。孔子消化上古文明，首立道统意识，开辟新的政教格局，是通过六经的整理与述作而得以可能的。[①] 严格地说，六经所保存着的上古史，其实也就是以中道为内容的"道统"的实践史与展开史，六经所保存着的上古圣贤人物，其实也就是中道的实践者与开显者。在孔子自身及战国时代的学者如庄子的意识中，孔子主要是与六艺学（经学、圣学）关联在一起的，而不是主要与作为子学的"儒家学派"关联在一起的。但自董仲舒提出尊崇六艺、罢黜百家之后，儒家与经学的联系得以强化，儒家成为在义理与实践的双重层面上经学的诠释者，甚至它逐渐垄断了经学，凭借这一垄断，儒学本身由民间性的子学转而与经学（圣学）关系密切起来，甚至纳入官学的行列，看看《史记》与《汉书》的《儒林传》，就大体可以看出儒学内涵的上述变化。但随着佛学传入、道教成立，儒学的内涵再次发生改变，成为与佛老并存的三教之一。韩愈的道统论在某种意义上就是三教并立时代儒家的道统论。其

---

① 参见陈赟《孔子与六经的成立》，《哲学分析》2012年第1期。

《原道》云:"博爱之谓仁,行而宜之之谓义,由是而之焉之谓道。(中略)呜呼!其亦幸而出于三代之后,不见黜于禹、汤、文、武、周公、孔子也。其亦不幸而不出于三代之前,不见正于禹、汤、文、武、周公、孔子也。(中略)以是传之舜,舜以是传之禹,禹以是传之汤,汤以是传之文、武、周公,文、武、周公传之孔子,孔子传之孟轲。轲之死,不得其传焉。荀与扬也,择焉而不精,语焉而不详。由周公而上,上而为君,故其事行;由周公而下,下而为臣,故其说长。"① 对韩愈而言,唯有孔孟才真正保持了与帝、王政教的连续性。但韩愈道统的内容却是仁义,而不是中道。以仁义作为道统的内容,对先秦两汉时代的思想家而言,是将道统断自孔子(与孟子),而不是尧舜。因为,按照郑玄的理解,五帝时代的政教典范是德,三王的政教典范是礼,孔子的政教典范是仁。② 孔子所开辟的时代是以仁为政教典范的时代,师淑孔子、志学于孔子的孟子,也是直接继承了仁的思想的。《孟子》开篇《梁惠王》一开始就提出了仁义的问题,作为子学的儒家承接的正是孔子所开辟的"仁"的思想方向。在这个意义上,韩愈以仁义作为道统的内容,虽然提及尧、舜、禹、汤、文、武、周公,但实际上是以孔子、孟子为道统的实际传承。换言之,在韩愈那里,尧、舜、禹、汤、文、武、周公是虚的,孔子是实的,后世牟宗三所理解的儒家的道统论也是这样。但这样一来就不能理解何以孔子在他的时代要从三代文化向前上出至尧舜,向后开辟"其或继周"③的新时代。与此相应,这个时候作为三教之一的儒学,不再以政教生活基本纲纪、经法为主,而是集中地关注成人、成圣之德教,这一点使得其与作为政典的六艺之学的差别日益扩大,于是宋明的儒家不得不在五经之外另外确立以成德为核心关怀的新经学——这就是《四书》,朱熹无疑是这种新经学体系的最终确立者。

朱熹对韩愈以仁义为道统内容的观念进行了修正,重新将中道确立为道统内容,而且将道统谱系的来源归之为六经。其《中庸章句序》云:

---

① 《韩昌黎全集》卷十一杂著一《原道》,中国书店 1994 年版,第 172—174 页。
② 参见陈赟《浑沌之死与轴心时代中国思想的基本问题》,《中山大学学报》2010 年第 6 期。
③ 《论语·为政》记载:子张问:"十世可知也?"孔子回答曰:"殷因于夏礼,所损益,可知也。周因于殷礼,所损益,可知也。其或继周者,虽百世,可知也。"由孔子的回答可以看出,彼时的孔子在思想上所置身的时空,已经不再是夏、商、周三代,而是"其或继周"的新时代。

盖自上古圣神继天立极，而道统之传有自来矣。其见于经，则"允执厥中"者，尧之所以授舜也；"人心惟危，道心惟微，惟精惟一，允执厥中"者，舜之所以授禹也。尧之一言，至矣，尽矣！而舜复益之以三言者，则所以明夫尧之一言，必如是而后可庶几也。

　　……夫尧、舜、禹，天下之大圣也。以天下相传，天下之大事也。以天下之大圣，行天下之大事，而其授受之际，丁宁告戒，不过如此。则天下之理，岂有以加于此哉？自是以来，圣圣相承：若成汤、文、武之为君，皋陶、伊、傅、周、召之为臣，既皆以此而接夫道统之传，若吾夫子，则虽不得其位，而所以继往圣、开来学，其功反有贤于尧舜者。然当是时，见而知之者，惟颜氏、曾氏之传得其宗。及曾氏之再传，而复得夫子之孙子思，则去圣远而异端起矣。子思惧夫愈久而愈失其真也，于是推本尧舜以来相传之意，质以平日所闻父师之言，更互演绎，作为此书，以诏后之学者。盖其忧之也深，故其言之也切；其虑之也远，故其说之也详。其曰"天命率性"，则道心之谓也；其曰"择善固执"，则精一之谓也；其曰"君子时中"，则执中之谓也。世之相后，千有余年，而其言之不异，如合符节。历选前圣之书，所以提挈纲维、开示蕴奥，未有若是之明且尽者也。自是而又再传以得孟氏，为能推明是书，以承先圣之统，及其没而遂失其传焉。①

　　显然，在这里，朱熹认为，道统之传，始自尧、舜、禹，其内容为中道。其根据在于六经。道统始自尧舜的根据在《尚书》"断自尧典"的事实。中道作为道统内容的六经根据则在《尚书》中的《大禹谟》。至于汤、文、武与皋陶、伊尹、傅说、周公、召公与孔子，则来自对《孟子·尽心下》的概括，以及对于韩愈《原道》的提炼。道统断自尧舜的另一个支持来自六经的"传"、"记"，《论语》的最后一章上溯到尧舜之道，《春秋公羊传》也是在结尾的时候提到尧舜之道，《荀子》的最后一篇、《孟子》的最后一篇最后一章等等，皆是如此。六经的传记显然是对六经

---

① 朱熹：《四书章句集注》，《朱子全书》第六册，上海古籍出版社、安徽教育出版社2002年版，第29—30页。

的阐发，上引传记与诸子的看法显然都与《尚书》有关。这一点应该没有什么疑义。

朱熹进而将《中庸》视为发明道统真义的作品。事实上，在《论语集注》末章朱熹引杨氏之言申明道统之意："《论语》之书，皆圣人微言，而其徒传守之，以明斯道者也。故于终篇，具载尧舜咨命之言，汤武誓师之意，与夫施诸政事者。以明圣学之所传者，一于是而已。所以著明二十篇之大旨也。孟子于终篇，亦历叙尧、舜、汤、文、孔子相承之次，皆此意也。"① 而在《孟子集注》的末章，朱熹再次申明道统的谱系："故于篇终，历序群圣之统，而终之以此，所以明其传之有在，而又以俟后圣于无穷也，其指深哉！"②

按照《四书章句集注》，孟子为四书之殿，在《孟子集注》的末章，朱熹申明了先秦时代的道统传承之后，开始将其与自身的时代关联起来。

> 有宋元丰八年，河南程颢伯淳卒。潞公文彦博题其墓曰："明道先生。"而其弟颐正叔序之曰："周公殁，圣人之道不行；孟轲死，圣人之学不传。道不行，百世无善治；学不传，千载无真儒。无善治，士犹得以明夫善治之道，以淑诸人，以传诸后；无真儒，则天下贸贸焉莫知所之，人欲肆而天理灭矣。先生生乎千四百年之后，得不传之学于遗经，以兴起斯文为己任。辨异端，辟邪说，使圣人之道涣然复明于世。盖自孟子之后，一人而已。然学者于道不知所向，则孰知斯人之为功？不知所至，则孰知斯名之称情也哉？"③

显然，朱熹引用程颐之论，并深切同意程颢实为孟子之后的道统之传人。这就将程颢等及其所处的时代纳入道统谱系史中。事实上，在《大学章句序》中，道统至孟子而断，自程颢、程颐始复的观点再次出现："及孟子没而其传泯焉，则其书虽存，而知者鲜矣！""于是河南程氏两夫子出，而有以接乎孟氏之传。"④《中庸章句序》亦表达了同样的意思："故程夫

---

① 朱熹：《四书章句集注》，《朱子全书》第六册，第240页。
② 同上书，第459页。
③ 同上。
④ 同上书，第14页。

子兄弟者出，得有所考，以续夫千载不传之绪；得有所据，以斥夫二家似是之非。盖子思之功于是为大，而微程夫子，则亦莫能因其语而得其心也。"①

日本学者土田健次郎据此认为："朱熹的道统论本来就是联结两个谱系而成：一是从上古圣神到孔子、曾子、子思、孟子的谱系，二是将周、程与自己直接联结起来的谱系。其中，后一个谱系将周、程相结，意味着将儒学的正统确定为周程之学（道学）；而将周、程与自己直接联结，则意味着道学的正统乃是自己。所以他的道统论不仅是在儒学内部主张道学为正统，也包含了在道学内部主张自己为正统的目的。"② 毫无疑问，朱熹的道统论作为上述两个谱系的联结，是正确的。但将这个联结仅仅从正统论的角度，特别是从儒学内部的正统论视角来加以理解，实际上没有看到这种联结的更真实的关切。事实上，土田健次郎业已发现将周程的谱系与上古及孔孟的谱系的联结，"实际上也是复古的主张，即恢复到孔孟的正道"③。但土田健次郎却将恢复正道的道统意识，视为宋代知识场域中正统性的争夺，以至于最终乃是朱熹为自己争夺正统地位的构思。这一解释就将道统论的出现仅仅从个人的私人性动机而不是从文化与文明的层次上进行了降格性的理解。显然，在朱熹等人看来，中国古典思想及其精神的传接与在新时代状况下的展开、升进，才是道统论的真正关切。换言之，三教并立特别是如何消化佛教的问题，使得对中国文教的连续性问题，必须重新考虑。

事实上，正如在《论语》《春秋公羊传》《孟子》《荀子》《尚书》《礼运》等中，孔子以及孟子、荀子都最终从三代之教上溯至尧舜之道，即发现了超出其置身的时空架构下的更高的可能性。朱熹的道统论与其说是在确立周程一系的思想的主导权，毋宁说也存在着一个超越自身时代朝向更高视域的可能性。在这个意义上，与孔子一样，朱熹在道统论中保持着的，乃是一个精神层面上的"祖述者"的立场。道统在新时代的承传乃是作为中国精神的中道在新时空下的新展现形式。对于朱熹

---

① 朱熹：《四书章句集注》，《朱子全书》第六册，第30页。
② ［日］土田健次郎：《道学之形成》，朱刚译，上海古籍出版社2010年版，第455—456、466—467页。
③ 同上书，第467页。

而言，子思作《中庸》，乃是忧虑道统失去传承，而二程的功劳，首先是使一度中断的道统再次得以恢复。《中庸章句序》所谓的"以承先圣之统"与张载四句中"为去圣继绝学"①，体现了同一性的意识。

但朱熹上溯的不仅仅是尧舜之道，即将道统上溯到五帝史观中的尧舜，更进一步地，将其上溯到三皇史观中的伏羲、神农。可以说，在《中庸章句序》中，吾人看到的是传统经学断自尧舜的观念的继述，因而在这里，朱熹特别指出，道统之传，见于经书者，始自尧舜之授受。但在《大学章句序》中，同样是"继天立极"的"上古圣神"，却始自伏羲、神农、黄帝。其言曰："大学之书，古之大学所以教人之法也。盖自天降生民，则既莫不与之以仁义礼智之性矣。然其气质之禀或不能齐，是以不能皆有以知其性之所有而全之也。一有聪明睿智能尽其性者出于其间，则天必命之以为亿兆之君师，使之治而教之，以复其性。此伏羲、神农、黄帝、尧、舜，所以继天立极，而司徒之职、典乐之官所由设也。"② 显然在这里，朱熹没有申明见于经书，因为断自尧舜乃是《尚书》对中国文明政教史开端的贞定。然而，伏羲、神农等通常所谓的三皇说并非与六经无关。事实上，断自尧舜，乃是六经中《诗》《书》《礼》《乐》的传统，尤其是《书》的传统；而上溯伏羲、神农、黄帝则是《易传》所开出的方向。所谓六经本由《诗》《书》《礼》《乐》与《易》《春秋》两大系统构成，前者在周代贵族教育中以造士为目的，孔子以之作为培养君子的四艺；③ 而《易》推明天道、《春秋》作为礼义之大宗，其所承接者，乃是帝王之学，孔子由之而开启者，乃是以君子之学为基础继续上达的圣人之学。孔子素王与圣人的位格，虽然说来自六艺，但更确切地说，是来自《易》与《春秋》之教。根据传统说法，《周易》展现的是伏羲、文王、孔子"三圣一心"的构造，而晚年孔子在《系辞》的传授中，业已提及"古者包牺（伏羲）氏之王天下"、"包牺氏没，神农氏作"、"神农氏没，黄帝、尧、舜氏作"的情况。④ 从尧舜之道上出至伏羲、神农、黄帝，这

---

① 《近思录拾遗》，《张载集》，中华书局1978年版，第376页。

② 朱熹：《四书章句集注》，《朱子全书》第六册，第13页。

③ 《礼记·王制》云："乐正崇四术，立四教，顺先王诗、书、礼、乐以造士，春、秋教以礼、乐，冬、夏教以诗、书。"

④ 《系辞》当然不是出自孔子之手，却是传自孔子，可以视为孔子晚年讲易，经七十二弟子口传，而后得以成书的。

一点可以视为孔子在晚年之后对上古文化的再理解。从治统的角度，断自尧舜，已经尽善，的确，不能再想象出比尧舜"禅让"所体现的"官天下"（"公天下"或"大同"）的理念更高的可能性。在这个意义上，从治统的层次上溯到尧舜，道统之说，业已臻于至善。① 但若在治教分立的背景下，教统的回溯实可上溯到更早的源头，上古圣神观象制器，无不是"继天立极"以成教的表现。故而，在这里，道统之传，便具有一种向着比尧舜之治更原始的开端，这就是《大学章句序》所言的道统向着伏羲、神农、黄帝之道的开放性，那其实是一种向着人文教化肇端的开放性。《大学章句序》将上溯到三皇的根据陈述为："盖自天降生民，则既莫不与之以仁义礼智之性矣。然其气质之禀或不能齐，是以不能皆有以知其性之所有而全之也。一有聪明睿智能尽其性者出于其间，则天必命之以为亿兆之君师，使之治而教之，以复其性。"② 显然，在这里，其所述理由，着眼于教统而不是治统，由是亦可知，教统之于道统，实较治统之于道统，更为原始。事实上，《中庸章句序》业已自觉地区分治教："夫尧、舜、禹，天下之大圣也。以天下相传，天下之大事也。以天下之大圣，行天下之大事，而其授受之际，丁宁告戒，不过如此。则天下之理，岂有以加于此哉？自是以来，圣圣相承：若成汤、文、武之为君，皋陶、伊、傅、周、召之为臣，既皆以此而接夫道统之传，若吾夫子，则虽不得其位，而所以继往圣、开来学，其功反有贤于尧舜者。然当是时，见而知之者，惟颜氏、曾氏之传得其宗。及曾氏之再传，而复得夫子之孙子思，则去圣远而异端起矣。"③ 孔子之前的尧、舜、禹、汤、文、武，俱是以"天下相传"的"大圣"，即有位之王者。皋陶、伊、傅、周、召则是辅佐大圣的人臣，故而也是有位者。道统在尧、舜、禹到孔子之前的传承，都是不离治统的，或更确切地说，是在治教浑沦未分的状态中展开的。孔子之后、颜氏、曾氏、子思则是以师道形式所展现的教统之传承。虽然，《系辞》所揭示的伏羲、神农、黄帝也是在"王天下"的脉络中被叙述的，更确切地说，他们也是在治教浑沦未分的一体状态中展开的，但是其更突出的则是教统的承传，因为他们并没有提供比尧舜更高的治统意义上

---

① 参看陈赟《孔子的"述"、"作"与〈六经〉的成立》，《哲学分析》2012年第1期。
② 朱熹：《四书章句集注》，《朱子全书》第六册，第13页。
③ 同上书，第29—30页。

更高的可能性。"仰则观象于天，俯则观法于地，观鸟兽之文与地之宜，近取诸身，远取诸物，于是始作八卦，以通神明之德，以类万物之情。作结绳而为罔罟，以佃以渔，盖取诸《离》"是《系辞》对伏羲的描述，"斲木为耜，揉木为耒，耒耨之利，以教天下，盖取诸《益》。日中为市，致天下之民，聚天下之货，交易而退，各得其所"是对神农的描述，其重点是取用、发明易理，以成教化。朱熹《大学章句序》与《中庸章句序》的重要区别，正在于《大学章句序》聚焦的是教统层面所呈现的道统，此与《中庸章句序》乃偏重治统，而实兼教统有所不同。从这个视角看，朱熹之提及三皇，意味着朱熹本身也是立足于教统加以承接。朱熹之所以能够发现断自尧、舜与肇端伏羲的两条道统论，盖与其以易学为中心的思想结构有关。潘雨廷有谓："且认定伏羲自然之易后，始能深信'伏羲、神农、黄帝、尧、舜所以继天立极'（见《大学章句序》）的道统，实大大超越了二程之理"，"朱子实能认识传自伏羲之道统而浙东学派仅执孟子之'言必称尧舜'，此在孔子未误而在孟子已非"①。

治统意义上的禅让的实质是"以圣继圣"，它首先意味着前圣的让天下之德，是前圣的退隐；其次意味着后圣之呈现，并承接前圣。换言之，治统意义上的最高的可能性，是圣传圣、圣继圣。在教统的意义上，以圣传圣，从而保持道的不坠的，有两种可能性：一是经学，一是师道。"古之学者，先由经以识义理。盖始学时，尽是传授。后之学者，却先须识义理，方始看得经。"② 经书一旦存在，在朱熹看来，就可以预留后圣对前圣之"神会而心得之"③ 的可能性，如同孟子之于孔子。陈襄所谓："然则圣人不出世，乌呼合？曰：存则合乎人，亡则合乎经。颜渊氏合乎人，孟、荀、杨、韩合乎经，其事则同。"④ 在其人存，可以师人；在其人亡

---

① 潘雨廷：《论朱熹以易学为核心的思想结构》，收入潘雨廷《易学史丛论》附录二，上海古籍出版社 2007 年版，第 445、452 页。
② 《河南程氏遗书》卷十五，一百五十二条，见程颢、程颐《二程集》，第 164 页。
③ 朱熹：《四书章句集注》，《朱子全书》第六册，第 459 页。
④ 《送章衡秀才序》，《古灵先生文集》卷十一。见《北京图书馆古籍珍本丛刊》第 87 册，北京图书馆出版社 2005 年版，第 97 页。

时，则可以师经。① 是以经书与师道，二者甚为重要。朱熹在道统论的建构方面，特别是在道统在其时代的显现，便是抓住经与师二者而得以落实的。一方面是《四书》的建构，使之作为新经学体系而确立；另一方面则是《伊洛渊源录》等所建构的师道系统，以至于后学形成了从周敦颐开始，中经二程—杨时—罗从彦—李侗—朱熹的师道传授谱系。

事实上，这两条线索在朱熹的《四书章句集注》中被综合在一起。《四书章句集注》当然是一种新经学体系，但"集注"却并不是突出朱熹个人的认识与理解，而是两宋道学的集大成，即将上述道统谱系中的学者对《四书》的认识与理解，汇聚起来，因而作为《四书》的注释，它是一种"集注"，即注者的集体性质得到了强调。土田健次郎在《道学的形成》中说："《四书集注》的企图在于统一道学对《四书》的解释，不但是道学对《四书》所作的解释的集大成，同时也有力地证明了道学可以作为经学而存立。"② 其实不仅仅在于统一注释，而且在于彰显一个道学的共同体，即在教与学的活动中朝向道的共同体。考虑一下道学家著述仍然以语录与书信等近乎口传与交谈的形式为主，以比较人类各大文明原始经典最初的成书过程，对于理解由朱熹所集成的道学传统之所以可能形成的现象，具有重要的意义。如果说六经的成书乃是宗周王官学者对上古帝王政教的消化与记录，以及在此基础上与孔子及其弟子在多代的递相传授

---

① 欧阳修《答祖择之书》（《居士外集》卷十八）："某闻，古之学者必严其师，师严然后道尊，道尊然后笃敬，笃敬然后能自守，能自守然后果于用，果于用然后不畏而不迁。三代之衰，学校废，至两汉，师道尚存，故其学者各守其经以自用。是以汉之理文章与其当时之事，后世莫及者，其所从来深矣。后世师法渐坏，而今世无师，则学者不尊严，故自轻其道。轻之则不能至，不至则不能笃信，信不笃则不知所守，守不固则有所畏而物可移。是故学者惟俯仰徇时，以希禄利为急，至于忘本趋末，流而不返。夫以不信不固之心，守不至之学，虽欲果于自用，而莫知其所以用之道，又况有禄利之诱，刑祸之惧以迁之哉。此足下所谓志古知道之士世所鲜，而未有合者，由此也。足下所为文，用意甚高，卓然有不顾世俗之心，直欲自到于古人。今世之人用心如足下者有几？是则乡曲之中能为足下之师者谓谁，交游之间能发足下之议论者谓谁？学不师则守不一，议论不博则无所发明而究其深。足下之言高趣远，甚善，然所守未一而议论未精，此其病也。窃惟足下之交游能为足下称才誉美者不少，今皆舍之，远而见及，及知足下是欲求其不至。此古君子之用心也，是以言之不敢隐。夫世无师矣，学者当师经，师经必先求其意，意得则心定，心定则道纯，道纯则充于中者实，中充实则发为文者辉光，施于世者果致。三代、两汉之学，不过此也。足下患世未有合者，而不弃其愚，将某以为合，故敢言此。未知足下之意合否？"见《欧阳修全集》（上），中国书店1986年版，第499页。

② ［日］土田健次郎：《道学之形成》，朱刚译，第461页。

中最终形成，其形成所经历的不是一个时代，也不是一个个人，而是对此前所有世代、所有先知先觉者们所见所得的综合，那么《四书章句集注》作为道学传统的集大成之作，它综摄了北宋到南宋时代的道学传统对自身时代以及对此前所有世代的精神与文化的综合，包括正如潘雨廷先生所说的，其实它也是在易学基础上对儒、佛、道三教的综合，体现了在当时通过已知文明所可能达到的最深最广的消化。这个消化在师承中是通过自得性的身心体证与对经书的重新解释才能达成的。如果说，孔子对之前的所有文明成果通过六经的述作而获得了综合性的集成，因而使得其学问与生命真正达到了"致广大而尽精微，极高明而道中庸"①、"配神明，醇天地，育万物，和天下，泽及百姓，明于本数，系于末度，六通四辟，小大精粗，其运无乎不在"②的高度与深度，那么朱熹也是通过《四书章句集注》，将他对作为"圣之时者"的孔子的认识、对六经的消化以及对三教的消化，提升到在当时条件下所可能达到的最大高度与最深深度。凝聚其毕生心血的《四书章句集注》能够上升为中华民族的大经大法，成为与五经系统并行不悖的经法系统，绝非偶然。

三　朱熹道统论中的正统论问题

朱熹道统论的另一个面向是正统论，即在三教并立状况下、在儒门本身多元淆乱的状况下，通过正学与异端的辨析，而达成对中华文化的方向性的新贞定。

欧阳修《正统论》云：

> 《传》曰"君子大居正"，又曰"王者大一统"。正者，所以正天下之不正也；统者，所以合天下之不一也。由不正与不一，然后正统之论作。③

所谓正统，具有正天下、合天下两层含义，就前者而言，正天下必以正

---

① 《中庸》（第二十七章），朱熹：《四书章句集注》，《朱子全书》第六册，第53页。
② 《庄子·天下篇》，见郭庆藩《庄子集释》卷十，中华书局2004年版，第1062页。
③ 欧阳修：《欧阳修全集》（上），第116页。

道，不能以异端；就后者而言，合天下必以中道，因唯中道可通达上下两端与周围四方。故而正统必为大中至正之道。正统的另一重要特征曾为苏轼道出："正统云者，犹云有天下云尔。"① 唯有大中至正之道可以获至天命，此义为《尚书》《论语·尧曰》等所已明。当然有天下之道，自治教分立之后，有"王者之有天下"与"圣者之有天下"的分别，此实即"以教而有天下"与"以治而有天下"之辨。孔子之整理《六经》，述作《易》与《春秋》，实为教统意义上的"有天下"，"素王"之名，即表示此一意义上的"有天下"，其实是以道德仁义礼之"教"治天下，此种有天下，上至于道德，中及仁义，下及于礼乐，而不得介入"制度"；② 在孔子之后的思想中，经由《礼记·王制》《春秋公羊传》的阐发，天子不再掌管教权，而仅仅是"一位"、"一爵"；作为一位、一爵，与公、侯、伯、子、男一样，有其权能，亦有其职分之边界，故而其虽与天沟通，只是在其分位上保持与天沟通的途径，而不再是主导一切形式的天人贯通之立法者，后一种职能实际上给予了圣人。治教的上述分化表现为圣与王的分化，但《庄子·天下篇》以"内圣外王"总结了治教关系，使得以内、外结构圣、王或教、治，即内圣而外王或者内教而外治，成为传统中国思想中治教关系的典型范式。《四书》学是在这种思想格局中沿着教统一路前行的。

但由于儒、释、道三教并立的现实，宋代的儒者所忧虑的乃是三教的秩序问题，三教如果处在并列的、平等的位置，则中国思想的统绪就会成为问题，换言之，三教并立的历史情境下必然发生文化主导权交给谁的问题。这个时候，宋明儒学所做的是两件事：其一是升儒学为道学或理学；其二是贬佛老为二氏，即两家两派之学，其实质是将佛老由阐发道或理的教，降格为子学。前者是在儒学内部确立道学或理学的正统性，后者是在儒学外部确立道学或理学的正统性。如果借用《庄子·天下篇》的两个语词，那么，将儒学提升为"道术"，而将佛老降格为"方术"，就是宋明儒者在儒佛老三教辩论下所做的工作，这样，即便承认佛老依然有其价

---

① 关于正统的更详尽讨论，可参见饶宗颐《中国史学上之正统论》，上海远东出版社1996年版。

② 制度与礼乐的差别，参看汪晖《现代中国思想的兴起》上卷第一部，生活·读书·新知三联书店2004年版。

值，也只是构成对道学或理学的补充。按照《宋史·道学传》的叙述，周敦颐"得圣贤不传之学"，这是明确道学承接的是道统的正统；张载作《西铭》"然后道之大原出于天者灼然而无疑焉"，这是表明道学以天为宗，而不能以子学概之；至于朱熹对《五经》《四书》的诠释，则被表述为"凡《诗》《书》，六艺之文，与夫孔、孟之遗言，颠错于秦火，支离于汉儒，幽沉于魏、晋六朝者，至是皆焕然而大明，秩然而各得其所。此宋儒之学所以度越诸子，而上接孟氏者欤"①。换言之，这里的要点是，朱熹之学一方面度越诸子，不限于子学而上达经传；另一方面上接孔孟，直承道统。相应的，在称呼佛老时，道学家或理学家一般以"二氏"、"释氏"、"老氏"等名之，毫无疑问此是将佛老贬为子学的明据。

而儒学在三教格局下的文化主导权则通过儒学上升为道学或理学，而得以完成。《宋史·道学传》从纵的意义上论述道学之名虽然为宋代所立，而其实则弥漫于三代政教公私生活；孔子以《六经》总结三代政教文明，其道传于曾子、子思、孟子；而后以伊洛之学为正统的宋代儒学承接上述道统。② 这一观念并非《道学传》的首创，而是根源于朱熹在1173年成书的《伊洛渊源录》，该书实际上奠定了"儒林传"与"道学传"的两条谱系，其实质是以道学传系统中的学者，即二程一系的学者为尧舜、周公、孔孟道统的承接者，这是在纵向的意义上，宋代儒学致力于确立儒学的正统性的方式，即以道学或理学承接先圣，从而构筑道统谱系，上节讨论的《中庸章句序》与《大学章句序》也是这样一种努力，其与《伊洛渊源录》同样是整齐道统之世传的方式。事实上，《四书》学的建立，实际上是一种新经学体系，也就是将通过《四书》而诠释出来的道学或理学，作为经学，一方面以与被降格为子学的佛老形成对立，另一方面以与以传统五经学为主体的儒学相区别。为什么宋明儒者不满足于跻身于儒、释、道三教中的儒学的名分，而另提出道学或理学，实际有其深刻的理由。他们以"道学传"而不以"儒林传"的形式，构筑新经学的传承谱系，而将以《五经》为主体的旧经学者纳入"儒林传"系列，这其实是在儒家传统内部确立道学或理学的正统性。总而言之，在纵的层面，将道学或理学上升为经，而退佛老为子；以道学或理学承接中华文明

---

① 《宋史》卷四百二十七《道学一》，中华书局1997年版，第12710页。
② 同上书，第12709页。

的道统，而纳程朱一系之外的儒家学者进入"儒林传"，构成了道学自身正统化的两个途径。

但在更深层的形式上，《四书》学在道学系统中内容的体系性必须被确认。其一，《大学章句》试图通过格、致、诚、正的修养（涵养与省察的结合）确立修、齐、治、平的连续性，其实质是确立被特重内在心性修养的佛老割断了的身、家、国、天下的连续性与统一性。这一庄重严肃的努力，对应于滞留在隐修的心性秩序中的佛老而言，乃是中华文明方向与规模的调整，在这一点上，其相对于转向内在的佛老无疑更具有正统性。而且，师道在这里被确认为道统传统的关键途径。其二，通过《中庸章句》，诗、书、礼、乐传统所构筑的君子之道与易、春秋之教所构筑的圣人之道，得以连接；并且，以智仁勇为基础，以诚为归宿与枢纽，以性、道、教三者的贯通为核心的道学架构，得以体系化；更重要的是，中华文明的自我界定，即以中道为内容的道统，得以在新的历史文化条件下再次被确认、被激活。其三，《论语集注》与《孟子集注》，不仅重塑了中华文明的方向，并以孔子与孟子将中华文明的精神在新的语境下肉身化。换言之，《四书集注》构建了一个新的思想体系，它为中华文明的自我理解提供了一种新的可能性。这是道学能够以正统的方式回答道统的承传问题的内在根源。

子思与《学》《庸》

首尔国立大学人文学院哲学系　郭　沂

一　子思之年寿新考

子思前及见孔子，后及见鲁穆公。孔子卒于鲁哀公十六年，周敬王四十一年，即公元前479年。依《六国年表》，鲁穆公（又作缪公）元年为周威烈王十九年，即公元前407年。但钱穆先生根据《鲁世家》推定，缪公元年为周威烈王十一年，即公元前415年，较《年表》前移八年。①即使根据这前移后的时间，鲁穆公元年与孔子之卒也相距六十四年之久。所以，《孔子世家》子思"年六十二"的说法肯定有误。王草堂因而推论"六十二""或是'八十二'之误"，世人遂坚信无疑。其实，王氏"或是"二字表明，他的看法只是猜测，并无确凿证据。今查汉代出土文献，"六"字字形与"八"字显然不同，而与"九"字十分接近，容易混淆。另外，子思年八十二之说亦与子思之经历不符（见下文）。所以，我以为《史记》原文当为"九十二"，今本的"六十二"乃"九十二"之误，也就是说子思的年寿为九十二岁。

子思既然如此寿考，那么他的生卒时间大约是在何时呢？

我以为，学者们的意见是对的，孔子去世时，子思年岁既长，已经不是一个小孩子了。

首先，正如他们所提到的，据《孔丛子》记载："孔子卒，子思为丧主，四方来观礼焉。"

其次，《孔丛子》一书中记载了许多子思和孔子的对话，论及社会、

---

① 钱穆：《先秦诸子系年》，商务印书馆2001年版，第178—179页。

政治乃至哲学问题，显示当时子思已经有成熟的世界观和思维能力了。

再次，按照笔者的考证，原本《中庸》悉为孔子之语，而今本《中庸》中以孔子语成章者乃其遗章。它和今本《礼记》中的《缁衣》《表记》《坊记》一样，都笔录于子思，出自子思书。① 据子思本人介绍："臣所记臣祖之言，或亲闻之者，有闻之于人者。"（《孔丛子·公仪》）无论如何，这四篇内容多属高深，从"或亲闻之者"的情况看，子思在孔子去世时，确非童子。

关于子思就教于孔子和记录孔子言论的问题，我们还可稍作论证。

作为孔子的孙子，子思有机会同乃祖朝夕相处。《孔丛子·记问》：

> 夫子闲居，喟然而叹。子思再拜，请曰："意子孙不修，将忝祖乎？羡尧舜之道，恨不及乎？"夫子曰："尔孺子，安知吾志？"子思对曰："伋于进膳，亟闻夫子之教。其父析薪，其子弗克负荷，是谓不肖。伋每思之，所以大恐而不懈也。"夫子忻然笑曰："然乎！吾无忧矣。世不废业，其克昌乎！"

这段文字记述了子思开始从学于孔子的过程。原来，子思年幼时，就在饭桌上受到孔子的熏陶。但从他的回答看，当时他所理解的只是"其父析薪，其子弗克负荷，是谓不肖"之类的道理，而非高深理论。从孔子的谈话中不难看出，孔子对这位有望继承祖业的孙子非常喜爱。

孔子之郯，遇程子于途之事为《说苑》《韩诗外传》等古书所载，但年代无考。但据《孔丛子·杂训》，子思自称"吾昔从夫子于郯，遇程子于途，倾盖而语，终日而别，命子路将束帛赠焉，以其道同于君子也"。就是说，当时子思曾随行。这件事说明，晚年的孔子对子思寄予厚望，常令其陪伴左右，所以将自己的思想精华授之也就是自然而然的事情了。

不过，我们虽然可以据以上事实来判断孔子去世时，子思年岁已长，但其实际年龄已经不可具考了。尽管如此，我们还是能够知道孔子卒于子思十六岁以后。《孔丛子·居卫》：

---

① 郭沂：《郭店竹简与先秦学术思想》，上海教育出版社2001年版，第420—421页。

> 子思年十六，适宋。……子思既免，曰："文王厄于牖里作《周易》，祖君屈于陈蔡作《春秋》。吾困于宋，可无作乎？"于是作《中庸》之书四十九篇。

据《史记·孔子世家》载，孔子去世后，"弟子皆服三年"。作为弟子兼丧主的子思，自然不能例外。服丧期间是不能出远门的。假设子思十六岁适宋时三年之丧已毕，那么孔子去世时子思不会大于十三岁，这有违孔子去世时子思的世界观已较成熟的事实。所以，孔子之卒，一定在子思十六岁之后。假设孔子卒在子思十六岁时，则子思生在周敬王二十六年，鲁哀公元年，即公元前494年。这是子思生年的下限。

需要说明的是，《中庸》乃先秦时期子思书的全称，取首篇之名命名。① 所谓"于是作《中庸》之书四十九篇"，是说子思困于宋时开始发愤著书，并不是说当时就著书四十九篇。四十九篇的写作，当持续了相当长的时间，很可能终子思的一生。

子思的卒年亦无确切记载，但最早不会早于鲁穆公三年。《孔丛子·杂训》：

> 鲁穆公访于子思，曰："寡人不德，嗣先君之业三年矣，未知所以为令名者，且欲掩先君之恶，以扬先君之善，使谈者有述焉，为之奈何？愿先生教之也。"

这说明，鲁穆公在其"嗣先君之业三年"，即鲁穆公三年时，曾造访子思。依钱穆先生的考证，鲁穆公元年当在周威烈王十一年②，即公元前415年，则鲁穆公三年在周威烈王十三年，即公元前413年。这是子思卒年的上限。

自子思生年的下限公元前494年至卒年的上限公元前413年，合八十二年。就是说，这八十二年子思一定生活在这个世界上。但如谓子思正好活了八十二岁，即子思十六岁适宋之年恰好孔子卒，而鲁穆公访于子思之年恰好子思卒，这种概率实在太小了，几乎不可能。这也是我推断《史

---

① 郭沂：《郭店竹简与先秦学术思想》，第414—422页。
② 钱穆：《先秦诸子系年》，第178—179页。

记》子思"年六十二"非"八十二"之误而是"九十二"之误的一个理由。

按照子思九十二之年寿，参以生年之下限和卒年之上限，可知子思的生年在公元前504—前494年，卒年在公元前413—前403年。

子思卒年的下限即公元前403年为鲁穆公十三年。这就是说子思和鲁穆公共同生活的时间为三年到十三年，时间不算短，难怪古籍中载有大量子思和鲁穆公的对话，甚至郭店楚墓中也出土了一篇《鲁穆公问子思》，历史上更有子思为鲁穆公师之说。

据《史记·鲁周公世家》，鲁穆公在位三十三年。但《孔丛子·抗志》载：

> 子思居卫，鲁穆公卒。县子使乎卫，闻丧而服。谓子思曰："子虽未臣，鲁，父母之国也，先君宗庙在焉，奈何弗服？"子思曰："吾岂爱乎？礼不得也。"县子曰："请闻之。"答曰："臣而去国，君不扫其宗庙，则不为之服。寓乎是国，而为国服。吾既无列于鲁，而祭在卫，吾何服哉？是寄臣而服所寄之君，则旧君无服，明不二君之义也。"县子曰："善哉！我未之思也。"

这段记载显然有误。我们知道，子思和鲁穆公相处多年。就师生关系而言，子思为师，鲁穆公为徒；但就君臣关系而言，则鲁穆公为君，子思为臣，典籍中子思在鲁穆公面前自称臣之处甚多。但此处县子谓子思"子虽未臣"，子思也亦自道"吾既无列于鲁"，故子思和这位死去的鲁公未尝以君臣关系相处，他自然不会是鲁穆公。窃以为，这位鲁公很可能就是鲁穆公的前任鲁元公。《鲁周公世家》："元公二十一年卒，子显立，是为穆公。"《史记》的记载来自鲁国史书。大概《孔丛子》的作者或资料传承者在读到这类记载时，涉下文"是为穆公"，误"元公"为"穆公"了。

二 今本《中庸》里的古本《中庸》遗章

关于今本《中庸》成书问题的观点，大致可以归为三种。第一种是汉唐时期的传统观点，认为《中庸》乃孔子之孙子思所作。自司马迁说

"子思作《中庸》"（《史记·孔子世家》）以后，郑玄、《孔丛子》、沈约、孔颖达、李翱、二程、朱熹等皆述之。唐代以前，概无异议。第二种观点认为《中庸》晚出，非子思所作。首先提出疑问的，是宋人欧阳修，清人袁枚、叶酉、俞樾诸氏亦因《中庸》有"载华岳而不重"、"车同轨、书同文"等语而疑其为秦统一以后乃至西汉时期的作品，崔东壁更对《中庸》晚出之说详加论证。第三种观点认为，《中庸》部分出于子思，部分出于后人。冯友兰先生早年以及徐复观先生主张此说。

那么，《中庸》成书和作者问题的真相到底如何呢？我认为，既然《中庸》原为《礼记》的一篇，则解决问题的最可靠的途径是追根求源，考察一下《礼记》的性质与成书。

大小戴《礼记》的内容大致可分为四类。第一类为古本《礼记》，包括《论语》类文献。第二类为其他《论语》类文献，如《孔子三朝》等。第三类为七十子后学的文献，其中亦包括一些《论语》类文献，如《缁衣》《表记》《坊记》之属。第四类为秦汉时的作品。

就《中庸》而言，我认为当属第三类。具体言之，全书含有两个部分。以孔子语单独成章的是第一部分，乃《论语》类文献；其余是第二部分，基本上为一部独立的著作。首先，这两部分文体不同，一为记言体，一为议论体，且第二部分各章的语言风格、思想特点上基本一致，显然出于一人手笔，为私人著作。学者们所谓《中庸》书中语言风格与思想特点不一致的问题，实质上是《中庸》这两部分之间的差异。其次，在诸子私人著作中，绝无大量以孔子语单独成章的现象，因而两部分各不相属。如此看来，崔述所谓《中庸》"所引孔子之言亦不伦"（《崔东壁遗书·洙泗考信余录》卷三），可谓卓识。当然，第二部分中的孔子语应看作原书所引。引孔子语为自己学说的根据，是古人著书立说的普遍现象。

第一部分是否为后人假托孔子之语呢？这只要看一下它是否与《论语》中的孔子思想相合便可确认。如果相合，说明它的确是孔子语，否则为假托。根据笔者统计，《中庸》以孔子语单独成章的第一部分有十六章，即第二、三、四、五、六、七、八、九、十、十一、十三、十六、十七、十八、十九、二十八章，与《论语》相合的内容涉及其中的十四章，只有两章（即第十六、十七章）没有涉及。也就是说，《中庸》第一部分的内容绝大多数与《论语》相合。因此，它显然为《论语》类文献，而绝非假托。

既然今本《中庸》的第一部分为《论语》类文献,那么它为孔门的哪一派所记,又与子思有什么关系呢?在我看来,它原为子思书的首篇《中庸》,也就是古本《中庸》的遗章,为子思所记。

首先,由于把今本《中庸》的第一章归入第二部分,所以其第二章便成了第二部分的第一章。其文曰:

> 仲尼曰:"君子中庸,小人反中庸。君子之中庸也,君子而时中;小人之反中庸也,小人而无忌惮也。"

此章首句最重要的字眼为"中庸"。按照古人取篇首文字命名的习惯,此篇正应命名为《中庸》。

其次,沈约说:"《中庸》《表记》《坊记》《缁衣》,皆取《子思子》。"(《隋书·经籍志》)他将《中庸》与《表记》等三篇同列,意《中庸》与三篇属同类乎?今观三篇悉为孔子语,由此可推断,《中庸》全篇亦当悉为孔子语。

《中庸》等四篇既然出自子思书,故这些孔子语当为子思所记。孔子去世时,虽然子思可能尚年幼,但他直接或间接地听到孔子的话并记录下来,还是合乎情理的。《孔丛子·公仪篇》载:"穆公谓子思曰:'子之书所记夫子之言,或者以谓子之辞也。'子思曰:'臣所记臣祖之言,或亲闻之者,有闻之于人者。虽非正其辞,然犹不失其意焉。'"鲁穆公所说的"子之书"当然指子思书。故这段文字说明,子思书的确包括子思所记孔子言论。而子思置之于自己著作之上,以示对孔子的尊重。

三 今本《中庸》里的子思佚篇

作为一部独立私人著作的今本《中庸》第二部分是一部怎样的书,它成于何时,又为何人所作呢?冯友兰先生所说《中庸》"似就孟子哲学中之神秘主义之倾向加以发挥"[①] 的,大致为我所说的《中庸》第二部分。也就是说,在冯先生看来,这部分晚于《孟子》。果真如此吗?

---

① 冯友兰:《中国哲学史》上册,中华书局1961年版,第448页。

由于语言文字的发展比思想观念的发展有更明显的客观性、规律性，所以从语言文字发展的角度考察古籍的时代性会更客观、更准确、更可靠。下面就以语言文字的发展为主干，结合思想的发展等，探讨一下今本《中庸》第二部分和《孟子》究竟何者在先，何者在后。

首先，从对联结词的使用看。根据王力先生的研究，在汉语基本词汇中，名词、动词、形容词出现最早，代词和数词的起源较晚，而联结词产生就更晚了。① 因此，时代愈早，联结词使用的频率就愈低。

"在下位"一段为两书所共载，崔述等怀疑《中庸》抄《孟子》。为了比较的方便，现将两书的文字抄录如下。

《中庸》二十章：

> 在下位不获乎上，民不可得而治矣。获乎上有道，不信乎朋友，不获乎上矣；信乎朋友有道，不顺乎亲，不信乎朋友矣；顺乎亲有道，反诸身不诚，不顺乎亲矣；诚身有道，不明乎善，不诚乎身矣。诚者，天之道也；诚之者，人之道也。

《孟子·离娄上》：

> 孟子曰："居下位而不获于上，民不可得而治也。获于上有道，不信于友，弗获于上矣；信于友有道，事亲弗悦，弗信于友矣；悦亲有道，反身不诚，不悦于亲矣；诚身有道，不明乎善，不诚其身矣。是故诚者，天之道也；思诚者，人之道也。"

两书的文字可谓大同小异，但这"小异"却大有可玩味处。如：在"不获乎上"之前，《孟子》多一联结词"而"字；再如：在"诚者天之道也"之前，《孟子》又多联结词"是故"二字。这其实已透露出《孟子》晚于《中庸》的消息。

既然如此，为什么《孟子》偏偏说这段文字为"孟子曰"呢？是孟子"掠之为己语"吗？《孟子》为孟子及其弟子所共撰，其中相当一部分为孟子之语而弟子记之。这样，孟子弟子便很容易把孟子对前人之语的引

---

① 王力：《汉语史稿》下册，中华书局1980年版，第493—494页。

述当作孟子本人的话。这种现象，我们还可在《孟子》中找到有力的旁证。《公孙丑下》载：

> 孟子去齐，充虞路问曰："夫子若有不豫色然。前日虞闻诸夫子：'君子不怨天，不尤人。'"

"不怨天，不尤人"明明是孔子说的（语载《论语·宪问》），只因曾被孟子引述，所以孟子弟子充虞便以为是孟子的话。孟子引述古人的话有时不作说明，就像我们引述古人的话有时不作说明一样。在口语中，这种省略尤为常见。

其次，从字形的发展看。我们知道，现在的知道之"知"和智慧之"智"本来皆写作"知"，到了后来才出现"智"字。《论语》和《孟子》两书正反映了这种演变。在《论语》中，不但知道之"知"写作"知"，如"未知生，焉知死"（《先进》），而且智慧之"智"也一律写作"知"，如"择不处仁，焉得知？"（《里仁》）到了《孟子》，"知"和"智"的不同用法已经泾渭分明。其知道之"知"一律写作"知"，如"人有鸡犬放则知求之，有放心而不知求"（《告子上》）而智慧之"智"则一律写作"智"，如"是非之心，智也"（同上）。今查《中庸》，其情形完全与《论语》相同。不但其知道之"知"写作"知"，如"思事亲，不可以不知人；思知人，不可以不知天"（二十章），而且智慧之"智"亦写作"知"，如"成己，仁也；成物，知也"（二十五章）。《中庸》《孟子》这一字之差，便表明何者离《论语》时代更近，何者离《论语》时代更远，亦即表明何先何后了。

我们可以注意到，在郭店竹简中，既有"知"字，又有"智"字，且二者相互混用。如何解释这个现象呢？是否可以这样设想：在《论语》和今本《中庸》之两部分成书的时代，只有"知"，没有"智"。到了郭店简抄写的时代，出现了"智"字，但其时它和"知"混用，尚未明确分工。到了《孟子》的时代，二字才明确分工。不过，依愚见，郭店《老子》出自老聃，也就是说，其成书时代应相当早，但这部简书"知"、"智"已混用，这是否构成对上述设想的反证呢？我以为，郭店《老子》"知"、"智"混用，是抄手造成的，未必是原貌。其实，这批竹简的用字比较随便，很不严格。

再次，从构词法的发展看。王力先生指出："汉语构词法的发展是循着单音词到复音词的道路前进的。"① 也就是说，时代愈晚，所使用的复音词愈多。翻一翻《中庸》《孟子》两书便可发现，后者使用复音词的频率要大大高于前者。甚至同样的语义，《中庸》仍在使用单音词，而《孟子》已经使用复音词。如智慧之义，《中庸》只用单音词"知"表达，而《孟子》已出现"智慧"这个复音词了："虽有智慧，不如乘势。"（《公孙丑上》）"学"、"问"二字在《中庸》中只分别使用："博学之、审问之"（二十章）；而在《孟子》中，却已将二字合起来，形成"学问"这个复音词了："学问之道无他，求其放心而已矣。"（《告子上》）《中庸》用"而"等单音词来表达转折的意思："君子之道，费而隐"（十二章）；但《孟子》已大量使用复音词"然而"来表达同样的含义了："七十者衣帛食肉，黎民不饥不寒，然而不王者，未之有也"（《梁惠王上》）据杨伯峻《孟子译注》附《孟子词典》统计，在《孟子》中，"学问"出现了两次，"然而"出现了十四次之多。"智慧"虽然在《孟子》中只出现了一次，但它又见于帛书《老子》（依愚见，帛本所属的今本《老子》系统成于战国中期）。所以在《孟子》成书时，它们都已经是复音词了。

凡此种种，皆证明今本《中庸》必在《孟子》之前。

那么，作为一部独立私人著作的今本《中庸》第二部分的作者是谁呢？我认为它是子思的一篇佚文，本亦属子思书。

其一，今本《中庸》第二部分言"诚"甚多，并由之论"化"，云："诚则形……变则化。唯天下至诚为能化。"（二十三章）而这正是子思的思想特点。《后汉书·王良传论》载："语曰：'同言而信，则信在言前；同令而行，则诚在令外。'"李贤注曰："此皆《子思子·累德篇》之言。"此语又见于《意林》和《太平御览》，黄以周辑录《子思子·累德》据二书增补"圣人在上，民迁如化"于"则诚在令外"之下。可见，《子思子》佚篇《累德》亦由"诚"论"化"，与今本《中庸》第二部分相合。

黄氏所辑《子思子》置《累德》于《中庸》和《表记》之间，理由是："凡《意林》辑录诸子皆依原书次第。《累德篇》此言《意林》列第三条，《表记》文列第七条，《缁衣》文列第八条，则《累德篇》在《表

---

① 王力：《汉语史稿》中册，第342页。

记》《缁衣》前断然可识矣。"今按，古本《中庸》和《表记》《缁衣》《坊记》皆子思所记孔子之言，而《累德》的这段佚文言"诚"言"化"，不似孔子语，当为子思自作。因而，在子思书中，此篇当居四篇之后。《意林》之置此条于《表记》《缁衣》之前，或马总辑《意林》时子思书已失序，或马氏所列次第并不严格。

其二，《礼记·中庸》既然将我所说的今本《中庸》的两部分合在一起，这至少说明在时人看来，它们本来都属于子思书。

其三，唐人引今本《中庸》第二部分称《子思子》。如《后汉书·朱穆传》李贤注引"天命之谓性，率性之谓道，修道之谓教也"单称《子思子》。《史记·平津侯主父列传》："天下之通道五，所以行之者三。曰君臣、父子、兄弟、夫妇、长幼之序，此五者，天下之通道也。智、仁、勇，此三者，天下之通德，所以行之者也。故曰'力行近乎仁，好问近乎智，知耻近乎勇'。知此三者，则知所以自治；知所以自治，然后知所以治人。"唐人司马贞《索隐》云："此语出《子思子》，今见《礼记·中庸》篇。"（《史记》所引之语见于朱熹本《中庸》二十章，其文稍异）虽然他们所见《子思子·中庸》与今本《礼记·中庸》是否相同我们已不可得知，但这说明此佚篇确在子思书中。

至于子思书的这篇佚文的篇名，已难确考，今姑依古书通例取其首句重要字眼名之曰《天命》。

总而言之，今本《中庸》除个别汉人杂入的文献外，由两部分组成。第一部分为古本《中庸》遗章，第二部分是子思佚篇《天命》。当然，第二部分绝非如徐复观先生所言，"可以说是对所引的孔子的话所作的阐发及解释；也可以说是一种传注的性质"[①]（请注意，我所分的两部分完全不同于徐先生之上下篇）。

那么，是何时何人将这两部分混合在一起的呢？我以为是汉初《礼记》的编者戴圣。盖后来被戴氏整理为《礼记》的这批文献，当时业已散乱，戴氏便将内容相关的文献编在一起。今本《中庸》第一部分的《论语》类文献亦多为孔子有关中庸的言论，而第二部分则欲极中庸之妙，二者的联系是很明显的。另外，这两部分一定皆原属《中庸》四十

---

① 徐复观：《从命到性——〈中庸〉的性命思想》，见其著《中国人性论史·先秦篇》，台北：台湾商务印书馆1987年版。

七篇或四十九篇,即后世《子思子》的祖本。这很可能也是戴氏将两部分合编在一起的原因。

根据我的研究,汉初出现的两种古文《礼记》分别为大小戴《礼记》的蓝本,也是《汉志》著录"《记》百三十一篇"的蓝本。也就是说,经刘向定著的《记》百三十一篇并非像传统观点所认为的那样出自两戴《礼记》。① 刘向定著《记》百三十一篇没有依据两戴《礼记》,则他定著《子思》也未必依据《礼记》。我由此推断,又刘向校订的《子思》二十三篇与《礼记》中原属《中庸》四十七篇或四十九篇的《中庸》《缁衣》《表记》《坊记》四篇,在文本结构上当有不同,其中《中庸》篇的两部分在《子思》二十三篇中很可能本为两章。关于这种推测,来自郭店一号楚墓的证据是,《缁衣》郭店本与《礼记》本的文本结构不尽相合,并且显然郭店本更加原始。这说明戴圣所见《缁衣》已经错乱。

四 《大学》作于子思

朱熹说:"《大学》之书,古之大学所以教人之法也。"(《大学章句序》)朱子还进一步将《大学》分为经传两部分,认为"经一章,盖孔子之言,而曾子述之。其传十章,则曾子之意,而门人记之也"(《大学章句》)。这就是说,《大学》本为三代大学的教学内容,由孔子"诵而传之",并由曾子及其弟子记述。可惜的是,朱子对其说没有列举证据,遂使后人生疑。

在《中国哲学史》中,冯友兰先生将《大学》放在《秦汉之际之儒家》一章来讨论,由此我们可以知道冯先生对《大学》成书问题的看法。但是,冯先生也没有进一步说明他的根据。与冯先生一样,徐复观先生也认为《大学》成于秦汉之际,他还沿着朱熹的思路,从古代学制的角度进行了详细的论证。其实,《大学》一书与古代学制的大学毫无关系,从先秦两汉的文献中找不到任何关于两者有联系的证据,因而从古代学制来推论《大学》的时代,也终归枉然。

---

① 郭沂:《郭店竹简与先秦学术思想》第二卷第三篇第一章。

1. 《大学》与《天命》的内在关联

就思想性格而言，《大学》直通《天命》，其思想体系是通过发挥《天命》的修道论而建立起来的。①

朱子将《大学》一书的思想归结为"三纲领"和"八条目"，确为卓识。

先看"三纲领"的思想。我以为，"明明德"一语乃判断《大学》思想性格的关键所在，它正是对《天命》"自明诚"一语的发挥。所谓"明明德"，就是指通过修行，使"明德"显明于心，并同时使性得以呈现于心，这种显明和呈现的主体都是心。这和《天命》"自诚明"的思路是一致的。

所谓"亲民"，就是使民亲附。《天命》已有大量讨论，如"凡为天下国家有九经，曰修身也，尊贤也，亲亲也，敬大臣也，体群臣也，来百工也，柔远人也，怀诸侯也"。《大学》上篇三章的"贤其贤而亲其亲"实来自《天命》的"尊贤"、"亲亲"；其"民之不能忘"之"忘"，实来自《天命》"怀诸侯"之"怀"。《说文》曰："怀，念思也。"段注曰："念思者，不忘之思也。"上篇四章的"得众"，也是"亲民"之意。众，民也。使民亲附，岂非"得众"？此章从"德"和"财"的本末关系来谈如何"亲民"、"得众"，这种思想源于《天命》的"来百工，则财用足"。

"止于至善"的思想仍源于《天命》。请比较："君臣也，父子也，夫妇也，昆弟也，朋友之交也。五者，天下之达道也"（《天命》）；"为人君，止于仁；为人臣，止于敬；为人子，止于孝；为人父，止于慈；与国人交，止于信"（《大学》）。何其相似！所不同的只是，《大学》将这各种关系明确为"仁"、"敬"、"孝"、"慈"、"信"等；《天命》虽未明言，而实含之。《天命》把"君臣也"等"五者"作为"天下之达道"，又说"和也者，天下之达道也"，因而《大学》的"止于至善"之"至善"也就是《天命》的"发而皆中节"之"和"。

三纲领虽同为"大学之道"，但侧重点有所不同。"明明德"自功夫

---

① 关于《天命》和《大学》的思想，详见《郭店竹简与先秦学术思想》第三卷第三篇的第一章和第二章。

言,"亲民"自效果言,"止于至善"自标准言。故王阳明说:"至善者,明德、亲民之极则也。"(《大学问》)"古之欲明明德于天下者,先治其国;……国治而后天下平"云云,一方面表明,八条目皆为"明明德"之事;另一方面表明,所谓"平天下"即"明明德于天下"。

"八条目"是从心的功用谈起的:"知止而后有定,定而后能静,静而后能安,安而后能虑,虑而后能得。""知",《说文通训定声》曰:"识也。"在先秦古籍中,"知"一般指认知心,此处之"知"也不例外。此段意在指导人们在实施八条目时应该保持的心理状态。这种思想源于《天命》的"博学之,审问之,慎思之"一段。"止"、"定"、"静"、"安"诸点,《天命》虽未明言,但"审问"之"审"、"慎思"之"慎",实已包含这些意向。所谓"虑而后能得",即《天命》的"有弗思,思之弗得弗措也"。所谓"知止",是说人的认识心要有所集中,如此方可达到"定"、"静"、"安"的功夫,以至有"得"。

至于"正其心"的"心"字就不同了。此章的"心有所忿懥"("心"原作"身",依朱子《章句》改)、"有所恐惧"、"有所好乐"、"有所忧患"的"心"乃生命心。所谓"忿懥"、"恐惧"、"好乐"、"忧患"都是对生命的体验,都是生命之心的事情。

段玉裁《说文解字注》说:"《大学》曰:'欲正其心,先诚其意。''诚',谓实其心之所识也。"据此,我认为所谓"诚意",就是以"明德"的知识"实其心之所识"。《大学》在释"诚意"的下篇三章又说:"故君子必慎其独也。"这句话几乎完全抄自《天命》,所不同的只是,《大学》之"独"为对"明德"的独得,《天命》之"独"为对"道"的独得,但二者的实质是一样的。

"八条目"的实际内含和相互关系如何呢?从总体上看,八条目各含有两个阶段,且每一条目的第二阶段就是其后那一条目的第一阶段,从而构成了一个环环相扣的链条。这整个过程又包括两个大的段落:从"物格"的第一阶段,到"心正"的第二阶段亦即"身修"的第一阶段,为第一个大的段落,这是由外至内的过程;从"身修"的第二阶段亦即"家齐"的第一阶段,到"天下平"的第二阶段,为第二个大的段落,这是由内及外的过程。"身修"处在两个大段落的转折点上,故"修身为本"。这一点也是与《天命》一致的——八条目的两个段落与《天命》"修身"的两个方面(对内加强自身修养和对外强调社会政治作用)是相应的。

2. 《大学》与子思书佚文的内在关联

我们知道，仁义和利的对立，早已成为人们所公认的观念，而儒家重义轻利，自孔子已然。但是，在子思书中，子思对义利关系别有一番解释：

> 孟轲问："牧民之道何先？"子思曰："先利之。"孟轲曰："君子之教民者，亦仁义而已，何必曰利？"子思曰："仁义者，固所以利之也。上不仁，则不得其所；上不义，则乐为诈。此为不利大矣。故《易》曰：'利者，义之和也。'又曰：'利用安身，以崇德也。'此皆利之大者。"（《文献通考》卷二百八、《郡斋读书志》卷二所引）

此事又见于《孔丛子·杂训》，文字稍异。这种以仁义为利，甚至为"利之大者也"的见解的确是非常独特的。无独有偶，类似的看法又见于《大学》：

> 仁者以财发身，不仁者以身发财。未有上好仁而下不好义者也，未有好义其事不终者也，未有府库财非其财者也。孟献子曰："畜马乘不察于鸡豚，伐冰之家不畜牛羊，百乘之家不畜聚敛之臣，与其有聚敛之臣，宁有盗臣。"此谓国不不以利为利，以义为利也。长国家而务财用者，必自小人矣。彼为善之，小人之使为国家，灾害并至。虽有善者，亦无如之何矣！此谓国不以利为利，以义为利也。（朱子本传之十章）

彼处论"牧民之道"，此处论为国；彼处云"上不仁，则不得其所；上不义，则乐为诈"，此处云"未有上好仁而下不好义者也，未有好义其事不终者也"；尤其是彼处言"仁义者，固所以利之也"、"此皆利之大者"，而此处屡言"此谓国不不以利为利，以义为利也"。何其相似！一种独特的见解为同时代的两部作品所共载是不能简单地用"偶然"来解释的，而两部作品是在十分相似的语境中讨论这种独特见解，这怎能不让人作进一步的联想呢？

3. 《大学》的时代特征

就《大学》的时代而言，各种迹象表明，此书要早于《荀子》甚至《孟子》。

其一，从思想上看，如上所述，此书与《天命》的血缘关系最为密切。

其二，从文体上看，二书也十分相似，二者皆为较简短的议论体，而非长篇大论。其文风，亦十分古朴。另外，如后所述，此书上下篇的首章皆为全篇纲要，此点又与《天命》暗合。先列全篇纲要，然后再作具体论述，乃先秦时期的著书习惯。除《天命》《大学》等外，郭店简《老子》《五行》《大常》等莫不如此。朱子将今本《大学》分为经和传两部分是不当的。

其三，从语言发展看，如王力先生所说："汉语构词法的发展是循着单音词到复音词的道路前进的。"① 有些概念在《大学》尚为单音词，而在《孟子》《荀子》已成为复合词了。如"仁"、"义"二词在《大学》曾多次出现，甚至相对举，如："未有上好仁，而下不好义者也"，但"仁义"一词一直没有出现过。这一点是与《论语》《天命》相同的。但《孟子》和《荀子》的情况就不同了。在此二书中，"仁"、"义"不但单独出现，而且多次使用"仁义"一词（"仁义"连用在郭店《老子》中只一见，还很难说就是复合词）。如《孟子》首章即云："王，何必曰利！亦有仁义而已矣。"《荀子》首章亦云："伦类不通，仁义不一，不足谓善学。"这说明《大学》要早于《孟》《荀》。

其四，《大学》曾多次征引《诗》《书》等早期文献和子思之前的孔子、曾子之语，但对子思之后的孟、荀等人，只字未提。孟、荀对当时的儒学有很大影响，假若同为儒家的《大学》作者晚于孟、荀，则他不提及孟、荀是难以理解的。至于《大学》没有提及子思，那是因为它本为发挥子思学说而作，就不必在行文中提及子思之名了。

其五，此书教人以"平天下"之术，故当在秦统一天下之前，不可能作于秦汉之间。

---

① 王力：《汉语史稿》中册，第 342 页。

4.《大学》出自子思之手

以上种种迹象表明，《大学》的作者极有可能就是子思本人。

其实，子思作《大学》之说古已有之。明代丰坊曾说家藏魏三字石经《大学》榻本，有虞松《校刻石经表》，引贾逵说："孔伋居于宋，惧先圣之学不明，而帝王之道坠，故作《大学》以经之，《中庸》以纬之。"① 对于这条记载，后人多有怀疑。如吴应宾说：

> 《石经大学》非真石经也。谓"魏政和中诏诸儒虞松等考正五经，卫邯郸淳钟会等以古文小篆八分刻之于石。始行《礼记》，而《大学》《中庸》传焉。"按，魏未尝有政和之年号。瞿言立言："魏者，伪也。魏无政和而言政和，正是子虞之谓也。"②

看来，怀疑的主要理由是"政和"之年号。窃以为，"魏无政和而言政和"，实属低级错误。照理说，如果《石经大学》为伪造，那么造假者当处心积虑，尽量避免露出马脚，至少不会出现这种低级错误。故"政和"或系"太和"之类的笔误。据查《晋书》，虞松确实为魏晋时人，魏武帝时曾任中书令，完全有可能在魏时应诏考经。

据黄以周《子思子·内篇》卷一说，早在丰坊以前，"如《学斋占毕纂》《古小学讲义》《三经见圣编》《樗斋漫录》等书皆以《大学》为子思作，则其说固不自坊始也"。其中，《三经见圣编》甚至认为《大学》与《中庸》原为一篇，乃《中庸》之后小半。另据冯友兰先生说："《大学》……王柏以为系子思作。"③ 这说明，子思作《大学》之说，在宋明时期还是相当流行的。

可见，《大学》作于子思，在历史上并非孤证独说，实乃自汉至宋明时期之成说。这让我进一步相信《大学》的确出自子思手笔，本属子思书中的一篇。

关于此书何以名曰《大学》，古人只是取其首句"大学之道"之"大

---

① 转引自蒋伯潜《诸子通考》，浙江古籍出版社 1985 年版，第 360 页。
② 据张心澂《伪书通考》引《经义考》。
③ 冯友兰：《中国哲学史》上册，第 437—438 页。

学"以为篇名，一如《论》《孟》各篇的命名。鉴于《大学》与《天命》的关系，我认为"大学"二字即来自《天命》"博学之"之"博学"。《说文》云："博，大通也。"因此，所谓"大学"，即为"博学"。《礼记正义》"郑《目录》云'名大学者，以其记博学可以为政也'"，亦可证之。也就是说，此"大学"与古代学制之大学毫无关系。

至于朱子将《大学》分为经、传两部分，并认为"经一章，盖孔子之言，而曾子述之；其传十章，则曾子之意，而门人记之"的说法，我在旧作中已经有所批评，并指出被朱子当作经的部分实为全篇之纲要。[①]《大学》一篇的思想气质同曾子一系相差甚远，不可能作于曾子一系（子思虽曾从学于曾子，但已独立门户，甚异于曾子）。

[①] 郭沂：《〈大学〉新论——兼评新儒家的有关论述》，《新儒家评论》第二辑，中国广播电视出版社 1995 年版。

读《大学》《中庸》札记

曲阜师范大学孔子研究所　黄怀信

《大学》《中庸》作为传统经典，人人皆能读之；今人之注、译，亦有多家。然愚近读之，仍觉问题不少，故特作此记，以求与专家共商。

"天下平"

《大学》首章（朱熹所谓"经"）：

> 古之欲明明德于天下者，先治其国；欲治其国者，先齐其家；欲齐其家者，先修其身……身修而后家齐，家齐而后国治，国治而后天下平。

"天下平"，今人多理解为"天下太平"[①]。今按其前文曰"古之欲明明德于天下者，先治其国；欲治其国者，先齐其家"，后文倒承之，"天下平"实对应于"明德于天下"。"明明德于天下"，意思是把明德彰明于全天下，使全天下之人皆知明德。所以，"平"当谓平齐，也就是所谓"均"。《礼记·乐记》："修身及家，平均天下。""天下平"，正是"平均天下"的结果，谓天下皆治，或者天下皆知明德。此中道理，与修身以齐家一样：身修则家有所望，故然后齐；本国治则天下之国有所望，故国治而后天下平。之所以这样解，因为包括"治国、平天下"，或者"修、

[①] 参见王文锦《礼记译解》，中华书局2001年版；杨天宇《礼记译注》，上海古籍出版社2004年版。

齐、治、平","治"、"平"无疑都是动词。那么反过来作为其结果，所谓"国治而后天下平"，就是本国得到治理以后，天下才能平齐划一地得到治理。总之"平"谓平齐。中国人现在不敢大胆或理直气壮地讲"治国平天下"，就是怕被人说成要扫平天下，或者平定天下，有霸权思想，其实也是一种误解。

"所厚者"、"所薄者"

《大学》首章：

> 自天子以至于庶人，壹是皆以修身为本。其本乱而末治者，否矣！其所厚者薄，而其所薄者厚，未之有也。

"其所厚者薄，而其所薄者厚"二句，今人或解为"对自己关系亲厚的人情义淡薄，而对自己关系淡薄的人却情义浓厚"（中华本），或解为"该用力深厚的用力薄，而该用力薄的却用力厚"（上古本）。如此情况，怎么能说"未之有"？可见错误是明显的。实际上这里"所薄"、"所厚"之"厚"与"薄"，皆是动词，"厚"谓加厚，"薄"谓削薄。二句意思是说：所加厚的薄，而所削薄的厚。这种现象自然不可能出现，所以说未之有也。作者在这里讲此话的意思，是鼓励人修身厚本，因为上文说："自天子以至于庶人，壹是皆以修身为本。其本乱而末治者，否矣。"既然如此，那么"本"就必须修。而在作者看来，只要修，就能有所厚；若不修，就不可能有所厚，因为"其所厚者薄，而其所薄者厚，未之有也"。

"心广体胖"

《大学》第三章（朱熹作传之六章）：

> 富润屋，德润身，心广体胖，故君子必诚其意。

"心广体胖"之"胖"，今人皆读"盘"音，解为"舒适"或"安舒"，本于朱熹注而又有所误。首先，朱熹原注曰："胖，步丹反（本《经典释文》）。胖，安舒也。言富则能润屋矣，德则能润身矣，故心无愧怍，则广大宽平，而体常舒泰；德之润身者然也。"① "步丹反"，本是平声，而今读"盘"则是上声。"胖"字从"半"得音，读上声"盘"没有道理，也没有依据，当是误切。其次，广，是大的意思。心广，就是心大。心大，身体未必安舒；而肥胖，则完全可能。因为心大则能容事，就是事情不搁在心上。事情不搁在心上，自然能吃能睡；能吃能睡，能不胖乎？可见还是如字读解为好。郑玄曰："胖，犹大也。"其实不误。而朱熹释"胖"为安舒，乃是意解。

"於止知其所止"

《大学》第五章（朱熹作传之三章前半）：

> 《诗》云："邦畿千里，惟民所止。"《诗》云："缗蛮黄鸟，止于丘隅。"子曰："於止知其所止，可（何）以人而不如鸟乎？"

"於止知其所止"，郑玄注曰："於止，言鸟之所止也。就而观之，知其所止，知鸟择岑蔚安闲而止处之耳。言人亦当择礼义乐土而自止处也。《论语》曰：'里仁为美，择不处仁，焉得知？'"② 朱熹注曰："'子曰'以下，孔子说诗之辞，言人当知所当止之处也。"

今按："於止，知其所止"，语有不畅，与上下文亦皆不连贯。愚谓"於"，当作"鸟"，承前所引《诗》说。盖"鸟"字先误为"乌"，后又误为"於"。前"止"，当是衍文。后"所止"，谓所当止。意思是：鸟尚且知其所当止，为何人却不如鸟呢？可见比较通顺。

"於缉熙敬止"

《大学》同章：

---

① 朱熹：《四书章句集注·大学章句》，中华书局1983年版。
② 郑玄注，孔颖达正义：《礼记正义》，上海古籍出版社2008年版。

《诗》云："穆穆文王，於缉熙敬止！"为人君，止于仁；为人臣，止于敬；为人子，止于孝；为人父，止于慈；与国人交，止于信。

朱熹注曰："'於缉'之'於'，音乌。《诗·文王》之篇。穆穆，深远之意。於，叹美辞。缉，继续也。熙，光明也。敬止，言其无不敬而安所止也。引此而言圣人之止，无非至善。"愚谓诗文无"於"顺，"於"字当涉上文"於止，知其所止"衍。今《诗》亦有"於"字，疑是据此而增，或是涉其首章"於昭于天"而衍，总之不当有。"穆穆"，形容肃穆的样子。"缉熙"，是光明的意思。"止"，诗本用同"之"，这里如字读，取"止"义。敬止，谓敬之所止。"穆穆文王，缉熙敬止"，意思是"肃穆的文王，是明敬所止"。所以下文说当国君要止于仁爱，当臣民要止于恭敬，当儿子要止于孝敬，当父亲要止于慈爱，与人交往要止于诚信。

"诗云瞻彼淇澳"节

《大学》第四章：

《诗》云："瞻彼淇澳，菉竹猗猗。有斐君子，如切如磋，如琢如磨。瑟兮僩兮，赫兮喧兮。有斐君子，终不可諠兮。""如切如磋"者，道学也。"如琢如磨"者，自修也。……此以没世不忘也。

按：此节朱熹移在传之三章下，曰："右（按：指'诗云邦畿千里'至'止于信'及上二节）传之三章，释'止于至善'。此章内自引《淇澳》诗以下，旧本误在'诚意'章下。"愚谓此节承"汤之盘铭曰：'苟日新，日日新，又日新。'《康诰》曰：'作新民。'《诗》曰：'周虽旧邦，其命惟新。'是故君子无所不用其极"一节说，因为所引"《诗》云"在淇澳（淇河湾），正表明"无所"；"如切如磋，如琢如磨"，形容刻苦学习，正所谓"用其极"；"瑟兮僩兮，赫兮喧兮"，也形容"新"：所以当与彼为一章，解"在新民"及"自新"，与"止"无关。朱熹移于"《诗》云'邦畿千里……止于信'"后而作一章,不妥。

"中也者"、"和也者"

《中庸》第一章:

> 喜怒哀乐之未发谓之中,发而皆中节谓之和。中也者,天下之大本也;和也者,天下之达道也。

按:此节文字古今无校,皆照文解。愚谓"中也者,天下之大本也;和也者,天下之达道也"二句,义不可通。首先,物有本、有末、有中,中不可以为本,本亦不可以为中;如若以中为本,就等于无所谓本。可见"中也者,天下之大本也"一句,有逻辑错误。再则,"本",原本是植物的根,可以生;而"中",是一种静止的状态,不可以生,所以也就不可能为本;"和"是一种动态的氛围,不可以行,所以不可能为道;可见从词义上讲,二句也有问题。正确的说法,应该是:"和"也者,天下之大本也;"中"也者,天下之达道也。就是说这里"中"、"和"二字互相误,"和"字应在前,"中"字应在后。这种错误,或是后人因不知文有错综而误改。

之所以说"和"字应在前,句作"和也者,天下之大本也",还因为万物皆因和而生。《国语·郑语》曰:"和实生物"就是这个意思。之所以说"中"字应在后,句作"中也者,天下之达道也",还因为"达",《说文》训"行不相遇也"。不相遇,就是不相遭遇、不相交会。那么"达道",就是不与他物遭遇或交会之道。"中"无偏倚,自然不会自觉与他物相交。可见"中"确为达道。那么"和"既然为天下之大本,人自当执持之;"中"既然是天下之达道,人自当遵行之。可见这里实际上已经是叫人致"中"——保持平常心、致"和"——喜怒哀乐不过度,所以下文又云"致中、和"云云。朱熹谓"大本者,天命之性,天下之理皆由此出,道之体也。达道者,循性之谓,天下古今之所共由,道之用也",没有道理。"中"指"喜怒哀乐之未发",何得为天命之性、天下之理所由出?"和"指"喜怒哀乐发而皆中节",何得为天下古今之所共由?又谓"此言性情之德,以明道不可离之意",亦非文意。

"致中和"

《大学》同章下文:

> 致中和,天地位焉,万物育焉。

"中和"二字,今人皆连读不顿,等于视之为一词。然而上文曰"喜怒哀乐之未发谓之'中',发而皆中节谓之'和'",又曰"'中(和)'也者,天下之大本也;'和(中)'也者,天下之达道也","中"与"和"明显是两个不同的概念,怎么能够合成"中和"一词?如若合成一词,意思又将何谓?《荀子》固数言"中和",但其义指中正平和,与此非同一概念。所以,此"致中和"必当读为"致中、和",谓致中、致和;"中"谓"喜怒哀乐之未发谓之中"之"中","和"谓"发而皆中节谓之和"之"和"。朱熹注分云"极其中而天地位矣","极其和而万物育矣",可见也分"致中"与"致和"。

"天地位焉,万物育焉"

《中庸》同章同辞:

> 致中和,天地位焉,万物育焉。

此句今人或译作"达到中和,天地就各正其位,万物就发育成长"(中华本),或译作"达到中和的境界,天地间一切事物的位置就摆正了,万物都能生长发育了"(上古本),愚以为皆非文义。原因很简单:人心不致中、和,天地照样正位,万物照样发育。今人之所以那样译解,原因首先是忘了其前文给"中"、"和"的不同定义,其次是忽略了"焉"字。另外"致",意思是通过努力而致达、做到,而这里仍指心性说,指心致。"致中",就是做到不喜、不怒、不哀、不乐,保持平常心态。"致和",就是做到喜怒哀乐皆恰到好处。"天地位焉",是致中的结果。"位"是动词,谓有其位置。"焉"是兼词,谓于其中。"位焉",谓位于心,即被安置在心性之中。天地位焉，极言心性之大，形容之辞。"万物育焉"，是致和的结果。"育"，生长繁育。"育焉"，谓在心性之中生长繁育。万物育焉，极言心性之和，也是形容之辞。

"君子居之"

《中庸》第十章：

> 子路问强，子曰："南方之强与？北方之强与？抑而强与？宽柔以教，不报无道，南方之强也，君子居之。衽金革，死而不厌，北方之强也，而强者居之。故君子和而不流，强哉矫！中立而不倚，强哉矫！"

按："君子居之"，今人皆如字解，似非是。因为"宽柔以教"，谓用宽柔之法以教人；"报"，谓报复；"无道"，指不合常理的侵害；"君子"，指受人尊敬之人；"居"，谓具备，赋有。"宽柔以教，不报无道"，无疑是柔弱、懦弱的表现，受人尊敬的君子怎能居之？且若君子居之，则又与其下文"君子和而不流"等相矛盾，而且与"强者居之"不相对称。所以，愚疑此"君子"当作"柔者"，谓性情柔弱之人。第二十章有云："虽柔必强。"可见《中庸》本有"柔"、"弱"两个概念。朱熹注曰："宽柔以教，谓含容巽顺以诲人之不及也。不报无道，谓横逆之来，直受之而不报也。南方风气柔弱，故以含忍之力胜人为强，君子之道也。"亦不可信。宽柔以教，不报无道，怎么能够胜人？其实孔子在这里是讲"中庸"，意思是南方之强不及，北方之强过之，而"君子和而不流"，"中立而不倚"之强，乃是中强，值得赞美，所以说"强哉矫"。故前之"君子"，必是涉后文致误。

"体物而不可遗"

《中庸》第十六章：

> 子曰："鬼神之为德，其盛矣乎！视之而弗见，听之而弗闻，体

物而不可遗。……《诗》曰：'神之格思，不可度思，矧可射思？'"

郑玄注曰："体，犹生也。可，犹所也。不有所遗言。万物无不以鬼神之气生也。"朱熹注曰："鬼神无形与声，然物之终始，莫非阴阳合散之所为，是其为物之体，而物所不能遗也。其言体物，犹《易》所谓'干事'。"

今按："可"无"所"义，郑说凿。"德"，指能力。"体"，动词，谓成就形体。"物"，指万物。"遗"，指遗漏。然则鬼神体物，怎么能说不可遗？故疑此"可"字涉后文"不可度思"衍。"不遗"，犹言无遗。鬼神体物而无遗，是说万物皆由鬼神成其形，以解释前文之为德盛。

"修道以仁"

《中庸》第二十章：

> 哀公问政，子曰："……故为政在人。取人以身，修身以道，修道以仁。仁者，人也，亲亲为大；义者，宜也，尊贤为大。"

此文旧皆不疑，愚谓下文分言"仁者，人也"，"义者，宜也"，按正常语法，"修道以仁"当作"修道以仁、义"，"义"字盖脱。《论语》虽不言"仁义"，而此则为子思所述，不可以等类。

"仁者，人也"

《中庸》同章同文：

> 仁者，人也，亲亲为大；义者，宜也，尊贤为大。

按此二句向为说儒解"仁"者所乐道，且无所疑。愚谓其前句有语病："亲亲"为动作，而"人"则是名词。郑玄注曰："人也，读如'相人偶'之人，以人意相存问之言。""相人偶"之"人"，实际上也是名词。朱熹注曰："人，指人身而言。"人身，也是名词。再说"仁"本指关爱他人的思想或行为，更不得指人身。很多人可能会根据《孟子·尽心下》也有"仁也者，人也"之文，以证此文之不误。实际上以《孟子》下文"合而言之，道也"观，孟子之意为：仁本身，是人所具有的。仁、人结合，是人所行的道。可见其"人也"并不是解释"仁"字的含义。而《中庸》这里，据"亲亲为大"可知，"人也"则是对"仁"义的解释；后面"宜也"，也是对"义"字的解释，可见与《孟子》并不相同。那么"仁"的意思怎么能是"人"呢？正因为无法解释，所以前人对此"人"有种种不同的发挥，比如谓指"人的天性"，谓指"做人的道理"，等等，于训诂皆属"增字解经"。而按正常的语法解释，愚疑此"人"前当脱"爱"字，或者后人据《孟子》而删"爱"字，总之应当作"仁者，爱人也"。《论语·颜渊》："樊迟问仁，子曰：'爱人。'""亲亲"，正属于爱人（关爱他人）的范畴。

"思知人不可以不知天"

《中庸》同章：

> 故君子不可以不修身。思修身，不可以不事亲；思事亲，不可以不知人；思知人，不可以不知天。

郑玄注曰："言修身乃知孝，知孝乃知人，知人乃知贤不肖，知贤不肖乃知天命所保佑。"朱熹注曰："为政在人，取人以身，故不可以不修身。修身以道，修道以仁，故思修身不可以不事亲。欲尽亲亲之仁，必由尊贤之义，故又当知人。亲亲之杀，尊贤之等，皆天理也，故又当知天。"

今按：此"君子"，指国君。上文曰"为政在人，取人以身"，所以国君不可以不修身；"修身以道，修道以仁"，仁以亲亲为大，所以思修身不可以不事亲。然而事亲与知人无关，知人与知天无关，知天更不会是知人的先决条件。郑玄以为知贤不肖乃知天命所保佑，反以知人为知天的条件，与原文相反。朱熹以亲亲之杀、尊贤之等为"天理"，更无道理。愚谓此"人"指人民，相当于"民"；"天"，当作"天下"。思事亲不可以不知民，思知民不可以不知天下，意思是国君要亲爱自己的亲人，就必须了解百姓；要了解百姓，就必须了解天下。正因为是言"天下"，所以下文紧接着说"天下之达道五，所以行之者三"，又说"则知所以治天下国家矣"，等等。今本无"下"字，疑是后人不知"人"指民，又欲与"知人"相对应而删之。

"博学之，审问之"

《中庸》同章：

> 博学之，审问之，慎思之，明辨之，笃行之。有弗学，学之弗能弗措也。

此句今人或译作"广博的学习，详细的探究，谨慎的思考，明晰的分辨……"（中华本）；或译作"广博地学习，审慎地提问，慎重地思考，明确地辨别……"（上古本）皆视"之"为虚词，恐不妥。上文泛言诸善道，结曰："诚之者，择善而固执之者也。"所以，这里的"之"，应指善道。全句意思是说：对于善道，应当广泛地学，详细地问，深入地想，明确地辨，坚定地执行。除非不学，学它不会，就不放弃。

"为物不贰"

《中庸》第二十二章：

> 天地之道，可壹言而尽也：其为物不贰，则其生物不测。

后二句今人或译"天地作为事物来讲是诚一不贰的，那么其化生万物的奥秘就深不可测了"（《中华》本）；或译"真诚不二，就生出数不清的事物"（上古本），似无道理。天地作为事物来讲，怎么是诚一不贰的？诚一不贰，化生万物的奥秘怎么就深不可测了？真诚不二，为什么就生出数不清的事物？朱熹注曰："不贰，所以诚也。诚故不息，而生物之多，有莫知其所以然者。"较今人二家之说合理，但所谓"诚故不息，而生物之多有莫知其所以然者"，亦与原文不合。愚谓此"为物"，指造物；

"贰"，谓重复；"生物"，谓产生物；不测，即不可预测。全句意思是说：天地的法则，可以用一句话来概括："如果造物不重复，那么它产生什么就不可以预测"，似更合理。

"圣人之道"，"优优大哉"

《中庸》第二十七章：

> 大哉，圣人之道。洋洋乎发育万物，峻极于天，优优大哉。礼仪三百，威仪三千，待其人然后行。故曰苟不至德，至道不凝焉。

此节文字古今无校说，愚读之则疑点甚多：
1. "道"怎么可以"发育万物"？
2. "道"怎么可以"峻极于天"？
3. "优优"本是形容宽裕之词，怎么可以称"大哉"，且与前"大哉"重复？
4. "故曰苟不至德，至道不凝焉"是对其上文的总结，上文理应言"德"与"道"，而今本为何只有"德"而没有"道"？

故以为：
1. "圣人之道"，当作"圣人之德"；
2. "优优大哉"之"大"字涉前衍，后脱"圣人之道"四字。礼仪、威仪，即所谓圣人之道，故下云"待其人然后行"。

也就是说，此节文字本应作：

> 大哉！圣人之德。洋洋乎发育万物，峻极于天。优优哉！圣人之道。礼仪三百，威仪三千，待其人然后行。故曰苟不至德，至道不凝焉。

"渊渊其渊，浩浩其天"

《中庸》第三十二章：

> 唯天下至诚，为能经纶天下之大经，立天下之大本，知天地之化育。夫焉有所倚？肫肫其仁，渊渊其渊，浩浩其天。苟不固聪明圣知达天德者，其孰能知之？

"渊渊其渊，浩浩其天"二句，古今无校说。愚谓二句皆不可通，当有误字。"其"，与上"夫"，皆承前指"天下至诚"者。"渊渊"（形容深邃的样子）者当为其"智"，"渊"字疑涉上误；"浩浩"（形容浩大的样子）者当为其"能"，指能力，"天"字亦当涉上"天地"、"天下"或前文"故曰配天"而误。就是说二句本应作"渊渊其知（智），浩浩其能"。

又：上文明明自己已经说之，不得又说"苟不固聪明圣知达天德者，其孰能知之"，"知之"疑当作"如之"，形似而误。如之，如此也。言下之意，圣人（孔子）就是"固聪明圣知达天德者"。

"淡而不厌"

《中庸》第三十三章：

> 《诗》曰"衣锦尚絅"，恶其文之著也。……君子之道淡而不厌，简而文，温而理。

"淡而不厌"，郑玄注曰："淡，其味似薄也。"朱熹注曰："淡、简、温，絅之袭于外也。不厌而文且理焉，锦之美在中也。"今人二家或译"清淡而令人不厌"，或译"恬淡而令人不厌"。愚谓"君子之道"而言味薄，而言清淡、恬淡令人不厌，皆有未安。淡，当谓浅淡，指色言；厌，借为"艳"，艳丽。正与前"衣锦尚絅"，恶其文之著相对应（按"艳"字《诗经》《左传》皆有之）。

"屋漏"

《中庸》同章：

《诗》云:"相在尔室,尚不愧于屋漏。"故君子不动而敬,不言而信。

"屋漏"一词,郑玄注曰:"室西北隅谓之屋漏。"朱熹注亦曰:"屋漏,室西北隅也。"① 今人皆遵信之。愚谓"屋漏",即屋顶之漏光处。古人之屋无楼,躺在床上即可看到屋漏。而人之省思,皆凝目仰视,故曰"相在尔室,尚(上)不愧于屋漏",意思是:躺在屋里向上凝望着屋顶漏光处进行反省,而无所愧疚。郑、朱以室之西北隅为屋漏,既无文字训诂之依据,也无人情习惯之道理。

以上谬说,诚请诸位方家不吝批正。

---

① 朱熹:《四书章句集注·大学章句》,中华书局1983年版。

中庸思想:荀学进路的诠释

(台湾)政治大学中国文学系　刘又铭

在宋明理学的深入诠释下,《礼记·中庸》被编入《四书》,成为孔孟儒学的核心经典。此后一直到今天,在一般的理解和诠释里,《中庸》的孟学性格已经是毋庸置疑的事实。

在这个脉络之外,至少郑玄、孔颖达的《礼记注疏·中庸》,司马光的《中庸广义》,戴震的《中庸补注》,还有当代康有为的《中庸注》和陈柱的《中庸注参》,以及日本学者安井衡的《中庸说》,都是跟孟学不尽相同甚至大大不同的诠释理路。正是因为这点,它们在当代不是被忽视就是被质疑、批驳。不过我认为,如果改从荀学的进路来检视的话,它们或许都可以得到比较正面、充分的理解与肯定。

当代只有少数学者提到《中庸》跟荀子的关系。如钱穆说《中庸》"性善虽近孟子,其善言礼意却近荀子"[1];戴君仁说《中庸》"不仅是《孟子》,亦通乎荀学",只不过和《荀子》道性恶异趣[2];胡志奎也说《中庸》虽然"尤多掇取《论》《孟》之语而入说",却也"已有综合道家乃至晚期儒家如荀子之言"[3];他们都同意《中庸》作于荀子的同一时期或更晚,部分思想来自荀子。这样的观点,在大批简帛文献出土、子思学派具体浮现、子思作《中庸》的可能性升高的今天,更加变得不重要。不过,本文却打算就这个观点进一步扩大,直接从荀学进路诠释《中庸》

---

[1] 钱穆:《中庸之明与诚》,《中国学术思想史论丛》(二),台北:兰台出版社2000年版,第150页。
[2] 戴君仁:《荀子与大学中庸》,《梅园论学集》,台北:台湾开明书店1970年版,第236页。
[3] 胡志奎:《学庸辨证》,台北:联经出版公司1984年版,第35页。

思想。我的想法是：

第一，郭店楚简出土以后，许多学者认为它们都是或多半是思孟学派作品，并且据此推论《中庸》也是子思所作；但部分学者如李泽厚仍然认为它们整体上"更接近《礼记》及荀子"①，可见不同的立场、价值观可能会导致不同的诠释结果。宋明以来，以孟学为标准来解读和论断儒家文本几乎已经成了习惯，我们很难说目前《中庸》的孟学性格究竟是原来如此，还是先入为主的诠释所造成。既然《中庸》出自荀学色彩浓厚的《礼记》，它的文句、思想跟荀子有交集，尤其是郭店楚简中并没有出现《中庸》一篇，因此《中庸》晚出并且属于荀学的可能性仍然存在。如果我们能够对《中庸》作出另一个进路的诠释，那么《中庸》的思想性格就有重新论定的空间。

第二，荀子哲学缜密开阔，严整一贯。然而，在特殊时代情境的影响下，他的几个关键学说的表达太特殊（如性恶，如强调天人之分）；一般直接参照这样的表达形式来作各种相关的比较和研究其实未必准确，意义有限。本文以我先前所建构所提议的"荀子哲学（所蕴涵）的普遍形式"为参照，或许能揭示某些向来遮蔽、隐藏的面相，得到不一样的结果。②

第三，郭店楚简出土以后，梁涛③、伍晓明④等对《中庸》的重组、分篇，基本上是根据其哲学诠释的结果所提出的。而就我自己的诠释来看，《中庸》全文的一贯性仍可成立，不须重组。可能的情况是，荀子的同时或之后（之前的可能性不大）的学者，基于荀学的立场和性格，选录、编辑、改易前人文句（即使是来自思孟学派的文本），再添加新撰部分而完成了《中庸》。这样子选录、编辑、改易、添加之后的整个文本，某种程度仍然可以看作一种立场一贯的荀学性格的撰著与创作。本文大致就这样看待《中庸》。

---

① 李泽厚：《初读郭店竹简印象纪要》，《中国哲学》2000 年第 21 期。
② 刘又铭：《儒家哲学的重建：当代新荀学的进路》，载汪文圣主编《汉语哲学新视域》，台北：台湾学生书局 2011 年版，第 161—162 页。
③ 梁涛：《郭店楚简与思孟学派》，中国人民大学出版社 2008 年版，第 266—278 页。
④ 伍晓明：《"天命：之谓性！"——片读〈中庸〉》，北京大学出版社 2009 年版，第 10—21 页。

一 引论：荀子哲学的普遍形式与孟子、荀子的"中"

先谈荀子哲学的"普遍形式"。我曾经依傅伟勋"创造的诠释学"的构想，松解《荀子》的概念界定，参酌后代荀学（包括汉代儒学、明清自然气本论）的理路，建构一个比较符合民族心理倾向比较适合作为参照标准的荀子哲学的"普遍形式"[①]。这里归纳为最基本的两点。

1. 这世界起于有阴有阳的自然元气，在一气流行的世界里，天行有其常则，人事有其常道，天、人之间既有连续又有差异，彼此是合中有分的关系。此外，天广义地说是全世界，狭义地说则是自然元气的集合；必要时天也可以具有些许人格神义涵（虽然荀子反对这一点，但这点跟荀学性格并非截然对反，董仲舒思想就是一个例子）。

2. 欲望、情感的自然表现是性，心的活动、努力的种种样态也可以是性。礼义其实就是事物、情感、欲望中"本末相顺，终始相应"的律则的提出与凝成，它是天地内在之理的一环，并且可以随着情境脉络而损益更新。心在虚壹而静时具有价值直觉，能肯认礼义和实践礼义因而逐渐调节、转化欲望与情感，能经由一次次的尝试错误，让身心逐渐朝向礼义来转化、净化、美化。整体来看，这是有别于孟子思想的另一种性善论，可以称作"人性向善论"或"弱性善论"。

总之，宇宙有个从自然到人事彼此连续而有等差的秩序、律则作为最终的价值根源，人在具体情境中有一个有限度的价值直觉可以作为认识价值、实现价值的依据。这样的观点，虽然是从《荀子》的文本意谓提取建构而成的，但它跟荀子表述的思想在"值"上相等，而比较符合中国人的一般心理倾向。我们可以非正规地借用社会学家韦伯（M. Weber）的概念，把它称作荀子哲学的"理想型"（Ideal type）。

再来谈孟子、孟子的"中"。首先，孟子说："中也养不中"（《离娄下》），又说："孔子岂不欲中道哉？不可必得，故思其次也。"（《尽心下》）。这都表彰了"中"的概念。他又说："子莫执中。执中为近之。执中无权，犹执一也。"（《尽心上》）。这就间接提出了"执中而

[①] 刘又铭：《儒家哲学的重建：当代新荀学的进路》，《汉语哲学新视域》，第 161—162 页。

权"的观点，也间接说明了他所谓"中"，跟仁义礼智一样，都是先天内在、本有固有的价值，具有本体论的意义。① 是实践时"用权"的依据与前提。

至于荀子，他比孟子更多更鲜明地谈到"中"。他说："先王之道，仁之隆也，比中而行之。曷谓中？曰：礼义是也。道者……人之所以道也，君子之所道也……事行失中谓之奸事，知说失中谓之奸道。"（《儒效》）中就是礼义，它跟礼义一样，都是人所以践行的群居和一之道。荀子又说："先王圣人安为之立中制节，一使足以成文理……"（《礼论》）这也说明了礼（所谓"节"）即是中。

从礼义来说明"中"，其实就是用"礼义"的性质来定位"中"的意思。这点绝不会让"中"流于僵化，因为荀子的"礼义"本来就不是外在的、强制加在人身上的东西。荀子说："……两情者，人生固有端焉。若夫断之继之、博之浅之、益之损之、类之尽之、盛之美之，使本末终始莫不顺比，足以为万世则，则是礼也。"（《礼论》） 又说："礼也者，理之不可易者也。"（《乐论》）。可见礼（礼义）是人类情感、欲望、事物里头一个潜在的条理与节度分寸的现实形式。它跟孟子那种自动地、直接地萌发的仁义礼智（所谓四端）不同，它是内在于人身心活动中的适当条理、和谐韵律的提出和凝定。虽然，由于荀子在定义上区分性、伪，所以他要强调礼义"生于圣人之伪，非故生于人之性"（《性恶》）；但如果松开、跳出这样的定义，就会发现荀子的礼义其实并非一个来自生命之外的侵入者与宰制者。

总之荀子的"中"既不是个形上精神实体，更不是一个纯客观的外在规范；而是身心事物的一个恰到好处的节度分寸。此外，荀子又说："故听其雅颂之声，而志意得广焉；执其干戚，习其俯仰屈伸，而容貌得庄焉……乐者，天下之大齐也，中和之纪也……乐也者，和之不可变者也"（《乐论》）礼是中，乐是和，或干脆说乐就是中和（因为是依礼成乐）；这里，至少在字面上，《荀子》跟《中庸》有更明显的交集。

---

① 孟子说："男女授受不亲，礼也；嫂溺援之以手，权也。"（《离娄上》）这里"据礼行权"的思维，正好跟"执中而权"的思维彼此一致。

二　性、道与中、和

这一节，我们一边对《中庸》第一章[①]做彻底的重读，一边进行讨论。

> 天命之谓性，率性之谓道，修道之谓教。

"天命之谓性"可以有不同的解释。理学家从形上天道、天理的下贯来解释是孟学的进路。若依荀学进路，则我们可以说，自然元气流布，赋予每个人一份大致相同但同中有异的禀气，作为他本性的实体，这样的过程就是"天命之谓性"。然后，以这样的"禀气/性"为基底，人的一切身心活动，包括欲望、情感、知觉就都是性的作用和表现，这是从自然义来讲的性。要注意的是，在这些欲望、情感、知觉的作用里头，有个潜在的价值倾向；这价值倾向也是性中所有，它是从价值义来讲的性。补上这一点，我们才能把后面的"率性之谓道"以及更后面有关"诚"的部分贯通起来。

"率性"的"率"仍然可以按旧说看作"循"和"顺"，但进一步的讲法大不相同：因顺人的情感、欲望、知觉的存在状况，依循着其中的价值倾向所提出来的实践路径就是道；这样的道，并非性所直接发用出来，也并非绝对不变确定不移，因此必须有人在必要的时候重新出来斟酌、损益、论定，这就是"修道之谓教"。

"率性"的"率"有另一种可能的理解。廖名春指出，"率"应当解释为统率、率领，"率性"正好跟《性自命出》的"长性"相通。[②]这个解释比较明快也很值得采用。道是从人性的自然内涵中提取出来的，也是用来引导、统领整个人性朝美善发展的。事实上，《性自命出》以喜怒哀悲之气（等于情）、好恶之情为天命之性，主张"道"是情的进一步提炼所成（"始者近情，终者近义"），而这样的道可以"长性"。这样的理路跟我们上面对《中庸》的诠释大致相似。

[①] 本文凡提及《中庸》文句，以朱子《中庸章句》的分章为准。
[②] 廖名春：《荆门郭店楚简与先秦儒学》，《中国哲学》1999年第20期。

> 道也者，不可须臾离也，可离非道也。是故君子戒慎乎其所不睹，恐惧乎其所不闻。

道内在于本性，是顺着本性而提出的。但它不是一个独立自在的实体，它不能直接地、自动地发用；事实上它只不过是本性里潜在着的和谐条理的外在形式而已，必须由人定意照着它来实践才能在志思言行里具体凝定和呈现。因此，人若要追求生命的美善，就不能一刻离开它。所谓的"不可须臾离"，正是从这样的脉络以及实践的层次来的一个实质的、必要的、强烈的提醒。[1] 所谓在人们不睹不闻不知的时候也要戒慎恐惧，这便是从实践着眼以及从时间的向度来具体说明"不可须臾离"。

> 莫见乎隐，莫显乎微，故君子慎其独也。喜怒哀乐之未发谓之中；发而皆中节谓之和。

隐、微、独指的都是内心。内心隐微的状态和动向，是实践的基底和关键；一旦显明了或被揭露了，反倒是众人所共见而遮掩不得的，所以必须"慎其独"。慎其独要做到怎样的地步，那就是后面接着提到的中与和了。

宋明以来一般都把"喜怒哀乐之未发谓之中"一句，当作对"中"、"和"的直接界定来理解，于是形成了孟学性格的"性情／中和／体用"解释图式。但戴震已经说过，凡说成"之谓"的，才是"以上所称解下"；而凡说成"谓之"的，则只是"以下所称之名辨上之实"[2]。因此，"喜怒哀乐之未发谓之中"一句，只是就不同脉络、层次来关联地说明中、和而并非直接解释中、和；而"和"也不就是那个"中"的直接发用。应该说，"中"是跟喜怒哀乐等情绪无关的，是人事物之脉络情境里头一个恰当条理分寸；"和"则是基于对这样一个恰当的条理分寸的理解而

---

[1] 朱子《中庸章句》说："道者，日用事物当然之理，皆性之德而具于心，无物不有，无时不然，所以不可须臾离也。"又说："其实体备于己而不可离"，其实说的是道的实体的内在于己，那样的实体只会被遮蔽、遗忘，却是无须警醒也不会须臾离开的。

[2] 戴震：《孟子字义疏证》，中华书局1982年版，第22页。

情绪发用时能够恰到好处的状态。总之，君子内心庄重自持，对人事物总是尽力衡量、斟酌来掌握一个"中"，然后当他在事物脉络中情绪具体发出时就能因着这样的"中"而达到"和"，这是从内心开始，从空间的向度来具体说明"不可须臾离"。

孟学进路从性体及其发用来讲中、和。但是细腻地体会这里文意的转折变化，我们便可以改从君子慎独的实践成果，从内在用心所关联着的两个方面来讲中、和，这是荀学的进路。

> 中也者，天下之大本也；和也者，天下之达道也。致中和，天地位焉，万物育焉。

人、事、物条理脉络里蕴涵着一个"中"，它正是天下得以安定的一个根本；基于这样的"中"因而情绪发露能够和，这是遍及天下可以通行的大道。这样的中与和都不是现成可得的，而是在慎独的修养工夫里所掌握到和做到的，所以才说个"致"。而一旦能掌握到中，能做到和，自然就跟天地万物的内在条理、韵律相通，自然就能感受到天地安稳、万物顺畅了。此外，"和"是天下达道，而"和"的前提是"中"，所以"和"这个天下之达道其实就是"中"的实践之道，也可以说成中和之道；从这样的中和之道，推进到后面的中庸之道就顺理成章了。

以上的理解，跟孟学进路不同。这是重读《中庸》的关键之一。

三　中庸之德与中庸之道

《中庸》从第二章起一再出现的"中庸"，一般解释作"用中（完整地说是用中和）"或"中（中包括中、和）、常"，都各有道理也各有根据。如果直接体会各个句子里"中庸"的用法，那么中庸应该是中、和在言行举止里的具体表现，是表现了中与和的德行（《论语》所谓的"中庸之为德"）或行动与作为（中庸之道）。此外，既然"和"是天下之达道，那么中庸其实也一样可以说成"天下之达道"。

《中庸》许多地方未必出现"中庸"一词，但是看得出来全文各处（包括各种不同措词的"道"）所谈的还是中庸的概念和中庸之德以及中庸之道。而像"夫妇之愚可以与知焉；及其至也，虽圣人亦有所不知焉。

夫妇之不肖可以能行焉；及其至也，虽圣人亦有所不能焉"（第十二章）、"道不远人。人之为道而远人，不可以为道"（第十三章）、"素其位而行"（第十四章）、"行远必自迩……登高必自卑"（第十五章）、"淡而不厌，简而文，温而理"（第三十三章）等语，都是从不同角度对中庸之道的说明。不妨说，这些说明恰恰是晚周时期《中庸》对其他各家（如墨家、道家、法家）的挑战、质疑的一个回应。儒家的实践从眼前从身边开始，平常平实，然而一样可以达到极致，臻于美善。"君子之道造端乎夫妇，及其至也察乎天地"、"极高明而道中庸"便是对这种精神这种性格的一个最好的概括。

值得注意的是，第七章、第八章说"择乎中庸"，第十一章说"遵道而行"、"依乎中庸"，第二十章说"择善而固执之"和"博学之，审问之，慎思之，明辨之，笃行之"，这些地方都说明了"中庸"并非由内在性体直接发用出来的（这是孟学进路的解释），而是人事物所达到的一个恰当和谐的状态，并且是在现实情境中具体斟酌衡量出来，然后遵循实践的结果。第十三章的"忠恕"，把自己对别人（子女、下属、幼弟、朋友）的要求当标准而反过来检视自己，便是这种斟酌衡量的一个很好的方法和例子。必须澄清的是，这样的斟酌衡量并非全属外在的客观思辨活动。应该说，身心、天地万物都潜在着"中和"的价值倾向，因此，这样的斟酌衡量，一方面是对外在事物的拿捏、感知、揣摩，另一方面还是内在生命的共鸣与印证（这点在后面第五节还会讨论到）。

第十六章到第十九章论及祭祀、鬼神等似乎有些突兀，但它们其实恰恰反映了"中"跟"礼"密切相关的一个背景。梁涛已经指出，"中庸"的方法是在日用常行也就是礼的基础上推衍出来的，是对礼的哲学化、理论化，因此他认为这几章的出现完全可以理解。[①] 此刻我们还可以补充道，这几章，以及更后面"非礼不动，所以修身也"（第二十章）、"礼仪三百，威仪三千……敦厚以崇礼"（第二十七章）、"议礼……制度……考文……作礼乐……夏礼……殷礼……周礼"（第二十八章）等等文句的出现，都恰恰说明了《中庸》的荀学性格。

---

① 梁涛：《郭店楚简与思孟学派》，第273—274页。

四　修身以道，修道以仁

《中庸》第二十章是从中庸之道朝向诚、明问题的转折点。这章谈为政，基本上是德治主义的谈法。其中，"为政在人（为政在于得人）"让人联想到《荀子·君道》的"故明主急得其人……急得其人，则身佚而国治，功大而名美，上可以王，下可以霸"；"好学近乎知"让人联想到《荀子·劝学》的"君子博学而日参省乎己，则知明而行无过矣"。此外，那作为治理天下国家的"九经"，非常注意具体实务，如"修身"一项的"齐明盛服，非礼不动"，"亲亲"一项的"尊其位，重其禄"，"劝大臣"一项的"官盛任使"，"劝百工"一项的"日省月试，既禀称事"等，这都是荀学的而不是孟学的性格。

> 为政在人。取人以身，修身以道，修道以仁。仁者人也，亲亲为大；义者宜也，尊贤为大；亲亲之杀，尊贤之等，礼所生也……天下之达道五，所以行之者三。曰君臣也，父子也，夫妇也，昆弟也，朋友之交也，五者天下之达道也。知、仁、勇三者，天下之达德也，所以行之者一也……子曰："好学近乎知，力行近乎仁，知耻近乎勇。知斯三者，则知所以修身；知所以修身，则知所以治人；知所以治人，则知所以治天下国家矣。"

上面这段话是第二十章的主轴。其中，君臣、父子等五种"天下之达道"单单从字面来看显得有些空洞；但是关联着第一章"和也者，天下之达道"的理路，我们可以把它们理解为关联着五伦的五个方面的中庸之道。

关于"修道以仁"。应该注意到，跟"仁"相系联的有仁、义、礼一组，又有知、仁、勇一组；而引文中"知斯三者，则知所以修身"一语已经透露了"修道以仁"可以就着第二组扩大说成"修道以知、仁、勇"。比照这点，并联系着本章稍后"齐明盛服，非礼不动，所以修身也"一语，我们也可以把"修道以仁"就着第一组扩大说成"修道以仁、义、礼"。合并起来看，"修身以道，修道以仁"的完整的义涵，应该是根据、参照着具体的美好的品德（如知、仁、勇）和善的榜样或典范（如仁、义、礼）来修饬或修整君臣、父子、夫妇、昆弟、朋友五个方面的中庸之道（如仁义之道、礼义之道等，这是修道立教的层次），然后随时思量着、体会着、遵循着这样的中庸之道来修身成德（这是修身行道的层次）。

值得注意的是，第一，引文中"仁者人也，亲亲为大；义者宜也，尊贤为大；亲亲之杀，尊贤之等，礼所生也"一句，从亲亲等人际情感说仁，从尊贤等价值判断说义，又直接从那情感的递减、尊卑的等级来说明礼的所在，这是荀学的理路。

第二，"修身以道，修道以仁"，这样的话语、措词在今天来看很自然，是孔孟之学的常态表达；但仔细追究起来则起初未必如此。先就"修身"来说，我的考察发现，《孟子》虽然用了"修身"两次、"修其身"一次，但更主要的用语是"诚身"、"诚其身"（2次）、"反身而诚"、"反身不诚"、"守身"（2次）、"不失其身"、"失其身"、"洁其身"、"身之"、"身正"等。而《荀子》用的则都是"修身"（4次）、"修其身"、"正身"（6次）、"正身行"（3次）、"端身"等。① 可以说，孟子是在性善论、对身心表现乐观看待的立场上，偏爱"诚身"、"身之"、"身正"一类"当下自诚自正"意味的措词；而荀子则是在性恶论（或者说弱性善论）、对身心表现心存警惕的立场上，全面采用"修身"、"端身"、"正身"（这个"正"是修正的意思，孟子"身正"的"正"则仍是"诚"的意味）一类"对付、修治此身"意味的表达。

再就"修道"来说，《论语》《孟子》都没有这个词组出现。《荀子》则说："修道而不贰，则天不能祸。"②（《天论》）又说："修其道，行其义，兴天下之同利，除天下之同害。"（《正论》）这当然是基于"心也者，道之工宰"（《正名》）和"圣人积思虑，习伪故，以生礼义而起法度"（《性恶》）的观点而来的。

总之，当跳出习以为常的感受，重新追究语言底下的思想脉络，便会发现，"修身以道，修道以仁"这样的话语实在是比较接近荀学性格的表达。其中"修道以仁"相当于制作礼义的层次，"修身以道"相当于"积善成德"的层次；两者都属于荀学的内外交参互证的形态。

---

① 刘又铭：《大学思想证论》，台北：政治大学，1992年，第140—141页。
② 此据杨倞本。《荀子集解》引王念孙说："修当为循，字之误也。"其实荀子本就有"修道"的概念，"修"字不必改。

五　博学、明善、诚身

"修身以道，修道以仁"只是个静态的蓝图，距离实践还差一步。所以《中庸》第二十章在揭示这蓝图，陈述为政九经的具体措施后，接着便提出一个从"明善诚身"做起的实践次序，然后就从第二十一章起整个进入"诚"的主题。这个转折有一定的理路，《中庸》全文就此连贯起来。

第二十章"明善诚身"一段，在《孟子》以及汉代所撰辑的《孔子家语》里面都有，下面将三处材料都列出来（加底线处是大致相同的部分）：

> 孟子曰："居下位而不获于上，民不可得而治也。获于上有道：不信于友，弗获于上矣……事亲弗悦，弗信于友矣……反身不诚，不悦于亲矣……不明乎善，不诚其身矣。是故，诚者，天之道也；思诚者，人之道也。至诚而不动者，未之有也；不诚，未有能动者也。"（《孟子·离娄上》）

> 在下位不获乎上，民不可得而治矣。获乎上有道：不信乎朋友，不获乎上矣……不顺乎亲，不信乎朋友矣……反诸身不诚，不顺乎亲矣……不明乎善，不诚乎身矣。诚者，天之道也；诚之者，人之道也。诚者不勉而中，不思而得，从容中道，圣人也。诚之者，择善而固执之者也。博学之，审问之，慎思之，明辨之，笃行之。有弗学，学之弗能弗措也；有弗问……有弗思……有弗辨……有弗行……人一能之己百之；人十能之己千之，果能此道矣，虽愚必明，虽柔必强。（《中庸》）

> 孔子曰："……在下位不获于上，民弗可得而治矣。获于上有道：不信于友，不获于上矣……不顺于亲，不信于友矣……反诸身不诚，不顺于亲矣……不明于善，不诚于身矣。诚者，天之道也；诚之者，人之道也。夫诚，弗勉而中，不思而得，从容中道，圣人之所以体定也。诚之者，择善而固执之者也。"公曰："子之教寡人备矣，

敢问行之所始。"孔子曰:"立爱自亲始,教民睦也;立敬自长始,教民顺也……"(《孔子家语·哀公问政》)

这三个材料中,前面几处关键语词以及末尾附加的内容都显示了《中庸》跟《家语》的高度相似:

《孟子》:居下位/事亲弗悦/反身不诚/不诚其身/是故/思诚者/至诚而不动者……

《中庸》:在下位/不顺乎亲/反诸身不诚/不诚乎身/(无)/诚之者/诚者不勉而中……诚之者,择善而固执之者也/博学、审问、慎思……

《家语》:在下位/不顺于亲/反诸身不诚/不诚于身/(无)/诚之者/夫诚,弗勉而中……诚之者,择善而固执之者也/教民睦……教民顺……

看得出来,《中庸》《家语》高度相似的措词是更晚出、更明朗的用语,这应是《中庸》(以及《家语》)晚于《孟子》的一个证据。

如果说,是晚出的《中庸》采用了《孟子》这个材料,那么,重要的是,《中庸》又在《孟子》那段话的末尾,删去"至诚"等语,改就"诚者"和"诚之者"两层发挥,并且加意地表彰"择善而固执之","博学、审问、慎思、明辨、笃行",用来作为"诚之者/人之道"的实践方式;这便是从荀学立场来改造这个材料了。也就是说,虽然接受"明善诚身"的提法,甚至沿袭了"诚身"这个孟学式的用语,但是关于怎样明善,还是表现了荀学"学知礼义"的立场。经由博学、择善而后明善,而后诚心执守,这就跟《大学》经由"格物"(学习、思量礼义等)而后致知,而后诚意信守一样,都是荀学性格。

附带提一下,第二十七章说"君子尊德性而道问学",其中的理路应该是,人性的自然表现颇不确定,其中虽有德性的存在,却并非一个自动发用的实体,必须借由问学的帮助,才能将它认取、开发出来;这也是博学而后明善的意思。

六　与"诚"相关诸面相

首先,《中庸》第二十章末尾提到"诚"有"天之道"、"人之道"两个层次——

诚/天之道/不勉而中,不思而得,从容中道(圣人);
诚之/人之道/择善而固执之。博学、审问、慎思、明辨、笃行。

这里的"天之道",应该关联着第二十六章的"天地之道"来理解——

天地之道,可一言而尽也。其为物不贰,则其生物不测。天地之道,博也,厚也,高也,明也,悠也,久也。今夫天,斯昭昭之多;及其无穷也,日月星辰系焉,万物覆焉。今夫地,一撮土之多;及其广厚,载华岳而不重,振河海而不泄,万物载焉。今夫山,一卷石之多,及其广大……今夫水,一勺之多,及其不测……《诗》云:"维天之命,於穆不已!"盖曰天之所以为天也。(第二十六章)

也就是说,《中庸》的"天之道"跟《孟子》"尽其心者知其性也,知其性则知天矣"那种天、人同一是一的理路不同,它是天、人合中有分观点下的天道,它是作为人之道的一个范式一个隐喻。天覆地载,博厚高明,悠久无穷,於穆不已,这样的"诚",如此确定现成,昭然信然,值得人来效法。但人通常处在现实的、充满凶险的、未知与莫测的处境中,无法直接地、乐意地去诚,所以必须学、问、思、辨,一步步择善、明善,然后才能全然放心地信守笃行。当人最后终于能够纯熟确定地择善明善,那就可以不勉而中、不思而得、从容中道,仿佛天道般地自然而然,那就是圣人了。也就是说,《中庸》第二十章把圣人归在天之道底下,是就人"诚之"的实践结果来说的。或许圣人禀气超出众人,更容易达到这样的境界,但绝对不是天生直接如此的。

在这章之后便接连出现了许多关于人的"诚",它们指的可能是"人之道"的"诚之",也可能是"诚之"达到纯熟的境界而可等同于"天之道"的"诚"(例如"至诚"),也可能同时包括两者,必须随文衡量。

接着，第二十一章从"性"、"教"两个方面来谈"诚"——

1. 自诚明，谓之性/诚则明；
2. 自明诚，谓之教/明则诚。

跟前面"喜怒哀乐之未发谓之中"一样，这儿也只是用"性"、"教"两个概念来提示"自诚明"和"自明诚"的区别。有些东西或知识，心一诚就直接知晓明白，因为那是本性所能直接触及直接发露的。但另外还有许多东西或知识，必须要先学明白、弄清楚了才能诚心信守，因为那是本性不能直接触及直接发露而必须经由教导来获得的。因此，并非说有些人（例如圣人）天生能一切"自诚明"，更不是说那些"自诚明"的东西就一定高于"自明诚"。应该说，这里的"自诚明"指的是一般人基于本性总是能直接明白的一些起码的基本的道理。然后，在这之外还有更多的道理就必须经由教导来得到了。此外，也并非说，"自诚明"才是"率性之谓道"而"自明诚"就不是。应该说，自诚而明的以及自明而诚的，都是"率性之谓道"（"率"可以说成"循"，但那并非一切都直接由心性顺畅流出的意思），只不过有些较直接显现，有些则必须"修"了才能呈现罢了。

最后，第二十五章谈到的，是基于"诚"所开展、锻炼出来的两种"性之德"——

1. 诚者：自成己/仁（性之德）；
2. 诚者：所以成物/知（性之德）。

只有真诚面对自己，才能有动力让自己的生命逐步成熟圆满，这样子逐步成长的成果就是"仁"的完成。也只有真诚面对他人，才能有动力逐步克服人己的隔阂、跨越生命形态的障蔽，逐步达到更广大的理解和包容，这样子逐步发现逐步拓展的成果就是"知"的纯熟。"仁"跟"知"都是本性里所潜在所蕴涵着的德的展现，都是统合人己、物我、外内之道；不过它们不是本性所直接流露出来的，而是逐步开发锻炼出来的。这样的"性之德"，并非孟子性善论那种全性是德的德。正因为性包括自然情感欲望在内（见前），它们的自然发用蕴涵着德却不全都是德，所以这儿才会特意说个"性之德"，表示性中有此德。

七　至诚配天地的圆满境界

《中庸》从第二十二章起，大部分都在谈至诚的圆满境界。首先——

> 唯天下至诚，为能尽其性；能尽其性，则能尽人之性；能尽人之性，则能尽物之性……则可以赞天地之化育……则可以与天地参矣。（第二十二章）

> 其次致曲，曲能有诚，诚则形，形则著，著则明，明则动，动则变，变则化。唯天下至诚为能化。（第二十三章）

一般将这两章看作圣人、贤人的高低两层，其实它们都一样是在讲至诚的人，并且必须连贯起来读："唯天下至诚，（1）为能尽其性……（2）其次致曲……"依此，至诚的人，首先基本地说便是能尽人之性（充分理解、贞定人的本性，不会任由它流荡外逐）、尽物之性（充分理解物的本性，能恰当面对和运用），与天地参；其次具体地、现实地说则是能随时随地关注、照顾、转化他所遇到的人与物。这样子读，才能合理解释第二十三章末尾的"唯天下至诚为能化"。

接下来——

> 至诚之道可以前知。国家将兴必有祯祥，国家将亡必有妖孽，见乎蓍龟，动乎四体。祸福将至，善……不善，必先知之。故至诚如神。（第二十四章）

至诚的人，的确更能掌握人、事、物隐微的消息，洞烛机先。"祯祥"、"见乎蓍龟"等只是个平行的印证，并且是《中庸》那个时代的印记，不足为病。荀子虽然反对把卜筮当真以及当成天神的作用，但是这点的加入并不会根本地改变《中庸》的荀学性格；这跟董仲舒讲天人感应但基本上还是荀学性格是一样的。

最后——

> 故至诚无息。不息则久，久则征，征则悠远，悠远则博厚，博厚则高明。博厚所以载物也；高明所以覆物也；悠久所以成物也。博厚配地，高明配天，悠久无疆。如此者，不见而章，不动而变，无为而成。（26章）

至诚无息（这儿应该有个背景，就是肯认、持守仁义礼等中庸之道），生命格局在持续积累中逐渐变得博厚高明，能载物如地，能覆物如天，而终于能悠久以成物，总之可以比配天地。第二十二章已经讲过"与天地参"，这里又讲"配天"、"配地"，类似的提法在荀子那儿非常普遍（但在孟子那儿则没有）：

> 1. 君子……拟于舜、禹，参于天地，非夸诞也。（《不苟》）
> 2. 习俗移志，安久移质。并一而不二，则通于神明，参于天地矣。（《儒效》）
> 3. 故天地生君子，君子理天地；君子者，天地之参也……（《王制》）
> 4. 夺然后义，杀然后仁……功参天地，泽被生民……汤、武是也。（《臣道》）
> 5. 天有其时，地有其财，人有其治，夫是之谓能参。（《天论》）
> 6. 今使涂之人伏术为学，专心一志，思索孰察，加日县久，积善而不息，则通于神明参于天地矣。故圣人者，人之所积而致也。（《性恶》）
> 7. 有物于此，居则周静致下……大参天地，德厚尧禹……（《赋》）

尤其第二、第七两则，简直就是"至诚无息则可以通于神明而参于天地"的意思。显然，孟子从形上精神实体的同一来讲天、人关系，因而单提一个天，而天人同一或合一；荀子从存在全体来讲天、人关系，因而兼提天、地，而天、地、人合中有分，这样才有了人与天、地之间的相"参"。① 在具体的对比之下,《中庸》的荀学性格又多了一个佐证。

结　论

上面我们从荀学性格的性、道关系来谈中、和,从这样的中、和来谈中庸之德与中庸之道以及修道和修身,然后从荀学修养工夫的次第来点出博学、明善、诚身的内在逻辑关系,最后从这样脉络理路来谈诚的诸面相以及最高圆满的境界。如果这样的论证可以成立,那么我们就可以进一步看见更多新的可能,例如:

1. 周秦之际,荀学的哲学形态虽然以荀子为巨擘,但在孔学、孟学思想的牵引之下,也同步地出现《大学》《中庸》这样的个别文本。它们多了些内在性的价值概念,但仍然一起分享了荀学那种自然本体、弱性善、问学致知的哲学典范。把它们包括在内,连同《荀子》,一起作为早期荀学的重要资源,这对于理解汉代以后的思想发展,将有重要的意义。

2. 如果《大学》《中庸》都是荀学的话,那么它们在宋明时期对孟学的召唤,就是中国学术史上的一个奇妙事件。也说不定,宋明理学因此而在孟学理路里头潜藏着某些荀学的影子。这些都值得重新研究。

3. 如此一来,所谓的四书学,就呈现为一个新的面貌了。它不再是单单孔孟之学,而是包括孔孟荀在内的一个更完整的核心儒学。

4. 还有,比照这样的诠释,说不定还有别的文本也需要重新阅读和重新发现呢!

---

① 刘又铭:《合中有分——荀子、董仲舒天人关系论新诠》,《台北大学中文学报》2007年第2期。

朱熹对《大学》"明明德"的诠释

湖南大学岳麓书院　朱汉民　周之翔

朱熹对《大学》所提出的命题"明明德"极为重视，他常教导学生为学先读《大学》以定其规模，进而指出："为学只在'明明德'一句"。他对《大学》"明明德"的诠释，内涵丰富而思想深刻，是他研习并运用先秦儒家学说与宋代理学思想，分析和探讨人及其生活世界本质的全面总结。如我们所见，经过朱熹对"明明德"的诠释，这一原本只是普通政治道德的概念，获得了丰富的哲学内涵和宗教意义。

从一个先秦贵族教育的普通文本中，为什么朱熹可以读出这么多的新意义来呢？全面分析和总结朱熹"明明德"观的内涵，对于理解其经典诠释学的特点及价值，有着重要意义。

一　朱熹诠释"明明德"的新意义

朱熹对《大学》"明明德"内涵的思考与揭示，历经数十年。最初，他以孟子的"良知良能"、"良心"等阐释"明德"的内涵；晚年，他又以两宋理学家所掌握的孟子心性论进行分析与阐释，思考"明德"与"心"、"性"等概念的关系；去世前数年，他还运用宋代理学家的理气论思想揭示"明德"的来源，从而完成了对《大学》"明明德"的理学化诠释。

朱熹对《大学章句》"明明德"注释的最后修订在1196年前后。他于注中说：

> 明，明之也。明德者，人之所得乎天，而虚灵不昧，以具众理而

应万事者也。但为气禀所拘，人欲所蔽，则有时而昏；然其本体之明，则有未尝息者。故学者当因其所发而遂明之。①

这是朱熹晚年的定论，也是其"明明德"思想的精粹表述。在这里，朱熹用短短六十七个字的篇幅，从工夫论、心性论、天理论的角度，阐明了"明德"的来源与本质，"明德"不明的原因及其根源，"明德"可明的依据与道路。语言简洁，语义完备，逻辑严密，实际上是其毕生学问的总结。众所周知，这个定义，在朱熹理学思想体系中占有重要地位，对理学思想的继续演进也产生过深刻影响。

而事实上，无论是《大学》的文本本身，还是汉唐经学家的注疏里，《大学》中的"明明德"的意义都非常平易，只是对承担治理食邑、国家等责任的贵族的道德要求，并无理学思想的复杂而深刻的意义。如《大学》文本中的"明明德"，只是要求贵族博闻多识，注意自身的情绪管理，能够设身处地、换位思考，从民众的角度制定并实施治理国家的政策；而郑玄注曰"明明德，谓显明其至德也"，孔颖达疏曰"在明明德者，言大学之道，在于章明己之光明之德。谓身有明德，而更章显之"②，都不涉及心性修养的义涵。但是，朱熹正是通过对《大学》"明明德"命题的不断阐释，将先秦儒家与宋代理学思想成果进行整合，而从"明明德"中读出理学的工夫论、心性论、天理论等思想的意义。朱熹认为，"明明德"能够作为《大学》全书的纲领，就在于它将理学的天理本体论、心性论与儒家修身工夫论统一起来了。

首先，朱熹通过对"明明德"的哲学阐释，读出"明明德"的工夫论内涵。他认为"明"即"明之也"，又说"学者当因其所发而遂明之"。这显然是从儒家工夫论角度进行的解读。所谓"因其所发"指"明德"的发露，即"明明德"工夫的起点和基础所在；所谓"遂明之"，指的工夫正是《大学》中提出的系统的儒家修身工夫论：格物、致知、正心、诚意、修身。

其次，朱熹通过对"明德"的哲学阐释，读出了"明德"的心性论思想内涵。他在阐发《大学》的过程中，不仅对性的本源问题进行了说

---

① 朱熹：《四书章句集注》，中华书局1983年版，第3页。
② 孔颖达：《礼记正义》卷六十，《十三经注疏》，北京大学出版社1999年版，第1594页。

明，特别是通过阐释《大学》的"明德"为"虚灵不昧，以具众理而应万事者"，对心的内容及心与性、心与情之间的关系进行了阐释。而朱熹对《大学》"明德"内涵的探究，在如何确定和表述心性与"明德"之关系上，实际上一直未曾离开孟子的心性论。

再次，朱熹通过对"明德"的理论考察与哲学阐释，从"明德"中读出"自然之理"的宇宙本体论意义。他的"明德者，人之所得乎天"的思想，立足在理学天理论基础之上。他以早期儒家、北宋理学的"性与天道"合一为理论基础，阐述人物的化生，以说明人的"明德"的来源，从而揭示了《大学》的宇宙论背景。他指出："人物之生必得是理，然后有以为健顺仁义礼智之性；必得是气，然后有以为魂魄五脏百骸之身。"[①] 他论证了人的"明德"的来源。

我们发现，朱熹对《大学》"明明德"的哲学诠释，与他的理学思想的"先见"有关。他显然是运用"六经注我"的方法，从《大学》中读出宇宙论、心性论、工夫论等理学思想。毫无疑问，朱熹对《大学》"明明德"的哲学诠释，具有"六经注我"的特点。但是，我们还应该知道，朱熹的"我"不是主观任意的"我"，而是对先儒先贤的全面理解和思考而形成的"先见"。深入考察他的治学历程与治学特点，可知他对《大学》"明明德"的哲学诠释与理学建构，其实是建立在"我注六经"的基础之上的。他晚年能够从儒家经典中读出这么多的新意义来，正是由于他早年和中年能够全面地阅读、深刻地理解孔孟以来先儒先贤的著作，并且各取所长，融会贯通。应该说，朱熹的经典诠释是经由"我注六经"的"六经注我"，两者是同一个经典诠释过程前后自然接续的不同阶段，并非对立关系。

二 明明德的工夫论诠释

《大学》相传为曾子所作，《大学》所以被列为学问之先，视为修身治人的规模，是因为它提出了为学工夫的八目，即格物、致知、正心、诚意、修身、齐家、治国、平天下，朱熹将其称为"教人之法"（《大学章

[①] 朱熹：《大学或问上》，《四书或问》，《朱子全书》第六册，上海古籍出版社、安徽教育出版社2002年版，第507页。

句序》）、"修身治人底规模"（《朱子语类》卷十四）等等，至于其他儒家经典所列的工夫论，均可分别纳入这个序列、体系之中。

朱熹早年已认为"良知良能"就是"明德"，在为学工夫方面，他认同通过察识此心之良知而明其"明德"。他认为圣人本身之"明德"无遮无掩，光明朗彻，是一个完全实现了的人。而人既与天地万物同理，又与圣人同性，皆具同等的潜在能力，所以人人也都是潜在的圣人。但普通人的"明德"为气禀、物欲所拘蔽和遮掩，失去其本有的光明，不仅不能照亮别人，也不能照亮自己，而未能自我实现。那么普通人实现为人的途径，也就是通往圣人的道路是什么呢？朱熹指出："因其所发而遂明之"。这是因为，人必定具有"明德"，这"明德"无论怎样遮掩、拘蔽，也会有显露的时候，如孟子所说的四端与良知良能，只要将显露的"明德"加以扩充的工夫，即可实现本体之明。

朱熹后来认识到，良知良能只是"明德"之发现，是"明德"能明的依据与道路，但最终来说，明德之明，必须通过学者自己的"明明德"工夫，也就是《大学》中的格物、致知、诚意、正心之功来实现。朱熹指出，本体之明的显露是"明"的工夫的依据与起点，而他所极为重视的《大学》修身治人底规模、为学工夫，即格物、致知、正心、诚意、修身，则是"明"的工夫的内容与程序。《朱子语类》载：

> 所谓明之者，致知、格物、诚意、正心、修身，皆明之事，五者不可缺一。若缺一，则明德有所不明。盖致知、格物，是要知得分明；诚意、正心、修身，是要行得分明。然既明其明德，又要功夫无间断，使无时而不明，方得。若知有一之不尽，物有一之未穷，意有顷刻之不诚，心有顷刻之不正，身有顷刻之不修，则明德又暗了。惟知无不尽，物无不格，意无不诚，心无不正，身无不修，即是尽明明德之工夫也。①

可见，朱熹是从理学的工夫论角度解读"明明德"的。朱熹重视《大学》之道，正是因为《大学》提出了系统的儒家修身工夫论，即格物、致知，阐明了儒家心性修养"知"的工夫；正心、诚意、修身，阐

---

① 黎靖德：《朱子语类》卷十四，《朱子全书》第十四册，第438页。

明了"行"的工夫。朱熹揭示了"明明德"工夫的基础与依据，又从《孟子》回归《大学》文本本身，阐明了"明明德"工夫的具体内容与程序，从而对《大学》"明明德"作出了合理的解释。

朱熹从《大学》文本中的格物致知等工夫论角度解读"明明德之工夫"，显然比郑玄注"明"为"显明"，孔颖达疏为"章显之"要合乎文意得多。傅伟勋提出"创造的诠释学"，共分成五个层次，即实谓、意谓、蕴谓、当谓、必谓。① 朱熹以《大学》文本中的格物、致知、正心、诚意、修身工夫论角度解读"明明德之工夫"，这是《大学》文本本来就有的内容，即所谓"实谓"的层次；但又属于没有明确的内容，即所谓"意谓"的层次。朱熹通过对《大学》文本的语义澄清、脉络分析、前后文意贯通的考察等等，尽量"客观忠实地"了解并诠释《大学》的意思，探问了其"实谓"、"意谓"两个层次的意义，体现了他忠于经典文本、即"我注六经"的诠释态度。

三 以思孟学派的心性论解读"明德"

《大学》文本本身对"明德"的内涵没有具体的论述，更没有作出深入的心性论探讨。朱熹要对《大学》的为学工夫作出深入探讨，揭示其通过个体的心性修养而成己成物的理论价值，就必须对"明德"的心性论内涵作出思考。

在儒家经典中，《孟子》以心性论的深刻思考而为朱熹所特别重视。所以，朱熹对"明德"的思考，一直是以《孟子》为理论依据的。朱熹早年已经认识到"明德"的内在性和普遍性，亦即认为人人皆有"明德"，最初也曾以孟子的"良知良能"、"良心"等阐释"明德"的内涵。他指出"明德"同"良心"一样，非由外铄，而是根于人心，被人的私欲所蔽而不明。他说：

> 明德，谓本有此明德也。"孩提之童，无不知爱其亲，及其长也，无不知敬其兄。"其良知、良能，本自有之，只为私欲所蔽，故

---

① 傅伟勋：《从创造的诠释学到大乘佛学》，台北：东大图书公司1990年版。

暗而不明。①

此条是廖德明所录，时间在1186年。这里，我们可以看出，朱熹仍然重视孟子的"良知良能"之说及其与《大学》"明德"之间的思想关联，但主要是从"明德"与"良知良能"都是人所固有，为天所赋予的相同特性加以考虑。显然，"良知良能"只是一个基于观察获得的经验与体验，还不足以揭示《大学》中"明德"的意蕴，更不能与精密严谨、系统深刻的佛教的心性论抗衡。他还必须继续追问"良知良能"在人的心性结构中的位阶，才能明了"明德"的内涵。

"明德"的内涵既然与心性问题紧密关联，要阐释"明德"的内涵，就必须要辨明心性与"明德"的关系。在《经筵讲义》中，朱熹将"明德"解释为"人之所得乎天，至明而不昧者也"②，直接以"性"释"明德"。但又与《大学》文本中的"明德"有差异，因为《大学》文本中的"明德"是个"浑全"的事物，不仅仅是指内在的"德性"，也指能彰显于行动的德行，因而，是经由人的思想认识的结果，而思想认识是由"心"来承担的，所谓"心之官则思"。朱子也指出"心者，气之精爽"，"心官至灵，藏往知来"③。所以他知道，单独以"性"释"明德"并不妥当。《朱子语类》记载：

> 问："天之付与人物者为命，人物之受于天者为性，主于身者为心，有得于天而光明正大者为明德否？"
>
> 曰："心与性如何分别？明如何安顿？受与得又何以异？人与物与身又何间别？明德合是心？合是性？"曰："性却实，以感应虚明言之，则心之意亦多。"曰："此两个说着一个，则一个随到，元不可相离，亦自难与分别。舍心则无以见性，舍性又无以见心。故孟子言心性，每每相随说，仁义礼智是性，又言'恻隐之心，羞恶之心，辞逊、是非之心'，更细思量。"④

---

① 黎靖德：《朱子语类》卷十四，《朱子全书》第十四册，第440页。
② 朱熹：《经筵讲义》，《晦庵先生朱文公文集》卷十五，《朱子全书》第二十册，第692页。
③ 黎靖德：《朱子语类》卷五，《朱子全书》第十四册，第219页。
④ 同上书，第222页。

这是门人余大雅直接以朱熹的原话求证于朱熹，表明余大雅对朱熹将"明德"与心性相联系而产生了许多疑问。在这里，朱熹一口气提出了六个问题，表明了他在揭示"明德"内涵时的问题意识所在。他指出，"明德"是"感应虚明"的，因而"心之意亦多"；同时他也注意到，孟子总是将心与性联系起来论说的特点。

实际上，朱熹1189年所修定的《大学章句》中，对"明德"的注释，是不判分心德，即从心性一体的角度进行解释的：

> 问："《大学注》言：'其体虚灵而不昧，其用鉴照而不遗。'此二句是说心，说德？"
> 曰："心、德皆在其中，更仔细看。"
> 又问："德是心中之理否？"
> 曰："便是心中许多道理，光明鉴照，毫发不差。"①

本条是徐寓于1190—1191年，在漳州问学朱熹时所记，其中《大学注》指朱熹1189年修订的《大学章句》，1191年刊刻于漳州学宫。显然，《大学注》中，"其体"之"其"是指"明德"，"虚灵不昧"是对"明德"的本质特征的描述，也是对"明德"之"明"字内涵的揭示；"鉴照不遗"是言"明德"之用。在这条注释中，朱熹显然是以心释"明德"。"虚灵不昧"、"鉴照不遗"实际上就是心之体与用。但以"虚灵不昧"言"明德"之"体"，等于直接说心就是"明德"之"体"，但是他又指出"明德"是人心中"许多道理"。人之心合理气、统性情，故而德性必蕴涵于心，德行亦必为心之发。由心言明德，才能整全而无所偏废，但又必须兼性而言，否则，"明德"亦没有本原。在最终定论，即通行本《大学章句》中，朱熹回到孟子兼心言性、兼性言心的立场，指出人之明德是"人之所得乎天，而虚灵不昧，以具众理而应万事者也"，以"人之所得乎天"、"具万理"阐释"性"之明，以"虚灵不昧"、"应万事"阐明"心"之明，合心与性，而阐释"明德"之内涵。可见，朱熹注释"明德"，是兼心性为一体而言的。

---

① 黎靖德：《朱子语类》卷十四，《朱子全书》第十四册，第438—439页。

又，人禽之辨是孟子提出的重要课题，但孟子的目的在于强调"仁义"的价值与基于仁义的内在人性。他说："人之所以异于禽兽者几希，庶民去之，君子存之。舜明于庶物，察于人伦，由仁义行，非行仁义也。"《孟子·离娄下》，史次耘先生指出，《孟子》此章的主旨是"强调人性本善，君子全顺自然之性而由仁义行"[1]。到了宋儒这里，则发展为探究人的本质，即人之所以为人的根本依据是什么的问题。朱熹总结周敦颐、张载、二程及其后学的思想，深入探讨了人禽之差异的根源。他注释孟子的人禽之辨说：

> 人物之生，同得天地之理以为性，同得天地之气以为形；其不同者，独人于其间得形气之正，而能有以全其性，为少异尔。虽曰少异，然人物之所以分，实在于此。[2]

朱熹认为，从人物的化生来看，人与物之理是相同的，这是万物一体、人能与天合一的依据。人物之界分主要在禀受的气不同，人得气之正且通者，而物得气之偏且塞者。所以人能全其性，明天理，自觉按照天理行事，而物则不能。放到《大学》中来看，人禽之异或者说人物之界分就是人具有明德，而物没有。在《大学或问》中，朱熹指出：

> 惟人之生乃得其气之正且通者，而其性为最贵，故其方寸之间，虚灵洞彻，万理咸备，盖其所以异于禽兽者正在于此，而其所以可为尧舜而能参天地以赞化育者，亦不外焉，是则所谓明德者也。[3]

实际上，朱熹说"明德"是"人之所得乎天者"，已经强调"明德"是人所有，含有界分人物之内涵，而"方寸之间，虚灵洞彻，万理咸备"，从而使人能识其本性进而全齐本性，则是人的本质——人的规定性所在。可见，在这里，朱熹又以孟子兼说心性的方式阐明了明德作为人物界分的意义，从而深化了孟子的人禽之辨，使孟子的人禽之辨由强调人性本善的

---

[1] 史次耘：《孟子注译》，重庆出版社2009年版，第230页。
[2] 朱熹：《孟子集注》卷八，《四书章句集注》，第293—294页。
[3] 朱熹：《大学或问上》，《四书或问》，《朱子全书》第六册，第507页。

论据上升为探讨人的内在规定性的哲学命题。

我们发现，朱熹既以《孟子》诠释《大学》，又以《大学》诠释《孟子》，这取决于那部经典的长处和特点。在工夫论方面，他更认同《大学》中"格物"、"致知"的知识理性对人格形成的作用，所以他用《大学》中的"格物"、"致知"的理念来诠释《孟子》中的"养气"、"尽性"。他说："知言正是格物致知。苟不知言，则不能辨天下许多淫、邪、诐、遁。将以为仁，不知其非仁；将以为义，不知其非义，则将何以集义而生此浩然之气！"① 但是在心性论方面他更认同《孟子》，故而他在心性论方面以《孟子》诠释《大学》。这样，既保证了他对先秦儒家经典的尊重态度，又满足了不同儒学典籍的整合要求。从傅伟勋"创造的诠释学"来说，这是"蕴谓"层次，即朱熹在思考《大学》可能蕴涵的是什么。在这一层面朱熹已跳出文本本身，而采取"以经解经"的诠释方法，他以《孟子》的心性思想回答《大学》蕴涵的心性论是什么。

四 以天理论解读"明德"的来源

朱熹在《大学章句》注释中，首先指出"明德"是"人之所得乎天"者。这是朱熹一贯的看法。如1194年《经筵讲义》中，朱熹指出"明德"是"人之所得乎天，至明而不昧者也"，到《大学章句》通行本中，朱熹改掉了"至明而不昧"，而"人所得乎天"只字未改。显然，这句话中的关键概念是"天"，其理论背景是自人文初始后，数千年来古圣先贤一直不断探求的天人关系的思想。

在《四书》中，《大学》并没有讲"明德"的来源，而《中庸》《孟子》（以及《易传》）的重要贡献就是正式确立了"性与天道"的联系，从而为孔子的心理情感的仁心与人性确立了形而上之道的终极实体。当然，这种"性与天道"的联结主要是精神信仰的。《中庸》与《孟子》在论述"性与天道"的关系时说：

> 天命之谓性，率性之谓道，修道之谓教。（《中庸》）

---

① 黎靖德：《朱子语类》卷五十二，《朱子全书》第十五册，第1732页。

> 尽其心者，知其性也，知其性则知天矣。存其心，养其性，所以事天也。（《孟子·尽心上》）

在子思、孟子那里，"天命"、"天道"是作为仁心、人性的形而上依据。那个作为道德人文根源的"人性"，原来体现着作为终极实体的天道的神圣性。"天道"是一个表达终极本体的概念，但它与心、性共同建构了一个关于天人一体的思想体系。在早期儒家学派的《易传》中，还有这个天人一体的宇宙论演变发展得更为系统、详尽的论述。朱熹在《大学章句》注释中，指出"明德"是"人之所得乎天"者，其实就是继承了《中庸》《孟子》（以及《易传》）的"性与天道"的思想。

《中庸》《孟子》虽然回答了"性与天道"问题，但是语焉不详。而真正建立系统的天地之理的形上学说的是"北宋五子"，他们通过对《周易》《中庸》《孟子》的重新诠释，建构了一个以"太极"、"太虚"、"天理"为最高哲学范畴的"天人合一"的思想体系。为了更进一步从学理上论证人文准则与终极实在的联结，北宋五子特别建立了一个"性与天道"合一的宇宙论体系。他们以《四书》中有限的资料对"性与天道"的重大问题作出创造性的诠释。而朱熹对"明德"来源的诠释，主要是继承了北宋五子的思想学说。

在朱熹这里，人之"明德"所得乎"天"的这个"天"，正是周子所讲的以阴阳五行造化人与万物的"天"，和二程的主宰天地万物的"天理"。朱熹建立了以"天理"为核心的理论体系，指出天地万物的存在是以天理为依据的，而人就存在于这个天理的世界中，其本身也是天理的呈现。在《大学或问》中，朱熹对"明德"的来源作了系统的论证，他指出：

> 天道流行，发育万物，其所以为造化者，阴阳五行而已。而所谓阴阳五行者，又必有是理而后有是气。及其生物，则又必因是气之聚而后有是形。故人物之生必得是理，然后有以为健顺仁义礼智之性；必得是气，然后有以为魂魄五脏百骸之身。周子所谓"无极之真，

二五之精，妙合而凝"者，正谓是也。①

朱熹此处所指之"天"，是经过北宋五子，特别是北宋五子之首周濂溪的创发。其中所引宇宙论演变过程，出自周子《太极图说》。周子通过"无极而太极"为依据建立的宇宙图式中，天道流行，万物化生，人在其中而最为灵秀，为儒家士人建构了一个以现实人生为依据的存在家园，人们的生、老、病、死、功名利禄、生命价值，一一得到安顿。魏晋以来数百年间，儒家士人逃老逃释，精神与生命无法安顿的局面，实际上得以解决。在这里，周子和朱熹实际上将为儒家所继承的华夏文明中人文主义②的性格和思想，推进到了极致，真正确立了儒家文化的价值内核与独特品格。朱熹逃入释老十余年，故深知周子《太极图说》之价值。他萃取周子《太极图说》的思想，阐述人物的化生，正是为了说明人的"明德"的来源，从而揭示了《大学》的宇宙论背景，将孔子、子思、孟子的心性论思想，建构在了周子的这个宇宙论上。在朱熹这里，人之"明德"所得乎"天"的这个"天"，正是周子所讲的以阴阳五行造化人与万物，无人格而又以生物为心、至仁至实的"天"。

《大学》本来并没有讲"明德"的来源，而朱熹以《中庸》《孟子》（以及《易传》）的"性与天道"思想诠释"明德"的来源，属于"当谓"层次，即朱熹以《中庸》《孟子》（以及《易传》）的"性与天道"思想考察出《大学》本来应当说些什么。到这一层面，朱熹发掘出《大学》更为深刻的内涵，从中显现最有诠释理据或强度的深层意蕴和根本义理来。而朱熹以北宋理学的"性与天道"合一为理论基础，阐述人物的化生，以说明人的"明德"的来源，从而揭示了《大学》的宇宙论背景，这是"创造的诠释学"的"必谓"层次。也就是说，朱熹通过北宋理学家和自己对"明德"来源的理解，表达了《大学》到了宋代必然说出什么。

---

① 这是朱子《大学或问》的定稿，与上文所引《经筵讲义》之说相较即可知。其改定时间与《大学章句》应是一致的，大约在1196—1198年。朱熹：《大学或问上》，《四书或问》，《朱子全书》第六册，第507页。

② 陈荣捷：《中国哲学文献选编》，江苏教育出版社2006年版，第1页。

五 朱熹诠释"明明德"的思想贡献与学术价值

经典诠释往往可以理解成"我注六经"和"六经注我"两种不同的方式。前者注重学术传承，后者注重思想创新。故而人们从不同的角度，往往会对"我注六经"和"六经注我"作出不同的评价。本文以朱熹对《大学》所提出的命题"明明德"诠释为例，特别要加以说明，其实这两种诠释方法并不是绝对对立的。对于朱熹来说，他对《大学》"明明德"诠释的学术成就、思想贡献正得益于这两种方法的同时使用。朱熹在谈到自己的读书方法时说：

> 读书以观圣贤之意，因圣贤之意，以观自然之理。①

那么，朱熹是如何从儒家经典中读出"圣贤之意"、"自然之理"的呢？

我们认为，这段话既可以理解成"我注六经"，也可以理解成"六经注我"。一方面，可以理解他是运用"六经注我"的方法从儒家经典中读出"圣贤之意"、"自然之理"，故而从《大学》"明明德"中读出了宇宙论、心性论、工夫论等理学思想，开拓、丰富了《大学》"明明德"的思想内涵。无论是《大学》的文本，还是汉唐经学家的注疏，"明明德"的意义都非常平易，并无宇宙论、心性论等理学思想的复杂而深刻的意义。由于朱熹在经典诠释过程中运用"六经注我"的方法，并且依照那个时代的要求，对儒家传统作了系统化的思想阐释。朱熹通过诠释《大学》而论述的理学思想，实现了儒家传统思想文化的综合创新。因此，以朱熹为代表的理学学术思想体系很快在思想文化领域占据了统治地位，成为古代中国主流的思想文化与意识形态。这一切，均证明朱熹的《大学》诠释充分体现唐宋以后中国思想文化变革发展的时代要求。

但另一方面，朱熹作为一个儒家学者，他忠实地继承了儒家的精神传统和学术传统，他运用"我注六经"的方法，通过潜心从事学术研究，从儒家经典中领悟"圣贤之意"。具体而言，他通过对经典文字的音读训

---

① 《朱子语类》卷十，《朱子全书》第十四册，第314页。

诂以及语义澄清、脉络分析、前后文意贯通等等研究工作，以实现对圣人之意的领悟。朱熹对《大学》工夫论的解读，对儒家经典中心性论及其天道论的论述，均有很高的学术价值。朱熹所做的这一系列的经典诠释工作，均是以"续夫千载不传之绪"[①] 为其学术宗旨的。通过学术史的考察，可以发现，其实这些也均是早期儒家经典中早已存在的思想学说。在郭店楚简中有不少与之非常接近的思想，这就说明朱熹的经典诠释确有其历史文献学依据。以朱熹为首的理学家们应该是比汉唐诸儒更准确地抓住了先秦儒学及其经典文本的学术宗旨和历史本义，从一定意义上说确是承传了先秦儒家"千载不传之学"。

可见，朱熹从《大学》"明明德"中读出的"圣贤之意"、"自然之理"，与他运用"我注六经"和"六经注我"两种诠释相关。进一步说，他正是通过"我注六经"来实现"六经注我"，从而使先秦儒家思想与宋代理学思想融贯于他对"明明德"命题的注释中。对于朱熹对《大学》"明明德"的诠释，我们既要充分肯定其思想创新的意义，又要充分肯定其学术传承的价值。

[①] 朱熹：《中庸章句序》，《四书章句集注》，第15页。

宋儒《中庸》学之滥觞：从经学史与道学史的视角看胡瑗的《中庸》诠释

复旦大学哲学学院　郭晓东

一　导言

在宋代的《中庸》诠释史上，胡瑗是一个开创性的人物，正如夏长朴先生所说的，"胡瑗首开儒者著述《中庸》之风"①。按《宋史·艺文志》著录有《胡先生中庸义》一卷，是其弟子盛乔纂集而成，这是目前所见到宋儒最早诠释《中庸》的著作，朱彝尊作《经义考》，有宋诸儒的《中庸》论著即首列安定的《中庸义》。然而到目前为止，学界似乎尚未有人对其展开研究②，究其原因，或许是"文献不足故也"。胡氏《中庸义》一书早佚，博雅如朱彝尊，亦称其"未见"（《经义考》卷一百五十一），是以夏长朴先生说："原书已亡佚，晁说之的《中庸传》残存数条，但已无法知其原貌，殊为可惜。"③ 按晁说之的《中庸传》留下胡瑗论述《中庸》的材料仅有六条，且多语焉不详，确实无法通过它们来考察胡氏的《中庸》学说，但这并不意味着我们完全"无法知其原貌"。在胡氏目前尚存的著作中，《周易口义》《洪范口义》等，都或多或少涉及《中

---

① 夏长朴：《论〈中庸〉兴起与宋代儒学发展的关系》，《中国经学》第2辑，广西师范大学出版社2007年版，第159页。

② 目前学界胡瑗研究较有代表性的著作中，所讨论的基本上集中在对胡氏《周易口义》与《洪范口义》的研究，如徐洪兴《思想的转型：理学发生过程研究》（上海人民出版社1996年版，第296—325页），漆侠《宋学的发展与演变》（河北人民出版社2002年版，第239—258页），金中枢《宋代学术思想研究》（台北：幼狮文化事业公司1989年版，第255—343页）。

③ 夏长朴：《论〈中庸〉兴起与宋代儒学发展的关系》，《中国经学》第2辑，第159页。

庸》及其相关义理的论述，而更为宝贵的是，南宋卫湜所著的《礼记集说》中，留下了二十七段胡瑗论述《中庸》的材料。如果以朱子《中庸章句》所分的三十三章为参照，则保存在《礼记集说》中的资料，分别散布在其中的二十三章中①，可以说安定之《中庸》学说的基本面目已可通过该书而获得了解。是以本文即以卫湜之《礼记集说》、晁说之之《中庸传》，以及胡氏本人之《周易口义》等著作为资料基础，试图对胡氏之《中庸》学说作一个概要性的考察。

二 安定说《中庸》始于性情

据胡瑗之高足徐积说，"安定说《中庸》始于性、情"（《宋元学案·安定学案》）。《中庸》一开篇就谈"天命之谓性"，又以喜怒哀乐诸情之发与未发来论中和，其后程朱等道学家之释《中庸》，无不以性情说为下手处，故安定之"说《中庸》始于性、情"，已然引领了两宋《中庸》诠释的基本方向。不过，就现有材料而言，安定之说性情，更多见于其传世的《周易口义》，曰：

> 性者，天之所禀之性也。天地之性，寂然不动，不知所以然而然者，天地之性也。然而元善之气，受之于人，皆有善性，至明而不昏，至正而不邪，至公而不私。圣人得天地之全性，纯而不杂，刚而不暴，喜则与天下共喜，怒则与天下共怒，以仁爱天下之人，以义宜天下之物。继天之善性，以成就己之性，既成就己之性，又成就万物之性，既成就万物之性，则于天地之性可参矣。是能继天地之善者，人之性也。②（《周易口义》卷十一）

按："性"之一字，严格上说不能称为"天之所禀"，故"性者，天之所禀之性"之说略有不辞，其义或为"性者，禀之于天之性"。这虽然是胡

---

① 卫湜《礼记集说》中保存的胡氏《中庸》诠释的资料，按朱子所分之章节，分别见之于第1、2、4、6、7、8、9、11、13、14、16、17、18、19、20、22、24、25、26、27、28、29、31章等23章中。

② 胡瑗：《周易口义》卷十一，《影印文渊阁四库全书》本。

氏在释《系辞》中"成之者性"一语，但显然是顺承《中庸》"天命之谓性"的说法而来。从郑玄开始，即以人所禀受之于天来释"天命之谓性"：

> 天命，谓天所命生人者也，是谓性命。木神则仁，金神则义，火神则礼，水神则信，土神则知。《孝经说》曰："性者，生之质命，人所禀受度也。"①（《礼记正义》卷五十二）

大概受郑玄的影响，北宋中期一批儒者在解释"天命之谓性"时亦多从禀受的角度来理解。②顺着"天命之谓性"的语脉，以性为禀之于天者，无疑是可以成立的，即便后来朱子注《中庸》，亦不离禀受的立场，但问题的关键是，性之作为"天命之性"，其所禀者为何？郑玄以五行之气来作为所禀者，而安定则提出了一个在后来张、程等道学家那里常常用到的概念，即"天地之性"。其所谓"天地之性"，安定称"寂然不动"，又"不知所以然而然"，其所指向，颇接近于张载所讲的作为"万物之一源"的"天地之性"，亦近于伊川所说的"穷本极源之性"，似乎有本体的意味。故诚如金中枢先生所说："安定的'天地之性'说，实是创新，发前人之所未发，不仅仅在横渠之先，且为伊川所继承。"③ 就"天地之性"这一概念本身而言，未必是"发前人所未发"的"创新"，先秦两汉的著作中都曾出现过，不过，就安定之为"宋初三先生"之首而言，就安定之为伊川之师而言，其"天地之性"之说不可能不对张、程等人产生影响。然而，安定所谓之"天地之性"，毕竟与横渠、伊川所不同。在张、程那里，天地之性是作为本体而被确立，并与气质之性相对举。而在安定那里，虽然以"天地之性"作为具体人物所要禀的"天命之性"，但安定进而称之为"元善之气"，则"天地之性"，仍未脱离郑注孔疏的禀气为性的窠臼，如孔颖达发挥郑说云：

---

① 《礼记正义》卷五十二，《十三经注疏》，北京大学出版社1999年版，第1422页。
② 如司马光说："性者，物之所禀于天以生者也。"王安石曰："人受天而生，使我有是之谓命，命之在我之谓性。不唯人之受而有是也，至草木、禽兽、昆虫、鱼鳖之类，亦禀天而有性也。"（卫湜：《礼记集说》卷一百二十三，《影印文渊阁四库全书》本）
③ 金中枢：《宋代学术思想研究》，第340页。

> 案《左传》云天有六气，降而生五行。至于含生之类，皆感五行生矣。唯人独禀秀气，故《礼运》云：人者五行之秀气，被色而生。既有五常仁、义、礼、智、信……但感五行，在人为五常，得其清气备者则为圣人，得其浊气简者则为愚人。降圣以下，愚人以上，所禀或多或少，不可言一，故分为九等。孔子云："唯上智与下愚不移。"二者之外，逐物移矣，故《论语》云："性相近，习相远也。"（《礼记正义》卷五十二）

不过，相较来说，安定以"元善之气"为天地可禀之性，而郑注孔疏则只是泛论天之五行之气。对于孔氏而言，五行之气有清浊之分，故禀清气为圣人，禀浊气为愚人，也就是说，圣凡人物之区别，在于所禀气的"成色"，而这一"成色"是在禀受之际，便已先在地被决定了，故圣凡之间，"上智与下愚不移"。而安定则不然，如他说：

> 夫圣人得天性之全，故五常之道，无所不备。贤人得之偏，故五常之道，多所不备，或厚于仁而薄于义，或厚于礼而薄于信，是五常之性，故不能如圣人之兼也。（《周易口义》卷十一）

> 夫圣人禀天地之全性，五常之道，皆出于中。（《周易口义》卷十一）

> 性之善，非独圣贤有之也，天下至愚之人皆有之。然愚者不知善性之在己也，不能循而行之。（《礼记集说》卷一百二十三）

> 性者，五常之性，圣人得天之全性，众人则禀赋有厚薄。（《礼记集说》卷一百三十三）

在安定看来，圣人之所以为圣人，是因为他禀得"天地之性"之"全性"，而包括贤人在内的常人所禀则有所偏，或偏仁或偏义，但他们所禀的那个"天地之性"，则与圣人无不同，故常人与圣人所禀之"天地之性"，不在于"成色"不同，而在于"分量"的不同。故从所禀者而言，常人与圣人并无区别，所禀的都是天地之"元善之气"，故人性之善，不仅只是圣贤所有，常人亦无不同，圣人与常人的区别，不过是常人"不知善性之在己也，不能循而行之"而已，从而安定以其具有"元善之气"的"天地之性"，使得儒学重新回归到孟子的性善论传统①，并以"天地之性"作为人性善的保证与根据，就此而言，安定之说已与郑注孔疏大异其趣，并隐然指揭橥了后来张、程、朱子等道学主流的论说方向，其唯一的差别不过就在于，对程朱而言，"性即理"的论说将"性"从"气"中剥离了开来，将善的依据诉诸形而之"理"，而将恶归之于形下之"气"，而在安定那里，作为善之依据的"天地之性"，仍被视为一种"气"，尽管这种具有"元善之气"的"天地之性"，往往又被安定视为"五常之性"，而这一"五常之性"，亦即程朱心目中所谓"性即理"的基本内涵。

进而安定又以这样一种保证了人性之善的"天地之性"，来奠立起他的整个工夫学说。对于安定来说，既然人性禀之于具有"元善之气"的"天地之性"，那么具体的人性就应该是善的，然而，现实中的恶又从何而来呢？从这一问题出发，安定遂提出了他的性情之辨：

> 性者，天生之资，仁义礼智信五常之道，无不具备，故禀之为正性。喜怒哀乐爱恶欲七者之来，皆由物诱于外，则情见于内，故流之为邪情。（《周易口义》卷一）

若全然禀得天地之"五常之性"者，则为"正性"，而恶的产生，则承《礼记·乐记》的说法，认为是由于"物诱于外"，从而"情见于内"而流为"邪情"。"邪情"之说，或本于李翱，《复性书》称："情本邪也，妄也。"然而，与李氏不同的是，李氏以为凡情皆为邪妄，而安定虽有"邪情"之说，却认为情本身还是有正有邪，"邪情"之所以能产生，只不过是因为禀得的性有不全不正：

> 惟圣人得天性之全，故凡思虑之间未有一不善，故发而皆中于道。贤人而下，则其性偏于五常之道，有厚有薄，情欲之发，有邪有正，故于心术之间，思虑之际，不能无所汨。唯圣人则能使万物

---

① 金中枢先生即认为此"与孟子言性善相符"。见氏著《宋代学术思想研究》，第338页。

> 得其利而不失其正者,是能性其情,不使外物迁之也。然则圣人之情固有也,所以不为之邪者,但能以正性制之耳。(《周易口义》卷五)

也就是说,情欲之发,所以有邪有正者,正由于"贤人以下"所禀得的性有所偏而不全,从而其心就易于为外物所感而流为"邪情"。不同于李翱的"息灭妄情"之说,安定认为情本身并不能没有,即便是圣人亦是有情,但圣人与常人不同的是,圣人能得天地之"全性"与"正性",从而其所发之情能合于中道而无不正。而圣人所禀之"正性"之所以能保证所发之情为正情者,在于圣人能够以其"正性"来制其可能流出的"邪情",这就是所谓的"性其情",此说后来为伊川《颜子所好何学论》中进一步阐扬,遂成为道学中的一个重要命题。① 而反过来,"小人则反是,故以情而乱其性,以至流恶之深"(《周易口义》卷五),如其注《中庸》"去谗远色"曰:"色惑人则性昏,性昏则善恶不能别"(《礼记集说》卷一百三十一)如此则性反为情之所乱而流于恶。因此,对于"贤人以下"者而言,工夫的关键就是要努力防止以情乱性,从而努力趋近于圣道。②

那么,如何才能防止以情乱性呢?对此安定提出"复性"之说:

> 贤人君子,凡思虑之间一有不善,则能早辨之,使过恶不形于外,而复其性于善道。(《周易口义》卷五)

> 先复其性,则邪恶不萌于心,而善道充积于内,以发于外。

---

① 不过,需要指出的是,对安定来说,"性其情"乃是就圣人来说,其工夫的意味少;而对伊川来讲,"觉者约其情,使合于中,正其心,养其性,故曰性其情"(《颜子所好何学论》),故"性其情"乃更多侧重于学者之工夫。又论者颇有以伊川之"性其情"之说直接采自王弼,而多不注意乃师安定那里亦多有此论。因此,作为安定之弟子,伊川在讲"性其情"时,可能更直接地是受到安定之影响。

② 对安定而言,既然不论圣愚,都同禀得具有"元善之气"的"天地之性",所差别者只是所禀厚薄多少之不同,那么,这一"天地之性"的存在,就使得"贤人以下"有可能通过德行上的工夫而达到圣人的境地,故安定说:"贤人以下,必学然后可以几近于圣人之道。"(《礼记集说》卷一百二十三)又曰:"学其所未能,行其所未至,思其所未得,是所以自成于己也,修其道,以自引导其自小贤至于大贤,自大贤至于圣人,是自道达其身也。"(同上)

(《周易口义》卷五)

此"复性"之说，亦当本于李习之。不过，对李氏而言，复性的法门在于灭情，其曰："妄情灭息，本性清明，周流六虚，所以谓之能复其性也。"(《复性书》) 然而，安定已清楚指出，情不可灭①，而性本身又为所禀者，因此，性本身亦无可治②，而"邪情"之所以发，乃是由"心术之间，思虑之际，不能无所汩"，故复性工夫的下手处就只能是情之所由发的心，故安定屡有"治心明性"之说：

  惟大贤君子为能治心明性，知其有不善而速改之，不能形于外，故可以无大悔吝而获元大之吉也。(《周易口义》卷五)

  夫有敦厚之德，则思虑不及于邪，而动无躁妄，有大中之道，则所行无过与不及，如是故能治心明性以复于善道，而悔吝亡矣。(《周易口义》卷五)

而"治心明性"的办法，不外乎"知其不善而速改之"，从而"思虑不及于邪"，其注《周易》"闲邪存其诚"一语曰：

  闲邪存其诚者，宽而防之谓之闲，诚则至诚也。言此九二能以中正之德，防闲其邪恶，虑其从微而至著，故常切切而防闲之，若《中庸》所谓"博学之，审问之，慎思之，明辨之，笃行之"，以小善至于大善，由大善乃至于圣，是由能防其邪恶，而内存至诚然也。(《周易口义》卷一)

可见，"治心"之工夫全在"闲邪"，能在心地防闲邪恶，即内存至诚。

---

① 情是否可灭，关涉的是儒释之辨的分野。朱子说："李翱复性则是，云灭情以复性则非。情如何可灭？此乃释氏之说，陷于其中不自知。"(《朱子语类》卷五十九)在安定那里，未必有这种自觉，但在立场上，已与后来正统之道学若合符契。

② 安定一般只谈治心，而不谈治性，只有极个别的情况，会涉及"治性"之说，如其释《中庸》"齐明盛服"时说："齐明盛服者，既齐洁严明，以治性于内，又盛饰其服，以整饬于外。"这里称"治性于内"，或当视为其理论上不够自治之处。

而"身有至诚，而其性明"（《礼记集说》卷一百三十三），故"治心"即可"明性"。①

除上述工夫学说之外，安定之学又素以明体达用而著称②，如果说"治心明性"之工夫在于复性之"体"的话，那么，此"体"发之于外，即如何通过修己以治民③，则属"用"的范畴④。而所以修己以治民者，在安定看来，其首要之务当为教化。对于安定来说，既然圣人与人的区别不过是如前所述，"愚者不知善性之在己也，不能循而行之"，那么圣人就有责任以自己所禀得的"全性"来教化那些尚未能自觉到"善性之在己"的常人：

> 圣人尽己之性以观人之性，然后施五常之教以教人。使仁者尽其所以为仁，义者尽其所以为义，至于礼智信皆然。则天下之人莫不尽其性。（《礼记集说》卷一百三十三）

> 在上者当修治充广无常之道，使下之民睹而效之，故谓之教。"老吾老以及人老，幼吾幼以及人幼"，此教民以仁也；制为庐井，使"出入相友，守望相助，疾病相扶持"，此教民以义也；郊社宗庙，致敬鬼神，此教民以智也；设为冠、昏、丧、祭、乡饮酒之仪，此教民以礼也，发号施令，信赏必罚，不欺于民，此教民以信也。（《礼记集说》卷一百二十三）

---

① 对于《中庸》中极受后来之道学家重视的"诚"的观念，安定在义理上发明不多，其既未论及作为天道之"诚体"，亦未多方"诚"之工夫，其所说"诚"，更多是在效验上立言，如其曰："《中庸》又曰：'至诚无息，不息则久，久则征'，言至诚之道，终而不已，则有证验也。又曰：'其次致曲，曲能有诚，唯天下至诚为能化'，盖言委曲之事，发于至诚，则形于外，而见著，见著则章明，章明则感动人心，人心感动则善者迁之，恶者改之，然后化其本性，故曰惟天下至诚为能化。此圣人存诚之验也。"（《周易口义》卷一）
② 如安定高弟刘彝在回答宋神宗问胡瑗与王安石优劣时，称其师"以明体达用之学授诸生"（《宋元学案·安定学案》）。南宋黄东发亦曰："先生明体用之学。"（《黄氏日钞》卷五十）
③ 安定曰："知自修身则可以治于人。"（《礼记集说》卷一百三十）蔡襄志安定之墓曰："解经至有要意，恳恳为诸生言其所以治己而后治诸人者。"
④ 刘彝在答宋神宗问胡瑗与王安石优劣时曰："圣人之道，有体、有用、有文。君臣父子、仁义礼乐，历世不变者，其体也；《诗》《书》、史、传、子、集，垂法后世者，其文也；举而措之天下，能润泽斯民，归于皇极者，其用也。"（黄宗羲：《宋元学案·安定学案》，中华书局1996年版）

> 由是推己之性，以观天下之性，推己之仁，以安天下之物，使天下之人，万品之物，皆安土而定居矣。（《周易口义》卷十一）

由此可见，政教之基础在于圣人所禀的"天地之性"，圣人以其所禀的仁义礼智信之道以教人，而所谓"教"者，不过是各因常人所禀得的仁义礼智之性，使之各尽其性，所谓"仁者尽其所以为仁，义者尽其所以为义"。

进而在安定看来，圣人教化之道，不仅表现在"尽己之性以观人之性"，又因圣人亦有"情"与"欲"，故圣人之教化，亦表现推己之情与欲，以及他人之情与欲：

> 圣人莫不有其喜之情，若夫举贤赏善，兴利天下，是与天下同其喜也；圣人莫不有怒之情，若夫大奸大恶，反道败德者，从而诛之，是与天下同其怒也。（《周易口义》卷一）

> 内尽其心谓之忠，如己之心谓之恕。人能推己之欲以及人之欲，推己之恶以及人之恶，己爱其亲，必思人亦爱其亲；己爱其子，必思人亦爱其子。至于好安佚恶危殆，趋欢乐恶死亡，是人情不相远也。（《礼记集说》卷一百二十七）

从理论上说，上述说法并无特别之新意，不过是从人情之不相远的角度论忠恕之道而已。不过，这里需要注意的是安定对"情"的论述。前文已提到，常人之情往往会因外诱而流为"邪情"，而这里则称"好安佚恶危殆，趋欢乐恶死亡，是人情不相远"，似乎又是对"情"的全面肯定，从而与"邪情"之说或有相抵牾之处。然考诸实际，安定之说并不矛盾。安定在此所述之情，仍置一前提，即圣人之情，圣人能性其情，故其情无不正，从而可以与天下同其正情：

> 是皆圣人有其情则制之以正性，故发于外，则为中和之教，而天下得其利也。（《周易口义》卷一）

其又曰：

> 忠恕积于心，发于外，所为必中，不劳思虑，自然合于人情。（《礼记集说》卷一百二十七）

也就是说，唯有在忠恕积于中的前提下，或者说，在制之以正性的前提下，所发之情能够合于中和，故其能合于人情。

三 安定《中庸》诠释的经学特征

除了性情学说作为安定《中庸》诠释思想之核心外，从经学史的角度看，又具有如下几个特征值得注意。

（一）拨弃注疏

有学者称："胡瑗经学还有一个特点，以往人们似乎不太注意，那就是他对传统经学的反动。在庆历之际疑传惑经的思潮中，胡瑗也算得上一个开风气之先的人。"[①] 这一点在其《中庸》诠释中亦多少表现出来。在现有资料中，我们可以从晁说之《中庸传》中发现一条安定对《中庸》文本本身的怀疑：

> "至诚之道，可以前知。国家将兴，必有祯祥；国家将亡，必有妖孽。见乎蓍龟，动乎四体，祸福将至，善必先知之，不善必先知之，故至诚如神"者何？无闻焉尔也。胡先生、温公、姚子张皆疑之也。（《景迂生集》卷十二）

根据晁说之的这一转述，我们可以看到，安定与司马光及姚辟等人，对《中庸》至诚前知之说，持怀疑态度。晁说之并没有解释安定何以对此提出质疑，然就一般而论，《中庸》此说近于神秘，非常理所能度之，这大

[①] 徐洪兴：《思想的转型：理学发生过程研究》，第315页。相关的论述，亦见金中枢《宋代学术思想研究》，第255—343页。

概是安定不能接受此说的原因吧。①

除了对经文的质疑外，我们从现有资料看，安定之说《中庸》，虽没有直接批评郑注孔疏，但亦多有不同于注疏的说法，我们在此亦略举两例予以说明：例一：《中庸》："知仁勇三者，天下之达德也，所以行之者一也"，郑氏于"一也"无注，孔氏曰："言百王以来，行此五道三德，其义一也，古今不变也。"安定则曰：

一者，至诚也。（《礼记集说》卷一百三十）

例二：《中庸》："凡天下国家有九经，所以行之者一也。"郑曰："一谓当豫也。"孔亦曰："一，谓豫也。"而安定则曰：

一也，至诚也。（《礼记集说》卷一百三十一）

按上述两例中的"一"字，安定均以"至诚"说之，显然均没有同意郑注孔疏之说，由之亦可见其对注疏之无视。值得注意的是，后来朱子之作《中庸章句》，于此两"一"字的解释，则均取自安定之说，由此也可看出安定之说《中庸》，对后来道学家所产生的影响。

（二）《易》《庸》之互释

安定之说《易》，多引《中庸》之说，故我们亦颇可从其《周易口义》中见其《中庸》学说，我们于此可举数例说明之：例一：乾九二"见龙在田，利见大人"，安定释之曰：

---

① 叶国良先生认为，司马光、胡瑗等有此说，盖"事涉玄虚，故亦可疑"。见氏著《先秦古礼书研究之反思》，收入《经学侧论》，清华大学出版社2005年版，第159—160页。不过，需要一提的是，在《礼记集说》所保留的资料中，则有一条是安定对"至诚前知"的解释："此一节言至诚前知之事，由身有至诚，而其性明，性既明，则可以豫知前事，虽未萌未兆，可以逆知。国家将兴将亡之理，若进贤退不肖，其政教皆仁义，虽未大兴，至诚之人必知其将兴也。又天必有祯祥之应。若小人在位，贤人在野，政教废弛，纲纪紊乱，虽未绝灭，至诚之人必知其将亡也。又天必有妖孽之应。此皆至诚前知，默契天意者也。蓍先知之物，圣人有先知之见，如蓍之灵也。人有四体，四体之动，必先知之，圣人于祯祥之兆，亦先知之，神者阴阳不测之谓也。"（《礼记集说》卷一百三十三）

以人事言之，则是圣贤君子有中庸之德发见于世之时也。夫君子之道积于内，则为中庸之德施于外，则为皇极之化。（《周易口义》卷一）

例二：坤文言"积善之家，必有余庆"，安定引《中庸》又证之曰：

故《中庸》曰："舜其大孝也与，德为圣人，尊为天子，富有四海之内，宗庙飨之，子孙保之，故大德必得其位，必得其禄，必得其名，必得其寿。"其言大舜自匹夫，有一小善未尝舍去，以至积为大善，而终享圣人之位，流庆于后，此积善之庆也。（《周易口义》卷一）

例三：《系辞》"变通者，趣时者也"，安定释曰：

然则君子之人，凡所动作必从其时，不失其中，故《中庸》曰："君子而时中"，是言君子之人，动作之间皆从其时也。（《周易口义》卷十一）

诸如此类的例子，可以说屡见于《周易口义》之中，从某种意义上讲，其以《庸》说《易》，亦是以《易》说《庸》。而现存于《礼记集说》中的材料中，也有两例引《易》以说《中庸》：例一："君子依乎中庸，遁世不见知而不悔，唯圣者能之"，安定释之曰：

故不见知而不悔者，惟圣人能。然《易》称"遁世无闷，不见是而无闷"，故知惟圣人能之。此既陈隐之道，又恐人之轻于隐，故再言君子隐遁之道。（《礼记集说》卷一百二十六）

例二："明乎郊社之礼，禘尝之义，治国其如示诸掌乎"，安定释之曰：

在《易·观卦》曰："观，盥而不荐，有孚颙若。"言在上之人，于宗庙之终致其孝谨，在下之人，观而化之孚信颙然。故圣人之制祭祀为教化之本原，其于治国之道如指掌中之物。（《礼记集说》卷一百二十九）

(三) 以《孟子》释《中庸》

除了《易》《庸》互释之外,安定又颇有以《孟子》释《中庸》者。有学者称,"北宋时期,以《孟子》解经渐成风气"①。安定可以说便是其中的开风气者,在《周易口义》中,即屡见其引《孟子》以说经义②,其《中庸》诠释亦然。前面已经讨论过,在安定论述"天地之性"时,已然回归到了孟子"性善论"的理路,而在一些具体问题的诠释上,也有引孟子之说者,现存于《礼记集说》的材料中,就有若干相关的内容:

例一:《中庸》"思知人不可以不知天",安定即注曰:

> 思欲知人者必知天之心,知天心则圣贤之心也。天以生成万物为心,而圣人以生成天下为心。其体虽异,其德一也。故孟子曰:"尽其心者,知其性,知其性,则知天矣。"能知天则是知性者也。知性则知人矣。故曰思知人不可以不知天。(《礼记集说》卷一百三十)

例二:《中庸》曰"知耻近乎勇",安定亦引孟子之语曰:

> 孟子曰:"舜何人也?予何人也?""舜为法于天下","我未免为乡人",此知耻者也。(《礼记集说》卷一百三十)

例三:《中庸》"人道敏政"之说,安定曰:

> "尧舜率天下以仁而民从之",文武兴而民好善,是人道敏疾于政也。(《礼记集说》卷一百三十)

按:"文武兴而民好善"一语,即本之《孟子·告子上》:"是故文武兴,则民好善。"

---

① 吴国武:《经术与性理——北宋儒学转型考论》,学苑出版社2009年版,第191页。
② 如其注坤卦"不习无不利",即引孟子四十不动心为例(《周易口义》卷一),又如其注《系辞》"乐天知命故不忧",即引《孟子·万章上》"莫之为而为者,天也;莫之致而至者,命也"一语,来论说"人之性命之理,死生之道,皆本于天"(《周易口义》卷十一)。

（四）引《论语》《大学》释《中庸》

除了以《周易》《孟子》释《中庸》外，安定又有以《论语》《大学》等书释《中庸》者。我们在此亦可举数例以明之：例一：安定释"索隐行怪"之"隐"时说：

> 隐者非谓山林常住巢栖谷处之谓也。韬藏其知，不见于外之谓隐。故《论语》称宁武子之知，"邦无道则愚"，此所谓愚者韬光晦智若愚人然。如此者非愚也，盖隐也。（《礼记集说》卷一百二十六）

例二：安定释"知仁勇"之"仁"时说：

> 仁之道至大，孔子曰："若圣与仁，则吾岂敢。"至于子路、冉有、公西赤，但言治千乘之赋，为百里之宰，"仁则吾不知也"。是圣人之重仁也。（《礼记集说》卷一百三十）

按："若圣与仁"一语见于《论语·述而》，子路等事见于《公冶长》，"仁则吾不知也"一语引自《宪问》。

以上两例是引《论语》以证《中庸》者，而现存材料中，尚有一例以《大学》释《中庸》者：

> "尧舜率天下以仁而民从之"，文武兴而民好善，是人道敏疾于政也。（《礼记集说》卷一百三十）

按："尧舜率天下以仁而民从之"一语，即本之《大学》。

总之，从经学的立场上看，安定之说《中庸》，无不体现出庆历之际那种新经学的风尚，不论是其拨弃注疏，还是以《周易》《孟子》乃至《论语》《大学》说《中庸》，均可谓开风气之先，对经宋学的进一步发展产生了十分深远的影响。

四　小结

朱子称："安定之传，考其所学，盖不出乎章句诵说之间，以自世学者高明自得之论校之，其卑甚矣。"[①] 从对安定之《中庸》诠释的考察看，此说似乎太过。如果说在庆历之前，学者"多守章句注疏之学"（吴曾《能改斋漫录》卷一），尚得其实际，但作为庆历时期颇具代表性的思想家，称安定"不出乎章句诵说之间"，则未免过于苛责。安定于《周易口义》等书中，多有抨击注疏之语；尽管其说《中庸》，未直接批评郑注孔疏，但其对经义的理解，则多不取注疏之说，则其摆落注疏，是显而易见的事实。更重要的是，我们从其对《中庸》的论说中，可以清楚地看到其以义理说经的倾向，因此，简单地说他"不出乎章句诵说之间"，恐怕不是太合适。至于"以自世学者高明自得之论校之，其卑甚矣"之说，则亦当有所辨析。作为开宋学之先河的安定[②]，当然未能及作为道学成熟形态之周、张、二程等人那种鞭辟近里的程度，然而，称之"卑甚矣"，也似乎有失平允。如安定之提出"天地之性"与"性其情"等命题，其后在张载、二程那里均成为作为北宋道学运动展开的标志性命题之一，尽管其内涵不及后来张、程等人那么丰富与深刻，但无疑已经引领了一代人的思考方向，其意义或已在内容本身之上。

[①] 朱熹：《答薛士龙》，《晦庵先生朱文公文集》，《朱子全书》（修订版），上海古籍出版社、安徽教育出版社2010年版。

[②] 全祖望称，"宋世学术之盛，安定、泰山为之先河"（《宋元学案·安定学案》）。

《大学》《中庸》重返《礼记》的历程及其经典地位的下降

上海师范大学哲学学院 石立善

历来研究《大学》与《中庸》，多关注这两篇脱离《礼记》作为四书独立之后的情况，而很少有人注意《大学》《中庸》在清代重返《礼记》的事实。本文指出《大学》《中庸》在元代脱离《礼记》，在清初正式重返《礼记》，并且形成了一个转变清代学术风气的运动。有关《大学》《中庸》的主要问题，一直集中在历代《大学》改本、补传、朱子《章句》本与阳明古本之争，以及《中庸》经传分离的争辩等问题上，而明清时代《大学》《中庸》重返《礼记》的重要性应该不亚于上述问题，本文通过具体考察这两篇重返《礼记》的历程及相关问题，试论其影响及思想史上的意义。

一 《大学》《中庸》于元代脱离《礼记》及明代的状况

北宋二程表彰《大学》与《中庸》，朱子（1130—1200）继起为撰《章句》，将此两篇从《礼记》中抽出，与《论语》《孟子》合并为《四书》。程朱认为，《礼记》一书杂出汉儒之手，《大学》《中庸》是混入《礼记》的重要典籍。

《大学》与《中庸》脱离《礼记》而独立，同时也宣告此两篇脱离传统经学的范畴，成为理学之宝典、道统之渊源。朱子殁后，《大学》与《中庸》在文本上，于南宋末期尚未完全脱离《礼记》，如卫湜辑编《礼记集说》①仍录《中庸》（卷一百二十三至卷一百三十六）与《大学》（一百四十九至卷一百五十三），并详载郑玄注、孔颖达疏及程朱等两宋学者的学说，魏了翁《礼记要义》②节编孔疏，仍载录《中庸》（卷二十七）、《大学》（卷三十一）。

《大学》《中庸》脱离于《礼记》，肇始于元代吴澄（1249—1333）《礼记纂言》③。《礼记纂言》仿照《仪礼经传通解》的体例，统合三礼，分别经传，归类"仪礼正经"、"逸经"、"仪礼传"，又以其余《礼记》三十六篇类别为"通礼"、"丧礼"、"祭礼"、"通论"四类，而不载《大学》《中庸》。吴澄在《序》中称：

> 《大学》《中庸》，程子、朱子既表章之，《论语》《孟子》并而为四书，固不容复厕之礼篇。

经过程朱表彰的《大学》《中庸》，并入《四书》后，地位上升，事实不容许其再留在《礼记》这样的礼学典籍中。这是吴澄对理学新经典的尊重，也显现了对程朱的无比尊崇。

《礼记》专书之注本由四十九篇变为四十七篇，陈澔（1260—1341）《礼记集说》④乃其滥觞。陈澔是朱子的四传弟子，在撰于元代至治二年（1322）的《序》中谓：

> 《戴记》四十九篇，先儒表章《学》《庸》，遂为千万世道学之渊源。其四十七篇之文虽纯驳不同，然义之浅深同异，诚未易言也。

"先儒"无疑是指程朱，陈澔认为《大学》《中庸》已成为千万世道学之渊源，地位崇高，与《礼记》中的其他礼篇不可同日而语，必须脱离《礼记》，以作区别。陈澔在书中仅存篇目"中庸第三十一"、"大学第四十二"，不录经文，并注云"朱子《章句》"。《大学》《中庸》已列《四

---

① 《通志堂经解》本。
② 《续修四库全书》经部第九十六册所收影印宋淳祐刻本。
③ 《文渊阁四库全书》本。
④ 同上。

书》，故不具载"。吴澄、陈澔皆为理学家，其言行出于必然。元仁宗皇庆、延祐年间恢复科举，《四书》成为朝廷取士的必读教科书，进一步提升与确立了《大学》《中庸》的权威性。何异孙的《十一经问对》则以《论语》《孝经》《孟子》《大学》《中庸》《尚书》《毛诗》《周礼》《仪礼》《春秋》三传、《礼记》为十一经。《大学》《中庸》在元代的地位之高，可想而知。

陈氏之后，元明两代的《礼记》注本或礼书重编本等遂不载《大学》《中庸》，俨然成为惯例，而多仿陈书之体例，存篇目而已。明代永乐年间，胡广（1369—1418）等奉敕撰《礼记大全》①所用蓝本即为陈澔《礼记集说》，自然遵守其例，不载《大学》《中庸》。明人徐师曾（1517—1580）《礼记集注》卷二十五《中庸》存篇目，卷二十九录蔡清考定《大学》致知格物补传八十六字②，汤道衡《礼记纂注》③从之。贡汝成《三礼纂注》④之《礼记》部分分为十二卷，存《礼运》《礼器》《经解》《哀公问》《仲尼燕居》《孔子闲居》《坊记》《表记》《缁衣》《儒行》《学记》《乐记》十二篇，不载《大学》《中庸》。黄干行《礼记日录》⑤仅存《大学》篇目，《中庸》篇目亦不载。汤三才《礼记新义》⑥、姚舜牧《礼记疑问》⑦、朱泰桢《礼记意评》⑧、朱朝瑛《读礼记略记》⑨等皆不载《大学》《中庸》。

李经纶（1507—1557）《礼经类编》取《周礼》《仪礼》《礼记》合而汇之，以《曲礼》《经礼》《制礼》为大纲，而各系以细目，三大纲后又有《三礼通传》，合并《礼运》《礼器》《坊记》《表记》及《哀公问》等篇，又冠之以《大学》，终之以《中庸》。这应当是沿袭了《仪礼经传

---

① 日本京都中文出版社影印朝鲜刻本。
② 《四库全书存目丛书》经部第八十八册所收影印明万历刻本，第839页上段、883页上段。
③ 《四库全书存目丛书》经部第九十三册所收影印明刻本。
④ 《四库全书存目丛书》经部第九十三册所收明刻本。
⑤ 《四库全书存目丛书》经部第八十九册所收影印明嘉靖刻本，《中庸》无存目，疑脱落；《大学》存目见第462页下段。
⑥ 《四库全书存目丛书》经部第九十一册所收影印明刻本。
⑦ 《四库全书存目丛书》经部第九十一册所收影印明万历刻本。
⑧ 《四库全书存目丛书》经部第九十四册所收影印明天启刻本。
⑨ 《四库全书存目丛书》经部第九十五册所收影印明清钞本。

通解》收录《大学》《中庸》的做法。刘宗周（1578—1645）《礼经考次》归类篇章，援引《大戴礼记》之《夏小正》与《武王践阼》入《礼记》，并以《孔子家语》补其阙，却不录《大学》《中庸》。① 在明代不仅是出于学者的《礼记》注本与重编本，甚至连坊刻白文本《礼记》也一样删《大学》《中庸》而不载，像为科举而设的徐养相《礼记辑览》②、杨鼎熙《礼记敬业》③，像家塾讲章一类的戈九畴《杭郡新刊礼记要旨》④、马时敏《礼记中说》⑤、童维岩《礼记新裁》⑥、杨梧《礼记说义集订》⑦，为乡塾课蒙而作的陈鸿恩《礼记手说》⑧、许兆金《说礼约》⑨以及注音本王觉《礼记明音》⑩皆不录《大学》《中庸》的内容，其情况可想而知。卢翰《掌中宇宙》卷八《崇道篇》"十三经条"则以《中庸》《大学》《易》《书》《诗》《春秋》《论语》《孝经》《孟子》《尔雅》《礼记》《周礼》《仪礼》作为十三经。可以说，《中庸》《大学》的经典地位在明代达到了顶峰。

但恰恰在这一时代，有人开始提出异议。祝允明（1460—1527）率先发难：

> 愚谓《大学》《中庸》终是《礼记》之一篇，孟子之言羽翼孔氏，然终是子部儒家之一编耳，古人多有删驳，国初亦尝欲废罢，故愚以为宜以《学》《庸》还之礼家，《论语》并引《孝经》同升以为一经。⑪

祝允明的反对仅见于言，付诸实际行动的则是郝敬（1558—1639）。郝敬

---

① 《清史列传·刘汋传》，王钟翰点校，中华书局1987年版。
② 《四库全书存目丛书》经部第八十九册所收影印明隆庆刻本。
③ 《四库全书存目丛书》经部第九十五册所收影印明崇祯刻本。
④ 《四库全书存目丛书》经部第九十册所收影印明万历刻本。
⑤ 同上。
⑥ 《四库全书存目丛书》经部第九十二册所收影印明刻本。
⑦ 《四库全书存目丛书》经部第九十三册所收影印清康熙刻本。
⑧ 《四库全书存目丛书》经部第九十四册所收影印明崇祯刻本。
⑨ 《四库全书存目丛书》经部第九十四册所收影印明天启刻本。
⑩ 《四库全书存目丛书》经部第八十八册所收影印明刻本。
⑪ 《怀星堂集》卷十一《论议》，《文渊阁四库全书》本。

在《礼记通解》① 书首所附《读礼记》中云:

> 先儒以《大学》《中庸》两篇为道学之要,别为二书。夫礼与道,非二物也。道者,礼之匡郭,道无垠堮,礼有范围,故德莫大于仁,而教莫先于礼。圣教约礼为要,复礼为仁,礼仪三百,威仪三千,致中和,天地位,万物育,此道之至极而礼之大全也,故曰"即事之治谓之礼"。冠昏丧祭,礼之小数耳。子曰:"民可使由之,不可使知之。"世儒见不越凡民,执小数,遗大体,守糟魄而忘菁华,如《曲礼》《王制》《玉藻》《杂记》则以为礼,如《大学》《中庸》则以为道,过为分疏,支离割裂,非先圣所以教人博文约礼之意。自二篇孤行,则道为空虚而无实地;四十七篇别列,则礼似枯瘁而无根柢,所当亟还旧观者也。

郝敬强烈批判程朱之学说,认为礼道为一,《大学》《中庸》与其他四十七篇相辅相成,不可割裂,应当亟还旧观。郝书反对宋儒以《礼记》作为《仪礼》《周礼》之传,极为重视《大学》《中庸》,视之为"圣人约礼之教"、"先圣传心要典",故郝氏此书卷十八、卷十九收录《中庸》,卷二十一收录《大学》,以大篇幅重点加以疏解。郝氏认为《中庸》之朱子《章句》大为分晓,而郑注、孔疏则孟浪无足观②,其分章则依据朱子之说,略加改订为三十章;至于《大学》,则不从朱子经传之分,采用古本解之。郝敬的这一做法打破了三百年来《礼记》著作不录《大学》《中庸》的惯例。

二 《大学》《中庸》于清代重返《礼记》

时至清代,状况突然发生了变化。最先做出举动的是王船山(1619—1692),其《礼记章句》采录《中庸》《大全》,先录朱子《章句》,再以《衍》自出己意。船山在篇首云:

---

① 《四库全书存目丛书》经部第九十一册所收影印明万历刻本,第641页上段至下段。
② 《四库全书存目丛书》经部第九十二册,第212页下段。

> 凡此二篇，今既专行，为学者之通习，而必归之于《记》中者，盖欲使五经之各为全书，以见圣道之大，抑以知凡戴氏所纂四十九篇，皆《大学》《中庸》大用之所流行，而不可以精粗异视也。①

船山的《大学衍》与《中庸衍》极力反驳阳明之说，俨然朱子《章句》之疏，但其必归《大学》《中庸》于原书，与郝敬的意图略有不同，意在于恢复《礼记》经文全貌，以显现其书所昭示的儒家之道的整体性。但由于船山著作至晚清才行于世，故其态度与做法在当时并无影响。

值得注意的是，清初有不少学者都不约而同地提出让《大学》《中庸》回归于《礼记》的举动，陈确（1604—1677）云："驳归《戴记》，犹是以《大学》还《大学》，未失六经之一也。"尽管陈确没有《礼记》的专门著作，也曾指斥《大学》背离孔子之道，为伪书、为禅学，但仍主张将其回归《礼记》。② 相比之下，黄宗炎（1616—1686）《周易象辞》卷四③的批评更为有力而彻底：

> 割礼传之《大学》《中庸》两篇而孤行之，盖由视礼为粗迹，而别求性与天道不可闻之微，以为上达，至使"慎独"、"未发"纷纷聚讼，岂知"一日克己复礼，天下归仁"恐非粗迹所能臻者！《大学》之修、齐、治、平，《中庸》直至、参赞、位育、无声无臭，亦只形容礼之至极尔。今欲割去本原，别寻妙几，何其不入于释氏也！

清初另一部收归《大学》《中庸》入《礼记》的著作，乃徐世沐（1635—1717）《礼记惜阴录》。《礼记惜阴录》成书于徐氏七十四岁即1708年，其书不传，今据《四库全书总目提要》④略窥其书之特色：

> 是书合《曲礼》《檀弓》《杂记》各为一篇，删古本上下之目，《大学》《中庸》二篇则仍从古本全录，以成完书。每篇之首，各注

---

① 《礼记章句》卷三十一《中庸衍》，《续修四库全书》影印本，第478页上段。
② 陈确：《大学辨》，《陈确集》，中华书局1979年版。
③ 《文渊阁四库全书》本。
④ 《四库全书总目提要》卷二十四，中华书局2003年版。

其大意，每篇之末，各评其得失。所注多袭陈澔之文，而简略弥甚。

徐世沐注文多袭陈澔《礼记集说》，馆臣在文末又评其书为"讲学家之谈经类，以训诂为末务"，可知徐氏是一位理学家，但其书却摒弃《礼记集说》以来仅存《大学》《中庸》篇目的惯例，收录两篇古本全文。此举虽然是为了恢复《礼记》的全貌，却又不采朱子《章句》，其意图与郝敬、王船山是否相同，实在是耐人寻味。康熙初年的张怡《三礼合纂》仿《仪礼经传通解》，首《通礼》，次《祭礼》，次《王朝之礼》，次《丧礼》，其《通礼》以《大学》《中庸》为首，《大学》则从王守仁所解古本。

进入乾隆朝，官方编纂的《礼记》著作对《大学》《中庸》的处理做出了重大举措。由张廷玉等奉敕编纂的康熙帝讲筵记录《日讲礼记解义》[1]，仍然谨守陈澔《礼记集说》以来的惯例，仅存《大学》（卷六十二）、《中庸》（卷五十六）篇目，注云"朱子《章句》"。但成书于乾隆十三年（1748）的《钦定礼记义疏》[2]（李绂领纂，共八十二卷）却将《大学》《中庸》二篇重归之《礼记》，《大学》《中庸》皆用古本原文，正文之后依序排列郑注、孔疏、朱子《章句》。《钦定礼记义疏》书首《凡例》云：

> 《中庸》《大学》二篇，自宋大儒编为四书，其后俗本《礼记》遂有止载其目而不列其文者，兹仍曲台之旧，以尊全经，以存古本，兼辑朱注，以示准绳，而《正义》等条，概置勿用。

这是自元代陈澔《礼记集说》四百年来，官方的《礼记》注本首次恢复《大学》《中庸》之举，其目的甚为明确：尊重《礼记》一书的完整性，保存古本的形态。不仅如此，《钦定礼记义疏》还为收录《大学》《中庸》二篇而特别设立了与本书其他四十七篇不同的体例：

> 案《戴记》四十九篇，其四十七篇并用《正义》等六条编纂之

---

[1] 《文渊阁四库全书》本。
[2] 同上。

例，独《大学》《中庸》二篇不拘诸例，但全录注疏于前，编次朱注于后者，一以示不遗古本之源，一以示特尊朱子之义。全录注疏古本，方识郑、孔羽翼圣籍之功，方见朱子之精心邃密，而注疏之是非得失，读者自一目了然，故不拘诸例。①

这项新设的体例体现了三礼馆臣在处理上的谨慎及《大学》《中庸》的特殊性。《礼记义疏》一面不遗古本之源，一面特尊朱子之义，此乃两全其美之举——为了让《大学》《中庸》重返《礼记》，《义疏》编者在理由说明上确实花费了不少辞墨。《义疏》收录汉唐以来诸家学说之极，唯说之是者从之，至于义理之指归，则一奉程朱之说为圭臬。《四库总目提要》对《义疏》此举评价甚高：

> 其《中庸》《大学》二篇，陈澔《集说》以朱子编入《四书》，遂删除不载，殊为妄削古经，今仍录全文，以存旧本。惟章句改从朱子，不立异同，以消门户之争。盖言各有当，义各有取，不拘守于一端，而后见衡鉴之至精也。②

馆臣严厉批评陈澔《集说》删削古经，割裂《大学》《中庸》之举，其称扬《礼记义疏》之词虽略有谀美之嫌，但对恢复《大学》《中庸》作出了积极的正面评价。我们发现馆臣在《四库提要》论述礼记类时，尤其对其书是否收录《大学》《中庸》及所收为古本还是朱子《章句》加以特别关注。无疑，这反映了清代中期官方对《大学》《中庸》与《礼记》两者关系的敏感。

乾隆元年（1736）六月诏开三礼馆，聚集人才，全祖望、吴廷华、惠士奇等硕儒皆入馆，开始了一项费时十三年的大型国家事业，系统地整理阐释三礼学，这项事业在继承前代重视程朱理学的同时，开启了经学研究的新风气，而《礼记义疏》恢复《大学》《中庸》的特别处理，无疑广受瞩目。参与过《三礼义疏》编纂工作的杭世骏（1696—1772），后来

---

① 《钦定礼记义疏》卷六十六《中庸》题解下按语。
② 《四库全书总目提要》卷一，第172页。

以一人之力纂集大型汇编《续礼记集说》①，采录《中庸》（卷八十六至卷八十九）、《大学》（卷九十七）古本，以郑玄、孔颖达之说为主，又引清人毛奇龄、姚际恒、毛远宗等人之说。

《礼记义疏》恢复《大学》《中庸》的举动，在目录学上也有一定的根据。宋元时代，《大学》《中庸》在目录书籍分类中多被归入"礼类"或"礼记"。如郑樵（1104—1160）《通志·艺文略》经类，以《论语》自为一门，《大学》《中庸》入"礼记"，《孟子》则入"子类"。《郡斋读书志》卷一上、《遂初堂书目》、《直斋书录解题》卷二皆入"礼类"。元代四书学制度化之后，元修《宋史·艺文志》、元代马端临《文献通考》②亦承袭宋代的分类，归《大学》《中庸》于"礼类"。进入明代，目录学典籍方始设立"四书类"，如《文渊阁书目》等皆归《大学》《中庸》于"四书类"，清初所修《明史·艺文志》亦沿用前代惯例。但也有归入"礼类"的，如《授经图义例》卷二十将《大学》《中庸》列入"诸儒著述附历代三礼传注"类，《万卷堂书目》卷一归于礼类，《经义考》③则归入"礼记类"等。《千顷堂书目》著录有明一代书籍，亦将训释《大学》《中庸》之著作皆归入"礼类"，四库馆臣对此则提出了异议，并将二书的相关著作列入《四库全书》经部"四书类"，其理由是："以所解者《四书》之《大学》《中庸》，非《礼记》之《大学》《中庸》。学问各有渊源，不必强合也。"④意谓朱子创立的《四书》体系的《大学》《中庸》，与《礼记》中的《大学》《中庸》乃两套系统，并行而不悖。《续通志》⑤《皇明通志》⑥亦列入"四书类"。然而，同时代的《皇朝文献通考》⑦却因为《礼记义疏》的出现，并据《文献通考》的分类，重归《大学》《中庸》著作于"礼类"之中：

> 按《大学》《中庸》二篇本《戴记》旧文，自陈澔《集说》以

---

① 《续修四库全书》经部一百一至一百二册所收影印清光绪刻本。
② 《文献通考》卷一百八十一，日本京都中文出版社影印刻本。
③ 《经义考》卷一百五十一至卷一百六十二，《文渊阁四库全书》本。
④ 《四库全书总目提要》卷二十一。
⑤ 《续通志》卷一百五十六，《文渊阁四库全书》本。
⑥ 《皇明通志》卷九十七，《文渊阁四库全书》本。
⑦ 《皇朝文献通考》卷二百十四，《文渊阁四库全书》本。

朱子编入四书,遂删除不载,伏读《钦定四库全书》虽列入四书类中,而《钦定礼记义疏》则备录全文,以复古今之旧。今谨遵编次,凡《大学》《中庸》之单行者,仍入礼类,且以从马氏旧例焉。

关于《大学》《中庸》在目录典籍中的归类,明代以后一直摇摆不定。可以说,《礼记义疏》恢复《大学》《中庸》之举,引起了目录典籍关于分类的新分歧。

一些学者对官方的举动作出了反应,如李惇(1734—1784)认为:数百年来一直墨守朱子《四书》之《大学》,未有异议,但是《礼记》中犹当载录原文,使学者了解二书本来之面目,并知程子、朱子等先儒改订之苦心,因为"今惟注疏本尚载原文,而不能家有书,坊刻读本止存其目,学者有老死而不见原文者,窃谓急宜补刊,庶得先河后海之义"①。注疏本虽保存了《大学》《中庸》古本古注的原貌,然世间所通行的《礼记》读本仅存目而已②,故亟须补入两篇。古学兴起,汉学家热衷考据考古,对于古经古书及金石研究日趋炙热,古书辑佚工作之兴盛,是时代之必然。对于本未亡佚,却被割裂出原书的《大学》《中庸》,令其重归《礼记》也是理所当然的。恢复经书古本原貌,对于汉学家来说当然是至关重要的,但是他们的目的不仅仅限于此。汪中(1744—1794)《大学平议》云:

> 《大学》其文平正无疵,与《坊记》《表记》《缁衣》伯仲,为七十子后学者所记,于孔氏为支流余裔。师师相传……诚知其为儒家之绪言,记礼者之通论,孔门设教,初未尝以为至德要道。③

汪中力驳理学家将《大学》作为道德形上学的经典,主张此篇与其他一些《礼记》篇章的性质无异,故而应当将之归为记礼通论即礼学篇章之一。这番露骨至极的反宋学的言论,表明了汉学家力图将《大学》《中

---

① 李惇:《群经识小·大学中庸》,《皇清经解》卷七百二十二。
② 梁清远:《雕丘杂录》卷八《采荣录》:"今《礼记》尚存《学》《庸》篇目,文实不载焉。"
③ 《大学平义》,载《新编汪中集》,田汉云点校,广陵书社2005年版,第381页。

庸》归之《礼记》的另一个真正目的。《大学》《中庸》重返《礼记》，必将导致其作为理学经典的色彩的消退及经典地位的下降。所谓"四书"亦随之瓦解。方东树《汉学商兑》（卷下）还指出汪中认为不应立有《四书》之名，可见连《四书》是否成立，都成了汉宋学术之争的一个焦点问题。

梁章巨《退庵随笔》卷十五云：

> 朱子之《章句集注》，积平生之力为之，垂没之日，犹改定《大学·诚意章》注，凡以明圣学也。元延祐中用以取士，而阐明理道之书遂渐为弋取功名之路，至《大全》出而捷径开，入比盛而俗学炽，驯至高头讲章行，非惟孔、曾、思、孟之本旨亡，并朱子之《四书》亦亡矣！

朱子的《四书章句》自元代延祐年间成为科举取士的科目以来，在明代就已经变为俗学，成为猎取功名的手段，以至于清代很多读书人都对《四书》抱有厌恶之感，这是《大学》《中庸》重返《礼记》呼声高涨的原因之一。

一些成于理学家之手的《礼记》类编本也都开始收录《大学》《中庸》。王心敬（1656—1738）《礼记汇编》取《礼记》四十九篇，以己意重新排纂，分为三编。上编首孔子论礼之言，曰《圣贤训拾遗》；次以《大学》《中庸》；又次以《曾子拾遗》《诸子拾遗》；又次以《乐记》。中编括《记》中礼之大体，曰《诸儒纪要》；次以《月令》；又次以《王制》；又次以《嘉言善行》。下编聚列《记》中琐节末事及附会不经之条，曰《纪录杂闻》，以《大学》为"斯礼之包络"，《中庸》为"斯礼之根柢"。任启运（1670—1744）《礼记章句》类编全书，则以《大学》《中庸》冠首，作为全书的"统宗"。

需要指出的是：《大学》《中庸》重返《礼记》的道路并不平坦，清初以来一些学者仍然遵循旧例，在训解《礼记》的著作中不收录《大学》与《中庸》，如万斯大（1633—1683）《礼记偶笺》[①]、李光坡（1651—

---

① 《续修四库全书》经部第九十八册所收影印清代乾隆刻本。

1723)《礼记述注》①、张沐《礼记说略》②、姜兆锡（1666—1745）《礼记章句》③ 仅存篇目，不解《大学》《中庸》。方苞（1668—1749）《礼记析疑》、吴廷华（1682—1759）《礼记疑义》皆不录或不释《大学》《中庸》。又如江永（1681—1762）《礼记训义择言》不收录《大学》《中庸》，其另一部著作《礼书纲目》④ 也仅列《大学》《中庸》为"通礼"十七、十八，存目并注云："自有朱子《章句》，今止存其篇目"，"自有朱子《章句》，今亦但存其篇目"。郝懿行（1757—1825）《礼记笺》亦存《大学》《中庸》篇目而不解之。上述大多数人的意图不得而知，但遵循旧例的做法也从侧面反映了朱子《章句》及陈澔《集说》的影响之大。

实际上，如何处理《大学》《中庸》与《礼记》的关系，在朱子学者之间也存在分歧，如清代具有代表性的两部《礼记》新疏的处理方法正相反。孙希旦（1737—1784）《礼记集解》重视礼义、礼制及义理，其书沿袭陈澔《集说》之旧，仅存《大学》《中庸》之篇目而不录正文⑤，而时代稍晚的朱彬（1753—1843）《礼记训纂》重视训诂、校勘及名物，采录《中庸》正文，并录古本《大学》正文，继之以朱子所考定《大学》（不录《补传》）⑥。孙、朱二人皆为笃实的朱子学者，而做法却大相径庭。也有宋学家提出了折中的办法，如徐养原（1758—1825）主张不废《大学》古本旧注，承认程、朱理学的地位，同时强调也要重视旧注："程、朱为理学正宗，则《或问》所载二程之说一十六条，乃格物之正义，其余曲说，固可一扫而空之矣。惟郑氏旧注，立学校者已向千载，虽精研未若闽、洛，而诂训具有师承，或尚可以备一解乎？"⑦

宋学方面有人对归《大学》《中庸》于《礼记》的风潮，作出了有力的回应。冉觐祖（1637—1718）《礼记详说》凡一百七十八卷，是继南

---

① 《文渊阁四库全书》本。李光坡仅在书中略论《大学》可能是出自曾子本人之笔，或为曾氏之宗传。
② 《四库全书存目丛书》经部第九十五册所收影印清康熙刻本。
③ 《续修四库全书》影印本。
④ 《礼书纲目》卷六十七，《文渊阁四库全书》本。
⑤ 孙希旦：《礼记集解》，沈啸寰、王星贤点校，中华书局1989年版，第1296、1410页。
⑥ 同上书，第772—780、866—873页。
⑦ 《皇清经解》本《经义丛钞》所收。

宋卫湜《礼记集说》以来的大型注释书，冉氏于卷首《礼记总论》反驳明人郝敬谓先儒割裂《大学》《中庸》于《礼记》之说，云：

> 京山立说，多与朱子背驰，谓先儒以《学》《庸》二篇别为二书，支离割裂，当亟还旧观，责先儒以割裂《礼记》而不自知，其致毁谤《四书》。《礼记》四十九篇，真赝纯驳，杂然并收，先儒择其精者，令幼学急读之，及能治全经，则二篇固在，又何病乎割裂也！①

《礼记详说》书首附陈澔《礼记集说序》，理学色彩极为明显，书中不录《大学》《中庸》，于卷一百五十五、一百六十九存目而已。冉觐祖的看法接近宋儒，即区分《礼记》各篇的性质，评判其价值，择精要者为我所用，《大学》《中庸》即使独立也未尝不可。冉氏的回应对象应该不仅郝敬一人，而是当时汹涌的风潮。

结　语

《大学》《中庸》重返《礼记》的运动，产生于古学兴起的雍正、乾隆时代，回归原典，尊经崇古是当时的潮流。《大学》《中庸》重新返回《礼记》之中，积极的意义是恢复了《礼记》的文本完整性，丰富了礼学研究的内涵，而消极的意义呢？晚清郭嵩焘（1818—1891）指出："雍、乾之交，朴学日昌，博闻强力，实事求是，后凡言性理者屏不得与于学，于是风气又一变矣，乃至并《大学》《中庸》之书蔑视之，以为《礼运》《学记》之支言绪论。"② 其指摘非常锐利，《大学》《中庸》重返《礼记》，与其他四十七篇降为一个等级，直接地削弱了《大学》《中庸》的权威性与特殊性，导致两者所具有的理学色彩的全面消退，经典地位大幅下降，有关两者的研究也被经学化、礼学化了。《大学》《中庸》重归《礼记》，可谓清代学术转向的重要标志，是汉学家对于程朱理学的一个反动。可是，《大学》《中庸》重返《礼记》之后，汉学家们并未作出一

---

① 《四库全书存目丛书》经部第九十六册所收影印清光绪刻本，第84页上段至下段。
② 郭嵩焘：《大学章句质疑自序》，《郭嵩焘诗文集》卷三，岳麓书社1984年版，第24页。

个超越朱子《章句》的注本，大多是收录郑注、孔疏而已，科举考试所用的及世上通行的仍然是朱子《章句》，读书人无人不读之。可以说，《大学》《中庸》仅仅是在形式上重返《礼记》而已。

朱熹、王阳明关于《大学》"至善"概念的不同阐释

——以明代"大礼议"为视角

复旦大学社会学系　曾　亦

《大学》首章云："大学之道，在明明德，在亲民，在止于至善。"关于"至善"之义，朱子《大学章句》以"事理当然之极"训之，阳明《大学问》则以"至善之在吾心"[①] 以明其义。盖朱子在事上言至善，而阳明在心上言至善，此二子之根本不同也。

然二子所以有此不同，实出于对古礼精神之不同理解。古礼之精神本为"尊尊"，此与西周宗法制结构有关。春秋以降，宗法崩坏，社会之基础遂一转而为小家庭，而家庭之基本原则为"亲亲"，尤以孝道为"亲亲"之主要表现。《荀子》讲"称情而立文"，即以古礼出乎孝亲之人情，而《论语》谓"仁而不仁，如礼何"，《孟子》"义内"（《告子上》）之说，其意皆在强调古礼之精神为人情，即"亲亲"也。可见，春秋战国之际，儒家对礼之精神的理解实有一根本转变。

朱子与阳明关于"至善"概念的不同阐释，素来是在心性学的范围中予以讨论，视作"性即理"与"心即理"这类心性命题的不同体现。然而，如果我们能结合嘉靖初年的大礼议事件，则不难发现，这些抽象的心性命题实与当时的政治现实是相关联的，至少影响到当时部分议论诸臣在此事件中的表现。学界素来把宋明以来的新儒学视作完全取代汉

---

① 王守仁：《王阳明全集》，上海古籍出版社1992年版。

唐经学的新形态，似乎经学已经失去在现实生活中的效用，然而，明代大礼议则似乎颠覆了这种看法，因为许多心性问题与经学内部的一些讨论是可以相互置换的，而且，唯其通过这种置换，心性学说才能展现其政治内涵。譬如，本文就试图把朱子与阳明关于"至善"概念的阐释置换为经学中礼制与人情的关系问题，并且，如果限定在大礼议这样一个更具体的问题上，还可以置换为继统与继嗣、大宗与小宗的关系问题。通过这样一种置换，宋明新儒学才能由其"内圣"学说发展出与之相应的"外王"建构。

一　古礼之基本精神：尊尊，抑或亲亲？

《礼记·大传》云："上治祖祢，尊尊也。下治子孙，亲亲也。"尊尊处理与祖祢之关系，而亲亲则处理与子孙之关系，尊尊与亲亲实为家庭中之两项基本原则。又云："圣人南面而治天下，必自人道始矣。……其不可得变革者，则有矣。亲亲也，尊尊也，长长也，男女有别，此其不可得与民变革者也。"至于圣人治天下，以亲亲、尊尊、长长、男女有别为人道之常，而亲亲、尊尊为其二端。王国维则以为，有周一代之政治制度，莫不出于亲亲、尊尊、贤贤、男女有别此四项原则，而亲亲、尊尊亦在其中。① 可见，小至家庭，大至天下，皆不离乎亲亲、尊尊二原则。

公羊家论殷周制度之异，在于周尚尊尊、殷尚亲亲而已，则周礼之精神在于尊尊之义，而与殷礼不同。不过，春秋中晚期以降，宗法崩坏，构成宗族之基础的小家庭遂脱离宗族之藩篱，而成为社会之基本单位，从而家庭中之固有伦理，亦即亲亲之精神，乃不为尊尊此种宗族伦理所压抑，遂成为社会之普遍的伦理准则。

宗族有大宗，有小宗，小宗乃五世同祖之血缘团体，其性质犹后世之家庭也。然自秦汉以后，中国家庭之规模恒小，不过两世、三世共居之小家庭而已。小宗之内，或亲或尊，皆可借孝道而得维系。至于大宗，虽有共同始祖之亲，然皆在五服之外，俗语谓"远亲不如近邻"，可见族人血亲之疏也，则不得不建宗子之尊以统率族人。可见，宗族盖以尊尊为第一

---

① 王国维：《殷周制度论》，《观堂集林》卷十，中华书局1959年版。

原理，与家庭之尚亲亲不同也。《仪礼·丧服》定族人服宗子，与庶民为国君同服，皆齐衰三月，亲不过三月，然尊则至齐衰，此等丧服足见孝道之局限，亦见君道之实质也。族人与族长或宗子之间，盖与国君与庶民关系等也。

是以就一家而言，能以血亲而相属，而尊道不过见于父子、祖孙之间而已，其余则报矣。此尚为孝道之所属也。至一族而言，《礼记·大传》谓"四世而缌，服之穷也。五世袒免，杀同姓也。六世，亲属竭矣"，族人间虽有百世而婚姻不通之亲，有合族而食之谊，然毕竟疏矣，故尊大宗为君，服齐衰之等，盖非此不足以抟聚族人也。至一国而言，君以孤寡自处，其子孙自三代以后则别自为族，不得称公子、公孙矣，遑论一国之庶人乎！是以《礼记·礼器》云："天子之堂九尺，诸侯七尺，大夫五尺，士三尺。"尊卑之严如此，盖以其亲疏，而不得以血属，是以尊君至极以率众民也。

虽然，家庭之中亦有尊尊之义焉，故《丧服》以父为至尊、母为私尊，至于兄之统弟，有大宗统小宗之义，亦有尊名。父子、母子之间，以至亲之故，其尊亦出自然。若兄弟之间，亲不及父子，而弟之尊兄，亦较难施。兄弟尚且如此，是以君之于臣，乃至于庶民，非尊之至极，乃不足以自尊也；臣、民之于君王，非卑之至极，乃不足以尊君也。古代国家如此，至于现代之国家，政府与百姓绝无亲属可言，亲亲之情仅见于家庭，而绝无可能扩充至公众生活，是以政府之自尊又远迈古人矣，而人民虽假以主人之虚名，然其卑亦远逊古人也。然唯其如此，人民与政府始能团结一致，万众一心也。非若古代之国家同，天子尚能亲诸侯，诸侯尚能亲大宗，大宗尚能亲小宗，小宗之内各以其服相系属，上下用情，则周制虽文，而尊尊之义绝不若现代国家之甚矣。

人类本由血缘而相缀属，则自生民之初，即尚亲亲之义矣，如母子之亲、兄弟之亲皆甚早。《礼记·郊特牲》云："男女有别，然后父子亲。"盖人类由从母而居，进而至于从父而居，女子出嫁之前，或未能别男女，至其婚后，则有男女之大防。此时子知其父，父亦知其子，如是而生父子之亲。否则，男子若不能确信其子为其所生，如何能亲之爱之？因此，对男子而言，唯其亲生，始能亲其所生矣。此为人之常情。不独古人如此，今人亦何尝不如此？可见，父子之亲殆为后起。而儒家讲亲亲之义，尤重父子之亲，非必追溯至母子之亲，盖以文明之起于此也。

又，《丧服传》云："野人曰：父母何算焉。"据贾公彦疏，居于国外或城外者为野人，与"都邑之士"相对，盖远于政化也。周礼崇尚等级尊卑，野人居于城外，不为周礼所化，故不知父尊母卑之义。因此，不独今人崇尚男女平等，其实人类早期亦经历过此种阶段，即唯知亲父，而不知尊父。今日概谓父为"父亲"，孰不知父亦当有"父尊"之名。因此，《丧服传》在解释为父何以服斩衰时，即以为"父至尊也"。据此，父子之相亲，同时亦有尊父之义矣，而夫尊之义殆亦起于此时。

可见，儒家言孝道，实兼二义，子女不独亲父亲母，亦当尊父尊母，且以父为至尊，母为私尊，母尊实屈于父尊也。此二种意义，虽亦见于其他民族，然唯有儒家始能尽揭诸明白。

二 《大学》中的"至善"概念及其阐释

朱子是在事上言"至善"。

> 至善，则事理当然之极也。（《大学·章句》）

> 然德之在己而当明，与其在民而当新者，则又皆非人力之所为，而吾之所以明而新之者，又非可以私意苟且而为也。是其所以得之于天而见于日用之间者，固已莫不各有本然一定之则，程子所谓"以其义理精微之极，有不可得而名"者，故姑以"至善"目之。（《大学或问》）

> 问至善。先生云："事理当然之极也。""恐与伊川说'艮其止，止其所也'之义一同。谓有物必有则，如父止于慈，子止于孝，君止于仁，臣止于敬，万物庶事莫不各有其所。得其所则安，失其所则悖。所谓'止其所'者，即止于至善之地也。"曰："只是要如此。"（《朱子语类》卷十四）

朱子又以"莫不各有本然一定之则"为"定理"，又以此"定理"即是"物理"。"至善"既在事上而言，则其种种"节目"，须通过讲学以求之。荀子隆礼，故不得不重圣人之制作，不得不学以得之，其思路实相一致。《朱子语类》卷十四云：

> 但其间节目，须当讲学以明之，此所以读圣贤之书，须当知他下工夫处。今人只据他说一两字，便认以为圣贤之所以为圣贤者止此而已，都不穷究着实，殊不济事。

朱子重学，实与其对"至善"的此种理解有关。若阳明对"至善"之理解，则颇不同。

> 天命之性，粹然至善，其灵昭不昧者，此其至善之发见，是乃明德之本体，而即所谓良知也。至善之发现，是而是焉，非而非焉，轻重厚薄，随感随应，变动不居，而亦莫不自有天然之中，是乃民彝物则之极，而不容少有议拟增损于其间也。少有拟议增损于其间，则是私意小智，而非至善之谓矣。自非慎独之至，惟精惟一者，其孰能与于此乎？后之人惟其不知至善之在吾心，而用其私智以揣摸测度于其外，以为事事物物各有定理也，是以昧其是非之则，支离决裂，人欲肆而天理亡，明德、亲民之学遂大乱于天下。（《大学问》）

> 问："知止者，知至善只在吾心，元不在外也，而后志定。"曰："然。"（《传习录》卷上，陆澄录，八十七条）

显然，阳明主张在心上言"至善"，以为即是"良知"，且批评朱子"惟其不知至善之在吾心，而用其私智以揣摸测度于其外，以为事事物物各有定理"。

良知本自具足，天下之理莫不出于此，则何事于学？《传习录》中颇载阳明否定读书之言论，兹录数条如下：

> 爱问："至善只求诸心，恐于天下事理有不能尽。"先生曰："心即理也。天下又有心外之事、心外之理乎？"爱曰："如事父之孝，事君之忠，交友之信，治民之仁，其间有许多理在，恐亦不可不察。"先生叹曰："此说之蔽久矣，岂一语所能悟！今姑就所问者言

之。且如事父，不成去父上求个孝的理。事君，不成去君上求个忠的理。交友治民，不成去友上、民上求个信与仁的理。都只在此心，心即理也。此心无私欲之蔽，即是天理，不须外面添一分。以此纯乎天理之心，发之事父便是孝，发之事君便是忠，发之交友治民便是信与仁，只在此心去人欲、存天理上用功便是。"爱曰："闻先生如此说，爱已觉有省悟处。但旧说缠于胸中，尚有未脱然者。如事父一事，其间温清定省之类，有许多节目，不知亦须讲求否？"先生曰："如何不讲求？只是有个头脑，只是就此心去人欲、存天理上讲求。就如讲求冬温，也只是要尽此心之孝，恐怕有一毫人欲间杂。讲求夏清，也只是要尽此心之孝，恐怕有一毫人欲间杂。只是讲求得此心。此心若无人欲，纯是天理，是个诚于孝亲的心，冬时自然思量父母的寒，便自要去求个温的道理；夏时自然思量父母的热，便自要去求个清的道理。这都是那诚孝的心发出来的条件。却是须有这诚孝的心，然后有这条件发出来。譬之树木，这诚孝的心便是根，许多条件便是枝叶。须先有根，然后有枝叶。不是先寻了枝叶，然后去种根。礼记言：'孝子之有深爱者，必有和气。有和气者，必有愉色。有愉色者，必有婉容。'须是有个深爱做根，便自然如此。"（《传习录》卷上，徐爱录，三条）

郑朝朔问："至善亦须有从事物上求者？"先生曰："至善只是此心纯乎天理之极便是，更于事物上怎生求？且试说几件看。"朝朔曰："且如事亲，如何而为温清之节，如何而为奉养之宜，须求个是当，方是至善。所以有学问思辨之功。"先生曰："若只是温清之节、奉养之宜，可一日二日讲之而尽，用得甚学问思辨？惟于温清时，也只要此心纯乎天理之极；奉养时，也只要此心纯乎天理之极。此则非有学问思辨之功，将不免于毫厘千里之谬。所以虽在圣人，犹加'精一'之训。若只是那些仪节求得是当，便谓至善，即如今扮戏子，扮得许多温清奉养的仪节是当，亦可谓之至善矣。"爱于是日又有省。（《传习录》卷上，徐爱录，四条）

问："圣人应变不穷，莫亦是预先讲求否？"先生曰："如何讲求得许多？圣人之心如明镜，只是一个明，则随感而应，无物不照；未有已往之形尚在，未照之形先具者。若后世所讲，却是如此，是以与圣人之学大背。周公制礼作乐以示天下，皆圣人所能为，尧、舜何不尽为之而待于周公？孔子删述六经以诏万世，亦圣人所能为，周公何不先为之而有待于孔子？是知圣人遇此时，方有此事。只怕镜不明，不怕物来不能照。讲求事变，亦是照时事，然学者却须先有个明的工夫。学者惟患此心之未能明，不患事变之不能尽。"曰："然则所谓'冲漠无朕而万象森然已具者'，其言如何？"曰："是说本自好，只不善看，亦便有病痛。"（《传习录》卷上，陆澄录，二十一条）

朱子以一事一物各有道理，故须讲求而后得。然而，阳明以为，如此不免以理在外而不在心，其弊则至于不务在心上用工夫，而徒务虚文而已。换言之，阳明讲"心即理"，即有本体论上的内涵，即强调理在心而不在物；又有工夫论上的内涵，即以发明本心为工夫。可见，心学的精神在于，盖以天下之理皆出于吾心一点灵明，故其工夫亦专在心上用功，使其良知常现常在而已。

故就孝亲之事而论，若无诚孝之心，则人子不可能有孝亲的行为，即便有此行为，即不过虚伪不实而已。问题在于，仅仅有此诚孝之心，人子的种种行为是否就能让父母满意，这是朱子重视读书学礼的原因所在。

古人有这样一句话，"百善孝为先，论心不论迹"，而平时父母也常以此宽慰子女，有这份孝心即足矣。然而，不论是法律制度方面的规定，还是在百姓日常的生活中，仅有孝心，即心之纯然善，却是不够的。换言之，仅有孝心，不一定就有孝迹或孝行，而且，父母常常是看重孝迹或孝行的。因此，朱子从事上讲至善，认为孝亲有许多节目需要学习。至于阳明"心即理"之说，不过救弊之论，实非究竟之说。

三　良知与人情：论"大礼议"中明世宗尊崇本生之依据

那么，下面就明代"大礼议"一事为例，我们将发现，一种仅仅出乎孝心的行为，不仅不能在现实中达到至善，甚至会导致一种灾难性的政治后果。换言之，仅仅在心上讲至善是不够的，还要在事物上讲求道理，才能达到至善。

孟子以恻隐、羞恶、辞让、是非之心为"四端"，此"四端"乃不学而知、不虑而能之良知良能。后世之说良知者，概莫出此义之外，阳明亦然，皆以人情之自然为良知。古人以礼制出于人情，然人情毕竟有善有恶，而良知则纯然善也，是以孟子论道德工夫，不过扩充此四端而已。阳明以"致良知"为一生学问之大旨，亦莫出此之外。

人之孝亲之心，犹四端，亦良知也。就中国之社会结构而言，家庭之伦理，尤其是孝亲之心，实为根本，整个社会准则莫不由此扩充而来。然孝亲之扩充，实有次第之不同。《论语》谓子之事父，虽养而不敬，不足为孝。《礼记·祭义》则云："孝有三，大孝尊亲，其次弗辱，其下能养。"《中庸》云："舜其大孝也与？德为圣人，尊为天子，富有四海之内，宗庙飨之，子孙保之。"《孟子·万章上》云："孝子之至，莫大乎尊亲；尊亲之至，莫大乎以天下养。为天子父，尊之至也；以天下养，养之至也。"可见，孝亲实有等级之不同。盖天子至于庶人，其孝心无有不同，其良知实无有异也，若就"致良知"而言，则实有不同：庶人之致良知，不过养其亲而已，即便能敬，亦不过敬其父尊而已；而天子之致良知，不独能尊亲，至于以天下养其父母，斯为大孝矣。

虽然，就天子而言，能以天下养其父母，亦未为至极。《孝经》云："孝莫大于严父，严父莫大于配天，则周公其人也。昔者周公郊祀后稷以配天，宗祀文王于明堂以配上帝。"严父者，尊父也；而尊父之极，则以父配天也。换言之，天子不仅以天下养其亲，且通过明堂配享之礼，而尊其父为天子矣。明世宗之尊崇本生，其理据正在于此。盖人莫不欲尊显其父，至于天子之尊父，必欲至于称宗配天而不止，可谓扩充此良知而至乎极矣。由此可见，世宗之尊崇本生，不过致良知而已。且孝亲为人心之良知，斯为善也，唯其能尊父至极，方为致良知，方为至善。

自正德十六年（1521）始议崇祀兴献王，至嘉靖十七年（1538）以兴献称宗祔庙为止，明世宗在其长达十八年尊崇本生父母的过程中，莫不以孝亲之心为依据。下面，我们将对这一过程稍作梳理，将不难发现，世宗致良知的过程，同时就是一步一步越出古礼的范围，最终对晚明政治造成了非常负面的影响。

正德十六年，诏议崇祀兴献王典礼。大学士杨廷和、毛澄等以为，舜不追崇瞽瞍，汉世祖不追崇南顿君，则无追崇本生父之理，甚至引汉定陶王、宋濮王故事，以世宗当以孝宗为"考"，而以本生父母为"皇叔父母"。① 如此，世宗以藩支入继大统，犹小宗之后大宗，不仅要降服其生身父母，又如何有追崇之理？对此，世宗以为，"父母可移易乎"，且无以报答生身父母"罔极之恩"，而支持世宗的张璁则以为，如此不免"强夺此父子之亲"。其后，出于"俾朕得申孝情"的理由，最终，世宗得以满足其追崇生身父母的要求，即称其父母为兴献帝、兴献后。不过，其父母虽得追崇，犹藩王而已。

其后，世宗欲于兴献帝、后前加"皇"字。如是，则与正统无别矣。杨廷和等以为，此乃"忘所后而重本生，任私恩而弃大义"（《明史》卷一百九十）。席书、方献夫、桂萼等纷纷上书，言廷和之失，以为廷和之议，既绝武宗之统，又夺兴献之宗，至于继嗣孝宗，又与英宗之事不伦。至嘉靖三年，遂加"皇"字，且称"考"，则兴献帝得称"本生皇考"矣，然犹考孝宗也。

其间，张璁、桂萼等，发统、嗣二分之论，以为世宗乃继统，而非继嗣，故不可绝与生身父母之情，故以为当去"本生"二字，而考兴献帝。而世宗则以为"尊称未极"，不足以报"鞠育之恩"，乃用张璁、桂萼之议，伯孝宗而考兴献。至三年七月，遂有左顺门哭谏之事。

更后，世宗欲为父另别立世庙于京师，以尽追慕之情，且世世不迁，以申孝思。十七年，丰坊上疏，据《孝经》严父配天之说，尊献皇帝为宗，以配上帝。旋以献皇帝为睿宗，并祔于太庙，且大享上帝于玄极殿，以睿宗配享。至是，世宗之尊崇本生父母而至于极矣。

综上，可见世宗追崇父母的理据，即是基于血缘关系的孝亲之情。

然而，古礼之精神首在于尊尊之义。盖人类因血缘而相抟聚，或家庭，或宗族，至于国家，莫不出于此种关系，古礼之重亲亲之情，实在于此。然个体不过为血缘团体之一分子，故个体之事家庭、事宗族、事国家，皆取尊尊之义。并且，个体之情感应该因此而受到抑制，《丧服》中有"压降"之原则，如父在为母之类，即以人之自然情感与更大之团体相冲突时，则应该克制，而不能一味扩充此种情感。换言之，人虽有诚孝之心，在某些情况下是必须克制的，否则，心为至善，而事上则未必为至

---

① 《明史》卷一百九十，中华书局1974年版。

善，甚至是恶了。

因此，对世宗而言，既入继为天子，则当以大宗为重。《公羊传·成公十五年》谓"为人后者为之子"，则世宗应当克制其与生身父母之自然情感，而与孝宗建立起父子关系，更不可为了推尊生身父母，而牺牲后大宗之义，如此才是符合古礼尊尊之精神。

其实，后世儒家为何如此看重孝亲之情，甚至以此来对抗尊尊之义，这与孔子的一些说法有很大关系。《春秋》尚质，即重亲亲之情也。《丧服传》以子为父服三年，乃为至尊之服，而《论语》中孔子以为，人子三年之服，是因为孝子有"三年之爱于其父母"，故孝子尊父母，乃出于报恩。至于《荀子·礼论》，则以三年之服出于情之自然。这样一些说法，导致了后儒无限扩充孝心的举动。

四 王阳明与议礼诸臣之关系——以陆澄为例

参与议礼诸臣，多为阳明学派与关。甚至有学者认为，大礼议不仅是政治斗争，而且，"实与当时新兴王学及正统朱学之对立有关"[①]。当时支持世宗的议礼诸臣，如张璁、桂萼、方献夫、席书、霍韬、熊浃、黄绾、黄宗明等，其中，席书与阳明在师友之间，且力荐阳明入阁，方献夫、霍韬、黄绾、黄宗明则为阳明弟子。至于张璁、桂萼、熊浃，虽与阳明无直接关系，而阳明私下对其议礼主张，实多有肯定。[②]

除上述八人外，又有阳明弟子陆澄（字原静），曾两次上疏议礼，然

---

① 参见欧阳琛《王守仁与大礼议》，《新中华半月刊》第20卷。欧阳琛认为，弘治十七年（1504），阳明在《山东乡试录策问》中论礼乐与人情之关系，与十八年后赞礼诸臣的论点，几乎如出一辙。又引阳明与邹谦之书，其中有云："后世心学不讲，人失其情，难乎与之言礼。然良知之在人心，则万古如一日，苟顺吾心之良知以致之，则所谓不知足而为屦，我知其不为蒉矣。"欧阳琛以为"不啻为当时赞礼者作理论上之阐发矣"。

② 沈德符《万历野获编》卷二十谓"文成（阳明——引者注）之附大礼不可知，在其高弟如方献夫、席书、霍韬、黄绾辈，皆大礼贵人，文成无一言非之"。王琼《双溪杂记》则以为阳明有怨于杨廷和而支持世宗。章太炎《王文成公全书题辞》则谓"文成诸弟子……下材如席书、方献夫、霍韬、黄绾争以其术为佞，其是非勿论。要之，诐诡百谀，导其君以专。……此亦文成之蔽也"。霍韬曾以大礼问诸阳明，而阳明亦覆书赞同其主张。《张璁年谱》谓阳明与张璁有远亲关系。唐长孺《跋张璁书扇——略述王守仁与张璁的关系》一文，提及张璁所藏书扇有仰慕阳明之语。

而，前后立场迥异，遂因此取祸谪迁。

正德十六年八月，陆澄上疏云：

> 继孝宗者武宗也，继武宗者皇上也。礼，为人后者为之子，是皇上非惟武宗之臣，又为后之子也。昔鲁跻僖公，《春秋》讥之，谓先祢而后祖也。夫僖，兄也；闵，弟也。闵先为君，有父道焉；僖以臣继君，有子道焉。夫闵，弟也，而可为僖祢；武宗，兄也，犹不可为皇上祢乎？故今日之礼，当祢武宗无疑也。(《明伦大典》卷四)

显然，陆澄最初提出的这种主张，既不同于张璁、桂萼，亦不同于杨廷和等，而是据《公羊传》"为人后者为之子"之说，以为世宗当继武宗统，亦兼继武宗嗣。① 至嘉靖三年，蒋冕亦有类似主张。②

其后，张璁、桂萼等因议礼而柄用，陆澄又上疏，谓"父子天伦不可夺，礼臣之言未必是，张、桂之言未必非。恨初议之不经，而忓悔无及"。然而，这两种截然相反的态度，多为世人所讥。《明史·陆澄传》谓"最陋者南京刑部主事归安陆澄，初极言追尊之非，逮服阕入都，《明伦大典》已定，璁、萼大用事，澄乃言初为人误，质之臣师王守仁乃大悔恨。萼悦其言，请除礼部主事。而帝见澄前疏恶之，谪高州通判以去"③。

---

① 不过，武宗卒时颁布的《武宗遗诏》，提到以世宗入继大统是出于"兄终弟及"的祖训。其后，杨廷和主张让世宗继嗣孝宗，正是为了与遗诏中"兄终弟及"的说法相合，以确保世宗入继大统的合法性。可以说，当时陆澄的说法纯属书生之见，不可能得到大多数朝臣的认同。

② 不过，此种主张在当时乃至整个明代，都未受重视。直至清代，开始受到重视。如毛奇龄《辨定嘉靖大礼议》，即主陆澄之说。其后，段玉裁《明史十二论》，亦以世宗当继武宗之嗣以承武宗之统。夏燮《明通鉴》亦主世宗当继武宗之后。

③ 又，沈德符《万历野获编》卷二十"陆澄六辨"条云："时张、桂新用事，[陆澄]复疏颂璁、萼正论，云以其事质之师王守仁，谓'父子天伦不可夺，礼臣之言未必是，张、桂之言未必非。恨初议之不经，而忓悔无及。'疏下吏部，尚书桂萼谓澄事君不欺，宜听自新。上优诏褒答。未几，《明伦大典》成，中载澄初疏甚详，上大怒，责其悖逆奸巧。"又，"先忠后佞"条云："陆澄亦以大礼抗疏异议，请告归，及见张、桂大用，又疏诵张、桂之功，谓得之业师王守仁，而始悟前说之非。二人富贵熏心，改口逢世，又诿其责于父师，真悖逆之尤，然其后皆不振。"黄景昉：《国中唯疑》卷六云："陆澄、丰坊并以议大礼谪。久之，诡辞悔罪，仍附和张、桂唾余，希为进身地。卒被圣明洞照，揆勿叙，则何益矣。澄文成高弟，以道学著；坊学士熙子也，以词翰名。枉费机关，自甘沦堕，宜以叛师、悖父之罪罪之。"可见，时人皆不耻陆澄之为人。

此种对陆澄人格的贬斥，其实未对阳明学派的基本理论有充分了解。

考诸阳明《传习录》，陆澄实为重要人物，其与阳明之问答，涉及至善问题者，有如下数条：

> 问："知止者，知至善只在吾心，元不在外也，而后志定。"曰："然。"（《传习录》卷上，陆澄录，八十七条）

> 至善者性也。性元无一毫之恶，故曰至善。止之，是复其本然而已。（《传习录》卷上，陆澄录，九十二条）

> 问："知至善即吾性，吾性具吾心，吾心乃至善所止之地，则不为向时之纷然外求，而志定矣。定则不扰扰而静，静而不妄动则安，安则一心一意只在此处，千思万想，务求必得此至善，是能虑而得矣。如此说是否？"先生曰："大略亦是。"（《传习录》卷上，陆澄录，九十三条）

显然，这种见解与陆澄在议礼中的第二疏立场是一致的。

陆澄又录有论"心即理"数条：

> 虚灵不昧，众理具而万事出。心外无理，心外无事。（《传习录》卷上，陆澄录，三十三条）

> 澄问："仁、义、礼、智之名，因已发而有？"曰："然。"他日，澄曰："恻隐、羞恶、辞让、是非，是性之表德邪？"曰："仁、义、礼、智，也是表德。性一而已：自其形体也谓之天，主宰也谓之帝，流行也谓之命，赋于人也谓之性，主于身也谓之心。心之发也，遇父便谓之孝，遇君便谓之忠，自此以往，名至于无穷，只一性而已。犹人一而已：对父谓之子，对子谓之父，自此以往，至于无穷，只一人而已。人只要在性上用功，看得一性字分明，即万理灿然。"（《传习录》卷上，陆澄录，三十九条）

> 问孟子言"执中无权犹执一"。先生曰："中只是天理，只是易，

随时变易，如何执得？须是因时制宜，难预先定一个规矩在。如后世儒者要将道理一一说得无罅漏，立定个格式，此正是执一。"（《传习录》卷上，陆澄录，五十三条）

问："名物度数，亦须先讲求否？"先生曰："人只要成就自家心体，则用在其中。如养得心体，果有未发之中，自然有发而中节之和，自然无施不可。苟无是心，虽预先讲得世上许多名物度数，与己原不相干，只是装缀，临时自行不去。亦不是将名物度数全然不理，只要知所先后，则近道。"又曰："人要随才成就，才是其所能为，如夔之乐，稷之种，是他资性合下便如此。成就之者，亦只是要他心体纯乎天理。其运用处，皆从天理上发来，然后谓之才。到得纯乎天理处，亦能不器，使夔、稷易艺而为，当亦能之。"又曰："如'素富贵行乎富贵，素患难行乎患难'，皆是不器，此惟养得心体正者能之。"（《传习录》卷上，陆澄录，六十八条）

盖"心即理"者，以事事物物之理皆出于心，故当在心上用工夫，"只要成就自家心体"，"自然有发而中节之和"，名物度数无需格外讲求。

并且，从陆澄的发问来看，最初无疑还是主张通过读书以获得应事接物的道理，而阳明则主张只要在心体上用功，以学问犹如磨镜一般，只要心体明，真有个诚孝的心，自然"随感而应，无物不照"。下面一段阳明与陆澄的答问，非常明白：

问："圣人应变不穷，莫亦是预先讲求否？"先生曰："如何讲求得许多？圣人之心如明镜，只是一个明，则随感而应，无物不照；未有已往之形尚在，未照之形先具者。若后世所讲，却是如此，是以与圣人之学大背。周公制礼作乐以示天下，皆圣人所能为，尧、舜何不尽为之而待于周公？孔子删述六经以诏万世，亦圣人所能为，周公何不先为之而有待于孔子？是知圣人遇此时，方有此事。只怕镜不明，不怕物来不能照。讲求事变，亦是照时事，然学者却须先有个明的工夫。学者惟患此心之未能明，不患事变之不能尽。"（《传习录》卷上，陆澄录，二十一条）

> 问："知识不长进如何？"先生曰："为学须有本原。须从本原上用力，渐渐盈科而进。仙家说婴儿，亦善譬。婴儿在母腹时，只是纯气，有何知识？出胎后，方始能啼，既而后能笑，又既而后能认识其父母兄弟，又既而后能立能行、能持能负，卒乃天下之事无不可能。皆是精气日足，则筋力日强，聪明日开，不是出胎日便讲求推寻得来。故须有个本原。圣人到位天地，育万物，也只从喜怒哀乐未发之中上养来。后儒不明格物之说，见圣人无不知无不能，便欲于初下手时讲求得尽，岂有此理？"又曰："立志用功，如种树然。方其根芽，犹未有干；及其有干，尚未有枝；枝而后叶，叶而后花实。初种根时，只管栽培灌溉，勿作枝想，勿作叶想，勿作花想，勿作实想。悬想何益！但不忘栽培之功，怕没有枝叶花实？"（《传习录》卷上，陆澄录，三十一条）

不仅陆澄有此疑问，其余弟子如徐爱，以及当时与论学之顾东桥、罗整庵等，都从读书的角度讨论过"至善"的问题。这些讨论，都与"大礼议"中相关讨论有理论上的关联。

可见，陆澄最初是站在朱子的角度的，而朱子在心性学上的立场与程颐在濮议中的态度是一致的，即站在大宗的角度，认为必须抑制孝亲之心，因而反对尊崇本生父母。然而，阳明则以孝亲之心为人之本心，是良知，是至善，因此，只要本着良知这个"未发之中"，随感而应，自然"无施不可"。可见，阳明是站在小宗或家庭的角度，而主张推尊自己的生身父母。

黄宗羲《明儒学案》亦有类似说法，谓阳明以及澄确然赞同张璁、桂萼之论，以为与"心即理"说同：

> 大抵世儒之论，过以天下为重，而不返其本心之所安。永嘉（即张璁——引者注）《或问》："天下外物也，父子天伦也。瞽瞍杀人，舜窃负而逃，知有父而不知有天下也。"圣人复起，不易斯言。阳明所谓"心即理"也，正在此等处见之。世儒以理在天地万物，故牵挽前代以求准则，所以悬绝耳。先生初锢于世论，已而理明障落，其视前议犹粪土也。阳明知永嘉之为小人，不当言责，故不涉论为高。先生已经论列，知非改过，使人皆仰，岂不知嫌疑之当避哉？

亦自信其心而已。①

梨洲之论，谓阳明"心即理"之说与张璁之论同，可谓有见。然张璁以世宗之心拟舜之有父而不知有天下，不过世儒一曲之见，然朱子已不能苟同，至于《公羊传》"不以父命辞王父命"之说，以及《丧服》尊降、压降之例，皆以父子之情当屈于大宗或天下也。

---

① 黄宗羲：《明儒学案》卷十四，中华书局1985年版。

段正元对《大学》的现代诠释

中国人民大学国学院 韩 星

近代以来，西学东渐，对中国学术的现代转型有非常重要的贡献。但是与此同时由于文化激进主义对传统文化的打倒批判，自由主义西化思潮唯西方马首是瞻，使得中国学术在割断传统，丧失自我主体性的同时走上了"以西释中"的西化误区，至今难以回归。当然，应该看到，仍然有一些学者，他们对中国文化报以温情和敬意，同情地理解，以其远见卓识，深刻体察，坚守中国文化的基本义理，坚持阐扬中国文化主体精神，通过卓有成效的研究，取得了丰硕的成果，产生了深刻的影响，如现代新儒家就是这样的一个精英群体。除此而外，还有一些隐居在民间，致力于传统文化复兴，儒学研究和国学传播的志士仁人，如本文要介绍的段正元就是一位思想深刻，道行通达，躬行实践，留下了丰富思想资料的民间大儒。只是，由于诸多原因，这位在民间社会，甚至政界都有很大影响的儒者在当代学界未能得到应有的重视，他的著述公开出版的不多，研究者很少。近年以来，笔者研读了段正元的一些资料，发现其思想独特，自在圆融，自成体系，在经典诠释方面走的是以中释中，中道整合，而又不乏现代性的诠释学道路。笔者在这里仅以他对《大学》的诠释为例撰文进行初步的探讨，以抛砖引玉，希望学界对段正元儒学思想进行深入的研究，使之对儒学及中国传统文化的研究向纵深发展，为中国文化的复兴作出贡献。

一 《大学》的作者、年代与主旨

对《大学》的作者和年代、版本，学术史上一直存有争论，历来研究者各有各的说法。检阅其主要的观点如下。

1. 传统观点认为,《大学》是孔子弟子曾参所撰,并经他的弟子广为传播。这种观点在中国学术史上一直占据主导地位,至今仍有不少人坚持此说。

2. 班固在《汉书·艺文志》中认为《大学》是"七十子后学"所作,但没有言明"七十子后学"究竟为何人,言下之意,《大学》是儒家学者集体创作的结果。

3. 汉代的郑玄在《礼记目录》中说子思作了《中庸》,但对《大学》的作者没有提及,而贾逵则说:子思"穷居于宋,惧家学之不明,作《大学》以经之,《中庸》以纬之"。

4. 宋二程认为,"《大学》,孔氏之遗书,而初学入德之门也"①。程子认为《大学》是孔子的遗书,不一定就是孔子亲自所著,也可能是他的弟子们记录成书。

5. 宋朱熹作根据经文的"曾子曰"句,认为第一章的经是曾子所述的孔子之言,"孔子之言,而曾子述之";十章的传,是曾子门人所记的曾子之意,"曾子之意,而门人记之"。

6. 清代著名学者崔述在《洙泗考信录》一书中提出了与传统截然不同的看法,认为《大学》不应该是孔子、曾子所著,因为孔子、曾子时代文简而隐、义多兼用,《大学》应该是战国时期的作品。

7. 近代以来傅斯年、胡适、钱穆等学者认为《大学》《中庸》作者未详,著述年代也推测为秦、汉时期,傅斯年甚至认为《大学》总不能先于秦,而汉初也直到武帝才用聚敛之臣,如果《大学》是对时政而立论,应该作于孔桑登用之后,轮台下诏之前。② 郭沫若在《十批判书》中认为《大学》属于"孟氏之儒"的著作,他断定为"乐正氏之儒的典籍"。③ 冯友兰也认为《大学》不是曾子所著,而应是荀子一派的学者在秦汉之际所作。④

---

① 朱熹:《大学章句》,《四书章句集注》,中华书局1983年版,第3页。
② 傅斯年:《与顾颉刚论古史书》,《中国古代史学与学术十论》,广西师范大学出版社2006年版,第205页。
③ 郭沫若:《十批判书》,东方出版社1996年版,第131页。
④ 冯友兰:《〈大学〉为荀学说》,《三松堂学术文集》,北京大学出版社1984年版,第180页。

现行的《大学》共有三种不同的本子：（1）郑玄所注《小戴礼记》第四十二篇全文，王守仁尊之为"《大学》古本"；（2）由程颢、程颐兄弟及朱熹所改定的《〈大学〉章句》本；（3）魏正始四年（243）刻的"三体石经"本，亦称"石经〈大学〉古本"。

二程兄弟对古本《大学》的章次进行了调整，各作《改正大学》，彼此不同，以为《大学》定本，并与《论语》《孟子》《中庸》一起叫"四书"，紧接着吕大临著述了《大学解》。至南宋朱熹继承二程之意，重新编订《大学》章次，作《大学章句》。关于《大学章句》的源流，朱熹在《记〈大学〉后》一文中说，《大学》"简编散脱，传文颇失其次，子程子盖尝正之"。在《大学章句序》中，他说：《大学》是曾参"作为传义，以发其意"。孟子死后，"而其传泯焉"，"其书虽存，而知者鲜矣"。"河南程氏两夫子出，而有以接乎孟氏之传，实始尊信此篇而表章之"，"次其编简，发其归趣"，然后"古者大学教人之法，圣经贤传之指，粲然复明于世"。朱熹又因二程遗说，"复定此本"，其中有些章从程本，又有些章从旧本，有些章则是朱熹自定，第五章"格物致知"乃"取程子之意"而"补传"，是程朱理学格物致知论的精髓。在此基础上，朱熹又把《大学》分为"经"一章和"传"十章，并认为"传"的部分"旧本颇有错简"，因此，他"因程子所定"，对其基本结构、各章之间的关系加以调整并予以说明。朱熹认为，这样一来，《大学》就"序次有伦，义理贯通，似得其真"① 了。程朱以上的观点得到宋明学者的普遍响应，即使如王阳明等，虽然与朱熹在"格物"等问题上存在较大分歧，但也都承认《大学》是圣贤所传，这样，宋、元以后，《大学》成为官定的教科书和科举考试的必读书，对古代政治、教育产生了深刻的影响。

《大学》是古代教育理论的著作，也是儒家政治伦理思想的纲领。由于《大学》与《小戴礼记》中其他篇章不同，所阐述的思想从很早就引起了学者们的重视。刘向在《别录》中把它编入通论类，原因是他把《大学》看作儒家思想的概论性作品。东汉郑玄有注，郑玄在《三礼目录》中说："名曰《大学》者，以其记博学，可以为政也。"郑玄是一个有政治抱负的人，他强调《大学》的为政功能，借以表达他的政治思想，

---

① 《朱子全书》（修订本）第二十四册，上海古籍出版社、安徽教育出版社2010年版，第3830页。

显示他治理国家、为仕从政的才能。但是，他所处的东汉后期又是一个外戚、宦官轮流专制，政治昏乱，士人遭诛杀，生灵涂炭的时代，他没有机会入仕从政，便把自己的政治追求体现在学术活动之中，以《大学》作为其政治理想的寄托，可以说走的是政治儒学的路子。唐孔颖达在郑玄注的基础上进行疏解，基本上传承了郑玄政治儒学的观点，但也并非纯粹沿袭郑注，而是加入了自己的看法，更重视"诚意"，他说："此《大学》之篇，论学成之事，能治其国，章明其德于天下，却本明德所由，先从诚意为始。"① "本明德所由，先从诚意为始"即《大学》的主旨，这一诠释结论显示了一种学术转型的预兆，即由政治儒学往心性儒学的转向。

至中唐韩愈在佛老大炽，儒学式微的社会现实，作《原道》，针对佛、老二家"欲治其心而外天下国家，灭其天常；子焉而不父其父，臣焉而不君其君，民焉而不事其事"的社会危害，引述《大学》"古之欲明明德于天下者，先治其国；欲治其国者，先齐其家；欲齐其家者，先修其身；欲修其身者，先正其心；欲正其心者，先诚其意"一段，强调正心诚意，积极有为的人生态度和内外贯通、德业兼修的伦理政治。与韩愈关系密切的李翱作《复性书》三篇，以性情为主题，以儒家的经典《中庸》为核心，吸收佛教思想为补充，值得注意的是对《大学》里的"格物致知"作了一番新的解释。韩愈引述《大学》没有提"格物致知"，李翱在韩愈思想的基础上对这个问题有进一步的分析，他说："物者，万物也；格者，来也，至也。物至之时，其心昭昭然明辨焉，而不应于物者，是致知也，是知之至也。知至故意诚，意诚故心正，心正故身修，身修而家齐，家齐而国理，国理而天下平，此所以能参天地者也。"② 他把"格物致知"与"诚意正心"联系起来，将认识论问题纳入功夫论之中。当然，这里的"认识论"只是个方便说法，还不是今天一般哲学中的"认识论"含义，李翱所说的"格物致知"是以自己的"昭昭之心"去感应外物，能明辨而不为外物所迁，而不是通过感官接触外物进而获得真知。因此，李翱对韩愈作了重要的补充，初步显示了理学思想的基本特征，真正开启了政治儒学向心性儒学的转向。

二程作为宋代理学的奠基人，极力表彰《大学》，如程颐说："《大

---

① 《礼记正义》，阮元校刻《十三经注疏》，中华书局1980年版，第1673页。
② 李翱：《复性书》中，《李文公集》，《影印文渊阁四库全书》本。

学》,孔氏之遗书,而初学入德之门也。"① 并对其中的概念、范畴、思想进行了辨析和阐发,特别是将《大学》中格物与致知加以强调发挥,认为格物是穷尽事事物物中天理,致知是达到对天理的认识,致知以格物为前提条件。不过,比较起来,程颢讲格物致知侧重以心内求,主要是追求一种物我为一的超然境界;程颐论格物致知则以穷事物之理为目标,展现为复杂的认识论体系;二人共同为理学认识论奠定了基础。

朱熹对《大学》的诠释最为用力,不但以经传划分,而且还有格物致知的补传一章。他认为这本书是古代大学所以教人之法,相对于十五岁前的小学而言。他说:"人生八岁,则自王公以下,至于庶人之子弟,皆入小学,而教之以洒扫、应对、进退之节,礼乐、射御、书数之文。及其十五年,则自天子之元子、众子,以至公、卿、大夫、元士之適子,与凡民之俊秀,皆入大学,而教之以穷理、正心、修己、治人之道。此又学校之教、大小之节所以分也",充分体现了"圣经贤传之指"②,所以,《大学》是"圣门最初用力处",是入学门径,"《论》《孟》《中庸》,尽待《大学》通贯浃洽,无可得看后方看乃佳"③。这就使《大学》成为即物穷理之书,主旨在格物致知,完成了《大学》诠释学从政治儒学向心性儒学的转换。但是这种转换如果从儒家思想的内在逻辑理路上看其实只是彰显了儒家穷理尽性的知识之学,为后来王阳明从诚意正心方面诠释《大学》留下了空间。

王阳明反对朱熹重新编订《大学》和补"格物致知"一章,他以郑玄古本《大学》为正,在《〈大学〉古本序》中说:"大学之要,诚意而已矣。"④ 而朱子的新本则以"格物"为主题,所以是支离。王阳明对《大学》具体的解释与朱熹也不同,如他把三纲领的"新民"根据古本认为是"亲民",对八条目中格物朱熹的解释是"达到物",而他却认为是"正物"。如果从儒家尊德性与道问学的内部张力来看,朱熹重视经验的求知,所以从道问学的观点加以解释;阳明言良知,与经验之知无关,所以从尊德性的观点加以解释。⑤ 正如朱熹诠释《大学》为其理学思想体系

---

① 朱熹:《大学章句》,《四书章句集注》,第3页。
② 朱熹:《大学章句序》,《四书章句集注》,第1—2页。
③ 朱熹:《答吴伯丰》,《朱子全书》(修订本)第二十二册,第2422页。
④ 吴光等编校:《王阳明全集》上,上海古籍出版社2011年版,第270页。
⑤ 韦政通:《中国思想史》上,上海书店出版社2003年版,第277页。

之有机组成部分一样,王阳明诠释《大学》为其心学思想体系之有机组成部分。

清人对《大学》的诠释或从朱熹,或从王阳明,选择或折中于理学心学之间,往往成为学术争论的焦点,在思想上却也没有根本性的突破。

近代以降对《大学》的诠释与20世纪中西古今文化冲突融会相联系形成了类似于先秦诸子百家争鸣的多元化特征,但基本思想倾向还隐约可见朱熹与王阳明的影响,如冯友兰认为《大学》为荀学一派著作,"《大学》中所说'大学之道',当亦用荀学之观点以解释之"。"盖当时荀学之势力,固较汉以后人所想象者大多多也。"① 这一观点被许多学者接受,颇有影响。但也有持不同意见者,如徐复观认为《大学》"思想带综合性质",虽然也受到荀子的影响,"但就其主要内容而论,则恐受孟子思想系统之影响,远过于荀子"。"《大学》乃属于孟子以心为主宰的系统,而非属于荀子以法数为主的系统。"② 今天,有学者结合最新出土文献,采取比较综合的看法,认为《大学》对以后的孟学和荀学各有影响,但就其思想的主要性格而言,似与思孟一派关系更近,将其看作思孟学派的一个环节可能更为合适。③

不过,也有一些观点值得注意,如唐文治在《〈大学〉大义》中认为《大学》主旨是建立在周文王之道基础上的大学之教。《大学》讲明明德而广修身诚意之义,又引《尚书·康诰》,引文王之诗,其所言仁、敬、孝、弟、慈、信、让、絜矩都是文王之道。周人以此为教,奠定了八百年基业。④ 胡适认为儒家到了《大学》《中庸》的时代,已从外务的儒学进入内观的儒学。早期儒学只注重实际的伦理和政治,注重礼乐仪节,不讲究心理的内观。《大学》重心理学说,体现在已分别了心与意。心与意不同,心有所在便是意。《大学》论正心,更是对心理的微妙的剖析。到了《大学》儒学已演变为"内观的儒学"⑤。

港台新儒学的重镇牟宗三先生试图解决宋明以来朱王对《大学》诠

---

① 冯友兰:《〈大学〉为荀学说》,《三松堂学术文集》,第181页。
② 徐复观:《中国人性论史(先秦篇)》,上海三联书店2001年版,第241、244页。
③ 梁涛:《郭店楚简与思孟学派》,中国人民大学出版社2008年版,第133—134页。
④ 唐文治:《茹经堂文集》,《国学大师说儒学》,云南人民出版社2009年版,第143页。
⑤ 胡适:《中国哲学史大纲》(卷上),姜义华主编《胡适学术文集·中国哲学史》上,中华书局1991年版,第194—195页。

释的分歧，他说：

> 《大学》里面讲三纲领、八条目，它也是从主观的实践到客观的实践，它把儒家实践的范围给你规定出来，但是它本身的方向却不确定。它主要是列举了这些实践纲领，可是却没有对这些纲领作什么解释。比如《大学》说"明明德"，但是什么是"明德"呢？"止于至善"，什么叫"至善"呢？"至善"究竟是落在哪个地方呢？这在《大学》里面都不清楚。所以在这些地方就有不同的态度，讲《大学》的人也就有不同的讲法，最典型的两个态度就是王阳明的讲法和朱夫子的讲法这两者。朱夫子那个讲法是顺着《大学》讲《大学》，这是最自然的讲法，一般人也最容易走朱夫子这条路。朱夫子讲儒家是以《大学》为标准。朱夫子的讲法尽管很自然，比如致知格物、格物穷理，这很自然，但是他有一个毛病，他拿《大学》作标准来决定《论语》《孟子》《中庸》《易传》，结果通通不对。可是，如果你把《大学》讲成王阳明那种讲法那也太别扭，你怎么知道《大学》里面"致知"的知就是良知呢？这也很麻烦。《大学》里面的致知、格物未必就是王阳明的那种讲法。王阳明是用他的良知教套在《大学》里面讲，他这种讲法在文字上是没有根据的，但是他的讲法有一个好处，在义理上来说他的讲法合乎儒家的意思。王阳明是拿《论语》《孟子》来规范《大学》，朱夫子是拿《大学》来决定《论语》《孟子》《中庸》《易传》。所以儒家系统后来就分歧了。①

他认为过去人们之所以重视《大学》是因为朱熹的权威很大，朱熹讲《大学》，所以人人讲《大学》。就是王阳明也是从《大学》入手，但是他把朱熹的那个讲法扭转过来。王阳明是孟子学，他讲《大学》是孟子的《大学》。朱熹的《大学》则是以程伊川的讲法为根据。那么，我们具体应该采取什么态度呢？他提出当以《论语》《孟子》《中庸》《易传》来作标准规范《大学》。他指出《大学》提出了从主观到客观实践的纲领，可是却没有对这些纲领作什么解释，本身的方向也不确定。这实际上

---

① 牟宗三：《中国哲学十九讲》，上海古籍出版社1997年版，第79—80页。

是孟子以后道统不传，产生了对《大学》本义的隐晦和实践的缺失。

二 段正元讲《大学》

（一）段正元与道德学社

段正元何许人也？段正元（1864—1940），原名德新，道号正元，取天元正午，道集大成之意。四川威远县望集乡堰沟坝（现镇西镇红林村）人。段正元十五岁时，因母病求医，遇一位八十一岁的老人姓龙名元祖。龙元祖一副汤药，使段母重病痊愈。段正元因此立志随龙元祖学医。但龙元祖不传医术，反劝段正元学道。于是，段即随龙元祖入青城、峨眉山学道。龙元祖授以先天后天、内圣外王、修齐治平、全体大用一贯之道。四年之后，段正元明心见性，即奉师命下山四处云游，寻师访友，交谈学道悟道的心得体会。民国元年于成都办人伦道德研究会。每周公开讲解四书五经，所讲内容皆由性分中发出，有问必答，百讲不穷，共讲一百二十三周。出《大成礼拜杂志》《圣道发凡》《上帝大中》《外王刍谈录》等书。为弘扬孔子之道，携弟子杨献庭等二上京华。民国五年（1916），北京道德学社成立，弟子中多有军政界要人，实现了其布衣教王侯之志。民国早年出有《道德学志》《大同元音》等书，民国六年，成立南京道德学社，讲学于大江南北之间。嗣后，杭州、上海、武汉、徐州、保定、随县、张家口、太原、孝义、奉天、天津等地纷纷成立道德学社，段正元于各地讲学传道不止。各地所办之学社不花公家一文钱，不占国家一锥地，不受国家一名位，不向社会劝募分文，纯是弟子自由助捐。其道德学社宗旨为："阐扬孔子大道，实行人道贞义，提倡世界大同，希望天下太平。"道德学社的教纲为："受恩必报，有过贞改，明善实行，诸恶不作，福至心灵，从容中道。"段正元在各地讲学传道，形成广泛的影响，在民间形成复兴中国传统文化的热潮，在战乱中成为保一方平安、挽世道人心的正面力量。

北京道德学社成立后，先后经历了汪蒋内战、国共内战、抗日战争。这个时期，是中国历史上社会、政治最不安定的时期之一。面对这种局面，段正元从未袖手旁观，恰恰相反，他不辞辛劳，游说于北洋军阀、蒋介石集团新军阀之间，甚至对于侵略中国的日本军国主义者，也苦口婆心，试图说服他们皈依儒家道义，修齐治平，实现他以道德平治天下的宿愿。他曾先后与萧耀南、卢永祥、吴佩孚、何键、何应钦、蒋介石等多次会晤，推行自己的政治主张。可惜都没有什么结果。七十四岁时卢沟桥事变爆发，段正元声明退隐。各地道德学社改变功能，办难民收容所等。他本人从此不穿绸衣，以恢复布衣之身。1940年1月26日辞世归天。由于段正元不得为政贞知音，大道难行于天下，政德未能合一，无奈之际选择了以道德学社作为"阐扬孔子大道，实行人道贞义，提倡世界大同，希望天下太平"的手段。"泛言之，即是将历来圣圣相传之明明德，亲民，止于至善，格致诚正，修齐治平之固有道德，发挥于世界，使天下之人，皆知道德为人生之根本。"①

（二）段正元谈《大学》的作者、时代与主旨

关于《大学》的作者与时代，段正元说《大学》"其实非曾子所作，亦非孔子所作，是乃天经地义，历来大圣大圣递相传授之心法。至周时，孔子问礼于老聃，老聃举以告之，始著为明文。故原文载在礼经。其开首不标'子曰'或'孔子曰'，足以证之"②。"孔子……问礼老聃，得闻《大学》至善之道。……后游历列邦，道不行而辙还东鲁，删订纂修而约以《大学》。"③是说《大学》乃上古以来圣人相传的心法，由老子传给孔子，孔子晚年删订整理古代文献时开始写成文字。原经只是"《大学》之道，在明明德，在亲民，在止于至善。知止而后有定，定而后能静，静而后能安，安而后能虑，虑而后能得。物有本末，事有终始，知所先后则近道矣"，共五十八字。而从"古之欲明明德于天下者"一句到"此谓知之至也"，这一大段，乃是孔子系辞。

关于《大学》主旨，段正元说《大学》一书，"实乃大道之元气凝结所化而成，为天之经，地之义，人之行也"④。

> 乃自尧舜禹汤文武周公而后，是书已历数千余年，历世少有大同者何耶？因其中有秘密之传授焉。深知内圣之学者无几，故致外王之

---

① 叶畊心：《道德学社访问记》，上海大成书社印行，1938年，第4—5页。
② 段正元：《七三寿辰法语》，《师道全书》卷四十八，道德学会总会印，1944年，第15页。
③ 段正元：《阴阳正宗略引》，《师道全书》卷一，第20页。
④ 段正元：《道德浅言》，《师道全书》卷六，第45页。

道者无多。况圣而不可知之谓神,得其道者更觉绝无而仅有。孔子之时,大道尚未宏开,是书虽著,不过浑言其理,不得多传其人。故子贡曰:"夫子之文章可得而闻也,夫子之言性与天道,不可得而闻也。"至复命之学,亦不得而闻,子思、孟子之时亦然。①

中国自河洛出而道统立,《大学》之真道,圣圣相承,迄今四千余年,并未昌行于世,故世道愈趋愈下,人心愈见奸险,即现在世界黑暗,达于极点者,皆由世运否卦当权,气数之天作主,小人道长,君子道消。②

段正元认为《大学》是大道元气凝结所化而成,是天之经,地之义,人之行。《大学》作为上古以来圣人相传的心法,与道统的历史传承是一致的,或者说《大学》本身就是道统的体现,《大学》之道即道统之道。这里还指出"河洛出而道统立",显然与《系辞传》中的"河出图,洛出书,圣人则之"相一致。《大学》由老子传于孔子,虽在孔子之后被写成文字,却因大道未开,特别孟子之后,数千年来,《大学》之真道未得传承,《大学》之真谛遂多隐而不显。

段正元对《大学》有全面深刻的理解,他说:

《大学》一书,义理奥妙无穷,仅以文章言,已是语语真切,字字着实,简明无比,详尽无比,脉络一贯,次序井然。其承接处,紧严非常,有如天衣无缝。从前读书人,模仿些许,即可窃取功名。文章是假以状道者,其并非真道,得之尚有如此好处,我们若将真正大学之道学而时习之,必能成真作圣,毫无疑义。③

《大学》一书,乃万教之纲领。天所以广大道之传也。首明大道全体,次明入道之功。至能得而天道已尽,所谓先天大道与后天大

---

① 段正元:《阴阳正宗略引》,《师道全书》卷一,第21页。
② 段正元:《道德浅言》,《师道全书》卷六,第52页。
③ 段正元:《元圆德道》,《师道全书》卷二十九,第34页。

道，贯而一之也。①

人为道体，为天地之心，为五行之秀，为万物之灵，为三才之贵。不过既已是人，则当作人事，完人格，无负大道之生成耳。《大学》之精华，即在性命双修，道法并行。②

认为《大学》义理奥妙无穷，仅以文章言，已是语语真切，字字着实，简明无比，详尽无比，脉络一贯，次序井然。其承接处，紧严非常，有如天衣无缝，乃是先后合一、内外一贯、性命双修之学，是万教之纲领，完美地体现了儒家内圣外王的主体思想，使儒经诠释走出了汉宋后儒把儒经作为章句训诂之学和功名利禄之具的误区，重新焕发了新的生机。

（三）段正元对程朱诠释《大学》的批评反思

段正元认为汉以后的儒生违背了儒学的真义，或埋头考据，或崇尚空谈，将至高无上的儒学引入了歧途。周公制礼作乐，发为文章，传诸后世，礼制与文章是一体的。孔孟以后"大道失传，后人惟奉文章以为金科玉律；汉儒经解，究文章之表面，过于覆实；宋儒理学，究文章之里面，过于虚拘，然去圣之世未远，犹享其绪余"③。《大学》是儒学之道的集中体现，不明《大学》就不能真正懂得儒道。因此，他对宋儒不明大学之道，对《大学》的篡改曲解进行了深刻批判。认为宋儒不明先圣心法，所以对《大学》不明其本。他说："真儒要能通天地人，不仅能读书做文章。从前理学，极讲究修身，如程朱夫子，视听言动，丝毫不苟，作读书人之模范，其有益于世道人心之处，曾不在少。然谓程朱之学，即可以尽儒家之道，则相去尚远。且以解释经义证之。儒道以《大学》为宗，程子系之曰：'《大学》孔氏之遗书，而初学入德之门也。于今可见古人为学次第者，独赖此篇之存，而《论》《孟》次之，学者必由是而学焉，则庶乎其不差矣。'朱子以此言冠之篇首，意若谓《大学》一书，已经程子品题不错，世人可因程子之言，而来读《大学》，于表彰《大学》之

---

① 段正元：《阴阳正宗略引》，《师道全书》卷一，第20页。
② 段正元：《元圆德道》，《师道全书》卷二十九，第32页。
③ 段正元：《外王刍谈录》，《师道全书》卷二，第41页。

中，顺带表彰程子，其用意未必不善。但即程子之言，一加玩索，则《大学》不但未得程子品题之利益，反被程子诬枉不少。"① 并进一步分析道："《大学》本内圣外王全体大用之学，谨谓'初学入德之门'，未免过于轻视。《论语》《孟子》和《大学》，原自一贯，苟能实行体验，自知其息息相通。能识《大学》为切要者，亦必能识《论》《孟》为切要。稍有歧视，则两皆失之。谓《大学》为'初学入德之门'，而以《论》、《孟》次之，是不啻谓《论》《孟》尚不足为初学入德之门，其书即令存之，亦无足贵矣。如此抑扬，过于失当！不惟显其不识《论》《孟》，并适以反证其不识《大学》。至谓'学者'、'庶乎不差'，其语病尤大。'不差'是仅可而未善之辞，'庶乎'是将然、或然而未敢断定之词。夫士希贤，贤希圣，圣希天，境地固自无限，若得明师指教，实践《大学》之功，其造诣可臻于无上之域。今依程子之言，则学《大学》者，不过能得一仅可未善之程度，而此仅可未善之程度，尚在将然或然，未敢断定之中。则此《大学》，有何用处？即此以观，程子于《大学》，究竟是否重视，尚不免疑问。程子以《大学》可传者，在以其有次弟，及自己改篡《大学》，则又将次弟推翻，此与残害其书之生命，消灭其书存留之价值者何异？《大学》之书，经程子改篡后，面目全非。其精神之不存，更不待言。第推程子之心理，既视《大学》原书，不如己之改本，则亦未尝不视孔子及门人，为不及己。"② 段正元认为，儒学之道本来以《大学》为宗，可惜孔孟之后儒道失落，程子之学在诠释《大学》多有诬枉、曲解，还改篡《大学》，使之面目全非，精神尽失，这些无异于残害其生命，与儒道相去甚远。这种批判论之有据，言之成理，发人深省，对我们今天的诠释颇有启示。

对于朱子接着程子讲《大学》过程中的问题，段正元也有揭示和批评，他说：

> 朱子专尊程子，故于"程子"之上，加一"子"字，以示特崇，而因有此"子程子"三字一衬，愈见"孔氏"二字无光彩，无斤两，亦愈见程子之疏忽。

---

① 段正元：《归元自在》，《师道全书》卷二十七，第20页。
② 同上书，第20—21页。

朱子即如此尊崇程子,则其对于《大学》之所见,应当处处与程子雷同,而岂知不然,程子所已改纂之《大学》,朱子又重新改纂一过,以各行其是,其相互抵触最甚者,为开首注:"大学者,大人之学也"一语。此"大人之学"四字,下得允当与否,姑且不论,只既称为"大人之学",自与'初学之门'相隔甚远,何一面恭恭敬敬,引程之言,装潢门面;而一面又大张旗鼓,倡反对论调,究属有意为之,或无意为之?有意为之,是不仁也;无意为之,是不智也。若有人发问此难,想朱子亦不好自圆其说。①

他认为"二人开腔,即相矛盾。朱子是宗程子,其实明是相成,而实相反,师生不是一贯"②。这就尖锐地揭示了程朱之间学术思想内在理路相互矛盾,而外表则表彰尊崇,对儒道不能一以贯之。

程朱本来都是研究性理之学的,遗失了儒道,"其门路走错,未得明师传授真正大学心法,不知实践其功,将《大学》一书,看作文章,故以文章之方法,来加以改纂;以文章之见解,来下注脚,模糊影响。其中矛盾之处,自己无从发现,积非成是,贻误至今。此《大学》之不幸,亦程朱之不幸也。迨后朱子改本《大学》,推行于世,世人只知有朱注《大学》,不知其为谬种之流传。即有知《大学》原本者,亦只知其为讲性理之文字,而不知其为圣门传授心法,与实地用功之课程,不加重视,是以大学之道失传。而因大学之道失传,所以不能养成就一个真能修身、齐家、治国、平天下之人才。演至近代,学术愈陋,治术亦因之愈卑。民贫国弱,无法救济,遂降服于法制文明,物质竞争主义之下矣"③。受宋明程朱理学空谈性理的影响,加上科举制度,后人把儒家经典当成文章,当成求功名的敲门砖,危害了儒学,贻误了士子,伤害了民族,在"前清科甲时代,以朱注为正宗。读书人作文,越乎朱注之外,不能得功名"④。段正元曾经回忆说:"当日吾志在学仙,云游天下,他说学道办事,不要读书。因数千年来,读圣人之书,不明一字,不行一句,殃及国

---

① 段正元:《归元自在》,《师道全书》卷二十七,第21页。
② 段正元:《天津说法草案》,《师道全书》卷四十二,第51页。
③ 段正元:《归元自在》,《师道全书》卷二十七,第21页。
④ 段正元:《天津说法草案》,《师道全书》卷四十二,第51页。

家，故有今日之乱。圣人之道，重在躬行实践。形上形下，道器攸分。形下之器实行易，可以瞻天下人之身家；形上之道实行难，可以全天下人之性命。我何以提此？见得圣人之经难讲，圣人是行有余力，则以学文，非空谈理想。……而今著作家到多，下笔万言，倚马可待，随处皆是，登台演说，口若悬河，说得头头是道，条条有理……我有何能？就是说得到，办得到。"① 这就是强调儒家的实践品格，认为圣人之道重在躬行实践。上文提到的"他"是指段正元的老师龙元祖。龙元祖是一位深谙和坚信儒家学说，并试图在五四新文化运动反儒批孔的大潮流中重振儒学的儒家之隐者。龙元祖在对段五元授课伊始时即说："盖儒道心法失传已久。《大学》之道，至孟子以后，就无知道的真儒了。汉代考据，宋世理学，皆系研究儒教之文章，而性与天道，终不得其门而入。……当今之世，所学非所用，所用非所学，只知理学文章，格物形下的小道，而不明性与天道之学，允执厥中之法。"②

当然，从学术思想史上看，对程朱理学的批评早在明代后期即已开始，明末清初主要是针对理学清谈，不能解决实际问题而发。入清以后如戴震对理学的社会作用也进行了批判，指出"理"自宋代以来，已经成为尊者、长者、贵者压迫卑者、幼者、贱者的工具，"人死于法，犹有怜之者；死于理，其谁怜之？"③ 而汪中作《大学平议》④ 在批评程朱篡改《大学》的同时又走到另一个极端，否定《大学》为至高无上的经典，所谓"三纲领"、"八条目"是用一定范式来教育人，与孔门的教育原则相矛盾，《大学》不会是孔门的真传。段正元对理学家诠释《大学》的批判注意到了程朱因内在理路的歧义而不能一以贯之，导致失去儒学之道，这是造成儒学后来逐渐走向衰落的根本原因。这些观点发前人之未发，应该引起学界重视和反思。

（四）《大学》之学——大人之学

《大学》是讲大人之学的，这是传统的看法。朱熹在《大学章句》一

---

① 段正元：《道一》，《师道全书》卷二十一，第4页。
② 段正元：《正元日记》，《师道全书》卷一，第2页。
③ 戴震：《孟子字义疏证》卷上，《戴震集》，上海古籍出版社2009年版，第275页。
④ 汪中：《述学·补遗》，中华书局1991年版，第102页。

开始就把"大学"说成:"大学者,大人之学。"那么什么是"大人"呢?《易传·乾文言》对"大人"这样解说:"夫大人者,与天地合其德,与日月合其明,与四时合其序,与鬼神合其吉凶。……知进退存亡,而不失其正者,其唯圣人乎!"就是说,大人应该有与天地相契合的公德,有与日月相契合的光明,有与春夏秋冬相契合的时序,有与鬼神相契合的吉凶。……只有知道进退存亡而又不迷失自己的正道者,才是唯一具有大智能的圣人。孟子也曾说过:"大人者,不失其赤子之心者也。"(《孟子·离娄下》)又说:"有大人者,正己而物正者也。"(《孟子·尽心上》)朱熹注云:"大人,德盛而上下化之,所谓'见龙在田,天下文明'者。"由此可知,大人就是圣王。但是,孔子以后圣与王不再合而为一,后世《大学》倾向于圣道的一路演变为师儒之学,倾向于帝道的一路演变为帝王之学。汉唐政治儒学多讲帝王之学,宋明心性儒学多讲师儒之学。当然,这个只是就纵向总体而言,实际上汉唐时代亦有韩愈、李翱的心性儒学初论,宋明时代也有宋真德秀的《大学衍义》、明邱濬的《大学衍义补》发挥"帝王之学"为一完备的理论体系。

段正元讲《大学》继承了传统的说法,但有自己独特的理解。他说:

> 所谓《大学》云者,大人之学也。孟子云:"有大人者,正己而物正者也。"《易》曰:"夫大人者,与天地合其德,与日月合其明,与四时合其序,与鬼神合其吉凶。"非从前所谓成丁之大人,亦非在官之大人也。真者踏实认真,以道为己任,凡行一事,有失德,则不行,出一言,有悖礼,则不言。推之独居不愧影,独寝不愧衾,扫除一切贪嗔痴爱,克后天之己,复先天之礼,如是斯可以入《大学》之门矣。①

这个解释强调了踏实认真,躬行实践,克己慎独,显然是针对汉宋诸儒的弊端而发的,对我们今天也有重要启示。现代知识分子摆脱了古代功名之士的科举狭路,以自己的学术立足社会,本无可厚非。然许多专家、学者以学术为人世间唯一高尚之事业,或闭门造车,或空思幻想,或埋头故纸堆,以一己之见发为文章即足,不管内容是否道德,是否能行。甚至有人

---

① 段正元:《道德浅言》,《师道全书》卷六,第49页。

想,我只管说出来,写出来,至于能不能行,行不行得通,那是另外一回事。这都是道德文章相背离的结果,在现代社会仍然走着汉宋诸儒的老路。

(五)《大学》之道——先后合一、天人一贯、性命双修之道

他在不同地方概括《大学》为先天后天、天人一贯、性命双修之道,说:

> 《大学》之真道乃是先后合一、内外一贯、性命双修之学。①

> 《大学》一书,明明德一节,穷理尽性,先天之学也(后天中之先天)。知止一节,炼凡身,了凡命,后天之学也(先天中之后天)。后天炼净,从穷理尽性以至于命,本末交修,还我本来真面目,性命合而为一(性中有命,命中有性),完全先天中之先天。《大学》能事毕矣。②

> 今日讲《大学》之道一章书,须先要知道,首节"在明明德,在亲民,在止于至善"三句,是先天之道,性分中的事,所以躬行实践,完性功之量也。"知止"一节,是后天之法,命功上的事,所以保凡躯,了凡命。此章书系孔子问礼于老聃,老子举以告之者。至则近道矣,都凡五十八字,由先天说到后天,由后天说至先天,包罗万象,涵盖一切,道蕴无穷。③

然后,由明明德→亲民→至于至善,是循序渐进,不断深入,层层升华的过程。造学初功即从"明明德"着手。"明明德"三字,是由先天做到后天,由后天返还先天的功夫。"头一'明'字,是明先天。次一'明'字,是明后天。先后天合明,即是两而化,一而神之实德。自能德配天

---

① 段正元:《道德浅言》,《师道全书》卷六,第53页。
② 段正元:《阴阳正宗略引》,《师道全书》卷一,第21页。
③ 段正元:《道德学志》,《师道全书》卷五,第3页。

地，道贯古今，充足《大学》之分量矣。"① 因为"明明"把先天后天贯穿起来了，所以重要的"德"就可以配天地，贯古今。"明明德"三字包蕴无穷的道理，讲起来是说不易说尽。通俗地说，譬如天平，"明明德"即天平的两端，德即天平的中心，明明与平平相似。一明再明就彻底澄清了。德者得也，一平再平，恰到好处，就是"中"。中者，即如天平的天针对地针，称出了东西的分量。段正元认为这就孔门的心法也，例如孔子说："参乎，吾道一以贯之。"这里的"一以贯之"不是人们通常理解的忠恕之道，而是一贯心传，即尧舜允执厥中之学，也就是明明德之实功。

再深一层说，明明德又即穷理的功夫。"道"本来空空洞洞，原是虚的；"德"要由躬行实践而得，成为实的。凡人的言行合于道即是德。"德"就如天上的北辰，而人道中也有北辰。这个北辰即是枢纽。在天为天的枢纽，在人为人身中的枢纽。"德"又即"仁"。所以孟子曰："仁也者人也，合而言之道也。"人能与"仁"相合，那么身中的北辰即能与天上的北辰相扣，如磁石引铁，物类朋从。人身中的北辰能与天上的北辰相合，所谓天人一贯，道得于人，这就是把握了明明德。

由明明德又进一层，在亲民，是纯化的功夫，所谓成人之学。儒家所谓"亲亲而仁民，仁民而爱物"，佛家所谓"物我同体，普度众生"。

在止于至善，是先天完善的工夫，达到尽美尽善的境界。"吾十有五而志于学，三十而立，四十而不惑，五十而知天命，六十而耳顺，七十而从心所欲不逾矩"，"从心所欲不逾矩"就是达到了与道合一，尽善尽美的境界。

如果套用《易传·说卦》"穷理尽性以至于命"，"明明德"说的就是"穷理"，"亲民"可以诠释诠为"尽性"，"止于至善"就是"至命"。

所谓先天后天，"先天"、"后天"二词源于《周易·乾卦·文言传》："先天而天弗违，后天而奉天时。"邵雍通过对易学的精深研究，把"先天"、"后天"两个概念发展为"先天之学"与"后天之学"。余敦康说："邵雍称自然科学为天学，人文科学为人学，并且以有无人文因素的参与作为区分先天与后天的标准。"② 张其成进一步发挥说：

---

① 段正元：《七三寿辰法语》，《师道全书》卷四十八，第16页。
② 余敦康：《内圣外王的贯通》，学林出版社1997年版，第226页。

用邵雍的话说，它们之间是"体用"关系，先天为体，后天为用，后天从属于先天，后天阐发的人性、人道高于先天阐发的物性、天道。这里的"先天"与"后天"是相对关系，邵雍又把"先天"与"后天"统称为"先天之学"。先后天是体用不离，相函相依的，体者言其对待，用者言其流行，是一个统一的天人之"道"的两个不同方面，同时又是一个统一的"道"的变化过程的两个不同阶段。

"先天之学"是研究天道自然的，相当于"天学"；"后天之学"是研究人道名教的，相当于"人学"。①

邵雍："若问先天一事无，后天方要著功夫。"所谓先天是指出于自然原始状态，并非人为的故意安排；而后天则是需要通过功夫修炼。因此，在中国思想文化史上，"先天"、"后天"是抽象化了的时间概念，学界一般认为"先天"有二义：一是指据说由庖牺所画的易卦图。相对说来，相传周文王所画的卦图称作"后天"；一是指伏羲及周文王画卦象之前的"心易"，即未画之前已然存在的易之道。先天和太虚异名同实，指窈窈冥冥、至虚至无的道本体②，那么"后天"就是道所产生的万事万物了。

段正元解释先天后天说："在无为中说，为先天；在有为中说，为后天。先天所包者广，能力大。语大莫载，语小莫破，无声无臭，无形无影，视之不见，听之不闻，搏之不得。说无为而无所不为，说无能而无所不能。生化天地是他，纲维宇宙是他，主宰万物是他，至平至常，而又至神至妙。……后天为有为，在天为日月星辰，风云雷电；在地位山石草木，飞禽走兽；在人为命，为眼耳鼻舌手足四肢，为交际往来，涉身处世。"③ 可见，他所说的先天即是道，后天即是天地万物，就是对传统意蕴的进一步发挥。

他还揭示了《大学》中的儒家性命之学，并借鉴道家道教的性命双修发挥《大学》性命双修之学：

"在明明德，在亲民，在止于至善"……此三句是道，即是性

---

① 张其成：《邵雍：从物理之学到性命之学》，《孔子研究》2001年第3期。
② 王利民：《〈伊川击壤集〉与先天象数学》，《周易研究》2003年第3期。
③ 叶畊心：《道德学社访问记》，第43—44页。

功。人之凡躯，是物质假合而成，难免生老病死苦，故《大学》又说养生之法曰："知止而后有定，定而后能静，静而后能安，安而后能虑，虑而后能得。"学习此法，可以却病延年，可以出幽入冥，通天达帝。"知止"是初功口诀，诸弟子入门时，我所传授者即是。能按我所传授实践知止之功者，自然有定，定之至极乃静，静之至极乃安，安之至极乃虑，虑之至极乃得。历一层有一层之境象。但此境象，非言语文字所能显著。……定、静、安尚在身内，不出身外，属静存之范围。虑则非思虑，乃不思而虑，虚极生明，顿开大觉，照见本来面目，身内身外，通同无碍，属动察的范围。得，是一得永得。程度至止，则本末始终贯彻。故无论在何时何地，无有退转。此五句是法，即所谓命功。①

《大学》之真道……虽有明明德、亲民、止于至善的功夫，可以了先天之性，犹须了后天之命。故道家有云："修性不修命，此是修行第一病。"《大学》所以止于至善，先天至矣尽矣之后，又倒下来说出知止等法门，乃是教人了命之法。②

学问事功，既止于至善，是先天成身之道已尽到。还要有个了期，有个了法。止、定、静、安、虑、得，即了身之法也。起初知止，乃教人拴住心猿意马之下手法门。其止、定、静、安、虑、得六字，内有百零八道口诀，三百六十阴阳，须依其次第，就其实在景象，口传心授，非笔墨所能形容，亦非空谈所能济事，故圣人不一一笔之于书，今亦不必细说。非是有意秘密，恐或误解讹传，反以误人自误。况人若未实践诚身之道，纵将百零八道口诀了身之法，和盘托出付之，亦是枉然。无道不足以载法。未成身毕竟从何了也。譬如有豆浆可以点成豆腐。若是一锅白水，如何点得成？故必先道而后法，先成身而后方可言了身。果然功行圆满，止于至善，其身成矣，则百日可以了道。真有所谓一点便成之玄妙。③

---

① 段正元：《元圆德道》，《师道全书》卷二十九，第33页。
② 段正元：《道德浅言》，《师道全书》卷六，第53页。
③ 段正元：《七三寿辰法语》，《师道全书》卷四十八，第16页。

"性命"的概念渊源很古,道家、儒家都在使用,但是汉唐儒学主要往政治方面发展,形成了政治儒学,使性命之学隐而不彰。虽然从唐代韩愈、李翱开始挖掘儒家原典当中的性命之学,至宋明儒学在吸收道佛思辨哲学与实践功夫方面,对儒家性命之学有精深的探讨与发挥,可惜实修实证相对不足。近代以降,国人受西方启蒙思潮、理性主义影响,学人多重视性命之学的理论层面,在实践功夫方面罕有涉及,甚至将其视为神秘主义,讳莫如深。段正元拜儒家的隐者龙元祖学到了在现代大学和研究机构已经失传的性命之学,他自己也在十九岁明心见性,对此有了切身体证,所以强调《大学》的性命双修。如果从性命双修角度看,儒家穷理尽性探讨很多,而命功修炼相对不足。段正元正是针对这方面的不足来强调性命双修的,所以对儒家命功的止、定、静、安、虑、得六字法门非常重视,在多处演讲中特别强调。"先道而后法,先成身,而后方可言了身。果然功行圆满,止于至善,其身成矣,则百日可以了道",这一句是说通过修先天之性,学问事功,止于至善,体悟大道,就是成身;在这个基础上以止、定、静、安、虑、得为了身之法,循序渐进,修炼命功,实践诚身之道;最后就可以了道,超凡入圣,进入圣人境界。

(六)《大学》之道——实行实践之道

段正元讲儒家之道,办道德学社,特别强调实行道德,避免空谈。1919年秋,有美国传教士何乐意拜访,问段正元,"贵社讲道德,以何为重?"段正元答曰:"重在实行。凡中外古今之圣贤仙佛,无不是实行实德,行有余力,则以学文。因我中华自秦汉以后,辞章科名为重,但有虚文,毫无实际,道德遂流为迂酸腐败之口头禅。形上之道以晦,反不如你们欧美人,注重实验发明形下之器,足以称雄逞霸于一时。不过物质愈发达,社会愈黑暗,强霸者死之徒。吾为此惧,因发愿以身作则,立社讲学,就正高明期以实行真正道德的精神,造成真正文明大同世界。"①

孔孟之后,数千年来,《大学》之真道未能昌行于世。段正元认为:"虽说有尧舜禹汤文武周公孔孟诸大圣人生于其间,阐明《大学》之道,

---

① 《远人问道录》,北京大成印书社1913年版,第1页。

不过立个模范表率，说到大行，均算有志未逮。"① 《大学》之道之所以未能大行，甚至在孔孟以后失传，段正元分析原因时说，皆因后世儒者之文章空谈。"孟子以后，大道且失其传人。汉儒训诂，遂启有文无行之渐。晋人清谈，遂为能言不能行之阶。降至科举制兴，文章取士，人人习为辞章之学。做起文章来，前古后今，靡不淹贯。忠孝节义，洞悉精纯。然一考其行事，不是迂酸腐败，不达时务，即是颠倒错乱，动辄得咎。所谓笔下虽有千言，胸中实无一策，坐谈则有余，起行则不足，实道破此辈书生之真相。数千年来，国家以此取人才，学者即以此博功名富贵，只要说得有理，说得好听，不问事实如何，正是所言非所行，所学非所用。"② 大道为文章晦的结果，是大道不明；大道不明，后学书生所学非所用，老成者，迂酸腐败极点，聪明者，奸谋狡诈莫测，并进而造成全社会的道德败坏，贪官污吏遍地，地痞流氓横行，正气伏，邪气升，胡作非为，不以为耻，反以为荣，天下之混乱自然无从入手治平。所以，世道愈趋愈下，人心愈见奸险，黑暗已到极点。"而今剥极必复，方是实行《大学》真道之时，将来天下各国，皆要实行《大学》之道。凡有血气，莫不尊亲。此何以故？盖否运一去，泰运斯来，君子道长，小人道消，此天地世运一定之道也。"③ 所以，他希望人人明《大学》之道，行《大学》之道。"倘若人人明《大学》之学，行《大学》之道，则人人心中有主，天君泰然，百体自然从令。人心一安，天心亦随之而安，一切刀兵瘟疫水火凶灾，自归乌有。按此思之，《大学》之不明者，实斯世人民之不幸也。吾侪生今之世，即当成今之人，学《大学》之学，行《大学》之道，挽回气数狂澜，平治天下恶流，作乾坤肖子，为天地功臣。"④ 并告诫人们：

> 今天下之人，大齐俱陷在气数之中，坠入大海之内，再不回头研究性命学问，实践道德，眼前大浪涌来，即无幸矣。故《大学》之真道，即航大海之火轮，超气数之宝筏，保性命之大法也。顾或有人

---

① 段正元：《道德浅言》，《师道全书》卷六，第52页。
② 段正元：《克己复礼》，《师道全书》卷二十七，第40页。
③ 段正元：《道德浅言》，《师道全书》卷六，第52页。
④ 同上书，第49页。

>曰：人人行道德，不为凡躯计，无衣无食，何以卒岁？不知天生一人，必有一人之路。天地间一草一木，一花一果，皆有一滴滋生之露，各完全其分量，况人禀阴阳之灵，五行之秀，为天地之心，岂有不克饱食暖衣，不及草木花果乎？其有冻馁交迫，饿殍堪怜者，非谋之不藏也，正是丧失道德之业报耳！……故曾子传《大学》曰："是故君子先慎乎德。有德此有人，有人此有土，有土此有财。德者本也，财者末也。"盖根固则枝茂，源深则流长。苟为无本，纵偶然得点横财，亦犹七八月间之旱，沛然下雨，沟浍皆盈，其涸也，可立而待也。果然人人行道德，固根本，即是大道之行，天下犹如一家，中国犹如一人。……此即《大学》之真道也。①

这是希望人们正本清源，由性命学问入手，以实践道德为本。如果人人行道德，固根本，小则应对天灾人祸，保得日常平安；大则大道之行，天下一家，中国一人，实现大同世界。

（七）《大学》之道——下学上达，超凡入圣之道

段正元说：

>《大学》何学乎？大道之学也。其道为何道？日用伦常真儒之道也。然而日用伦常，又不足以尽真儒之道。是则真儒之道，果何道耶？孔子曰："不怨天，不尤人，下学而上达，知我其天乎？"孔子何以发此言也？盖儒道包含各教，至平至常……实寓至神至妙之道。无如今人之去圣弥远，心法失传，一般儒者，忽近图远，竟将至平至常之道，轻视浅尝，随便抹煞，所以直落得终于平庸寻常，无有一人知其神妙，而得其至神至妙者。故今之修持者，莫不弃儒而别求神妙矣。讵知儒道之神妙，即在至平至常之中。即如佛道两家，虽多言神妙，若末学浅识，参悟不透，往往流为迷信学说，因而妄想成仙成佛，通神证妙，举人生应办事业，一切伦常，概抛弃而不顾。岂知九层之台，起于累土，千里之行，始于足下。人事未尽，仙佛从何自来？所以昔儒痛诋佛老末流者，亦良有以也。儒则从根本做起，由人

---

① 段正元：《道德浅言》，《师道全书》卷六，第51页。

道而知性知天。所以孔子说,下学上达,知我其天。孔子立言是开明教,无论富贵贫贱,长幼男女,皆可实行。真是大学,真是大学之真道。所以有子称赞孔子有曰:"麒麟之于走兽,凤凰之于飞鸟,泰山之于邱垤,河海之于行潦类也。圣人之于民亦类也。出于其类,拔乎其萃,自生民以来,未有盛于孔子也。"盖孔子垂教,八面玲珑,处处周到,以人生在红尘,即立人道主义,由日用伦常之中,曲尽其道,自然可以格天,性与天道,满盘一贯,其神妙岂可思拟哉!……今之学佛学道者,弃父母而不养,抛妻儿于不顾,反谓割断红尘,免牵挂,离却后天,除烦恼。独不思人生在世,受天地之大德而生,受父母之深恩而长,何等重大深厚!……反将伦常抛弃,则与禽兽奚择哉?……故独坐孤修,皆佛道两家,因大道不明之时,怜悯愚痴,愈生尘世,愈累牵缠,不得不另立方便法门,救度群迷,乃下下乘法也。①

说明大学之道是通过大道之学下学上达,一方面尽日用伦常,至平至常;另一方面,参透天地,至神至妙。并且比较了儒道与佛道两家的不同,认为道佛多言神妙,容易流为迷信,伦常抛弃,独坐孤修,而儒道尽人事,知性天,人道为本,开明圆融,可以包含各教。正是在这个基础上他根据时代的发展提出三教合一,万教归儒的观点:"儒讲三纲五伦八德,先重人道,伊以诸教之仁慈来存心养性,使天下之士农工商勤职业,修心术,各尽其为人。又君民一体,各尽其道,亲亲而仁民,仁民而爱物。德行立,道体成矣。平心而论,若无儒家维持宇宙,佛道两家,以及耶回各教,那有庙宇教堂寺院来住,众生来度,衣来穿,饭来吃,连天地也就莫有了。可知世界之上,纯是儒道之范围,佛道耶回各教,无非助儒行道而矣。"②"当今天下有道,人道昌明之时,大同世界,儒为主席,道佛皆听儒为,万教皆归儒主。儒行大道,保全天地人物,拨乱反正,一家天下,使老安少怀,皆是为己。"③ 三教合一,万教归儒是明清以来儒学民间化、宗教化的基本倾向。早在明代,林兆恩的三一教就是在王阳明心学的影响

---

① 段正元:《道德浅言》,《师道全书》卷六,第49—50页。
② 段正元:《日行记录》,《师道全书》卷十七,第67页。
③ 段正元:《敏求知己》,《师道全书》卷十九,第26页。

下，顺应当时"三教合一"的时势，提出了包括道一教三说、三教合一说、归儒宗孔说等为主要内容的思想学说，并发展为严密的宗教组织，流传至今，影响深远。即使思想比较偏激的李贽，晚年不仅三教皆崇，而且主张儒、佛、道三教合一，同归儒教。明末清初，在"三教合一"的时代思潮影响下，方以智就以理想型儒家为指归，提出了"三教归儒"的思想宗旨。当然，到了20世纪的现代社会，段正元在传统的三教基础上更考虑到了伊斯兰教（回教）、基督教（耶教）与儒学儒教的和合会通问题。

（八）《大学》之道——合三教，统万教

段正元认为《大学》前三句就包含了儒、道、佛三家的精神，和合三教为一。仅就《大学》首三句而言之：

> "在明明德"，儒家之范围也，人道也。人道重躬行，必遵道而行，有得于身心者，斯谓之德。"在亲民"，佛家之范围也，性道也。朱子解"亲民"为"新民"，以人既能明德，必使他人亦能明德，取咸与维新之义，是从理中臆想测度耳。讵知三个"在"字平列，各有其道。故亲民者，即《传》中所谓君子贤其贤，而亲其亲，慈悲为怀，物我平等，由亲亲而仁民，仁民而爱物。"在止于至善"，道家之范围也，天道也。天道无心而化成，时行则行，时止则止，无所不善也。若但拘泥文字，偏执理解，则《大学》一书，命意布局，前后实不相贯，既云在止于至善，是至当恰好，蔑以加矣，何以复言"知止而后有定"？由定而静，而安，而虑，而得，结以"知所先后，则近道矣"。语意气脉，反觉点到错乱，所以读书要求善解，读得多不如悟得多，悟得多不如行得多。①

《大学》首三句包含了三教的基本范围，故可以和合三教。在这个基础上，他提出《大学》为万教之纲领。"盖万教圣人，垂训经文，有天道焉，有性道言，有人道焉，皆是教人各正性命，保合太和。而《大学》

---

① 段正元：《道德浅言》，《师道全书》卷六，第45—46页。

首三句，包括义蕴无穷，实为后圣立言之模范。"① "今五洲交通，万教各出新奇，机缄将于此尽泄，诚天欲广大道之传也。而万国之教，其有裨于人心世道，高出寻常诸子者，终不能超出儒释道之三教。释教空诸一切，道教超诸一切，而其旨又不出《大学》'止知'一节。至儒教踏实一切，大学'明明德'一节，已足发其大凡。其实，释道未尝不从事于'明明德'，不过略言'明明德'，详言'定静安'；儒家到复命归根，终必从事于'定静安'，不过略言'定静安'，详言'明明德'。分而为三，合而为一。由是观之，《大学》之道，先天与后天之学俱全，真万教之纲领，而为吾儒完全性命之书也。"② 所以，《大学》之道可以统和万教。

他又比较《大学》之道与万教之道，阐明万教归一之说："《大学》之道，又如火轮，汪洋大海，洪波巨浪，皆可行渡；万教之道，犹如小艇，穿行江河，不适大海。吾自得师传而后，研究各教，择善而从，不善而改，即主张万教归一之说。一者何道也？万教归一，换言之，即万教归道也。教不归道，天下终不得太平。何也？各教心法早已失传，真旨而又不明，则所学者，土苴糟粕耳，故无明明德之实功，率性而行，德犹未明，安有亲民之乐境？万物一体，至止于至善之精美，更难属望，大同太平之景，何能实现于世？故居今时而言学，必要综合各教之道一炉而冶之，方不至挂一漏万。夫而后可以致广大而尽精微，极高明而道中庸。"③ 万教归一即万教归道，必须综合各教之道一炉而冶之。

结　语

在近代以来儒家遭遇史无前例的冲击，特别是清朝的灭亡，不仅意味着中华帝国的寿终正寝，传统王权政治秩序的解体，而且整个儒学的基础备受挞伐，传统权威随之丧失，儒家成为"游魂"。在这种社会背景下，段正元于1912年春在成都创办了人伦道德会，以提倡伦理、扶持人道为宗旨。会中供奉孔子牌位，每周六由段公开讲解《四书》《五经》以及三纲、五伦、八德。所讲内容皆由性分中发出，有问必答，百讲不穷。其时

---

① 段正元：《道德浅言》，《师道全书》卷六，第45页。
② 段正元：《阴阳正宗略引》，《师道全书》卷一，第21页。
③ 段正元：《道德浅言》，《师道全书》卷六，第48页。

正值全国批儒反孔潮流活跃，曾有受到新思潮影响的学者到会中与段正元论辩。段正元对他们进行了驳斥之后，依然办会如初。人伦道德会刚成立时，仅有会员十余人，后听众愈来愈多。由于听众不断增加，段的演讲竟延续了一百二十三周。其演讲记录后被编辑成《大成礼拜杂志》《圣道发凡》《外王刍谈录》等。

在思想上，段正元以道德为核心观念，以儒学为主体，以道佛回耶为辅助，对中国传统文化从本原和本体层次进行现代诠释，试图融会贯通，与时俱进，推陈出新，应对现代中国所面临的诸多问题。段正元对秦汉以后汉唐儒学和宋明理学进行了反思批判，以原始儒学的基本精神对儒家思想进行正本清源，结合先秦道家阐发儒家之道，对儒家"道统"进行现代重构，对儒家"学统"批判中进行转化，对儒家"政统"通过"内圣外王"重新梳理。

段正元对儒家经典的诠释是与他整个思想密切相关的，经典诠释是其思想体系的学术基础，其经学诠释方法是在继承传统儒家经学方法的基础上对道佛乃至西学的整合，不仅是纯粹理性思辨的，更有直觉体验的心解、心悟[①]，这些都值得我们重视和研究。

[①] 心解、心悟也是儒家经典诠释的重要方法，如郑玄《礼记正义》说，"学必心解"，否则，"则亡之易"。张载说："心解则求义自明，不必字字相校。譬之目明者，万物纷错于前，不足为害；若目昏者，虽枯木朽株，皆足为梗。"（《经学理窟·义理》）主张以心解经，其义自明，不必陷入"字字相校"的章句训诂之学之中。张载又说："学贵心悟，守旧无功。"（《经学理窟·义理》）

《论语·里仁》篇三考

清华大学历史系暨思想文化研究所　廖名春

《论语》一书历来注释、考据之作汗牛充栋，但文献学上值得深究的问题仍然很多。本文从《里仁》篇中选取三例，试作讨论。抛砖引玉，希望大家批评。

一　"富与贵是人之所欲也"章考

《里仁》篇有载：

> 子曰："富与贵是人之所欲也；不以其道得之，不处也。贫与贱是人之所恶也；不以其道得之，不去也。"

其"贫与贱是人之所恶也；不以其道得之，不去也"一句，非议颇多。

首先，是错字说。

东汉王充（27—约97）《论衡·问孔》篇曰："此言人当由道义得[富贵]，不当苟取也；当守节安贫，不当妄去也。夫言'不以其道'，'得'富贵'不居'，可也……'贫贱'何故当言'得之'？顾当言'贫与贱是人之所恶也，不以其道去之，则不去也。'当言'去'，不当言'得'。'得'者，施于得之也。今'去'之，安得言'得'乎？"① 王充认为"贫与贱是人之所恶也"，"不当言'得'"，"当言'去'"，指责"孔子不能吐辞"，不会说话。

---

① 黄晖：《论衡校释》，中华书局1990年版，第400—401页。

今人程石泉（1909—2005）本之，谓："依此章前后文理'得'字应为'去'字之误。'不以其道去之，不去也'，与'不以其道得之，不处也'为平行对偶句法。此类句法屡见经传矣，惜乎前贤见不及此，将错就错，约二千年矣。"① 看法与王充同。

时下最为流行的杨伯峻（1909—1992）注也说："'富与贵'可以说'得之'，'贫与贱'却不是人人想'得之'的。这里也讲'不以其道得之'，'得之'应该改为'去之'。译文只就这一整段的精神加以诠释，这里为什么也讲'得之'，可能是古人的不经意处，我们不必再在这上面做文章了。"② 因此，在译文中，他就将"不以其道得之"译成了"不用正当的方法去抛掉它"③。

方骥龄也认为："本章'不以其道得之'之得，疑当如《孟子·告子上》焦循《正义》所释作'施'字义解。盖富与贵，人人所欲求也；如不依正道而施于人，使人富贵，不处也。贫与贱，人人所厌恶也；如不依正道而施于人，使人贫贱，不去也。"④ 不但将"贫与贱是人之所恶也；不以其道得之，不去也"句之"得之"改作"施之"，连上句"富与贵是人之所欲也；不以其道得之，不处也"之"得之"也一并改作"施之"。

邓球柏虽然承认何晏（195？—249）"时有否泰，故君子履道而反贫贱，此即不以其道得之者也。虽是人之所恶，不可违而去之也"说"亦通"，却又提出："得之：当作'夺之'，摆脱'贫与贱'。依上下文义当如此。"⑤

宋钢又认为："依逻辑与道理言，贫与贱，既是人之所恶，故人人不愿得，则后一'得'应为'失'；就文义与句式言，两句既是反义对比，则后一'得'必为'失'方妥。"⑥ 他虽然认同王充的分析，却主张将

---

① 程石泉：《论语读训》，上海古籍出版社2005年版，第45—46页。按：从作者《自序》得知，此书原名《论语读训解故》，1972年首刊于香港。
② 杨伯峻：《论语译注》，中华书局1980年版，第36页。
③ 同上。
④ 方骥龄：《论语新诠》，台北：中华书局1977年版，第92页。
⑤ 邓球柏：《论语通解》，长征出版社1996年版，第65页。
⑥ 宋钢：《〈论语〉疑义举例》，《贵州大学学报》（社会科学版）第23卷第2期，2005年3月。

"不以其道得之"改为"不以其道失之"。理由是"反义对比","得"之反义为"失"。

黄怀信不同意改"去"或改"失",却主张改为"脱"或"免"。其曰:"不以其道得之不去也,'得'字疑本作'脱'或'免',涉前误。""人无愿得贫贱者,更不得有其道。或云'得之'当为'去之',亦非。前句言'得'言'处',得而处之也;此句如前后皆作'去',则句法参差,且后'去'本为离去之义。又有疑此'得'当为'失'者,尤非,贫贱不可能自动失掉。"①

除了错字说之外,前人还有以后一"不以其道得之"句之"不"字为衍文说。

金人王若虚(1197年进士)《论语辨惑》曰:"予谓'贫与贱'当云'以其道得之','不'字非衍则误也。若夷、齐求仁,虽至饿死而不辞,非以道得贫贱而不去乎?夫生而富贵不必言'不处',生而贫贱亦安得'去'?此所云者盖傥来而可以避就者耳,故有'以道'、'不以道'之辨焉。若谓圣人之经不当变易以就己意,则宁阙之而勿讲要,不可随文而强说也。"②

戴望(1837—1873)亦云:"'不'者衍字。'以其道得之',若夷、齐求仁而得仁。"③

为避免改字为训,前贤今人在标点上也做足了文章。

朱熹(1130—1200)内弟程允夫云:"'不以其道得之不去也',当以'不以其道'为一句,'得之'为一句。"④

宋末元初俞琰也说:"'贫与贱是人之所恶也,不以其道得之不去也',当就'不以其道'点。如说之'不以道',亦当就'道'点。夫富贵、贫贱是人所欲、所恶也,处富贵而'不以其道',则吾之得富贵也,宁舍之不处也。贫贱而'不以其道',则吾之得贫贱也,宁受之不去也。然则得富贵何以处?富贵必'以其道'也。得贫贱者何以去?贫贱亦必

---

① 黄怀信:《论语新校释》,三秦出版社2006年版,第75页。黄怀信等《论语汇校集释》(上海古籍出版社2008年版,第311页)说同。
② 王若虚:《滹南集》卷四,《文渊阁四库全书》本,武汉大学出版社1997年版。
③ 戴望:《戴氏注论语》卷四,《续修四库全书》第157册,上海古籍出版社1995年版,第91页。
④ 朱熹:《晦庵集》卷四十一,《文渊阁四库全书》本。

'以其道'也。若就'不以其道得之'点，则富贵固有'以其道得之'者，亦有'不以其道得之'者，若贫贱则安有'以其道得之'者哉？大抵如生于公侯家素富贵，是'以其道'而'得之'。生于闾阎之中而素贫贱，亦岂'不以其道得之'？'不以其道'盖谓处富贵、去贫贱'不以其道'，非谓得富贵、得贫贱'不以其道'也。"①

毕沅（1730—1797）曰："古读皆以'不以其道'为句，此注亦当尔。"② 也是以为"得之"当连下读。

陈大齐（1886—1983）认为：俞琰之所以主张于"不以其道"下点句，是因为怀疑于贫贱之不可能有以其道得之者。但若把道字解作途径，则贫贱亦很可有以其道得之者。游手好闲而致贫，违法失职而致贱，都足为以其道得贫贱的实例。俞琰主张的理由虽未必是，但其主张则甚可采用。"不以其道得之"下读断，则"不以其道"不复是"得之"的状语，以形容"得之"的状况。"不以其道"下读断而把"得之"连下读，则"不以其道"不复是"得之"的状词，而成了"不去也"的前件，意即在"不以其道"的条件下不可以求去贫贱。申言之，意即贫贱并非绝对不可求去，但不得用不正当的手段以求去，故欲去贫贱，必须采用正当的手段。如此解释于理方臻允当。此一读法合上文而观，诚亦不无缺点。上文同样用有"不以其道得之"语，本句于"其道"读断，则牵连所及，上文亦应如此读断。上文于"其道"下读断，在义理上虽非不可通，但究不如于"得之"下读断之较胜一筹。故采用此一读法，不免有上下文不相应的缺点。但就本句而论，必如此读法，才可以解释得合情合理。③

今人徐刚虽然肯定"富贵，是人所欲得，贫贱，却不是人所欲得，但本章都说'不以其道得之'。从逻辑的角度讲，也有问题，正确的应该是：贫与贱'不以其道去之，不去也'"，但是他却坚持："这并不意味着'不以其道得之'一定不符合语法，不能说。"并以《左传》《国语》中的"敢"也可训为"不敢"为证。④

上述错字、衍文、"得之"当连下读以及符合语法之四说中，后三说

---

① 俞琰：《书斋夜话》卷一，《文渊阁四库全书》本。
② 陈奇猷：《吕氏春秋校释》，学林出版社1984年版，第1656页。
③ 陈大齐：《论语臆解》，台北：台湾商务印书馆1968年版，第67页。
④ 徐刚：《孔子之道与〈论语〉其书》，北京大学出版社2009年版，第127页。

"上下文不相应",句式不相协,语法与逻辑相矛盾,违反语言表达的习惯,可不予置论。值得讨论的只能是错字说。

错字说的六种改法中,"得"改为"去"说首先应该排除。上句说"不以其道得之,不处也",是"得之"而"不处",此若改作"不以其道去之,不去也",则是"去之"而"不去"。用词重复,与上句不协,非常明显。

方骥龄将两句的"得"字都改为"施",过于武断。本章孔子是讲"人"对"富与贵"、"贫与贱"的选择,不是讲将"富与贵"、"贫与贱"授予"人",故不能称"施",理所当然。

邓球柏将"得"字改为"夺",从语言习惯上,是行不通的。因为文献里很难找出"夺贫贱"的用例来,我们不能生搬硬造。

黄怀信认为"'得'当为'失'者,尤非,贫贱不可能自动失掉",其说有一定道理。《论语·阳货》:"既得之,患失之。""得"与"失"固然相反,但"失"所带的宾语往往是值得肯定、值得珍惜的东西。我们可以说失富贵,但不好说失贫贱。"贫与贱是人之所恶也",所以,不值得说"失"。

至于"得"能否改为"脱"或"免",也可讨论。从语言习惯来说,"脱""贫与贱"或"免""贫与贱"都是可以的。但是,回到文本中,则要回答一个问题:为什么《论语》此句的"脱"或"免"会被错成"得"?它们既没有语音相近的关系,也没有语义相近的关系,更没有字形相近的关系。因此,说"不以其道得之"之"得"是"脱"或"免"字之误,理由并不充分。

徐刚以"反义同词"说"贫与贱是人之所恶也,不以其道得之"不误也是有问题的。在同一语境中,"得"有"得"、"失"两义是难以想象的。《左传》《国语》中的"敢"也可训为"不敢",不是说"敢"本身就有"不敢"的意思,而是说反问句里的"敢"表达出来的是"不敢"的意思。比如"我敢吗",意思就是"我不敢"。"我不敢吗",意思就是"我敢"。这是反问句的表达问题,应该与词义无涉。我们不能说"富与贵是人之所欲也,不以其道得之"是肯定句式,到"贫与贱是人之所恶也,不以其道得之"就成了反问句式了。所以,"贫与贱是人之所恶也,不以其道得之"的问题无论如何也否认不了。

笔者认为"贫与贱是人之所恶也,不以其道得之,不去也"句之

"得"字可能是"退"字之讹。"得"字《得鼎》作"⿰彳曼",古玺作"⿰彳得",《说文·彳部》小篆作"⿰彳得",《会稽山刻石》作"⿰彳得",《泰山刻石》作"⿰彳得",《魏三体石经·僖公》小篆作"⿰彳得"。① 而"退"字汉碑多作"復"。《隶释》卷七《山阳太守祝睦碑》:"君惟老氏,名遂身谖。"《山阳太守祝睦后碑》:"谖身衡门,童冠翔集。"② 《隶辨》卷四:"谖,《梁休碑》:'罔谖潜伏。'"清顾蔼吉注:"按,即退字。《说文》本作復,下从夂,碑变从夊。"③ 案:"退"字,《说文》小篆作"⿰彳得",古文作"⿰彳谖"。汉碑里的"退"字作"谖"、"谖",与《说文》里的"得"字形近,疑后人因此而讹,将"贫与贱是人之所恶也,不以其道退之,不去也"错写成"贫与贱是人之所恶也,不以其道得之,不去也"。

"退"与"去"义近,因而"退去"连言。《汉书·刘向传》:"劾更生前为九卿,坐与望之、堪谋排车骑将军高、许、史氏侍中者,毁离亲戚,欲退去之,而独专权。""退"与"免"亦义近,因而有"免退"、"退免"之说。葛洪《抱朴子外篇·酒诫》:"陈遵之遇害,季布之疏斥,子建之免退,徐邈之禁言,皆是物也。"《晋书·齐王冏传》:"董艾放纵,无所畏忌,中丞按奏,而取退免。"《魏书·慕容白曜传》:"以无恒之心,奉有常之法,非所克堪,乞垂退免。"所以"得""富贵"而"退""贫贱",近于"得""富贵"而"去""贫贱"、"免""贫贱",从语义上说,应该没问题。

二 "能以礼让"章考

《里仁》篇"能以礼让"章何晏集解作:

> 子曰:能以礼让为国乎何有?注:何有者,言不难。不能以礼让为国如礼何?注:包曰:如礼何者,言不能用礼。④

---

① 详见《中文大辞典》,台北:中国文化研究所1968年版,第5111页。
② 洪适:《隶释 隶续》,中华书局1985年版,第81、84页。按:《文渊阁四库全书》电子版《隶释》卷七《山阳太守祝睦后碑》"谖"作"复",误。
③ 顾蔼吉:《隶辨》卷四,《文渊阁四库全书》本。
④ 《论语注疏》卷四,《文渊阁四库全书》本。

皇侃（488—545）义疏：

> 云"能以礼让为国乎何有"者，"为"犹治也，言人君能用礼让以治国，则于国事不难，故云"何有"，言其易也。故江熙曰："范宣子让，其下皆让之，人怀让心，则治国易也。"云"不能以礼让为国如礼何"者，若昏闇之君，不为用礼让以治国，则如治国之礼何？故江熙曰："不能以礼让，则下有争心。锥刀之末，将尽争之，唯利是恤，何遑言礼也？"①

邢昺（932—1010）疏：

> 此章言治国者必须礼让也。"能以礼让为国乎"者，为，犹治也。礼节民心，让则不争。言人君能以礼让为教治其国乎？云"何有"者，谓以礼让治国，何有其难，言不难也。"不能以礼让为国"者，言人君不能明礼让以治民也。"如礼何"者，言有礼而不能用，如此礼何！②

朱熹集注：

> 让者，礼之实也。何有，言不难也。言有礼之实以为国，则何难之有？不然，则其礼文虽具，亦且无如之何矣，而况于为国乎？③

蔡节（1246 年为朝散郎）指出："晦庵朱氏曰：此当分为三句，中句至国字为绝。"④ 如此，当断句为：

> 子曰："能以礼让为国乎何有，不能以礼让为国，如礼何？"

---

① 《论语集解义疏》卷二，《文渊阁四库全书》本。
② 《论语注疏》卷四，《文渊阁四库全书》本。
③ 朱熹：《论语集注》卷二，《四书章句集注》，《文渊阁四库全书》本。
④ 蔡节：《论语集说》卷二，《文渊阁四库全书》本。

但"何有"与"如何"是相对的。何晏集解:"何有者,言不难。"这是古代的常用语,用反问的语气表示不难,是"有什么",即"算不了什么","没有什么难",也就是"有何困难"的意思。如《雍也》篇:

> 季康子问:"仲由可使从政也与?"子曰:"由也果,于从政乎何有?"曰:"赐也可使从政也与?"曰:"赐也达,于从政乎何有?"曰:"求也可使从政也与?"曰:"求也艺,于从政乎何有?"

《述而》篇:

> 子曰:"默而识之,学而不厌,诲人不倦,何有于我哉?"

《子罕》篇:

> 子曰:"出则事公卿,入则事父兄,丧事不敢不勉,不为酒困,何有于我哉!"

"于从政乎何有",即"于从政"有何难;"何有于我哉",即"于我"有何难。

《论语》多有"如……何"的句式,表达的都是否定的意思。如《八佾》篇:

> 子曰:"人而不仁,如礼何?人而不仁,如乐何?"

"如礼何"是对"礼"的否定,"如乐何"是对"乐"的否定。《述而》篇:

> 子曰:"天生德于予,桓魋其如予何?"

"桓魋其如予何"是对桓魋行为的否定,即桓魋不能把我怎么样。《子罕》篇:

> 子畏于匡。曰："文王既没，文不在兹乎？天之将丧斯文也，后死者不得与于斯文也；天之未丧斯文也，匡人其如予何？"

"匡人其如予何"是对匡人行为的否定，即匡人不能把我怎么样。《宪问》篇：

> 子曰："道之将行也与？命也。道之将废也与？命也。公伯寮其如命何！"

"公伯寮其如命何"，即公伯寮拿"命"没办法。《子路》篇：

> 子曰："苟正其身矣，于从政乎何有？不能正其身，如正人何！"

"于从政乎何有"，表示的是对"从政"的肯定；"如正人何"，表示的是对"正人"的否定，即不能"正人"。这里"何有"与"如……何"相对，其意义相反，非常明显。

正因为看到"何有"与"如……何"相反为义，所以今人一般都否定了传统的"分为三句"的标点，将此章"子曰"的内容断为四句，即：

> 子曰："能以礼让为国乎？何有？不能以礼让为国，如礼何？"①

目今学界人皆本之。

不过，笔者认为，这一断句还是有问题。

"能以礼让为国乎"、"不能以礼让为国"的断句历史悠久，从上述皇侃《义疏》到邢昺《疏》都是如此。《汉书·匡衡传》匡衡引"孔子曰：能以礼让为国乎何有？"颜师古注："《论语》载孔子之言，谓能以礼让治国，则其事甚易。"② 也是以"礼让为国"连读。《盐铁论·轻重》载文学曰："礼义者，国之基也，而权利者，政之残也。孔子曰：'能以礼让为国乎？何有。'"其《诛秦》篇文学又曰："夫礼让为国者若江、海，流

---

① 杨伯峻：《论语译注》，第38页。
② 《汉书》卷八十一，中华书局1962年版，第3334—3335页。

弥久不竭，其本美也。"特别是《汉书·韦贤传》韦玄成友人侍郎章上疏、《后汉书·刘般传》贾逵上书及《列女传》曹世叔妻上疏所引皆以"礼让为国"为读①，可见汉儒已开其端。

但程颐（1033—1107）却说：

> 礼者为国之本。"能以礼让"，复何加焉？"不能以礼"，将"如礼何"？无"礼让"则不可以"为国"也。②

与朱熹同时的张栻（1133—1180）也说：

> 为国以礼，其言不让，夫子所以哂季路。然则能以礼让，固为国之本，盖和顺辑睦之所由兴也；不能以礼让，则其为国也，将如礼何？谓礼虽在，天下其将如之何哉，是亦无以为国矣。③

所谓"能以礼让，固为国之本，盖和顺辑睦之所由兴也；不能以礼让，则其为国也，将如礼何"，显然是将此章断作：

> 子曰："能以礼让，为国乎何有！不能以礼让，为国如礼何！"

以"礼让"断句，将"为国"归下读，表面上看与《先进》篇"曰：'夫子何哂由也？'曰：'为国以礼，其言不让，是故哂之'"有矛盾，实质并无冲突。"为国"之"为"，皇侃义疏云"犹治也"，是"为国"即治国。此章是一正一反讲"礼让"对于治国的重要性。"能以礼让，为国乎何有"是正说，是从正面肯定"礼让"对于治国的意义；"不能以礼让，为国如礼何"是反说，是从反面强调不讲"礼让"，则不能治国。可见"能以礼让"与"不能以礼让"都是条件分句，而"为国乎何有"与"为国如礼何"都是结果分句。弄懂得了此章的逻辑结构，就只能以"礼让"断句。

---

① 《汉书》卷七十三、《后汉书》卷六十九、卷一百十四。
② 《程氏经说》卷七，《文渊阁四库全书》本。
③ 张栻：《癸巳论语解》卷二，《文渊阁四库全书》本。

今人对此章的文字有一些改动的意见,也值得注意。程石泉说:

> 据《后汉书·刘恺传》贾逵上书引此文作:"能以礼让为国,于从政乎何有?"又据《后汉书·列女传》曹世叔妻上疏引文亦作:"能以礼让为国,于从政乎何有?"且依上下文意应增"于从政"三字。①

杨朝明说同。② 如此,该章就当作:

> 子曰:"能以礼让为国,于从政乎何有!不能以礼让为国,如礼何!"

黄怀信也说:

> "于从政"三字旧脱,《后汉书·刘般传》贾逵上书及《列女传》曹世叔妻上疏所引补,而"从"又疑当作"行"。如礼何,"礼"字疑当作"政",涉前误。③

如此,该章就当作:

> 子曰:"能以礼让为国,于行政乎何有!不能以礼让为国,如政何!"

这些意见,虽颇富启发,但揆之上下文,皆不可取。

以"乎何有"句上脱"于从政"三字,虽有《后汉书·刘般传》贾逵上书及《列女传》曹世叔妻上疏所引为证,但并不足取。因为如皇侃义疏,"为国"即治国,再紧接着说"于从政",也还是讲治国,实在是

---

① 程石泉:《论语读训》,第51页。按:程氏1972年在香港、1975年在台北先知出版社出版《论语读训解故》,当为《论语读训》前身。
② 杨朝明:《论语诠解》,广陵书社2008年版,第32页。
③ 黄怀信:《论语新校释》,第82页。黄怀信等《论语汇校集释》第334页说同。

重复，完全没有必要。改为"于行政"本质上也还是一样，叠床架屋。

黄怀信将"如礼何"改为"如政何"，是看到了条件分句"礼让"和结果分句"礼"内容相同的问题。比如杨伯峻就将"不能以礼让为国，如礼何"翻译成"如果不能用礼让来治理国家，又怎样来对待礼仪呢？"①从字面上看，我们不能说杨氏的翻译不好。但从逻辑上看，的确有毛病。但黄氏改"礼"为"政"，"如政何"与上句"何有"句式也还是不协，而且"政"与"为国"也还是重复，因此还得另求新解。

笔者认为"如礼何"句中的"礼"当涉上文"礼让"之"礼"而衍，"如礼何"当作"如何"。

"如何"意义则与"何有"相反，是"奈何"，"没有什么办法"的意思，是用反问的语气表示否定，表示不能怎么样。这在《公冶长》篇可以看得很清楚：

> 子曰："臧文仲居蔡，山节藻棁，何如其知也？"

"何如"即"如何"，"何如其知"即"其知如何"，也就是"其智不怎么样"，表示的是对臧文仲"其智"的否定。同理，此章"为国如礼何"当作"为国如何"，即"治国不怎么样"，表示的是对其治国的否定。懂得这一道理，此章就当读作：

> 子曰："能以礼让，为国乎何有！不能以礼让，为国如何！"

孔子这是说：（为上者）能依礼谦让，治理国家有什么困难呢！如果不能依礼谦让，治理国家又能怎样！很明显，孔子如此强调"礼让"对治国的重要，应该是针对鲁国执政的季氏僭越礼制而言的。

三 "不患无位"章考

《里仁》篇又载：

---

① 杨伯峻：《论语译注》，第38页。

子曰："不患无位，患所以立；不患莫己知，求为可知也。"

何晏集解："包曰：求善道而学行之，则人知己也。"①

皇侃义疏："云'不患无位，患所以立'者，时多患无爵位，故孔子抑之也。言何患无位，但患已才闇无德以处立于位耳。云'不患莫己知也，求为可知也'者，又言若有才伎，则不患人不见知也，故云'不患莫己知'也。若欲得人见知，唯当先学才伎使足人知，故云'求为可知也'。"②

邢昺疏："此章劝学也。'不患无位'者，言不忧爵位也。'患所以立'者，言但忧其无立身之才学耳。'不患莫己知'者，言不忧无人见知于己也。'求为可知也'者，言求善道而学行之，使己才学有可知重，则人知己也。"③

所谓"求为可知"，杨伯峻译为"去追求足以使别人知道自己的本领好了"④；黄怀信译为"求取可以使人知道的本领"⑤；黄克剑解为"追求那些值得为人所知的东西"⑥。皆是以"求"为"追求"、"寻求"、"求取"。

不过，也有一些不同的意见。萧民元认为："'为'是指'有所作为'。而'求'字，与其解成'追求'，不如解成'致力于'或'努力于'。合解'求为可知也'就是：'只要你致力于有所作为，替老百姓多做些真正有益的事，你的名声，自然就可建立起来了。'"⑦

程石泉则认为：

> 按此章上下文理应缺一"患"字。此类联锁对比文句已数见于《论语》，如"不患人之不己知，患不知人也"（《学而第一》），"子曰不患人之不己知，患其不能也"（《宪问第十四》）。又此章前段作"不患……患……"后段亦应作"不患……[患]……"故"求为

---

① 《论语注疏》卷四，《文渊阁四库全书》本。
② 《论语集解义疏》卷二，《文渊阁四库全书》本。
③ 《论语注疏》卷四，《文渊阁四库全书》本。
④ 杨伯峻：《论语译注》，第39页。
⑤ 黄怀信：《论语新校释》，第83页。
⑥ 黄克剑：《〈论语〉解读》，中国人民大学出版社2008年版，第70页。
⑦ 萧民元：《论语辨惑》，中国社会科学出版社2001年版，第59页。

可知"前应有一"患"字。①

如此，此章就当作：

> 不患无位，患所以立；不患莫己知，[患]求为可知也。

按：萧氏文辞有欠通顺，可不予置辩；而程石泉的意见则是正确的。《卫灵公》篇也说："君子病无能焉，不病人之不己知也。"《论语·学而》《宪问》《卫灵公》的以上三例中，"不患"与"患"，"不病"与"病"都是相对应的。此章也当如此，上句既言"不患"，下句就当有"患"相呼应。所以，"求为可知也"前当补"患"字。

但补了"患"字后，问题也来了。"[患]求为可知也"，语气不顺，实为不辞。这应该就是前贤视而不见，不敢补"患"字的原因。

定州汉简本《论语》的出现为解决这一问题提供了契机。其简七一载：

> 子曰："不患无位，患所[以立；不患莫己知，未为可知也]。"②

方括号内的文字，根据《定州汉墓竹简〈论语〉》一书的"凡例"，是"因唐山地震扰动残损的""简文"③，并非后人所补。因此，还是可以信据的。

赵晶指出：简本"求"作"未"。此句若依通行本，后两句多解释为："不怕没有人知道自己，去追求足以使别人知道自己的本领好了。"或"不担心没有人知道自己，而是追求自身所拥有的。"如依简本，可解释为"不担心没有人知道自己，（而是担心自己的水平）还没有达到让别人知道自己的地步"。根据前一句"不患……患……"的句式来看，简本应更佳。④

---

① 程石泉：《论语读训》，第51页。
② 河北省文物研究所定州汉墓竹简整理小组：《定州汉墓竹简〈论语〉》，文物出版社1997年版，第20页。
③ 同上书，第8页。
④ 赵晶：《浅析定州汉简本〈论语〉的文献价值》，《浙江社会科学》2005年第2期。

这一意见是正确的。根据定州汉墓竹简本《论语》，今本的"求"当作"未"。再依据前一句"不患……患……"的句式，在"未为可知也"前当补出"患"字来，"患未为可知也"，即"患不为可知也"。这样，自然也就文从字顺了。

由此可见，此章当作：

子曰："不患无位，患所以立；不患莫己知，患未为可知也。"

孔子这是说：不怕没有官位，就怕自己没有做官的本领；不怕没人知道自己，就怕自己没做能让人知道的事。

定州汉墓竹简本《论语》此句没有"患"字，是其失；其"求"作"未"，保存了《论语》祖本的原貌，则弥足珍贵。不过，"未"今本怎么又写成了"求"字了呢？值得探讨。

笔者认为当是形近而讹。"未"字《三体石经·多方》作"&#xFFFD;"、《说文·未部》作"&#xFFFD;"、《睡虎地秦简》二四·四〇作"&#xFFFD;"，而"求"字《诅楚文》作"&#xFFFD;"。马王堆简帛文字中，"未"写作"&#xFFFD;"、"&#xFFFD;"、"&#xFFFD;"、"&#xFFFD;"，"求"写作"&#xFFFD;"、"&#xFFFD;"①，两者字形相近，非常容易相混。因此，在辗转传抄的过程中，后人将"未"错写成"求"，是很有可能的。

《论语·里仁》篇的文献释读还有另外一些问题，笔者另文再做讨论。

---

① 陈松长等：《马王堆简帛文字编》，文物出版社2001年版，第598—599、354页。

如琢如磨:《论语》中的人性与道德修养

澳大利亚麦克理大学　陈　慧

子贡曰:"夫子之言性与天道,不可得而闻也。"① 无待子贡说明,《论语》的读者也会同意,论语没有对"性"作系统性的论述。另一方面,人性之论,屡见于《孟子》《荀子》及新近出土的文献,可见它在战国的时候颇受注意。人性这个概念的发展,不会一蹴即就臻于成熟,其过程是有迹可寻的,探其本源,可追溯到《论语》中的一些雏形的概念。② 本文从璞玉的比喻着眼,论述人性优劣并存的本质而需要切磋琢磨以去瑕见瑜。通过研究孔子的语录,特别是探索《论语》中有关克己修身的论述,本文旨在揭示其潜文本③的内涵意义,从而论证人性本质与文化修养能相辅相成地完成人类的道德发展。

一　人性论述的概况

《论语》成书于战国时代(约前475—前221),所载皆为孔子的言行与孔门师生藏修游息间的讨论。它的编写并非出自一人之手,而是由孔子的弟子与再传弟子汇编成书,此见已是一般的共识。无论如何,《论语》作为儒家早期的文献,记录了孔子和他的弟子,以儒学守护者的身份阐发

---

① D. C. Lau, *Confucius—The Analects*, London: Penguin, 2000, p. 40. 本文所引述的《论语》章句皆本自刘殿爵所编的中英双语本。
② Steven Van Zoeren, *Poetry and Personality*, California: Stanford University Press, 1991, p. 26.
③ "潜文本"即文学批评用语"sub-text",一般译作"潜台词",这里宜译作"潜文本"。"Sub-text"是指未有说明的隐意。见 J. A. Cuddon, *Dictionary of Literary Terms & Literary Theory*, London: Penguin Books, 1998, p. 877。

以仁、礼与道德修养为纲目的思想。本文有关克己修身与人性的讨论，建基于《论语》整体的解读。今本《论语》所载有关孔子其及其言行，无非反映作者对一代宗师的理解与表述，而本文中的"孔子""儒"及"儒家"等用语，乃约定俗成的意指，未必印证史实中的孔子。

上下文提出《论语》有关人性的记载只有两章，一为子贡说："……夫子之言性与天道不可得而闻也。"（《论语·公冶长》）二为孔子所言："性相近也，习相远也。"（《阳货》）西方学者对"性"之一词多义见诸他们的翻译。William G. Boltz 辩称《论语》中"性"的遣词用意不含哲学意识；它没有清晰地承担起英文"human nature"所意指的那股凝重感；这可能是基于后世不同时代的理解。① 另一学者 Leys 则认为子贡所言"性"者，应该被理解为"*natura rerum*"即物之本质。纵然如此，大多数学者均理解"性"等同人性"human nature"。② 笔者认为广义的"性"既是物类之本质，则不能将人之本性排之于外，最低限度，在"性相近，习相远"的文理中，"性"理应理解为人性，以下的讨论，皆以此为重心。

孔子所谓"性相近，习相远"的意思，是认定人性先天的本质区别不大，其互异之处乃后天的教习所致，故社会风尚对性格的形成有决定性的影响。孔子简洁的论述未给人性一词下定义，令学者感觉他对此概念的认知不足，或言之未尽，更对人性本质善恶的问题没有作出肯定表态。

孔子璞玉之说与告子之以杞柳为桮棬的比喻有异曲同工之妙；二者皆指向一个手艺加工的过程。孟子以自己的理解去辩证这个过程，以让玉石的天然光彩、等同人性的美善得以彰显。告子则视玉石之雕琢为砍斫人本生之性。荀子则以礼为切除人类恶性之必然工具。

二 璞玉：《论语》中"性"的文本与潜文本

如上文所述，孔子唯一阐释人性的论述只是认定人与人之间本生之性相去不远，其后之差异乃后天教习使然。孔子此说颇为含糊，故不能以之

---

① 见 William Boltz, "Logic, Language, and Grammar in Early China," *Journal of the American Oriental Society* 120, no. 2 (2000): 225n11.

② Leys, *The Analects of Confucius*, W. W. Norton & Company, 1997, pp. 141–142.

为他对人性的批判。

在孔子与子贡的对话中，人性被隐喻为一块璞玉，它潜藏着浑成的美[①]与瑕疵。它需要切磋琢磨[②]以去其瑕疵以致其美感得以呈现。然而这比喻之隐，玉石一词在文中不着一字，但经过字里行间的折射却能显出潜文本所意指的玉石。在《论语》别处，孔子喜不自禁地以美玉自居而求善贾而沽（《子罕》13），以之喻己之待邀出仕。孔子身为君子贤人之模范，并非生而为美玉。当他回顾自己的道德修养过程时曾说："吾十有五而志于学，三十而立，四十而不惑，五十而知天命，六十而耳顺，七十而从心所欲，不踰矩。"（《为政》）此章暗示孔子曾经历过一番修养的过程，在他不同的生命历程中不断学习的因果特性。孔子之由学致德的思维是儒家的理论中心，是先对人性有了深入的了解而立论的。《论语》多次提及孔子施教的目标是通过文化的熏陶，即以文与礼作为道德修养的渠道："博我以文，约我以礼。"（《雍也》《子罕》《颜渊》）其中的反义词"博"与"约"意味着人性之中有一些本质需要开发，另一些需要约束。道德修养并非去人性化，而是去芜存菁，于人性与教化之间取得最佳的平衡。故孔子说："质胜文则野，文胜质则史。文质彬彬，然后君子。"[③] 这话的主要概念是"质"与"文"。"质"关乎性，即原始的、先天的本性资质，"文"是后天的、人为的纹饰形相。[④] 孔子认为一个有教养的君子，有的是他天然的"质"、与他受教化影响所展现的"文"相对地处于和谐的状况。子贡平等地看待文与质而回应孔子："文犹质也，质犹文也。虎豹之鞟，犹犬羊之鞟。"（《颜渊》8）[⑤] 即是说：文化习尚与天然本性同

[①] See Donald Munro, *The Concept of Man in Early China*, Stanford: Stanford University Press, 1969, p. 80. 笔者用"潜藏浑成的美"代替了"天然浑成的美"（potential goodness）以之强调人性自然的美需经修养过程始可彰显。

[②] 《论语·学而》5；Lau, 6. 孔子亦用"瓠"（《雍也》25；Lau, 52）和"瑚琏"（《公冶长》4；Lau, 36）比喻美好的性格。这些器皿都是用上好的玉石或木经过一番切磋琢磨而成的。

[③] 《论语·雍也》，"野"在此解作粗糙，不精致，简朴或野蛮。

[④] 质，躯也（《广雅·释言》）；质，犹本，又主也（《广雅·释诂三》）。而性，质也（《广雅·释诂三》）。

[⑤] Waley 评述这章谓："出身高尚的人可能有条件以文化装饰其外表，以求出众，虽然出身高尚是汲取文化的重要条件，但单靠此不足以成为儒家所谓的君子。" Arthur Waley, Reprint. Beijing: Waiyu Jiaoxue yu Yanjiu Chubanshe, 1998, p. 149 (Footnote 3).

样重要，去掉虎豹之毛（文化习尚），则与羊犬之革（天然本性）相去不远，无甚足观。

"文"与相对的"质"的基本理解，见诸上述以动物毛皮作比喻的论述。这段话认定了文化的提升与天然禀赋的对应。孔子认为，合宜的社会与文化习尚可以赞人类质素之化育而使之完善。一如动物的毛皮，是动物之被认定为动物的标记和它本质的特性。同样地，文—文化习尚的精粹—亦被认定为人类特有和不可或缺的特征。虽然这个比喻没有刻意地将性归类为人性，但它设想了质与文是互相补足的，两者共同订定和促成人性的完善。至此，我们可以进一步从自我完善和知礼的脉络里，讨论蕴含在《论语》中"性"的概念。

在儒家思想的脉络中，天然本质结合礼的学习，即文化习尚与道德修养，是指向内在本质与外界的互动；两者互相配合以完成人类的发展。内在本质只可以解释事物成因的局部，人类先天既定的特性或基本质素，不可以自动地完成这发展过程。"存在"与"进化"的过程亦是通过实践，从外界获取知识。与其将人性定义为内在固定的特质，孔子认为性应该被正确了解为人的本质与社会文化的调和。下文的讨论皆本此基调。

三　如琢如磨：《论语》中的道德修养

在自我修养的脉络中，人性被视作人的天然本质是有感情的禀赋的。在新出土的战国竹简文献"性自命出"中所提及的"情"是涉及感情和感觉的。《性自命出》提醒了我们，"心"掌握了性，但性经外物所刺激，生而为气，发诸外为情。在一定的程度上《性自命出》补充了存世文献之不足，帮助我们理解《论语》中"性"的概念。

"情"字只在《论语》里出现过两次，而且不作感情或感觉解，但《论语》并非不谈性论情。情由性生，情反映了人性的维度亦是自我修养的基础。以性的定义去理解情，可见性与情在两方面有紧密的关系。如果我们认定性是指先天既定的禀赋和预设的生存和生长的倾向，情作为性的一部分就指向（1）自然的情感表征，包括林林总总的情绪，对感情领会的自然能力和天赋的气质；（2）持续发展的情感与心理倾向，以之表达人在特定环境内回应受外物激发的需求、满足和欲望。视情况而论，以上皆可解释为自然的情感反应，自然/真实的情绪，甚至对道德的敏感度。

从气的角度去了解性，就是受外物所激发的反应，因而生情。感觉是我们带着价值观的对外联系。这暗示了情感是随外来的刺激，亦视乎主体对之反应而变。最后，当情成为一惯常的感觉或情绪的倾向时，便成了性的部分。以下所讨论有关《论语》对情的表述乃建基于此理解。

《论语》所谈及的情感与思觉，实与人如何认知和反应外在的环境息息相关。孔子被描绘为一个公开表达感情的人；他对韶乐狂热的喜爱，听后三月而不知肉味（《述而》14）；他为颜回之死而恸哭（《述而》9,《先进》9、10）；更没有掩饰他对未能伸展抱负的失望（《子罕》5）。《论语》中更见整系列有关感觉与情绪状态的描述：爱、恶、喜、怒、忿、怨、乐、悦、哀、耻、欲、惧、畏、愠等。

情感是带有善与恶的道德性的。孔子是接纳人性的自然反应而非将之排除于道德生命之外，他要求修养善的自然反应而控制恶的。他指出个人的情感反应对道德修养是否成功有决定性的影响。若个人志于寻找道德的至善，则需要有此欲念与动力："我欲仁斯仁至矣"（《述而》30）正是此意。孔子的道德观强调感情官能与承担道德原则的结合，表现为悦、安与乐的感受。

另外，情感可以是自私的，冲动的，甚至具有破坏性。孔子警告说极端的情绪可以左右我们的判断力（《颜渊》10、21）。相反，孔子称赞颜回从不迁怒于他人（《雍也》3）。孔子想暗示的，是有仁德的人能喜爱憎怨而不含恶意或偏见（《里仁》3、《雍也》3）；能认识到仁能够支配、控制、调节和管理施诸他人的情感。孔子清楚地指出，没有礼，情感的冲动就流于毫不检点的表达：子曰："恭而无礼则劳，慎而无礼则葸，勇而无礼则乱，直而无礼则绞。"（《泰伯》）

失诸平衡与不良的情绪会引至我们感官的失控甚至败坏；本是正常的欲念以始却因沉湎过度而终，而苦痛生焉。如能节之以礼，则生命的和谐就可以实现最高的理想。[①] 在节制不良的感情之时，同样重要的是秉持及发展正面的情感与精神状态。孔子在他的论述中清楚地解释礼与耻和敬的关系，两者都是孔子高度重视的精神状态[②]，因为它们能够引导人心认识

[①] 礼有道德性和宗教意义的维度。孔子指摘埋没礼志的冲动，因为这可以造成混乱；他多次批评弟子缺乏计划的行为。习礼就是保障正面的精神状态和调节情感。见《论语·卫灵公》《阳货》。

[②] "耻"与"敬"乃孟子之所谓四端之二。

道德的终极价值。对此孟子有不同的见解，他认为耻和敬等态度是天赋予人的，而人皆有之于心的，孔子却暗示耻和敬的感觉，是由天赋的感情与从汲取道德原则、社会标准和习尚的认知合成的，后者在孔子的思维中都浓缩于礼这概念之中（《为政》3）。天或赋予人类感情的核心从而产生羞耻的感觉，但是何以为耻是要经过汲取经验，更因文化习俗而异。礼的重心在于将正面的感情和态度持久化而使之成为习惯。知礼然后知耻，知耻然后远恶，远恶然后至善。① 同样，"畏"的感觉始于认识到人之不足与人与宇宙之间无以名状的关系。当对负载着道德真理与圣人典范的天命产生崇敬的心时（《季氏》8），将会强烈地启迪我们生命的每一环节醒悟与成长。敬的感觉同样使我们持善以恒而完满地生活。

道德修养是通过学习和文化的影响，以启动和净化天赋禀性的过程。而人性中道德的元素是否得到启动有赖外在的因素：如果影响是正面的——例如礼乐——则可以达至先天性情与社会习尚的统一和谐。在《论语》的细节里可以发觉仁与礼的互动作用。

孔子认为群体感或社会意识对人类的发展相当重要。② 孔子为仁下的定义，亦是被认为最重要的道德质素，是"仁者，爱人"（《颜渊》）。这种"爱"——一种群体感或社会意识——构成了人类的要素。"仁"字的结构是"二人"，意味着道德与人际关系的紧密联系。社会意识是否天赋？孔子暗地里假设它的发展始于孩提初次的社会接触。对孔子来说，群体感始于家庭——孩童对父母与兄弟姊妹自然的感情。这些感情（如亲情、孝敬、对家庭的责任感等，孔子认为都是基本的群体感由个人投射到广大的社群）疑是由孩童回报亲情所发展的。③ 这种联系感、归属感和责任感都是经过环境和教育培养的个人经验。与此相关的由人的官能感觉所

---

① 《为政》3。对孔子来说，刑法与礼最大的分别在于：刑法树立合法行为的标准，但没有鼓励性使人乐于遵守。它只能发生阻吓作用，使人回避刑罚。反之礼帮助人培养正面的精神状态，例如羞耻之心可以提醒人检点行为。孔子重视礼因为它对人的情感和精神状态有更大的影响力，从而影响人的道德生命，比刑法更为深刻。

② 笔者借用 Alfred Adler（1870—1937）的"社会意识"（feelings of community）。德文原文"Gemeinschaftsgefühl"被翻译成社会感、社会兴趣和社会触角。见 Henry Stein and Martha Edwards, *Classical Adlerian Theory and Practice*, http://go.ourworld.nu/hstein/theoprac.htm。

③ 孔子在与弟子宰我讨论三年之丧时肯定了这论点。孔子不同意宰我提议将三年居丧期缩短至一年，他说人之觉得需要守三年之丧因为曾经受父母之怙恃。他只能假设宰我未曾感受过父母之爱所以提出缩短居丧期。《论语·阳货》21。

产生的礼的特性，礼是被认为人类和谐相处的基本[①]，因为它不只制约了人性负面的倾向，而且更启动和彰显了人性的善。[②] 人性的特质与能力产生了合符道德的官能感觉与精神；它们符合道德因为它们自然的情感倾向利于道德的发展，以待外在刺激的唤起。

基于人性发展的讨论——先天禀赋与文化的联系，与对外界的自然反应——我们可以进一步探讨人为社会成员的问题。对孔子来说，个人的社会成员的身份，是由社会规则和社会关系所定性的（即个人隶属于一个社会架构和秩序）[③]；个人受其社会地位、共识和习惯所约束，因而对个人性格的形成造成深远的影响。孔子甚为重视个人对自己所处的社会位置的认知，以及如何履行礼制所赋予的责任（为父、为子、掌权执政者）。个人与他人的交往（人与文化，古人与时人）虽然不可落实，但是必然影响个人的认受性（《雍也》30）。孔子有关人的发展是基于他对于人是社会成员的认知和理解。

在承认人之可以受教及人有从善的能力的同时，孔子认为实行自我规范的能力却因人而异。[④] 只有少数的人可以完全理解礼的权威性，更少人能够对追求道德真理持之以恒。[⑤] 大多数人的行为与精神状态都是基于他们对社会成规和教育的反应——人有自然反应的倾向，而这些倾向都是因应时间与环境而产生的。所以不能期望所有人都懂得社会秩序的道理；普罗大众（所谓民）需要道德的指引，如果环境——教育、文化熏陶与道德模范等配合——他们就倾向从善。这里提醒了我们告子与孟子有关水的

[①] 孔子的弟子清晰地指出礼的作用在于缔造和谐。《论语·阳货》21。
[②] 《礼记·礼器》："礼，释回，增美质。"孔颖达疏："礼非惟去邪而已，人有类性也，礼又能益之也。"亦见 Philip J. Ivanhoe, *Confucian Moral Self Cultivation*, 2nd ed., Indianapolis, IN: Hackett Publishing, 2000, p. 5.
[③] 孔子和他的弟子都认识到他们的人生目标是改革政治以缔造理想的社会。而身处社会政治动荡的时代，他们并没变为隐士或虚无主义者以逃避现实。他们耻于违世独立与鸟兽同群；认为与政治脱节、简单的农耕生活并非高尚的表现。孔子自问：如果舍却人类，能与谁同群？《论语·微子》6。
[④] 孔子因人的天赋道德能力分人作四等："生而知之者，上也；学而知之者，次也；困而学之，又其次也；困而不学，民斯为下矣。"《论语·季氏》。孔子亦说："我非生而知之者，好古，敏以求之者也。"《论语·述而》。
[⑤] 《论语·泰伯》9。子曰："民可使由之，不可使知之。"

比喻。孔子多次论述当权者的责任常见于《论语》。① 《论语》肯定了在社会环境内政府须树立标准并且选用正直的人以领导民众（《为政》19、20）。所以，孔子常强调真正的精英阶层有真实的品德并不为过誉，他们应该领导民众修养品德。孔子论及如果要使民众对道德认真，政府须揣摩教导和带领民众之方法，以致道德成为社会规范的一部分。

下列的对话表明了自我修养与外在影响互动的关系：

> 颜渊问仁。子曰："克己复礼为仁。一日克己复礼，天下归仁焉。为仁由己，而由人乎哉?"（《颜渊》）

此章有三大含义：第一，克己对成仁至为重要。孔子所谓克己的意思是刻意地制约一己不良的欲望、情感与行为。合理地规范鲁莽的情感与行动是回复礼的初阶。这论述间接指出人性的实况和自我转化的需要。孔子确指人须守礼始可以实现最高道德的仁，同时亦指出人不是天生就可以实行道德而是需要指导的。如这解读是正确的话，认为孔子有人性本善之说未免过于武断。② 然则孔子是否认为人性本恶？颜回与孔子的对话透露了些端倪。当颜回问及如何克己复礼时，孔子答道："非礼勿视，非礼勿听，非礼勿言，非礼勿动。"（《颜渊》）

上文有关人性的论述可以这样解读：其中的一个可能性是人与外界接触的时候（通过视、听与最后行动），外物影响我们的本质。孔子克己的言下之意，可能是通过习礼以防止一己受外物不良的影响。这说法符合以上我们对人的社会性的理解。即，作为社会人，个体的性是处于不断被塑造的过程。孔子认识到接受道德的规范就是蓄意地不看不听任何不合礼的事物。他赞成选择性的认知：只收看或收听合礼的事物，眼和耳的感官就会发展防御性的功能，从开始就杜绝不合礼的事物，行之有素的结果，是个人习惯只行合礼之事。孔子就此确定示民以德和导民以礼的好处是除了

---

① 这与康德（Kant）的理论相媲美："所有知识的源头是感觉官能，进而理解，最后成于理智。"孔子亦说："多闻，择其善者而从之，多见而识之，知之次也。"《论语·述而》28，《为政》18；Lau, 62, 15。

② Fingarette 论称人生而为原料而已，他/她需要经过文化的熏陶和学习，受礼的约束始得充实。他认为礼有"神奇"的力量帮助人建立真正的人格。Herbert Fingarette, *Confucius: The Secular as Sacred*, New York: Harper and Row, 1972, pp. 3, 21.

民众知耻之外，他们更自我改善。通过蓄意的认知和重复的实践，合宜的行为始可以内化成为动机与意欲。

上述对话的第二点启示，就是对孔子来说，礼之为用是它为所有人类活动的范畴定下社会标准。守礼不单是个人对完美的追求，更是达至社会秩序的途径，以至"天下归仁"。"归"与克己复礼的"复"意味着仁与礼的共存并有连带关系；人有仁的潜质，若不守礼则会为外在世界所影响而消失；而礼作为文化和社会习尚是要彰显仁的原则。

以上的讨论偏于认定外在环境与有关的蓄意行为是塑造人的道德性格的重要因素。但是在同一章内，孔子确定了道德修养的过程是来自个体的积极性行动。事实上前文提及，个人凭感觉而渴求某事物，将内在的动力发挥为行动而获取之。人通过认知是有能力将道德规条即礼，加诸自己的。这观点清楚地包含在孔子所谓："为仁由己，而由人乎哉？"这话带出另外一个概念，就是"心"在道德修养方面的作用。

四 "心性"之为用

孔子清楚地指出，自我修养是一个辛勤而永不休止的"切磋琢磨"的过程。个人须全力以赴以知礼，这不单是一个系统和仔细的过程去学习内涵丰富的文化，而且需要不停地以正确的判断去思考及反省周遭环境的现实。更重要的是个人坚守道德原则的决心，不为任何事物所动摇。

守道者最大的挑战莫如极度的物资缺乏或社会逆境。孔子没有否定人的生物性需求，例如，人类对优越物质条件的追求，① 他毫不讳言，说自己亦随时执鞭以求富（《述而》12）。这或可以作为孔子不认同追求个人福祉为"恶"的论证。只是一旦名利与正义有所冲突，后者必然是优先的选择（《述而》16）。孟子鱼与熊掌的比喻说得更清楚："鱼，我所欲也；熊掌，亦我所欲也。二者不可得兼，舍鱼而取熊掌者也。生，亦我所欲也；义，亦我所欲也。二者不可得兼，舍生而取义者也。"② 颜回是唯一能赢取孔子不断高调称赞的弟子。颜回在《论语》中的形象是：起居饮食皆匮乏（《雍也》11），无时违仁，孜孜好学，处贫而不改其乐，不

---

① 《论语·里仁》5。子曰："富与贵，是人之所欲也……"
② 《孟子·告子上》10。孟子以鱼与熊掌比喻生与义。

求名利。持恒、坚定、好学、无心追求改善物质享受或社会地位，均是一个完美的道德爱护者的质素。将道德转化成为自然习性的关键是"恒"或谓决心。孔子曾经评价颜回在贫穷中对仁的热诚说："其心三月不违仁，其余则日月至焉而已矣。"（《雍也》）这段话一般被认为是称赞颜回对道德追求的坚持，但它同时确认了心是决定道德实践的去向和坚持的主要动力。它亦透露了最坚定的道德持守亦会被穷困所动摇。颜回以追求道德为乐，贫穷不可以动摇他的意志，或分散他守道的心（《雍也》11）。

"心"字出现在《论语》里虽然只有六次，但明显地孔子已在塑造"心"的概念在道德修养中所起的作用。在我们追求物质或道德的过程中，孔子认为我们应该选择道德。这见于"用心"一词（《阳货》22），"其心三月不违仁"，"从心所欲不逾矩"（《为政》4）等用词。道德原则的学习与实践可以将之内化而为自然习性，则可使人随心所欲而行而不至于逾越道德的界限。孔子所谓"心所欲"可被定义为深邃的道德、情感的直觉意识。它是人的身心跟更伟大的事物的连接。当人达到将道德意识化为自然习性的境界的时候，个人的思想、意欲行为都很可能与道德原则接轨（《为政》4）；虽然下列的章句没有直接提到心，但它们暗示着精神力量、意欲与抉择，都是积极地参与对道德的追求。孔子说：

1. 仁远乎哉？我欲仁，斯仁至矣。（《述而》）

2. 吾十有五而志于学。（《为政》）

3. 为仁由己，而由人乎哉？（《颜渊》）

4. 有能一日用其力于仁矣乎？我未见力不足者。（《里仁》）

这些章句最重要的信息是意欲、心志与抉择是自我修养过程的起点。1和2指出求仁之先决条件是"欲"和"志"；而3的"由"则暗示对此的承担。更重要的是4由"我"自力承担而非外力。这意思是孔子认为个人是主动的个体，有能力通过追求道德的完美以达到道德自律的境界。夫子十分重视个人作为"思考、认知、策划和行动"的主体。① 孔子更明示个人应该存心向道,以成仁为终极目标。② 这意识全赖主体而与别人无关。对孔子来说,主体的意欲而非其他事物是道德自律的关键。经过惯性的实践,个体的心可以被锻炼,并从学习得到满足(《学而》1)。赏心之欲成为喜乐之事是最自然最强大的原动力。"学"与"习"的过程涉及对心的修养,由道德文化的实践所产生的快乐和满足,足以凌驾其他的欲望以致我们可以持守此道。《论语》里形容这股动力的用辞包括"欲"、"悦"、"乐"、"好"、"安"等等。有学者谓这"安于道德感觉的维度"是孔子思想的精要所在。③

经过上述的文本考察,我们可以试论,从自然发展的过程和与生俱来的特征的角度来看,"性"是物类的生命与成长的原素。人性的意思应涵盖先天的禀赋与后天对反应外界刺激的磨练,从而促成人类的存在与发展。④ 欲望的产生是通过外界对眼、耳、口、鼻或其他官能的刺激,以及人对文化实践的天然本能与倾向。这里所指不单是我们对食物的生理需求而是对文化,诸如礼乐,渴求满足的心态。

用以形容道德修养的丰富词汇暗示了"性"的可塑性,而且肯定了个人如何反应和与外界联系。这方面起初是心无定志的,心的反应取决于个人对满足欲望的要求。用璞玉以比喻人性,它需要切磋琢磨,亦即通过自我修养、学习和守礼的过程以去恶存善。⑤ 人类有生物的属性,亦具有社会群体性,故欲望亦有不同的属性而可被分为良性或恶性。因为"性"既定的功能与志向,它最完美的表现是以文化精粹为寄托。由于人有能力

---

① G. J. McCall and I. L. Simmons, *Identities and Interactions*, New York: Free Press, 1978, p. 53.
② 《论语·为政》2,《里仁》9,《述而》6,《泰伯》7。孔子更说:"苟志于仁矣,无恶也。"《里仁》4。足以证实持久与承担是品德修养的关键。
③ 有学者名之为"'精神感觉'(emotional spirit),因为[孔子]以感性的、轻松的、愉悦的感觉作为人类品行的原动力和评价的标准"。见 Liu, Qingping, "On Confucius' Principle of Consanguineous Affection: A Reading of the Dialogue about the Three-Year Mourning in the Lunyu," in *Asian Philosophy*, 2006, 16: 3, 173–188。
④ 《论语·季氏》7。孔子指出人生不同阶段的不同的心理特质需要小心地辅导。
⑤ 这与郭店文献《性自命出》有关人性的概念几乎同出一辙:"凡性,或动之,或逆之,或节之,或砺之,或出之,或养之,或长之";说明了性的各端有善亦有恶。荆门市博物馆编:《郭店楚墓竹简》,文物出版社2005年版,第179页。

发展和持守仁道，他须竭尽所能发挥他的潜质，以持续的道德实践，以完成人之所以为人的发展。

五　结论

本文探讨了人性与《论语》关于自我修养的概念。表面上《论语》对性的论述不多，若把它加以探讨，可以从比对中察觉隐藏在《论语》中"性"的意义。

《论语》所展现的性是一个充满活力和复杂的概念：它既定的特质是促进事物成长与发展的基础，它解释了事物对外界反应的自然能力和倾向，它承载着潜在的善与恶。性的表达取决于天生的禀赋和外来因素的刺激。

与其将人性定义为只是先天禀赋或既定的特质，《论语》显示性唯一的正确意思应是：它是人类的本质与社会文化熏陶的结合。广义的人性不单指天然设定的本质，它更包含在其进化的过程中与外界互动的心理特质倾向[1]；在《论语》的词汇里可以找到，性作为对外界事物的回应，是丰富的情感与感觉的表达。孔子识觉到人有各种的需要与欲望，并非全是善良的。他鼓励我们选择道德之路，并且坚持人有能力，自觉、承担与矢志去学习和实践道德原则。

引申上文对性的解释，自我修养便是一个无休止的琢磨过程以致善性被彰显。在某程度上孔子的切磋玉石与告子之以杞柳为桮棬的说法有异曲同工之处：两者皆以工艺过程作比喻。孔子考虑到仁与礼是人的存在与进化的过程中不可或缺的因素。孟子以自己的理解去辩证这个过程是让玉石的天然光彩，即人性的美善得以显现。告子则视玉石之雕琢为砍斫人本生之性。荀子则以礼为切除人类恶性之必然工具。

---

[1] 孟子提出人性有别于动物性，特别是人天生的倾向与（可能）发展道德品格的实践。《孟子·离娄下》19："人之所以异于禽兽者几稀……"孟子认为人与禽兽的分别在于人的自然倾向接受道德责任。再者履行这责任便是遵天命。见 Shun Kwong-loi, *Mencius and Early Chinese Thought*, Stanford, CA: Stanford University Press, 1997, pp. 210-226。

孔子的人性论

西北大学中国思想文化研究所　张茂泽

人性论，是人们观察他人，反思自身，从文明史中提炼人文精神的理论成果。在中国古代，几乎每一位儒家学者，言必谈人性问题，这表现出儒学的人学特征。孔子作为儒学创始人，他的人性论蕴含着后来所有儒家派别的人性思想因素，而且在今天看来，也蕴含着与马克思的人性论可以互相沟通的内容。在马克思主义深入中国化和建设中华民族共有精神家园的新时期，反思孔子的人性论无疑具有现实理论意义。1993年4月世界宗教会议在芝加哥通过普世伦理宣言，其宗旨是：每个人都应被人道地对待！（Jeder Mensch muβ menschlich behandelt werden!）意思是，每个人都应享受人道待遇，每个人都有权利像人一样在世生活。用孔子的话说，这就是"人人"：最低程度，是让现实的人成为一个人，而不是物；最高程度，是使现实的人成为真正的人，成为理想的人，成为圣人。以《论语》记载的可靠材料为主，发掘孔子人性论的意蕴，无疑还可以为全人类的普世价值提供中国模式的古代版。

冯友兰说，中国古代哲学没有形式的系统，但有实质的系统；诚然，孔子人性论没有形式的系统、命题、概念，但有实质的系统、命题和概念。以"德"为核心，与仁、礼、欲等相关概念组合在一起，就是孔子人性论的实质概念；包含这些概念的命题，构成孔子的实质的人性论系统。概括地说，孔子人性论的内容有三：一是寻找到认识人性的正确方法，即经验观察他人和内在反省自我方法，并将它们辩证统一起来。二是认识到人性内容包括先天的天赋和后天学习成长的收获，是两者的统一。人有天生的"德"，但孔子讨论较多的是后天性近习远的人性内容和特征，他启示我们：人即使有天赋，是天才，也需要后天的努力才能实现人性的美好可能性、崇高神圣性。三是寻找到了人成为真正的理想的人，充实、发展和实现人性的现实途径，这就是学习、克己相结合的修养方法。孔子一生学而不厌，见贤思齐，下学上达，追求实现真理（"道"），充分吸收当时的文明史成果，不断进步，能够有效地将人作为人纳入理性考察范围，对于人生有深刻觉悟，对于人性便有准确的认识，这是当时发展了的社会生产力水平在理性思维能力上的集中表现。

一　表达方式

人们追求立身行世，春秋时已有"立德、立功、立言"三不朽观念。孔子进一步思考人"所以立"（《论语·里仁》，以下只注篇名）的问题；"所以立"是人之所以为人的人性内涵在现实社会生活中的表现。孔子讲爱人、知人、用人等，讲为己、知己、克己等，其知人知己的认识收获，蕴含着他对人性的看法。在表达形式上他没有系统地讲人性论，但他对自己、他人（弟子、老师、为政者等）的心理活动如志向、认识、欲望、好恶，以及言语、行为、政事、交往等发表的言论，潜藏着他实质的人性论。

孔子谈论人性的方式多样：只有一处直接讨论，即"性相近也，习相远也"（《阳货》）；其他均为间接言说人性。这些间接言说又有几类：一是描述自己人生活动，抒发自己的感慨，或谈学习体会，如"学而时习之不亦说乎"（《学而》）、"吾十有五而志于学"（《为政》）等，或谈道德感受如学道可乐、闻道可死、杀身成仁之类，或谈爱好和追求人类文明成就，如"周监于二代，郁郁乎文哉！吾从周"（《八佾》），或反思自我，如学而不厌，诲人不倦，以及"天生德于予"（《述而》）等。二是观察他人，认识和评价古人、今人。他观察今人，"听其言而观其行"（《公冶长》），"视其所以，观其所由，察其所安"（《为政》），注意将人的言语、行为、动机和安身立命之所结合起来进行整体认识；他观察发现了人的众多属性，但他特别强调其中德性的地位和作用。从"道之以德，齐之以礼，有耻且格"，"举善而教不能则劝"（《为政》），"君子之德风，小人之德草；草上之风必偃"（《颜渊》）可见，人们有听从道德教化的性质；从"举直错诸枉，则民服"（《为政》）又可看出，人们还有服从道德正义政治的性质；等等。三是一般地言说"人"，教育学生，要求树立

"君子"、"圣人"等理想人格。后人阅读理解孔子的上述言论，从他各种言说方式中归纳总结，可以合理地构建起他的人性论体系。

还要注意，孔子还用"无言"的方式表达人性；这种方式便如"四时行焉，百物生焉"（《阳货》）一样，见诸孔子自己的言行活动。他一生学而不厌，诲人不倦；遑遑然、茫茫然为天下有道而奔走，百折不挠，穷且益坚；在乱世环境和人生困境面前，以实际活动彰显人性的光辉。孔子人性论，不仅是认识的"论"，而且是实践的行：为学与为人一致；这就使他的人性思想内涵格外丰满、挺拔，为后儒论人性和充实、发展、实现人性树立了高高的标尺。

二 认识人性的辩证方法

孔子讨论人性问题常见两种方法：其一是"察"（"视"、"观"、"察"等），即观察方法，根据现实的经验向外观察他人，获知人性特征。孔子感叹"性相近也，习相远也"（《阳货》），是对经验观察他人人性的总结。这是说，现实中的人，在"性"质上相近，但经过生活、学习以后，发生了变化，互相之间差距就远了。相近的人性内容是什么？或以为无善无恶，那这是气性；或以为善，那这是德性[①]，皆有道理。不过，孔子在这里只是对于人的一般性质进行经验观察，得出结论，似不能直接就以善恶论。

孔子提到人的一般性，爱学习，学而不厌，下学上达，克己复礼等，是人的优良品质，意必固我（《子罕》），或得过且过、耍小聪明（《卫灵公》："群居终日，言不及义，好行小慧，难矣哉！""小人不可大受，而可小知也"）等，是不良品质。孔子多次谈到人们的种种不良品质，显示出他人性论改造现实人性，克服不良人性，改进现实人生的指向。像趋利避害（《里仁》："小人怀土"；"小人怀惠"；"富与贵，是人之所欲也；不以其道得之，不处也。贫与贱，是人之所恶也；不以其道得之，不去也"）、好逸恶劳（《学而》："食而求饱，居而求安"；《里仁》："耻恶衣恶食"；《宪问》："士而怀居，不足以为士矣"；《阳货》："饱食终日，无

[①] 分别参见孙叔平《中国哲学史稿》上，上海人民出版社1980年版，第68—69页；李存山《中国哲学纲要》，中国社会科学出版社2008年版，第151页。

所用心"）等，是出于身体的生理需要而产生的需要、欲望，以及相伴随的惰性；像困而不学（《季氏》）、道听途说（《阳货》）、比而不周（《为政》）、半途而废（《雍也》："力不足者，中道而废"；《子罕》："苗而不秀者有矣夫！秀而不实者有矣夫！"）、自相矛盾（《卫灵公》："予一以贯之"）、欲速不达（《颜渊》）、怨天尤人（《宪问》）、办事总求人（《卫灵公》："君子求诸己，小人求诸人"）、言过其实（《宪问》："君子耻其言之过其行"）、沽名钓誉（《宪问》："今之学者为人"）、色厉内荏、外强中干（《阳货》）等是认识不足，或认识不彻底、全面，导致见识、能力不足，而又不愿正视的特性；像见利忘义（《颜渊》："见小利则大事不成"）、见义不为（《为政》）、求生害仁（《卫灵公》）、肆无忌惮（《卫灵公》："君子固穷，小人穷斯滥矣"；《季氏》："小人不知天命而不畏也，狎大人，侮圣人只言"）、同而不和（《颜渊》）、结党营私（《卫灵公》："君子矜而不争，群而不党"）、巧言令色（《学而》）、骄傲自满（《颜渊》："小人骄而不泰"）、睚眦必报（《公冶长》："伯夷叔齐不念旧恶，怨是用希"）、尸位素餐（《八佾》："居上不宽，为礼不敬，临丧不哀，吾何以观之哉？"）、嫉贤妒能（《八佾》："事君尽礼，人以为谄也。""子入太庙，每事问。或曰：'孰谓鄹人之子知礼乎？入太庙，每事问。'"）、不成人之美而成人之恶（《颜渊》）、己所不欲而施于人（《颜渊》："己所不欲，勿施于人"）等是因为一己私利而损害了社会公德，结果掩盖甚至戕贼了自己的本性；像感情冲动（《颜渊》："一朝之忿，忘其身以及其亲，非惑与？"）、愧疚忧惧（《述而》："小人长戚戚"；《颜渊》："内省不疚，夫何忧何惧"）、见神就拜（《为政》："非其鬼而祭之，谄也"），等等，都是一般人的情感特征。

上述"习相远"的不良品性总是和生活环境恶劣、习惯不好有关，特别是和自己不学习上进、不克制自己有关，这些人"德之不修，学之不讲，闻义不能徙，不善不能改"（《述而》）。不良品质成为固定特性的人，一生大约就是原壤的模样，"幼而不孙弟，长而无述焉，老而不死，是为贼"（《宪问》）。自然，孔子对于现实中的这种人性状况很不满意。因为，根据这样的人性自然发展，结果对人自身不利，犹如"放于利而行，多怨"（《里仁》）一样，也对社会整体不利。人际关系缺乏信义，老人难安，少者不怀；个人生活难言真正的幸福安乐，社会也难言真正的和谐。人性这样自然演变，其实是人性的堕落。孔子的努力在于，针对这种不能令人满意的现实人性状况，而强调努力学习、克己，力求开发出人的美好的人性，即人的真正本性来。

可见，孔子观察他人得出人性认识，一方面是如实描述，其中有优良品质，也有不良品性；另一方面则肯定前者，批判后者，在批判中力求超越。孔子的人性观察方法是事实和价值的统一，而不只是静止地旁观。

其二是"思"，直觉和反思方法，从人的根源、共同规范和理想等方面，来归纳概括人的共性，结合文明史发展需要，联系到自己"与于斯文"（《子罕》）使命，向内反思自己作为人的本性。他说"天生德于予"，这是反思自我；说"人之生也直"（《雍也》），这是观察并归纳他人天生的优良品质。从人性根源上断定人的"德"是"天生"的，或天赋的，肯定人性中优良品质的先验根据。他还说"德不孤，必有邻"（《里仁》）"谁能出不由户？何莫由斯道也？"（《雍也》）这是观察现实中一般人的情况得结论：人们的"德"性总有许多人（"必有邻"）都具备，就像一个人出入必经过门户一样，他之做人，也必然要遵循做人之道，也就是遵循"斯道"而行。这就暗示了人性优良品质中包含着普遍性规范内容。孔子说"君子去仁，恶乎成名？君子无终食之间违仁，造次必于是，颠沛必于是"（《里仁》），这里反思人的理想人格，结论是："君子"的必要条件是有"仁"德。他又说"人而无信，不知其可也"（《为政》），认为"信"德也是人之为人的必要条件。

上述两种方法的运用，在孔子那里是互相紧密联系在一起的。向外观察他人只是初步搜集现实人性的材料，以供总结、批判和进一步思考；结合社会生活和文明史反思或直观人性的天生本源、文明规范和人格理想，才是讨论人性的真正目的；这样也才给现实人性指明充实、发展的方向。两种方法辩证统一起来，构成孔子人性论的方法系统。

将人性纳入理性考察范围，使人不再附属于上帝、天命以及现实社会的宗法血缘关系，而是既依存于天，又有源于天命但属于人性的内涵，这就是人成为理想的人和"与于斯文"（《子罕》）的特殊使命，有独立的理想人格，这是孔子人性论的最大成就。孔子是古代中国发现人是人的第一人；根据这个思想，人并不完全依附于天地自然或血缘亲情，而有自己的"德"性、主体性。孔子这一思想贡献，不亚于欧洲启蒙思想的历史意义。从此，人成为儒学理性认识的核心对象，人学由此被牢固地建立起来，成为中国古代学术思想的重心，进而规定了中国古代学术思想的基本特质。

在认识人性的方法上,孔子不是孤立地、静止地看人性,而是在言行统一中,在言行活动和动机、理想的统一中,在个人和社会的统一中,在天人合一中看人性;这种合一,实际上也蕴含着事实、认识和价值的统一;这些都是他自己对"中庸"辩证思维方法的运用;孔子人性论的辩证思维为避免人性论中可能出现的对神的崇拜或人类中心主义、个人主义或整体主义、经验主义或先验主义等倾向,提供了方法论基础。特别是他将人性内涵和文明史成果——"礼"结合起来,而不是单纯知性地分析人性,便给人性论奠定了牢固的基础,提供了深远而广阔的发展舞台。在人性内涵上,孔子的人性论不是片面强调其中的一部分或某些部分,而是全面、发展而又深入地审视整个人性:天与人、自然与文化、个人与社会、经验与先验、善与恶等,在其中都可以找到自己的位置,真可谓各安其分;但各个部分又不是杂凑,而是有机统一,成为一以贯之的体系。根据这个人性论系统,不良品质发展到优良品质,正是孔子所期待的;从人生、社会变化不断的表象,深入终身不变的人生使命,以至人的安身立命的精神家园,都成为这个系统中的一部分。

三 人性的主要内涵

所谓人性的主要内涵,指孔子言说较多,也比较肯定、推重的人性内涵,包括人的本原、共性、理想等组成的人性。后儒将这种人性发挥成为人性本体,即性体;根据他们看,性体在现实人性中存在,而又克服了其假恶丑害伪等因素,包容了其真善美用信等因素在内,超越了其局限性。认定有性体存在,体现了人性论的理想主义倾向。孔子确实已经从四个方面谈到了人性的主要内涵:人的本原("天生德")、人的共同规范("斯道")、理想人格(不能离开"仁"德)、人的最低要求(不能没有"信"德)。它们涉及人的来源、人作为人的基本条件、人的活动规范与人生归宿几个大的领域,涵盖了全部人生历程,比较全面。孔子由此看人,发现人有(或应该有)共同的"德"或"斯道"或"仁"或"信";这些都成为孔子人性论的主要概念。

有学人对于孔子的人性论,以哲学概念为关键词去进行搜索,当然看不出孔子人性论的真实内容。大多以为孔子只说"性相近,习相远",究竟主张性善性恶,或善或恶,非善非恶,"无从断定"[①]。其实,孔子谈人性的用词有三个方面:在人性事实的意义上,孔子直接称之为"人"或"仁"或"文";在人性规范的意义上,孔子称之为"道"、"德"、"仁"、"义"、"礼"、"信"等;在人性主体或精神的意义上,孔子称之为"我"、"己"、"欲"、"心"等。上述三个方面的意义合起来,共同构成孔子关于人性的内涵。对于事实上的"人",他进行了许多观察,但多属于孔子所不满意的人,换言之,经验观察的、现实中有种种局限的人,不是标准的、真正的、理想的人,而只是不完善甚至不正常的人;其人性也不能充当人性的主要内涵。于是,孔子更多地偏重于讨论人的"仁"德等规范和人的真我等主体这两个方面的意义。孔子的人性论,就这样在事实上成为非经验实证科学式的人性论,而成为一种克服、超越、包容前者在内的形而上学的人性论,一种十分重视人性善的内涵的人性论。

人性虽然有善的内涵,但人们并没有将它们完全体现到现实生活中;现实生活中的人性恰恰是因性近习远而令人不能满意的人性论。对于这种现象,孔子有明确的取舍,体现出他对"仁"、"礼"等德性的超常重视。他希望人们通过学习、克己等,充实、发展和实现自己的德性,克服不良人性因素。他总是感叹:"中庸之为德也,其至矣乎!民鲜久矣。"(《雍也》)"民之于仁也,甚于水火。水火,吾见蹈而死者矣,未见蹈仁而死者也。"(《卫灵公》)"苟志于仁矣,无恶也。"(《里仁》)"朝闻道,夕死可矣。"(《里仁》)在孔子看来,现实的人离真正的理想的人有很大差距,但是,如果一个人在现实实践中努力学习,提高修养,那么,他自然会实现自己的价值,完善自己的人性,也就不容易有恶言恶行了。在这个观念指导下,孔子对于让现实的人们向着理想的人努力,抱有无限期望。在他看来,人们通过后天的努力学习成为理想的人,还没有"力不足"(《里仁》)的情况。

孔子所谓"德"性,并不只是今天所谓道德,而是得于天而成于人的全部内容,当包含真善美用信这些人类文明成就在内。从人性视角看,其又主要有三个互相联系的含义:一是在现实生活中存在,人人可以经验到的自然生命事实,以"人"字作表征,以"欲"、"情"等为代表,需要引导、调整和克制;后儒进一步发挥,或解释为恶、无善无恶、有善有

[①] 陈荣捷:《王阳明与禅》,台北:台湾学生书局1984年版,第106页。

恶、善恶混等。二是作为自然和社会规范的人性内涵，以"礼"为代表，这需要从自我中超越出来，才能洞观到整个自然界、人类社会的和谐有序；对这样的人性，需要学习和在日常生活中表现出来，即自觉地遵行礼，按照礼的要求进行实践活动，根据现实社会需要继承、改进，甚至重建礼。三是在人的精神中存在，即人之所以为人的主体性内涵，以"人能弘道"、"我欲仁斯仁至"（《述而》）中"弘道"的"人能"、"欲仁"的"我欲"为代表，这需要通过生活的种种考验，克服自己的不足，在不断学习进步，提高自己修养的基础上才能有深切的体验、觉悟，理想人格境界是人的主体性的实现。孔子说："岁寒，然后知松柏之后凋也"（《子罕》），人性只有在生活实践考验中才能放射出美的光辉！以上诸含义，分别蕴含着后来儒家气学、理学、心学三派的人性论解释。

后儒喜以善恶言人性。由上可见，在孔子看来，人性可以不必只以善恶论；即使言善恶，则作为自然和社会规范的人性，和人的主体性，无疑是善的，而人的自然生命以及相关的情欲等为代表的人性，也可以说是无善无恶、或善或恶、可善可恶、善恶相混的，如果人性内涵中的欲望没有任何限制，言行肆无忌惮，即使说人性恶也未尝不可。但无论哪一种说法，又都不如孔子的人性论全面。可见，后儒无论哪一派别，都一致推尊孔子为圣人，在人性论上也是可以得到说明的。尽管如此，从孔子讨论人性的宗旨看，从他大力提倡仁爱、德政，批判小人人格等看，他的人性论，依然是倾向于人性善说的。这个倾向，成为后来所谓"孔孟之道"的人性论渊源。

四　历史意义

一般认为，人性即人类所具有的共同属性，包括人的自然性和社会性；其中社会性占主导地位，它制约、改造并实现着人的自然性。孔子认识到了人性的自然性和社会性内容，体现出他人性论具有深广的包容度。一方面，如果将自然性所谓自然理解为儒家所谓"天命"，则孔子所谓的人性，包含了人的"天生"部分和后天学习而得部分。"天生"部分像"德"，是自然的，人一生下来就具备的可能性，是"德不孤必有邻"、"我欲仁斯仁至"，有普遍性和主体性；后天学习而得的部分，是"性相近，习相远"，是自然性的充实、发展和实现，其实就是人一生奔向理想的成长历程,有每个人不同的个性,受到社会历史变化的影响。在实现人性的方法上,他重视通过学习、克己等后天的修养努力来发展、充实和实现天生的德性。人自然"天生"的德性,孟子谓为"固有",纯善,本身不发生什么变化,但有在现实中实现自己的潜能、趋势和力量,张载谓为"天地之性",程朱等则叫做"天命之性";后天习性是社会的,也是经验的现实,根据条件不同而发生变化,可谓人为努力而成的,荀子称之为人为("伪"),张载等则叫作"气质之性",提出了著名的"变化气质"命题,王夫之强调变化气质是一个"命日降性日生"的继善成性、日生日成过程。孔子的人性论,蕴含着后儒两大人性论倾向在内。

另一方面,如果将自然理解为自然物,则也可以说,孔子承认人自然性内容如欲望的合理性,又对其有一定克制,主张以"礼"和人对"道"的追求等人的社会性内容来引导、规范、充实和丰富人的自然性内容,提升人性的层次。不论将自然理解为哪一种意义,孔子都强调人自然性和社会性的统一,强调在这种统一中不良人性能被改造为优良人性,即善的人性。这体现出孔子人性论对人善性的看重。

马克思谈人性,有三个命题:一、人的需要即人的本性;二、在实践基础上的社会关系,是人性的主要经验内容;三、自由,是人固有的、全部精神存在的本质。[①] 人们根据自己的需要,进行社会实践,以实现全面自由的发展,达到自由高度,这就是人作为人的全部内涵。其中,人的需要是人性实现的逻辑起点,自由引导着人性前进的方向,社会实践则是衡量人性实现的历史尺度;人实际上究竟能够满足什么需要,实现什么程度的自由,受到实践基础上的社会关系的制约。所以,也可以说,人性表现为人能自由自觉地活动,特别是能劳动,人有社会实践性。人的社会实践既是自然的历史过程,也是在人认识掌握和遵循自然社会规律基础上,逐渐满足人的需要,实现人的最高价值的历史过程。马克思的人性论,在社会实践支持下,可谓由外向内、由历史到现实和未来、由整体到个体的社会实践人性论。关于人的需要,孔子只谈到"欲";社会实践及其关系,孔子特别重视"学习"和"克己"等个人修养实践;孔子表述自己与自由相近的体验是"从心所欲不逾矩"(《为政》),是个人的愿望和某种社

[①] 分别参见《马克思恩格斯全集》第三卷,人民出版社1960年版,第574、5页,及第一卷,人民出版社1956年版,第63、67页。

会客观条件、主体的需要和客观必然性的统一。可以说,孔子的人性论已经天才般直观到了人性的基本要素;在此基础上,他结合三代文明成就,非常重视人类社会实践的普遍性社会情感基础("仁")和社会规范保障("礼"),也十分强调人作为社会实践主体在发展和实现人性过程中的主体地位,这些都抓住了人性论的要害;重视提高个人修养在实现人性过程中的特殊地位,是孔子人性论的特色;孔子人性论,在推己及人支持下,可谓由内向外、由现实到未来、由个人到社会的个人修养人性论。

  毋庸置疑,马克思紧密结合人的社会实践活动,对人性的内涵讲得更具体、清楚、明确,更加具有经验科学的性质,这就克服了孔子那种古代人性思想的朴素、抽象性质。人性论的要旨,不只在于对人性作出科学合理的解释,尤其在于改进人生,按照人性的要求实现人生的意义和价值;孔子人性论充分把握了这一人性论要旨,克服了离开个人现实人生修养而空谈人性的弊病,也克服了离开现实具体的学习、克己等综合修养状况单纯抽象地认识人性真实的知性弊端。孔子个人修养人性论,在个人通过提高理性认识,训练意志,陶冶情操等以改进言行活动,提升人格层次,在个体的人实现自己人性以推动整个社会风俗的变化、政治的改进,以至人性的进步方面,仍然有其不可替代的历史意义。

"伐颛臾事件"评议

——以《论语·季氏》章的"谁之过"问题为中心的探讨

北京大学哲学系暨《儒藏》编纂与研究中心
赵　新

一　问题的提出：孔子的"判词"

《论语·季氏》章在《论语》全书中当为风貌独特的章节之一，其篇幅甚长，文字容量仅次于《论语·侍坐》章，另以情节完整、故事性强著称名篇。历来诸家关于此章的疏解，尽管在某些字词文句的理解上有所论争，但均不关涉对儒学大方向的争议。此种诠释面向相较于《论语·侍坐》章中"曾点气象"在儒学思想史上多重意义的追问，无疑逊色许多。个中缘由也许与此章为孔子专讲"时局政治"时直言不讳、水清米白的言说风格有关。《论语·季氏》章的对话，缺少了孔门传教一贯春风化雨的润泽，相较于《论语·侍坐》章对冉有、子路二人志向的哂笑，老夫子此时声色俱厉，步步逼二人于绝境之地。千载以下，在《论语·季氏》章火药味的烟雾下，除了感受到夫子坦言敦教之风姿、救济时弊之情怀，也更感受到孔子无比的伟大与正确。夫子训导求、由如何"做官"的原则，掷地有声；而夫子为疗治季氏等野心家之"忧病"所开出的一系列"药方"，所谓"不患寡而患不均，不患贫而患不安"、"故远人不服，则修文德以来之"等说法，至今仍为后人所称善。因为圣人的金口玉言铁证如山，故历来诸儒对于此章的诠释也只能在此"环"内腾跃了。帮季氏办事的求、由二人，不仅受到彼时夫子的痛骂，并且继续领受着后世儒生的指责，如《孟子·离娄上》曰："求也为季氏宰，无能改于其德，而赋粟倍他日。……君不行仁政而富之，皆弃于孔子也。"《盐铁论》中《刺议》《殊路》诸篇更是把冉有、子路两人描绘成"不仁不智"的"朽木不可雕"式的代表人物。孔子的"判词"与"定案"真那么合理吗？"谁之过"真是那么一清二白的问题吗？"伐颛臾事件"与十余年前孔子本人在鲁国主持过的轰轰烈烈的"堕三都事件"相较，虽均为争权夺地之战，但是彼时孔子身先士卒，而此时却破口大骂，似乎上演了一场耐人寻味的"师徒之战"。今天看来，这些都是值得重新探讨与反思的问题。

台湾新儒家代表人物之一牟宗三①在研究先秦诸子思想时提出"周文疲弊"的概念②，所谓"周文疲弊"乃是指周文化在长期发展之下，已逐渐僵化而失去自我调整与活化的能力，于是产生种种文化之失调以及由此失调而带来的扭曲与痛苦。牟氏能看出西周封建政治文化内在结构"失调"的实质，比古史家常用的"礼崩乐坏"的描述尤见真相。③孔子身处春秋战国之大变局，也就是由华夏古典世界向传统社会的过渡阶段④，"周文疲弊""礼崩乐坏"的变局业已开始。而《论语·季氏》章季氏将伐颛臾之事，当为孔子鲁哀公十一年自卫返鲁，身为国老（从大夫），与

---

① 为节省篇幅及行文需要，本文提及古人及学者皆径用姓名，不用字号，也不加"教授"、"先生"或"师"等称号。特此声明。

② 牟宗三：《中国哲学十九讲》，上海古籍出版社1997年版，第58页。

③ "礼坏乐崩"，见于《汉书·武帝纪》《汉书·艺文志》及《汉书·刘歆传》引汉武帝诏书。语出《论语·阳货》中的"问三年之丧章"："君子三年不为礼，礼必坏；三年不为乐，乐必崩。"今多简称"礼坏乐崩"。从春秋晚期开始的"礼坏乐崩"并非指当时社会又重新回到原始落后或蒙昧的状态，主要是指各社会各阶层，特别是处于领导阶层的贵族不分等级秩序的"僭礼"行为。

④ 此处借用杜正胜的说法。中国古典世界是指先秦典籍所代表的时代，也包括传统史学所谓的三代，古典时代突出在原创性一面，后世主要从此不断吸取思想资源，相对的概念是"传统世界"，他认为秦汉以下两千多年政治体制和社会结构变化不大，多因袭等级的传统，可名为"传统中国"。从"古典中国"到"传统中国"的世变也就是史家所谓的春秋战国之大变局。参见杜正胜《"编户齐民"的出现及其历史意义》，载《"中研院"历史语言研究所集刊》54本3份，1983年。

问国政之时，也就是孔子不直接治事、被委任朝廷顾问的时候①，此时"周文疲弊"的景象已经历历在目了。历来诸家包括现代学人，极力搜括先秦古籍文献并从多个层面论述了"周文疲弊"的乱局，并就"周文疲弊"的实际情形勾画了一幅大致完整的文化图景，或者说借助此"周文疲弊"的巨观视野，也许能发现孔子的"心结"或"周文疲弊"的"病根"所在。其实，《论语·季氏》章一改原始儒家常言的仁义、修身、礼仪等主流论题，而更多涉及政治、宗教、经济乃至军事层面的问题，甚至记载着孔子关于做官和治国的政治理想。故此，从某些方面说，此章可能比纠结于"儒家心性论"话题的《论语·侍坐》章凝结了更多的文化信息和思想含量。

二 颛臾的命运：西周封建与宗法制度的内在困局

> 孔子曰："求！无乃尔是过与？夫颛臾，昔者先王以为东蒙主，且在邦域之中矣，是社稷之臣也。何以伐为？"

（一）"存亡继绝"：封建的产物

何晏《论语集解》引孔安国曰："颛臾，宓牺之后，风姓之国。本鲁之附庸，当时臣属鲁。季氏贪其地，欲灭而有之。"②《左传·僖公二十一年》："任、宿、须句、颛臾，风姓也，实司大皞与有济之祀，以服事诸夏。"杜《注》："大皞，伏羲四国，伏羲之后，故主其祀。"③ 简单地说，颛臾是山东的风姓古国，风姓古国传自大皞，是更远的古帝王宓牺（伏

---

① 江竹虚：《五经源流变迁考 孔子事迹考》，上海古籍出版社2008年版，第323—328页。从《季氏》起，至于《尧曰》，为《论语》最后的五篇，前人多怀疑此五篇晚出不类。王博认为《季氏》篇十四章，全部采用"孔子曰"，非常整齐，与之前诸篇多用"子曰"的提法不同，以理衡之，最有可能的记录者是他们的弟子，此点如清儒崔述《洙泗考信录》、钱穆《论语要略》、胡志奎《论语辨正》、曾秀景《论语古注辑考》等均有论述。参汤一介、李中华主编，王博著《中国儒学史·先秦卷》，北京大学出版社2011年版，第109、118页。

② （三国魏）何晏撰，孙钦善校点：《论语集解》，《儒藏》精华编104册，北京大学出版社2007年版，第498页。

③ 《春秋左传集解》第四册，上海人民出版社1977年版，第1463页。

羲）氏之后裔。① 先王立其国，主要是延续大皞与有济的祭祀。"主"字，甲骨文已常见，《说文》："主，灯中火主也。从𠅃，象形。"王筠《说文句读》："主，象火柱。"唐兰、陈梦家及刘起釪均主张甲骨文"主"、"示"同字，象神主之形。② 李宗侗据古希腊、意大利及印度均有"火"的崇祀，故认为我国极古亦曾有"祀火"制度，用火以代表祖先，因为是火焰，故名为主。后不知在何时，以制木以代火，亦称"木主"，以代表祖先而受祭享者。③ "主"字含有丰富的宗教信仰的意涵，颛臾被先王立为"东蒙主"，也主要是让其专门负责"主持东蒙山的祭祀"。④ 据现代史家的考证，颛臾的这种国家形态，可称之为"神守"国家。"神守"概念的提出发轫于俞樾⑤，经其弟子章太炎的阐释，后被杨向奎进行了创造性的解读，该观念是从章太炎疏解《国语·鲁语下》的一段文字开始：

> 吴伐越，堕会稽，获骨焉，节专车。吴子使来好聘，且问之仲尼，曰："无以吾命。"宾发币于大夫，及仲尼，仲尼爵之。既彻俎而宴，客执骨而问曰："敢问骨何为大？"仲尼曰："丘闻之，昔禹致群神于会稽之山，防风后至，禹杀而戮之，其骨节专车，此为大矣。"客曰："敢问谁守为神？"仲尼曰："山川之灵，足以纪纲天下者，其守为神。社稷之守者为公侯，皆属于王者。"客曰："防风何守也？"仲尼曰："汪芒氏之君也，守封、嵎之山者也，为漆姓。在

---

① 大皞即"太皞"，大皞在后来与伏羲成了一个人，徐旭生认为是齐鲁学者综合整理的结果，较古的传说并不如是。见徐旭生《中国古史的传说时代》（修订本），文物出版社1985年版，第49页。
② 季旭升：《说文新证》，福建人民出版社2010年版，第434页。刘起釪：《尚书校释译论》第一册，中华书局2005年版，第125页。
③ 李宗侗：《中国古代社会新研历史的剖面》，中华书局2010年版，第18、19页。
④ 孙钦善：《论语本解》，生活·读书·新知三联书店2009年版，第210页。
⑤ 杨向奎的弟子吴锐先生比较精心地梳理了其师"神守——社稷守"的理论架构并施予了学术史的建构，著《中国思想的起源》（全三册），山东教育出版社2003年版。章太炎的老师俞樾也曾注意到这个问题，只是章氏未提到而已。《礼记·月令》有"其神句芒"，俞樾《群书平议》评之曰："《正义》所说，非古义也。《国语·鲁语》：'昔禹致群神于会稽之山。'又曰：'山川之灵，足以纪纲天下者，其守为神；社稷之守者，为公侯，皆属于王者。'然神之名，不必据死后而称之也。……（郑注）以君释帝、以臣释神，正得古义。《诗·皇矣篇·毛传》：'致其社稷群神。'《释文》曰：'本或作群臣。'是神犹臣也。"他明确指出人可以称"神"，极具眼光。参吴锐《中国思想的起源》第一卷，第170—171页。

虞、夏、商为汪芒氏,于周为长狄,今为大人。"客曰:"人长之极几何?"仲尼曰:"僬侥氏长三尺,短之至也。长者不过十之,数之极也。"①

章太炎根据《鲁语》这段话提出古代诸侯有神守之国与守社稷之国,他说:

> 《鲁语》曰:山川之灵,足以纪纲天下者,其守为神,社稷之守者为公侯,皆属于王者。昔禹致群神于会稽之山,防风氏后至,禹杀而戮之,其骨节专车。防风,汪芒氏之君,守封、嵎之山者也。于周亦有任、宿、须句、颛臾,实祀有济,盖祂诸侯。类此者众,不守社稷,而亦不设兵卫。……故知神国无兵,而草牢亦不选具。封、嵎,小山也,禹时尚有守者,然名川三百,合以群望,周之守者亦多矣。《春秋》所见,才一百四十余国,自幽、平以上灭宗黜地者虽时有,虑不过十去二三,非十三而亡十二也。以神守之国,营于机祥,不务农战,亦少与公侯好聘,故方策不能具。及其见并,盖亦摧枯拉朽之势已!②

《鲁语》中孔子认为会稽出土的骨头是防风氏的遗骨,对于所述"神"指的是"山川之灵,足以纪纲天下者,其守为神"。他还区别了主山川之灵的"神"与守土的"公侯",韦昭对"群神"注曰:"群神,谓主山川之君,为群神之主,故谓之神也。"杨向奎指出韦注虽然模糊了"神"的性质,尚不失原义,认为当时的"神"不是指通常意义上的神秘性的"上帝",而只是一种"职守"。"群神"是人,是诸侯而非神灵,这不仅可以从《鲁语》的文意中推知,而且能从其他典籍中得到印证,如《韩非子·饰邪》在记载这故事时就直接把"群神"写作"诸侯之君":"禹朝诸侯于会稽之山,防风之君后至,而禹斩之。"这就明白告诉我们,古代有一种诸侯叫作"神"。章太炎认为古代像防风、任、宿、须句、颛臾这样的小诸侯很多,都是神守之国,忙于宗教,不设兵卫,不务农战,不守

---

① 徐元诰撰,王树民、沈长云点校:《国语集解》,中华书局2002年版,第202—203页。
② 章太炎:《章太炎全集》第四册,上海人民出版社1984年版,第122页。

社稷。在远古时代，神守与社稷守不分，所有国主都是神而能通于天；神守与社稷守之分，即在夏初之世。中国古代国家起源后，国之性质有二：一为专司天之神守国，如申国；一为专司民事之社稷国。如《尚书·洪范》为"申"职司天之书，而《吕刑》为"吕"职司地之书。① 而颛臾这样的"神国"，在周代还相当不少，只因不参与诸侯之好聘，方策不能具，及其见之亦如摧枯拉朽而已。颛臾这样的"神守"国，国小力弱，缘何其政治生命能延续久远，这主要是颛臾作为"存灭国、继绝祀"封建法则的产物同时又以"附庸"的政治地位存在的缘故。

《礼记·乐记》云：

> 武王克殷反商，未及下车而封黄帝之后于蓟，封帝尧之后于祝，封帝舜之后于陈。下车而封夏后氏之后于杞，投殷之后于宋，封王子比干之墓，释箕子之囚，使之行商容而复其位。

周人初期的封建主要是维持西周作为共主威权的羁縻政策，殷商作为周邦的敌人，而周人没有斩草除根，相反封建殷人，如"武王克殷，乃立王子禄父，俾守商祀"（《逸周书·作雒》）；"封纣子武庚禄父，以续殷祀，令修行盘庚之政"（《史记·殷本纪》）；"武王已克殷纣，复以殷余民封纣子武庚禄父，比诸侯，以奉其先祀勿绝"（《史记·卫康叔世家》）。周人并且采取"启以商政，疆以周索"（《左传·定公四年》）的政策，也就是允许殷人内政自治，唯奉周人为主，听之羁縻而已。周人甚至封建比殷商更古老的民族，李亚农认为"在周初的疆土中，除了夏（杞、鄫）、商（宋、谭、萧、权）、周三个民族外，还有比夏商周更古老的民族，如舜（陈、遂）、尧（唐、铸、杜）、大昊（宿、任、须、颛臾）、祝融（桧）、少昊（郯）、颛臾（邾）、黄帝（南燕）、黄帝后奚仲（薛）等等子孙都残存于春秋时代"②。武王所封的先代之后，有所谓"三恪"，"恪"是"敬"的意思，"三恪"无非表示对先代君王的尊敬。武王把舜的后代满封于陈，称为胡公并以元女（长女）大姬妻之。此事在《史

---

① 参杨向奎《论"以社以方"》，《烟台大学学报》（哲学社会科学版）1990年第1期。
② 李亚农：《西周与东周》，上海人民出版社1956年版，第16页。或李亚农《李亚农史论集》，上海人民出版社1962年版，第626页。

记·陈杞世家》与《左传·襄公二十五年》等古书上有明确记载。① 这就是西周以来被政治家屡加推许的"不斩祀"的封建信仰。吕思勉认为这是古代贵族相扶持相救恤之道,"兴灭国、继绝世"信仰的另一重要表现是"不臣寓公",即失爵亡土的国君奔走异国时,诸侯会以礼尊之不以臣道,这是古老氏族的风俗习惯使然。② 郑开认为这种做法深层的文化根源也许在于宗教传统的积习与西周现实政治的促然。③ 祖先崇拜自龙山文化以来就成为宗教传统的核心部分,古代先民唯恐"宗庙之不扫除,社稷不血食",希望种族绵延不绝。反之,"国家残亡,身为刑戮;宗庙破灭,绝后无类",正是最悲惨的结果,《左传·定公四年》曰"灭宗废祀,非孝也"。今本《礼记》中有《祭法》《祭义》与《祭统》诸篇,反复讲论各种祭祀礼仪、典礼的规范与意义,从而可见古人对祭祀信仰的极度重视。当然,此种"褒封"的政治法则,也有基于西周初年政治现实的考量。通过"封建"策略,表示对先代君王的尊敬,目的是招徕天下诸侯及安抚与笼络各个氏族,使之服从或隶属于周室,从而确保民族和解的"大政方针",以期维持政局的稳定。对于隶属周族的势力范围的诸侯国来说,在西周初年形成一种比较平等与和平共处的政治态势。这种政治理念与实践,也被后世所艳称,如《论语·尧曰》曰"兴灭国,继绝世,举逸民,天下之民归心焉";《中庸》曰"治绝世,举废国";或"存亡国、继绝世"、"兴毁宗、立无后"(《淮南子·俶真训》)。这种政治法则,也成为西周实行"周礼"、"德政"的一个最佳注脚,成为评价春秋时期政治文明一种标尺,甚至进入"华夏文化"的一个象征,如春秋时期被视为夷狄的楚国,由于实行"存亡继绝"的德政,从而得到诸夏之国的认同,作为进入"中国"的标志。《淮南子·人间训》曰:"罢陈之戍,立陈之后,诸侯闻之,皆朝于楚。此务崇君之德也。"一生以恢复周礼为志向的孔子对此也有极高的评价,当读史记至楚复陈,曰"贤哉楚庄王! 轻千乘之国而重一言"(《史记·陈杞世家》)。

故此,颛臾被先王立为"东蒙主",即是西周"兴亡继绝"封建法则

---

① 参杨宽《西周史》,上海人民出版社 2003 年版,第 120—124 页。

② 吕思勉:《释"兴灭国、继绝世"》,《吕思勉读史札记》(上),上海古籍出版社 2005 年版,第 234 页。

③ 郑开:《德礼之间——前诸子时期的思想史》,生活·读书·新知三联书店 2009 年版,第 103—109 页。

的产物。顾炎武《日知录》说："春秋时称卿大夫曰主"。《周礼》太宰九两，六曰主，以利得民。郑司农注云："主，谓公卿大夫"，称之为"主"，似乎政治地位不低，实际上周代褒封的许多远古帝王的苗裔，也多以伯、子等爵位赐之，如"神守"国中的"宿"以男爵、"须句"以子爵等，《路史·国名纪甲》载："颛臾，子爵。"① "颛臾"也见于《左传·僖公二十一年》，杜预注未有说明是附庸，何晏《论语集解》始引孔安国说曰："本鲁之附庸，当时臣属鲁。"此说应为顾栋高《春秋大事表·春秋列国爵姓及存灭表》所据，在顾表"爵"一栏中，标出附庸的有极、牟、萧、鄣、颛臾与邿等六国，另有郳和小邾写作"本附庸，进子爵"。② 由此，可以推测颛臾被先王立为"东蒙主"，根据尊祀先王的古风遗习，"颛臾"初被分封时可能拥有象征政治身份与政治等级的爵位。此点限于文献阙疑，尚有待进一步考证。孔子于《论语·季氏》章结尾部分说："夫如是，故远人不服，则修文德以来之。"此处"远人"的具体指称对象，历代诸家多认为应该指代鲁国邦外之人或远方之人。③ 朱熹《集注》却说"远人，谓颛臾"，这也许是历史根据的说法。中国古代典籍及现代古史家共认大皞氏族为东方之部族（夷族）④，蒙文通认为风姓大皞之族先于炎黄二族并自西向东居于中国⑤。此氏族西至陈，东括鲁。《左传·僖公二十一年》载，"陈，大皞之墟也"（也见于《帝王世纪》），大皞氏族的遗墟在陈，即今河南淮阳县境内。⑥《左传·僖公二十一年》："任、宿、须句、颛臾，风姓也，实司大皞与有济之祀，以服事诸夏。"以上四国作为远古帝王的后裔，他们的封地离济水不远，所以让它们主持

---

① 陈槃认为"附庸"不得称"子"，因疑《路史》不知何据。见陈槃《春秋大事表列国爵姓及存灭表撰异》，上海古籍出版社2009年版，第599页。

② 顾栋高：《春秋大事表》，吴树平、李解民点校，中华书局1993年版，第561—606页。另"附庸"小国有许多是"社稷守"小国，比如鲁国的另一附庸国郕国，就保有其人民、土地，甚至军队，因此后来还可以分出小邾。小邾春秋时在齐国的扶持下与鲁为敌，终于被季氏灭亡了。此时可参见顾栋高《春秋大事表·春秋列国爵姓及存灭表》，对春秋时期的附庸情况有比较集中的罗列。

③ 高尚榘：《论语歧解辑录》，中华书局2000年版，第862—863页。

④ 傅斯年：《夷夏东西说》，《傅斯年全集》（三），湖南教育出版社1985年版，第213—215页。

⑤ 蒙文通：《古史甄微》，《民国丛书》，上海书店出版社1989年版，第52—61页。

⑥ 徐旭生：《中国古史的传说时代》（修订本），文物出版社1985年版，第49页。

大皞与济水的祭祀。大皞氏族中的一支被封在"颛臾",即在今泰山以南武阳县东北,有可能是周王封建作为王族成员鲁国时,"颛臾"原族是从"远方"迁至鲁国,也即是作为西周封建时锡土与锡民的产物,最终成了鲁国在"邦域之内",成了"社稷之臣"。孔子前言颛臾在"邦域之内",后语颛臾为"远方之人",似乎前后相左,其实各有所指,分别意在点明"颛臾"的"现在与过去"。"颛臾"既然曾经是作为"远人"来归附(作为"附庸")鲁国的,作为鲁国的"有国有家者"就应该按"邦域之人"加以安抚,从而为招徕远方诸侯立个好榜样,又何须谋动干戈于邦内呢? 这或许是个中深意。

(二)"附庸"的政治地位:颛臾的政治危机

庸、墉本是一字,庸金文本像城墙,原始意义即是城或城墙。引申之,就是靠近城邑的土地和人民也可以称庸,为区别起见,又加偏旁人或土字,即今佣和墉。"附庸"一词《左传·定公四年》作"倍敦"、《诗经·鲁颂·閟宫》作"附庸"、《五年召伯虎簋》作"仆墉",倍、附、仆皆同音字,自可通用。① 自孙诒让以来,王国维、郭沫若均同意此说,可谓定论。"附庸"就是指靠近城垣周围的土地与人民,分封之后其土地与人民已经依附于比较强大独立的诸侯国了。② 战国时期的孟子对"附庸"有较早的解释:"不能五十里,不达于天子,附于诸侯,曰附庸。"(《孟子·万章下》)赵岐注:"小者不能特达于天子,因大国以名通,曰附庸也。"《礼记·王制》:"不能五十里者,不合于天子,附于诸侯曰附庸。"郑玄注:"不合,谓不朝会也。"孔颖达疏:"云不合谓不朝会也者,谓不得与诸侯集合朝会天子也。"赵、郑二人的说法略同,当是指天子地位稳固时(如西周早期)的情形。春秋时周室衰微,霸主把持国际事务,附庸的这一特性因而表现为不参与诸侯间的盟会,这也与上述所论"神守"之国专任祭祀之事,一般不通于诸侯外交事若相符节。《鲁颂·閟宫》:"乃命鲁公,俾侯于东,锡之山川,土田附庸。"郑玄笺:"乃策命伯禽,使为君于东,加锡之山川、土田及附庸,令专统之。《王制》曰:'名山

---

① 杨树达、陈梦家、林沄及白川静定名为"琱生簋"。参见斯维至《中国古代社会文化论稿》,台北:允晨文化实业股份有限公司1997年版,第93—107页。

② 斯维至:《中国古代社会文化论稿》,第83、101页。

大川，不以封诸侯。'附庸则不得自专也。"孔颖达疏《礼记·王制》"又论夏殷之礼云：'子男五十里，不能五十里者，不合于天子，附于诸侯曰附庸。'言附诸侯，事大国，不得专臣也。"郑、孔二人所谓"不得专臣"，是说在一般情况下附庸所依附的诸侯不能像对本国属邑那样完全控制或支配附庸。又《论语·季氏》"夫颛臾，昔者先王以为东蒙主，且在邦域之中矣，是社稷之臣也"。邢昺疏："颛臾始封为附庸之君，以国事附于鲁耳，犹不为鲁臣，故曰鲁之附庸。春秋之世，强陵弱，众暴寡，故当此季氏之时，而颛臾已属鲁为臣，故曰当时臣属鲁也。"《鲁颂·閟宫》孔颖达疏也曾引述《论语》这条记载，并分析说："颛臾，鲁之附庸。谓之社稷之臣者，以其附属于鲁，亦谓鲁之社稷。其国犹自继世，非专臣也。以非专臣，故季氏将伐。若其纯臣鲁君，季氏岂得伐取之也。"邢、孔二人对春秋晚期颛臾地位的看法有别，但均认为附庸不完全受制于所依附的国家，这与《鲁颂·閟宫》郑笺所谓"附庸则不得专臣"的说法是一致的。斯维至认为："我国古代的附庸，虽然也是处于被征服的民族，但是，他们依然保持着自己的共同体，因而仍有自己的氏族或宗族组织，以祭祀其祖先，并且有土地（井田制），所以他们绝对不是奴隶。"① 像颛臾这样的"神守"小国，国家性质特殊又兼有"附庸"的政治地位，古老社会结构并未摧毁或更动，有一定独立的自治权。附庸成为我国先秦时期一种特殊的政治实体，甚至具有政治道德典范的意义。在春秋以前，颛臾的朴素氏族风习及根本精神依然健在，维系自己的国家于不坠。这种政治法则被后世儒者所向往或追慕，甚至对尊敬先王之后的周武王、成王及齐桓等被孔子及后世儒家许以"仁"等极高的道德评价，也不是没有缘故的。

但是像颛臾这样的"神守"之国，包括许多封建小国，面临失国亡土的危险，在春秋中晚期尤为常见。杜正胜从孔子对齐桓公（前685年—前643年在位）与晋文公（前636年—前628年在位）"霸政"的不同评价，即可以预示着西周"兴亡存继"封建法则的逐渐消失。② 《韩诗外传》称齐桓公的"霸业"时说"存亡继绝，九合诸侯，一匡天下"，《管子·小匡》曰"伐谭、莱而不有也，诸侯称仁焉"，桓公纠合诸侯是要继承和发挥诸侯

---

① 斯维至：《中国古代社会文化论稿》，第104页。
② 杜正胜：《周代城邦》，台北：联经出版事业公司1979年版，第128—129页。

子孙"世世无相害"的传统（《左传·僖公二十六年》），是维系"存亡继绝"这种传统的霸业，攘夷不过一端而已，实则更注重消除或防范诸侯列国内在的矛盾和危机。管仲尽管有"不知礼"的过错，但是孔子仍赞扬其功绩"微管仲，吾其被发左衽矣"（《论语·宪问》）；桓公尽管个人生活颇为淫乱，但是孔子仍赞美其"正而不谲"（《论语·宪问》），其深意也许正在于此。而孔子批评晋文公"谲而不正"，与齐桓公相反，晋国的霸业自文公以下一贯的精神是摧毁封建城邦，也即是不断攻伐异族及同姓，摧毁"存灭国、继绝祀"的封建信仰。围阳樊事件表现得最明白：

> 王至自郑，以阳樊赐晋文公。阳人不服，晋侯围之。仓葛呼曰："王以晋君为德，故劳之以阳樊，阳樊怀我王德，是以未从于晋。谓君其何德之布以怀柔之，使无有远志？今将大泯其宗祊，而蔑杀其民人，宜吾不敢服也！"（《国语·周语中》）①

摧毁宗庙、灭除民人，大概是晋人的一贯作风，就是不断摧毁"存灭国、继绝祀"的政治原则，故"阳樊人不服"。严格地说，齐桓晋文之别：一维持宗法及"存灭国、继绝祀"的传统，一斩绝血缘以彻底破坏周人建国的政治伦理。据《左传》与《春秋》的记载，在春秋数百年间，像颛臾这样的小国诸侯为晋国所灭者达18—42国，为楚国所灭者达32—42国，主张弭兵的宋国灭了其他6—9个比它更弱小的国家，日渐衰弱的鲁国也并吞了其他9—12国。② 后世儒生或许为维护或美化圣人形象，抬高圣人义理之作用，说经过孔子对冉有、子路二人的一番批斗，终于打消了季氏吞并颛臾的企图，如朱子《论语集注》引洪兴祖《论语说》曰："二子仕于季氏，凡季氏所欲为，必以告于夫子，则因夫子之言而救止者宜亦多矣。伐颛臾之事不见于经传，其以夫子之言而止之也。"③ 潘维城《论语古注集笺》说："况三传皆不载此事，则其闻夫子之言而止也必矣。"④

---

① 徐元诰撰，王树民、沈长云点校：《国语集解》，第54页。
② 顾栋高：《春秋大事表》，第507页。另见陈梦家《西周年代考》，商务印书馆1945年版，第57—59页；或参见陈槃《春秋大事表列国爵姓及存灭表撰异》，牛武成《春秋百国探微》，中州古籍出版社1991年版等。
③ 朱熹：《四书章句集注》，中华书局1983年版，第171页。
④ 转引自程树德《论语集释》，程俊英、蒋见元点校，中华书局1990年版，第1131页。

实际上，随着春秋晚期吞并趋势的不断升级，某些"附庸"小国不能抵抗，即使原本独立的诸多小国也只能听其驱使，输之贡赋，求其保护，也陆续成为新的政治"附庸"，最终也一一沦亡。《春秋》记载鲁国侵灭之国如下：

> 无骇帅师入极（隐公二年）
> 公子庆父帅师伐于余丘（庄公二年）
> 灭项（僖公十七年）
> 取根牟（宣公九年）
> 取鄟（成公六年）
> 取邿（襄公十三年）

极、项、鄟，《穀梁传》皆曰"国也"，余丘，杜预注"国名也"，鲁国在春秋不是较大的国家，但是称得上最具礼仪传统的文化之邦，却也灭了不少小国。据说孔子告诉鲁哀公说：

> 君出鲁之四门，以望鲁之四郊，亡国之墟列必有数矣。（《新序·杂事四》）①

赵佑《温故录》乃曰："鲁属国之在邦域多矣，自向为莒入，宿被宋迁，邾与鲁世相仇杀。鲁又灭项，取须句，取鄟，取邿、取鄫、取卞，皆附庸而不克保。鲁之不字小也甚矣。"② 即使经传不记载颛臾的最终情况，估计它的政治生命也岌岌可危。刘逢禄《论语述何》认为"伐颛臾不书于《春秋》者，封内兵不录"，该推测或许有理。③

事实上，我们根据颛臾在鲁国政争中所处的极其的重要战略地位也可进一步推知其命运。鲁僖公即位之初，便"赐季友汶阳之田及费"（《左传·僖公元年》），"季友为相"（《史记·鲁周公世家》），季氏由此发迹。费由此成为季氏私邑，费处于沂水流域，刘文淇认为"费县故城在沂州

---

① 刘向撰，石光瑛校释，陈新整理：《新序校释》，中华书局2001年版，第588页。
② 转引自刘宝楠《论语正义》，高流水点校，中华书局1990年版，第646页。
③ 转引自程树德《论语集释》，第1130页。

府费县西北"①，即今山东费县西北二十里路处。后来"宣公欲去三桓，与晋谋伐三桓"，成公十六年又串通晋"欲诛季文子"（《史记·鲁周公世家》），均未成。为消除鲁君依恃武力诛灭季氏的可能，季武子"作三军，三分公室而各有其一"。《国语·鲁语下》载，鲁襄公曾欲借楚师以伐季氏，季武子乘襄公去楚返鲁之机，诈称"守卞者将叛"并占取鲁公室邑——卞邑。襄公当时因此而不敢返鲁，鲁大夫荣成伯认为武子取卞，鲁人不违而从之。若以楚师伐卞，季氏与卞人必定会同心坚守，故建议襄公"不如予之"。襄公听此劝告，才返回鲁国。自此，卞邑也成季氏私邑。卞，在今山东泗水县东，洙水北岸，位于曲阜以东，费之西北，距曲阜近而距费较远。而颛臾位于今山东平邑东、蒙阴南，在费北偏西，在卞东偏南，介入费、卞之间。占取颛臾，从而可以使费与卞两地连接起来。作为季氏家臣的冉有，坦率地指出颛臾"固而近于费"、"今不取，后世必为子孙忧"，这也是深通军事谋略的行家所言。故此，季氏决心攻伐颛臾，使之进一步成为费邑的辖地可能是大势所趋。②

显而易见，颛臾的宿命是注定要被攻伐或被吞灭的。孔子把这种政治时局的出现归结于像鲁国等诸侯未能谨守"周礼"、实行"德政"的结果，归罪于像季氏这样的政治野心家所为，即所谓"天下无道"之时代：

> 天下有道，则礼乐征伐自天子出；天下无道，则礼乐征伐自诸侯出。自诸侯出，盖十世希不失矣；自大夫出，五世希不失矣；陪臣执国命，三世希不失矣。天下有道，则政不在大夫。天下有道，则庶人不议。（《论语·季氏》）

为拯救"礼坏乐崩"、"天下无道"的乱局，针对这种"周文疲弊"的"病相"，孔子在《论语》整部书里反复向当时的天子、诸侯、卿大夫及士人，包括自己的弟子传授"礼"、"德"、"仁"等一系列药方，似乎当时整个社会各阶层各色人等只要服用了这些药方，就能复归上古尧、舜、

---

① 刘文淇：《春秋左传旧注疏证》，科学出版社1959年版，第246页。
② 关于"季氏之费"的考证，可参何浩《鲁季氏立费国及其相关的问题》，《史林》1987年第2期，第7—13页；杨朝明《"鲁季氏立费国"说商榷——兼论曾子处费之地所在》，《东岳论丛》1999年第6期；何浩《〈费誓〉时地管见》，《齐鲁学刊》2001年第2期。

禹时代理想极致的道德盛世，也就能臻至夏商周三代之治。所谓"周监于二代，郁郁乎文哉，吾从周"（《论语·八佾》）；"甚矣吾衰也！久矣吾不复梦见周公"（《论语·八佾》）；"齐一变，至于鲁，鲁一变，至于道"（《论语·雍也》）。孔子一生主张"克己复礼"（《论语·颜渊》），号召"为政以德"："为政以德，譬如北辰，居其所而众星共之！"（《论语·为政》）要求"修身正己"："政者正也，子帅以正，孰敢不正？"（《论语·颜渊》）"苟正其身矣，于从政乎何有？不能正其身，如正人何？"（《论语·子路》）"其身正，不令而行；其身不正，虽令不从。子欲善而民善矣。"（《论语·颜渊》）做到这些就能取信于民，也就能挽救时局，所谓"上好礼，则民莫敢不敬；上好义，则民莫敢不服；上好信，则民莫敢不用情"（《论语·子路》），"君子之德风，小人之德草，草上之风必偃"（《论语·颜渊》）。仔细想来，孔子所开的一系列"药方"，若不服用之，似乎即是"病源"，也即是说正因为社会失去了"礼"、"德"、"仁"等社会规范和人性底色，造成了"弱肉强食"的景象。但是假如我们要探讨西周王朝（包括颛臾）的政治命运问题，仅仅是从孔子所谓"天下无道"的社会现状出发寻找根源显然是不够的，为了捉住西周历史命运的真正秘密，我们必须再向前多走几步。

（三）封建与宗法：政治大环境中的颛臾

西周以蕞尔小邦取代大邑商崛起渭上。《礼记·表记》中引孔子论述三代文化风尚与礼制之不同而曰："殷人尊神，率民以事神，先鬼而后礼，先罚而后赏，尊而不亲……周人尊礼尚施，事鬼敬神而远之，近人而忠焉，其赏罚用爵列，亲而不尊。"[①] 这大致说明了两朝施政的精神差异。殷商是在霸权性（先罚而后赏、尊而不亲）与宗教性（率民以事神、先鬼而后礼）的政治模式上组建成的一个松散、由众多自治族群组织成的政治共同体，尽管它通常也以"假血缘关系"笼络或封赏一些自治族群，但主要通过田猎巡狩或军事征服手段来不断显示自己的军事优势，这种状况通过对甲骨文辞中大量此类事件的分析也能得以说明。[②] 基于殷鉴，西

[①] 孙希旦撰，沈啸寰、王星贤点校：《礼记集解》（下），中华书局1989年版，第1310页。
[②] 杜正胜：《古代社会与国家》，台北：允晨文化实业股份有限公司1992年版，第249—250页。晁福林：《殷墟卜辞中的商王名号与商代王权》，《历史研究》1986年第5期。

周于二次东征后，进行了独特的政治与文化革新，建立了比较成熟的封建政治体系。就地缘政治上来说，周初统治者在陕西王畿之外，另于今天洛阳营建立东都"成周"（洛邑），建立另一个政府的分支，形成对广大东方疆域的有效控制。西周的权力中枢全在于一条横贯东西的交通运输线上，这条运输线从豫西艰险的重峦叠嶂中穿越而过，将丰、镐二京和东都洛邑各自所在的渭河平原与洛河谷地连接起来。此为当时最肥沃的黄土层地带，李亚农认为周族分封子弟诸侯国就是争夺土地肥沃的黄土层，即使稍差的鲁国除了丘陵山岳地带比较瘦瘠而外，丘陵脚下的平原，仍是一片黄土。[①] 日本学者伊藤道治甚至认为周初姬姓诸侯向东方地区分封，在于确保其向东方发展的交通线，扩展其统治势力，并占领主要的农业地区。[②] 这种分析是有道理的。

西周于牧野之盟誓，出兵伐纣胜利后，不仅要承认一起伐纣立功的诸侯，还要分封殷商以前的政治势力，主要是承认现实的众多城邦，扶植少数圣王之后（"兴亡继绝"），和经过征服而建立的新殖民邦国。西周初年被分封的诸多小国数目很大，如据《礼记·王制》说"九州之内有千七百七十三国"，不可确信。但是可能比《史记·汉兴以来诸侯王年表》说"封国数百"更接近实情。武王首次东观兵，"诸侯不期而会者八百"，这个数字不包括大部分的东方侯国，周王成为共主后，仍然是小国林立是可以推知道。众多邦国于是构成势力等差的天下秩序，谓之"封建城邦"。西周的权力中枢全在于一条横贯东西的交通运输线上，核心区域气候温暖湿润、土地肥沃，但是以北逐渐荒凉而邻接戈壁沙漠，以东延伸至黄河下游，以南地形逐渐险要、临湿热带丛林密布峡谷耸立的长江流域。周初的权力核心区域对所管辖的诸侯领地势必随着"可接进度"（accessibility）的困难而降低其控制功能。所以西周封建权建立"封建体系"，通过真实的血缘关系，依靠宗法建立"封建"制度，扩大宗亲网络，通过派遣王室成员及亲属到东部平原及附近最重要的战略要地建立地方封国，利用地域上的"可接进度"惩罚叛变的诸侯，同时使王室可以在地缘可接进度较差的地方仍然有维持权威的可信度，也产生了恐吓反叛、维持体系统一

---

① 李亚农：《西周与东周》，第16、17页。
② ［日］伊藤道治：《中国古代王朝的形成：以出土资料为主的殷周史研究》，江蓝生译，中华书局2002年版，第216页。

的效果。所谓"封建"的本质在于西周的治理功能是由众多的地方代理人来执行的,这些地方代理以作为西周王室的分支或婚姻对象的宗族为中心,可称为中央政府在地方的翻版。

《荀子·儒效》载:"(周公)兼治天下,立七十一国,姬姓独居五十三人。"春秋时代晋大夫成鱄(《左传》昭公二十八年)和司马迁(《史记·汉兴以来诸侯王年表》)都说同姓诸侯五十五人。姬姓诸侯与陕西王畿的中央政府保持政治与血缘的关系,周王常由嫡长子继承,代表天下的"大宗",而各地的诸侯,多为周王的其他庶子的后代,建立的小宗,根据宗法,小宗的诸侯必须服从周都的大宗,故周都称"宗周"。"宗法制"使统治精英分子在整体上却有一个严格的金字塔式的层级,《左传》描述了由封建过程建构起来的宗法政治的金字塔式的层级:

> 天子建国,诸侯立家,卿置侧室,大夫有贰宗,士有隶子弟,庶人、工、商,各有分亲,皆有等衰。是以民服事其上,而下无觊觎。(《左传·桓公二年》)

故此,分清嫡、庶是实行封建的需要,也是实行宗法的关键。《左传》描述了由封建过程建构起来的宗法政治的关于分辨嫡庶的目的,《吕氏春秋·慎势》说:"先王之法,立天子不使诸侯疑焉,立诸侯不使大夫疑焉,立嫡子不使庶孽疑焉。疑生争,争生乱,是故诸侯失位则天下乱,大夫无等则朝廷乱,妻妾不分则家室乱,嫡孽无别则宗族乱。"从天子到诸侯大夫,直至家族,所有的等级次序都由宗法制度来排定,从原则上讲便可以避免继统、权位、财产等方面的僭越和争夺。"宗法"的本质就是根据亲属结构来规定政治权力与财产的继承。和夏商时代的方国部落联盟制相比,周天子的权位由于分封制和宗法制的实施而得以极大加强。这种宗法观念不仅为周朝王室所遵守,也为其他贵族家族所恪守。就统治精英与统治精英之间的规范来说,他们共享的价值就是道德性的,而较不属于法律的规范。就统治精英与被统治者来说,前者的权力是绝对的。这种生态条件及针对此条件所建立的封建政治权威有利于西周保持强大的政治体系数百年的时间。

（四）封建与宗法的结构性危机：颛臾命运的真正秘密

李峰从地缘政治的观点出发，认为西周的灭亡缘于西周封建初期"二分制"的地缘政治模式和行政形态，西周的权力中枢全在于一条横贯东西的交通运输线上——丰、镐二京和东都洛邑两端。周王朝在两个战略目标之间疲于奔命：一方面西周国家的完整性要依赖于周王室对东方事务的持续介入；另一方面周王朝的存活主要系于西部的安全，周王朝难以两者兼顾，因此西周的灭亡是政治和地理之间一种复杂的相互作用的结果。① 李峰的说法无疑触及一些西周灭亡的关键性问题，但是当代学者一般认为西周灭亡的最终根源在于西周封建政治结构的内在性弊端，主要就是在于西周分封制及宗法制自身的结构性因素。② 故此，颛臾的政治危机只能在封建政治的结构性因素之中去寻找。

周人封建制度的基础是武力，其封建的关键是土地，土地是西周王朝的国家财富的最根本来源，《礼记·大学》曰："有土此有财。"据司马迁《史记·汉兴以来诸侯王年表》说：鲁卫"地各四百里"，齐"兼五侯地"，其余"封国数百，而同姓五十五人，地上不过百里，下三十里"。据太史公的解释是鲁卫"亲亲之义也"，齐"尊勤劳也"，故国土辽阔。同时因为当时对贵族王室与政府官员并没有定期俸禄，为了维持官员对王室的忠诚，只能给予各级官员各种形式的赏赐，其中最重要的也是地产。实行"兴亡继绝"的政治法则，褒封圣胄后裔也需要聚民筑城，封疆定界，就像齐桓公会诸侯"城楚丘而封卫"，这些政治行为也需要封土占地。在"恩惠换忠诚"的关系下，王室还必须持续地施与这种恩泽。西周政府的这种不断地封建亲戚以蕃西周的"自杀式"的管理办法，预设了一种乐观的扩张逻辑，国家政治发展的基础，就是只要武装殖民会不断

---

① 李峰：《西周的灭亡——中国早期国家的地理和政治危机》，徐峰译，汤惠生校，上海古籍出版社2007年版，第6、7页。

② 西周的灭亡是源自西周封建土地等资源出现危机的议题，近年来学界反思尤其多。如杨阳《王权的图腾化——政教合一与中国社会》，浙江人民出版社2000年版；台湾学者林启屏《先秦儒法思想中的血缘问题与国家》，台湾大学中文研究所博士学位论文，1995年，第22页。另外从宗法结构的自身弊端来讲，如杜正胜《周代城邦》，第129—131页；郑开《德礼之间——前诸子时期的思想史》，第396—399页。但是将上述两方面的问题结合起来论述，却殊为少见。本文将尝试做这方面的工作。

的持续下去，经由对外征战所获得的土地，作为政治筹码与资源，再依血缘的亲疏远近和战功多寡当作奖赏土地的标准。在西周初期，王室直接掌握西起岐山，东到成周的广大区域。成周一带原为商王国的领地，西部渭河流域也经过了先周时期的持续经营，其人口的稠密程度与经济状况，自非多数诸侯国所能比。王室对各个诸侯国的压倒性优势，就是建立在这个基础之上的。但是这种优势很难长久保持，王室领地内的土地大都业已开发，经济发达，也就意味着进一步扩展的潜力较小，而周族被分封的人口较多，宗族子弟待采邑的需要量也就较大。因此，当武力的活动停止，或武力征服受挫之后，土地的取得呈现负成长，如此一来，则分封诸侯的基础与关键要素俱受破坏，封建自然停止，王室实行的以"恩惠换忠诚"的投资甚至得不到任何回报。这是西周实行分封制所产生的一个内在的、固有的，也始终无法克服的弊病。

成康二世，虽号称周人之盛世，但从康王之后，一则东方大体已定，征服的活动停止；二则统治实力逐渐衰退，来自西方的威胁日亟，无暇另辟疆土。据《史记·周本纪》说，在昭王时便"王道微缺"，至于南征楚国而不返（《竹书纪年》云"丧六师于汉"）；穆王时"王道衰微"，"自是荒服者不至"。周天子的统治地位实际从昭、穆时代已开始走下坡路[①]，封建的活动也大约在此时完成。到周懿王时，"王室遂衰戎狄交侵"，曾迁都犬丘（今陕西兴平县）。传至厉王，周室大乱，厉王被"流"而失位，有此先例，于是列国间逐君的事便不断发生，这是封建制度崩溃的先声。[②] 传统的武装殖民精神消失之后，国家的政治不但可能随之停止，更有可能因无法满足内部的需求而为之反噬，也造成贵族内部的分化、激烈的竞争、矛盾与斗争。此种演变导致原有封建的本意与特质被破坏，而经济条件的改变亦加速了前述的破坏。同时诸侯立国时候规模较小，在随后的几百年里，王室与诸侯国之间的实力对比发生了重大变化。西周中期以后，王室已是领主林立，王室直接控制的土地大为减少，财政状况持续恶化，实力大为削弱。周人在坐享武装征服的果实时，内部的分化，促成权力下放的加速，也日趋为地方性的权力结构所代替。其实由于地理环境的

---

① 顾德融、朱顺龙：《春秋史》，上海人民出版社2003年版，第39页。或杨宽《西周史》，第549—576页。

② 童书业：《春秋史》，《童书业著作集》第一卷，中华书局2008年版，第20—21页。

限制，西周中期开始东方各地诸侯国就不断从西周国家的中心脱离出去，同时陕西王权与陕西王畿内贵族家族权力对抗愈演愈烈。① 由西周封建所养出来的诸侯，反而成为威胁周室政权最大的内忧，导致中央权力一旦旁落，便再也收不回来。

平王东迁之后，晋、郑是依，不但王畿日减，共主的地位也日削，周王室经济状况持续恶化，《春秋》多记载周王室因财政拮据，不得不向诸侯求借。《春秋》隐公三年"武氏子来求赙"，桓公十五年"天王使家父来求车"，文公九年"毛伯来求金"，已经大失体统。到了周景王，因穷而铸大钱，为中国历史上第一次通货膨胀。到了战国，周王借债度日，今日债台高筑之典，即由周王而来。② 明人董说云："周王不如夏有桀、殷有纣。椓之为椓，困穷而已矣！试使秦献一年之赋，齐分百钟之盐，楚贡丹银，燕归枣粟，则周天子不忧贫。"③ 董氏认为周王朝由于贫困而灭亡，是有道理的。故唐朝柳宗元《封建论》云："余以为周之丧久矣，徒建空名于公侯之上耳。得非诸侯之盛强，末大不掉之咎欤？遂判为十二，合为七国，威分于陪臣之邦，国殄于后封之秦，则周之败端，其在乎此矣。""（周）失在于制，不在于政。"④ 是为的论。

当然具有类似结构的各个诸侯国内部，与西周中央政府实行"同质性"的政治模式，同样推行"封建"制度，由于"宗法"的层级关系，土地田产不断流向更下一级的被分封贵族，导致诸侯国君日益贫困化，其经济势力与军力日益削弱。为扭转这一败局，国君及卿大夫家族只能收归、吞并或征服西周初年周天子或先王赐予异族异姓的土地。故此，西周新封建的诸侯国和殷商旧方国共一千多个，到春秋之末，已如春秋末期鲁大夫子服景伯所指出的现状："禹合诸侯于涂山，执玉帛者万国。今其存者，无数十焉。唯大不字小，小不事大也。"（《左传·哀公七年》）春秋末年众多小邦国生存危机，顾栋高《春秋大事表》所载春秋时期晋、楚等大国灭国极多，即使中等国家鲁、宋等也积极参入灭国活动。冉有说：

---

① 李峰：《西周的政体：中国早期的官僚制度与国家》，吴敏娜等译，生活·读书·新知三联书店2010年版，第6页。或李峰《西周的灭亡——中国早期国家的地理和政治危机》，第77、135、139、150、156页。
② 参胡秋原《古代中国文化与中国知识分子》上册，中华书局2010年版，第80页。
③ 董说：《七国考序》，《丰草菴集》前集卷二，民国刘氏嘉业堂刻吴氏丛书本。
④ 柳宗元：《封建论》《河东先生集》卷二，（宋）廖莹中注，宋刻本。

"今夫颛臾，固而近于费。今不取，后世必为子孙忧。"这种看法显然是冉有为季氏伐颛臾寻找合理性的借口，冉有或许因为精于政事已经深刻感受到颛臾等小国的历史宿命，但是其说不明白其个中缘由，或者说又不敢在自己的老师前纵论天下大势，只能巧找借口，反而欲盖弥彰。被孔子骂得哑口无言："求！君子疾夫舍曰欲之而必为之辞。"何晏《论语集解》说："舍其贪利之说而更作他辞，是所疾也。"

另外，西周封建宗法政治结构的主要特征是把政治权力的隶属（上下）关系纳入血缘关系结构（亲疏）关系之中。《尚书·盘庚》："迟任有言曰：'人惟求旧，器非求旧，惟新。'"大概至少从殷商时代开始，治国用人应该专选旧的，不像器具那样不要旧的，专要新的，这种重视血缘亲族的政治传统也为周代继承。① 《论语·微子》载："周公谓鲁公曰：'君子不施（弛）其亲，不使大臣怨乎不以。故旧无大故，则不弃也。无求备于一人。'"这是周公旦对其长子伯禽讲的治国用人之道，首先要求在上位的人不可弃忘疏远自己的亲族，也就是防止出现后世秦相李斯所指出的"后属疏远"的情况。② 侯外庐认为这就是周代所谓"人惟求旧、器惟求新"的"其命惟新"的社会。从"其命惟新"方面讲，文王以至周公改变或更加完善了殷商的国家制度，如完成国家或城市等器物形式方面的建设；但是在用人方面周人仍然因袭殷商的遗制，包括"亲亲"的宗法政治。③ 为了强固封建权威，必须控制社会的阶层制度，限制社会各阶层的流动，坚持所谓"世卿"、"世禄"与"世官"的政治世袭制。王之为王，只因为王之父为王，儿以继父，孙以继子，整个社会的基础是遗传的，雷格斯把这种不依才能品德，而依个人的出身、门第、阶层或身份（status）上的甄补（recruitment）制度可称为"关系取向的"（ascriptive orientation）或"特殊取向"（particularistic orientation）。④ 西周封建权威与职责似乎全都依其亲属地位（特别是他与亲属团体的牵连）而指定。但是西周封建

---

① 刘起釪：《尚书校释译论》第二册，中华书局2005年版，第944页。
② 司马迁：《史记》（修订本），中华书局2013年版，第302—303页。
③ 侯外庐：《中国古代社会史论》，河北教育出版社2000年版，第4、30页。或侯外庐《中国思想通史》第一卷，人民出版社1957年版，第15—17、25页。
④ ［美］Fred Warren Riggs（雷格斯）著，金耀基编译《行政生态学》，台北：台湾商务印书馆1988年版，第91页。此概念实际Parsons（派深思）已应用，参Parsons（派深思）著《社会的演化》，章英华译，台北：远流出版社1991年版，第18、40、47页。

分封制并不能保证完全合理地分配政治经济和社会资源，更不能始终有序地调节各种政治经济利益集团的诉求。故此春秋中晚期以来，卿大夫家族崛起，已经呈现出凌驾公室的趋势，一方面，传统的宗法等级观念在家族成员中还起着支配作用，传统的等级结构的框架仍然存在，宗子至高无上的地位仍受到宗族内部法规的保护；另一方面此种传统关系、传统观念已经成为家族中另一部分贵族成员（主要是中下层贵族）争取更高的政治地位与更多经济利益之障碍，成为束缚他们的绳索。于是他们极力从中挣脱，与旧的宗族势力展开斗争，矛头所向即是宗法等级关系。故此，封建宗法等级关系趋入瓦解，宗法模式出现深深的裂隙。① 封建制度根据宗法的原则分封，其基本精神在于亲亲，因此亲亲精神的丧失亦即封建制度的解体，亲亲精神源于宗法，随着世代的层累分化，日远日薄，就如同一个大家族的没落一般，是人情的自然的结果。孔子所说"天下无道"的现状，实际上指出春秋的历史就是一部"以下犯上"的历史，政治"失范"的历史，权力秩序的颠覆历史，这也正表明宗法政治的解体不可避免。叔向说："公室将卑，其宗族枝叶先落"（《左传·昭公三年》），乐豫说："公族，公室之枝叶也，若去之，则本根无所庇荫矣。"（《左传·文公七年》）作为宗族分支的"枝叶"凋零，则公族或宗法政治就岌岌可危了。故郑开认为："春秋晚期的宗法政治结构已再不能适应现实政治的变化要求了，再也不能释放更多的潜力、容纳更多可能性了。"② 绵延了数百年的宗法政治结构最终也不能免于瓦解的命运。故此，宗法政治的内在的结构性弊端是"礼崩乐坏"的根本原因之一。

西周实行分封制既然无法调适自身存在的先天性矛盾因素，亲亲的宗法精神也在现实冲突面前逐渐丧失，因此封建的解体趋势不可避免。可以说，颛臾的命运，就是封建分封制度及宗法制度自身结构性因素失调的一个缩影。孔子根据西周以来封建宗法的行为规范，认为"颛臾"是先王昔日封建的"东蒙主"，且在邦域之中，是社稷之臣，处于附庸地位，本可以不必征伐。"何以伐为？"的确是一个义正词严的问题，他对冉有、子路的过错的批评也有理有据。"伐"《左传·庄公二十九年》说："师有钟鼓曰伐。"一般是天子对叛逆者的讨伐，敲锣打鼓，公开进行，季氏攻

---

① 朱凤瀚：《商周家族形态研究》，天津古籍出版社2004年版，第482页。
② 郑开：《德礼之间——前诸子时期的思想史》，第399页。

打颛臾而用"伐",表明季氏似乎以天子自居,朱熹《四书或问》说:"伐颛臾而曰季氏,见以鲁臣而取其君之属也,是无鲁也。颛臾而曰伐,见以大夫而擅天子之大权也,是无王也。"① 这也是符合封建宗法本义的"判词",但是两位圣贤均认为"伐颛臾事件"是季氏的"失德"或"失礼"行为所致,可能没有触及西周封建政治更深层的内在结构性弊端,也就是没有找到真正的"病根"所在。也由此可以说,圣人围绕"伐颛臾事件"所开的一系列"药方"本身就可能有很大问题,因为不能"对症下药",也祛除不了"病根"。今天读书,对于圣人所言所行或许也不能尽信,更不能盲信,有些问题有值得重新反思与检讨的必要。

三 谁之过:"家臣"传统与"士人"新风的冲突

> 冉有曰:"夫子欲之,吾二臣者皆不欲也。"
> 孔子曰:"求!周任有言曰:'陈力就列,不能者止。'危而不持,颠而不扶,则将焉用彼相矣?且尔言过矣,虎兕出于柙,龟玉毁于椟中,是谁之过与?"
> 冉有曰:"今夫颛臾,固而近于费。今不取,后世必为子孙忧。"
> 孔子曰:"求!君子疾夫舍曰欲之而必为之辞。……今由与求也,相夫子,远人不服而不能来也,邦分崩离析而不能守也;而谋动干戈于邦内。吾恐季孙之忧,不在颛臾,而在萧墙之内也。"

孔子就"季氏将伐颛臾"一事的当头棒喝,令冉有颇感势单力孤,只能将此事的主要责任推给季氏(夫子欲之),又顺便把子路拉到自己的阵地(吾二臣皆不欲为也),最后在理屈词穷的情况下说出季氏伐颛臾的"心结"(今夫颛臾,固而近于费。今不取,后世必为子孙忧),也间接地供出自己作为季氏的重臣是知道或参与了"伐颛臾"的内幕并道出"身不由己"的苦衷。孔子紧紧锁定冉有的话题,引经据典且善用比喻,实际上又分别为"季氏"与"冉有、子路二人"开了几副"药方",也就是指导冉有、子路二人以及他们的主人季氏在面对时局时该"如何做"、"怎么做"的大问题。这些话义正词严又苦口婆心,周正严密且气势夺

---

① 转引自程树德《论语集释》,第1134页。

人，估计冉有、子路二人再没有可以回旋的余地了。皇侃《论语义疏》引蔡谟《论语注》云：

> 冉有、季路以王佐之姿，处彼相之任。岂有不谏季孙以成其恶？所以同其谋者，将有以也，量己揆势，不能制其悖心于外，顺其意以告夫子，实欲致大圣之言以救斯弊；是以夫子发明大义，以酬来感，宏举治体，自救时难。引喻虎兕，为以罪相者，虽文讥二子，而旨在季孙，既示安危之理，又抑强臣擅命，二者兼著，以宁社稷；斯乃圣贤同符，相为表里者也。然守文者众，达微者寡也，睹其见轨而昧其玄致，但释其辞，不释所以辞，惧二子之见幽，将长沦于腐学，是以正之以苃来旨也。①

蔡谟此解得失参半，其说首先颇有打"圆场"的嫌疑，似乎孔门无时无刻不在"一团和气"中弘文立教。《论语·阳货》："子曰：'乡愿，德之贼也。'"朱《注》："盖其同流合污以媚于世，故在乡人之中，独以愿称。"容媚而取世，岂是孔门所取？《论语》载孔门传教实例，不仅有温柔敦厚的启发切磋，也有诸多直言不讳的批评，此章对冉有、子路二人的批评态度显而易见，无需为之曲护。蔡氏最后所论"然守文者众，达微者寡也，睹其见轨而昧其玄致，但释其辞，不释所以辞"，此语确有识见。但如何做到"达微"、"释所以辞"，则需要一番考实与论证的工作了。

（一）"道同也不能相谋"：求、由与晚年之孔子政见之歧异

子曰："先进于礼乐，野人也；后进于礼乐，君子也。如用之，则吾从先进。"（《论语·先进》）今从郑《注》曰："先进后进，谓学也。"也就是以孔门进学、及门或毕业的先后为序。钱穆解释"先进后进，乃指孔门弟子之前辈后辈言"。在《先秦诸子系年》中有进一步的说明：

> 余考孔门弟子，盖有前辈后辈之别。前辈者，问学于孔子去鲁之先，后辈者则从游于孔子返鲁之后。如子路、冉有、宰我，子贡，颜

---

① 转引自程树德《论语集释》，第1131页。

> 渊，闵子骞，冉伯牛，原宪，子羔，公西华，则孔门之前辈也。游、夏、子张、曾子、有若，则孔门之后辈也。虽同列孔子之门，而前后风尚，已有不同。由、求、予、赐志在从政；游、夏、有、曾乃攻文学，前辈致力于事功，后辈则研精于礼乐。此其一不同也。故子路之言曰："有民人焉，有社稷焉，何必读书，然后为学？"冉有则曰："如其礼乐，以俟君子。"……故子曰："先进于礼乐，野人也；后进于礼乐，君子也。"①

钱穆的考释，不仅区分出孔门弟子的先后，甚至连弟子的整体特质，均有详细的说明，这是相当有见地的说法。② 冉耕、冉雍、冉有、子路、颜回、漆雕启、闵损诸人均是孔子五十五岁周游列国之前所收的弟子，大都出生微贱，不是贵族子弟（唯子贡，是"卫之贾人"，很富裕）。或许是因为出生寒微，故有强烈的求知欲和上进心，有此才可以"学而优"，而成为真正的人才。③ 孔子的弟子们，早年或游或隐，皆无官可做，晚期却纷纷出仕，在鲁国政坛大放光彩，其先进弟子如冉有、子路、子贡位高权重，尤其是冉有权势炙手可热，贵族弟子孟懿子更是三桓之一。另有大批后进弟子如子游为武城宰、子夏为莒父宰、宓不齐为单父宰、高柴为费宰，均有独当一面之能力。似乎可以说，孔子晚年有否极泰来、行道淑世的机会，但历史的事实证明孔子晚年的心境是悲凉且痛彻的：这不仅在于一连串的丧子、丧颜回、丧子路之重大打击；不仅在于与当局主政者不合，只能以国老及从大夫的身份徒献空言；也在于与一批先进弟子的政见渐行渐远，在现实政治事务的判断与抉择上，孔子与先进弟子的矛盾已昭然若揭。晚年之孔子与其诸弟子，特别是与其先进弟子冉有、子路诸人政见多有不合之处，这种说法从先秦典籍《论语》《左传》及《国语》中的相关记载均有案可稽。故此，关于"季氏将伐颛臾"的争论，也许仅仅是师徒之间一桩比较典型的政见冲突事件。

冉有，春秋末年鲁国人，少孔子二十九岁。曾随孔子周游列国（前

---

① 钱穆：《孔门弟子通考》，《先秦诸子系年》，商务印书馆2001年版，第94页。
② 钱穆赞同刘逢禄《论语述何》说："先进谓先及门，如子路诸人，志于拨乱世；后进谓子游诸人，志于致太平。"另《邢疏》也以孔子早年（襄、昭）所收弟子为"先进"，定、哀时所收为"后进"。
③ 参潘重规《论语今注》，台北：里仁书局2000年版，第219页。

497，时孔子五十五岁），哀公三年（前492）季康子为鲁国执政大臣，冉求应召返鲁（比孔子早七年回国），代替前任冉雍（仲弓）为季氏宰，成为季康子家族的新总管。这可能得力于孔子向季氏推荐①，哀公十一年春（前484），冉有在鲁国与齐国的防卫战（郎之战）中，因为运筹帷幄立下大功并苦劝季康子迎回孔子，故孔子于这年冬顺利返鲁，也与冉求的帮助有直接关系。冉有后来一直在季氏家里任家臣与季氏宰。② 冉有为人性格活泼、爽朗③，同时多才多艺，富有勇武精神和军事才能，尤长于理财，最得季氏赏识。或许正因为冉有与季氏关系最紧密最受宠，晚年之孔子与冉有的思想距离也较大，师徒关系也最为紧张。前484年冬，孔子初返鲁（时六十八岁），即与冉有对季氏"用田赋"之事起了冲突：

> 季孙欲以田赋，使冉有访诸仲尼，仲尼曰："丘不识也。"三发，卒曰："子为国老，待子而行，若之，何子之不言也？"仲尼不对。而私于冉有曰："君子之行也，度于礼。施取其厚，事举其中，敛从其薄。如是，则以丘亦足矣。若不度于礼，而贪冒无厌，则虽以田赋，将又不足。且子季孙若欲行而法，则周公之典在。若欲苟而行，又何访焉？"弗听。（《左传·哀公十一年》，此故事也见于《国语·鲁语下》）

"用田赋"即是按田亩征调军赋，凡有田者皆赋。孔子认为此举不法则周公的典籍（不度于礼，而贪冒无厌）并私下与冉有抱怨季康子，对季氏表示不满。待次年正月冉有协助季氏推动"用田赋"，孔子气愤至极，甚至到了声明与冉有要断绝师徒关系的地步，这是《论语》所载孔子与弟子关系最为紧张的一件事情了：

> 季氏富于周公，而求也为之聚敛而附益之。子曰："非吾徒也。

---

① 《论语·雍也》载孔子曾向季康子推荐子路、子贡与冉有三人均可出仕，季氏选择了冉有。

② 李零：《丧家狗——我读〈论语〉》，生活·读书·新知三联书店2007年版，第131、234、287页。或见李启谦《孔门弟子研究》，齐鲁书社1987年版，第41页。

③ 《论语·先进》载"冉有、子贡（侍坐），侃侃如也"，何晏《论语集解》说，"侃侃，和乐之貌"，颇为诸家接受。

小子鸣鼓而攻之可也。"(《论语·先进》)

《论语·八佾》载：

> 季氏旅于泰山。子谓冉有曰："汝弗能救与？"对曰："不能。"子曰："呜呼！曾谓泰山，不若林放乎！"

季康子将要祭祀泰山。按古代的礼制，天子祭天下的名山大川，诸侯祭国内的山川，大夫只能祭家庙。季康子只是鲁国的卿大夫，故祭泰山是僭礼的行为。孔子要求作为季氏家臣的冉有劝阻此事，冉有直接坦诚地回答说"不能"。孔子说："难道泰山之神，还不如林放（鲁国人）那样懂得礼，而要接受季氏这样僭越的祭祀吗？"① 含蓄的答语实深含孔子的深责之意。

《论语·雍也》载：

> 子华使于齐，冉子为其母请粟。子曰："与之釜。"请益。曰："与之庾。"冉子与之粟五秉。子曰："赤之适齐也，乘肥马，衣轻裘。吾闻之也：'君子周急不继富。'"

孔子的后进弟子公西赤（字子华）出使齐国时，"乘肥马，衣轻裘"，很阔气很富有，冉有替他在家的母亲向孔子支借粮米，违背了孔子的意见，特别"与之粟五秉"，大大超出孔子所规定的标准。孔子以"君子周急不继富"的古老原则批评冉有做法不对，君子应该救济穷人的窘迫，但不要增添富人的财富。②

从以上几例可见冉有在处理"用田赋"、"违旅礼"、"请粟"等事件中，均与孔子的原则与态度相左，在基本立场上有所差异。故可以说，"伐颛臾"事件仅仅是他们政治生活中的一次比较典型的冲突事件。

子路，姓仲，名由，字子路，又名季路。春秋末期鲁卞地人，少孔子九岁。子路出生微贱，以勇武出生，性子急，脾气大。孔子周游列国时子

---

① 潘重规：《论语今注》，第41—42页。孙钦善对此章的古礼释解尤为明澈，见孙钦善《论语本解》，生活·读书·新知三联书店2009年版，第23—24页。

② 潘重规：《论语今注》，第105—107页。

路追随其左右。孔子仕鲁定公期间，子路任季桓子宰（前498），旋即辞职，为孔门弟子仲弓（冉雍）续任。后世诸家常常据冉有、子路二人任季氏宰的时间不同且《史记》不载子路再仕鲁事，即怀疑在"季氏将伐颛臾"章中冉有与子路不可能同仕季康子。① 一种较为的合理解释是子路随孔子返鲁后，曾在较短一段时间再任季康子家臣。② 子路于《论语》中出现的次数最多，与孔子之关系极其密切，也相知极深，可谓既师且友的师徒关系。至于子路与孔子晚年政见之歧异，限于文献材料，其实已经很不清楚。但是从子路对孔子晚年最反对的一件事"陈恒弑齐简公"的态度与立场，即可见子路与孔子晚年在现实政治面前有不同的选择和认识。

《论语·宪问》载：

> 陈成子弑简公。孔子沐浴而朝，告于哀公曰："陈恒弑其君，请讨之。"公曰："告夫三子。"孔子曰："以吾从大夫之后，不敢不告也。君曰'告夫三子'者。"之三子告，不可。孔子曰："以吾从大夫之后，不敢不告也。"③

哀公十四年（前481，时孔子七十一岁）六月陈恒弑齐简公，此事已经是齐国从鲁哀公六年以来，八年之中，第三次弑君事件了，故孔子坚决主张讨伐。因郑重其事，斋戒沐浴，然后上朝向鲁君建言，鲁君此时徒有虚位，只能将烫手的山芋扔给三桓，三桓原本就与陈恒是一丘之貉，孔子奏告他们也不支持，故孔子也只有无限的愤慨。关于此事，冉有是否支持，这有待考证，但是根据冉有与孔子晚年政见之歧争，故还不能加以乐观的推测。陈恒弑齐简公事发生时，子路居鲁还是居卫，也文献无征。但在《左传》哀公十五年秋载，陈恒的兄长陈瓘出使卫国，子路即在卫国与陈

---

① 钱穆：《先秦诸子系年》，第23—24页。具体的争论可见程树德《论语集释》，第1131—1132页。

② 朱子《集注》引苏东坡《四书辨证》即用此说。见哀公十四年春，小邾大夫射以其邑句绎奔鲁时，要求与子路订盟。子路拒绝冉有与季康子的要求，而没有与之订盟。估计与季康子有隔阂。另公伯寮在季康子面前诋毁子路，估计也是子路离开鲁国去卫国的原因。参王健文《流浪的君子——孔子的最后二十年》，生活·读书·新知三联书店2008年版，第83页。

③ 参见《史记·齐太公世家》及《史记·田敬仲完世家》，《左传·哀公十四年》载同一事所述稍异。

瑾会面。子路在卫会见陈瑾时说：

> "天或者以陈氏为斧斤，既斫丧公室，而他人有之，不可知也；其使终飨之，亦不可知也。若善鲁以待时，不亦可乎！何必恶焉？"
> 子玉曰："然，吾受命矣，子使告我弟。"

子路虽然已经去鲁而仕于卫，但仍然悬念父母之邦。他认为齐国公室已经不可避免地衰落，陈氏有可能最后享有齐国，希望陈氏和鲁国相友好，不要把双方关系搞坏，以等待这个时机。可见子路对陈氏弑君废立之事，不是以道德与礼制的立场加以批判。子路是从务实的角度出发，认为齐国政权交替之际，需要各国的支持，子路的示好，就是为鲁国争取多一点的政治筹码。至于讨伐一事，在与孔子最亲近的子路看来，大概非当务之急，也是不切实际的。鲁哀公对孔子说"鲁为齐弱久矣"，亦非推脱之辞尔。显然，在陈氏弑君废立的事件上，子路与孔子之态度显然有所不同。故此，也由于冉有、子路二人之态度及立场问题，后世诸儒多站在维护孔子与批判求、由的立场，如清儒顾栋高认为孔子讨伐陈恒之建言"此诚知己知彼，乘机赴会，足征大圣人经济不外寻常理势之中"、"此谋出万全，至事之万有一失，则听之天耳"，从而把孔子未能完成振国威、兴周道的万全之策归罪于冉有、子路二人之不肖、鲁君之无能与三桓的阻扰，对孔子晚年的这一政治伟业的失败充满深切的遗憾。① 根据孔子返鲁后与诸弟子对现实政治的认知和及当时之政治态势，顾氏所论可能未免过于乐观了。

冉有、子路，甚至子贡诸人位列孔子最爱的"四科十哲"，从学问道几十年，师徒相濡以沫共度时艰，其高足弟子们也均非明哲保身、容媚趋世的不肖子弟，何至于晚景竟貌合神离呢？据《论语》《左传》《史记》及《孔子世家》等文献的记载，诸弟子始终对孔子怀有崇高的敬意。如哀公十一年（孔子六十八岁时），冉求还于季康子面前称颂孔子说："用之无名，播之百姓，质诸鬼神而无憾。求之以于道，虽累千社，夫子不利也。"（《史记·孔子世家》）冉有对孔子志于道而无愧天地的气节表示了崇高的敬意。冉有、子路入孔门甚久，对孔子一生之志向与理想是耳濡目染的，师徒们在春秋晚期残酷的政治现实面前渐行渐远，也许他们各自的

---

① 顾栋高：《春秋大事表》，第 2525—2526 页。

心境和立场均是波澜起伏。

（二）"家臣"传统：效忠季氏的历史根源

孔子所说"丘也闻，有国有家者"，"国"与"家"正是相对而言的，也均是政治单位。诸侯拥有其国，卿大夫拥有其家，这是符合当时政治现实的说法，也是注疏家经师们解经的共识。春秋以前的"家"，如《左传》与《国语》中所记春秋人话语中的"家"，更多情况下是指卿大夫之家。但是其社会的基础在于族，一般称为氏，氏下有宗，是以当权贵族为主导、以亲族组织自身为核心，兼具战斗、行政、祭祀和财产等多项功能的共同体，是建立在卿大夫的宗族和采邑中的宗族、政权合一的机构，并且近亲血缘团体的家庭则荫附其下。卿大夫之所以能左右春秋时代的时局，成为当时最重要的政治势力，原因就在于此。这种功能源于其具有一系列重要的社会机能，如拥有私家武装、有宗法等级关系与家臣制度等。史书中的"家臣"通常指的就是西周春秋时期周王室卿大夫及列国卿大夫的臣属，即贵族的私家官吏，负责管理卿大夫的宗族和采邑事务。[①]

西周初期的家臣主要来自被征服的家族，依附在贵族家族之内，累世侍奉于同一贵族家族，职务多世袭；尊奉家主为君，矢志仅忠于家主，有严格的人身隶属关系。家臣与家主虽非同族人，但彼此间形成一种所谓假血缘关系（拟制的亲族关系）。另外在贵族家族中已有一套完整的仿王朝的官职设置与强化主臣等级关系的廷礼与策命礼等仪式。将主臣关系也纳入家族政治的轨道，对之实行父家长式的统治。正因为家臣对家主有人身隶属关系，所以只知道尽忠家主，而不知有国君，这种文化信仰仍被作为正统的主臣关系准则，甚至到了春秋中晚期仍被时流及社会舆论所强调。[②] 仅举几例：

> 襄公二十一年，晋国栾盈被范宣子逐出，奔楚。下令不许栾氏家臣跟从，跟从者处死，而栾氏的家臣辛俞还是跑了。后来被捉住审

[①] "家臣"一词最早见于《左传·襄公二十九年》，其文曰："公臣不足，取于家臣。"《左传》在此之前，虽未明书"家臣"，但关于家臣之人、事，却已屡次提及；其后，关于家臣的记述更是不胜枚举。

[②] 此段关于"家臣"制度及其沿革的相关材料及考释，可详参朱凤瀚《商周家族形态研究》，第314—321、479—491页。

问，答之："臣问之，三世事家，君之；再世以下，主之。事君以死，事主以勤。……世隶于栾氏，于今三世矣，臣故不敢不君。"（《国语·晋语八》）襄公二十五年，齐国崔杼弑齐庄公，并屠戮群臣，"申蒯，服侍渔者，退，谓其宰曰：'尔以帑免，我将死。'其宰曰：'免，是反吾之义也。'与之皆死"。昭公十二年，季孙氏的费邑宰南蒯，谋划帮助公室驱逐季孙氏失败，出奔到齐。当其反对季孙氏，他的乡人有知道的，就讽刺说："家臣而君国，有人矣哉！"（《左传·昭公十二年》）后来在齐国侍奉齐景公饮酒，景公骂他是叛夫，南蒯说："臣欲张公室也。"齐大夫子韩晳说："家臣而欲张公室，罪莫大焉。"（《左传·昭公十四年》）当鲁昭公讨伐季孙氏时，叔孙氏之司马言于其众曰："我家臣也，不敢知国。凡有季氏与无，于我孰利？"（《左传·昭公二十五年》）

在这样的家臣制度下，各个家族的统治机构，首先保护的是其本"家"的利益及其特权，家臣必须效忠于"家"，就知道有"家"而不知有"国"。并且在严格的"宗法"等级下，"家臣"只能做"家臣"的事情，季孙氏的费邑宰南蒯以"欲张公室"为自己反叛季氏找借口，故韩晳说："家臣而欲张公室，罪莫大焉。"冉有、子路仍然背负这种家臣制度的传统信仰，二人在"季氏将伐颛臾"事件中的具体表现或许就是很好的说明。子路的确是深具这种文化信念的人，当子路做卫大夫孔悝的邑宰时，太子蒯聩强逼孔悝驱逐卫出公，发生内乱，子路闻讯，一定要去救难，并且说"食焉不避其难"、"利其禄必救其患"，结果战斗而死（《左传·哀公十五年》）。孔子对子路的家臣情结也是很了解的，故孔子人在鲁国，听说卫国内乱，断言子路将死："柴也，其来；由也，死矣。"

但是西周中期以后家臣制度已经发生了很大变化，家臣的来源不像西周那样主要是由被征服的异族转化而来，从典籍记载来看，主要来自本族人、本国其他贵族家族的成员、异国贵族，甚至包括士阶层者。同宗族成员被用为家臣，表现出血缘关系进一步被政治等级关系削弱；贵族可以降为家臣，家臣可以更为家主或公臣，贵族阶层内部出现了流动；同时家臣世袭制逐渐瓦解，家臣的择用与提拔已经相当重视德才，家臣的主要职能已由过去专门在具体家族事务的管理逐渐向对家主政治上的辅弼过渡，改变了家臣不问国事的情况。① 伴随着以上家臣制度的几项重要变革，主臣关系方面也发生重要变化，家臣绝对尽忠与家主的观念有所改变，家臣可以逆家主的意志行事，甚至采取反叛等更激进的方式，这在春秋晚期尤其常见，故孔子说"陪臣执国命，三世希不失矣"。陪臣，即卿大夫的家臣，春秋时期的列国家臣阶层在政坛发挥了重要的作用，而各国家臣中，又以鲁国的家臣最为活跃。正因为陪臣可能掌握实际的权力，故《论语》载孔子五十岁"知天命"年季氏家臣公山不狃以费叛，召孔子，孔子有意前往；周游列国期间，晋大夫赵简子挟晋侯以伐范中行，范氏家臣佛肸以中牟抗拒赵简子，召孔子，孔子又心动了。面对掌握实权的"家臣"，孔子因为年过五十，急于用世，梦想恢复周道，一旦有了得到重用的机会，是有可能心动的。② 孔子正犹豫是否应佛肸之召时，面对子路的质疑，孔子说："然，有是言也。不曰坚乎，磨而不磷；不曰白乎，涅而不缁。吾岂匏瓜也哉？焉能系而不食？"（《论语·阳货》）孔子似乎有着绝对的自信，认为只要自己有足够的德行与人格支撑，纵然去了佛肸之处做了家臣或宰，对他本人也不会有丝毫污染。他认为一旦有机会进入现实政治中，取得某种角色，改变的将是现实世界，而不是他自己。③ 孔子缘何有如此的自信？

（三）新兴"士人"的崛起：贵族等级结构中的"士"阶层

新兴"士人"阶层出现在春秋中晚期，正好与西周封建权威的跌落枹鼓相应。西方学者认为一个社会阶层的基本气质结构必须长远地追溯到它在社会生产过程中所处的地位才能看得清楚。④ "士"的初义为何？学者家异其说，令人无所适从。阎步克对"士"的含义与发生问题进行过精细考察后，认为"士"的最初含义，大约就是一切成年男子之称，后随不同社会发展阶段，成为按等级高下排列的不同群体的指称，依次为氏族正式成员之称、为统治部族成员之称、为封建贵族阶级之称、为受名居官的贵族官员之称、为贵族官员的最低等级之称。因此，"士"之义涵繁

---

① 朱凤瀚：《商周家族形态研究》，第487—488页。
② 饶龙隼：《上古文学制度述考》，中华书局2009年版，第237—264页。
③ 王健文：《流浪的君子——孔子的最后二十年》，第36、37页。或潘重规：《论语今注》，第383—384页。
④ ［德］卡尔·曼海姆：《意识形态和乌托邦》，艾彦译，华夏出版社2001年版，第76页。

衍，可以说是与之适应的社会分层的一种直观表征。① "士"最初构成一个分立的群体或阶层，是作为封建贵族官员阶级而出现于历史舞台之上的。

在西周贵族社会里，一个阶层之所以称为"贵族"首先在于其"贵"，也就是其处于封建政治地位或等级秩序的高贵地位。就统治要素言，"贵"是先于"富"的，正因为政治之"贵"高于经济之"富"，故象征封建等级与地位的"名分"最重要，名分维系政治社会秩序。政事由此出发，行为必合符节，成为一套维系社会正常运转的体制，称之为"礼"。② 而礼的基本精神是"别"，《左传·昭公七年》记载无宇所说："……天有十日，人有十等，下所以事上，上所以共神也。故王臣公，公臣大夫，大夫臣士，士臣皂，皂臣舆，舆臣隶，隶臣僚，僚臣仆，仆臣台。马有圉，牛有牧，以待百事。"一等一等臣下来，这是身份的等级性或阶级性。十等可以归纳为三大范畴，即贵族、庶民（庶人、工商）和奴隶。所有的人口皆在这三大等级范畴中营生。其中以"士"为贵族的分界点，也成为比较低级的贵族成员，"士"以下为庶类及奴隶。③ "士人"在封建体系中有自己独特的身份特点：其一，是爵禄世袭的，其二，是有战斗训练的，其三，是有专司的职业的，也就是说封建的"士"是贵族的、武德的、技术的。④ 西周时期初期，"士"阶层最主要的任务是替贵族作战，保卫领主与采邑的安全，平常则充任侍卫或耕种。但士人不但娴熟礼乐，而且掌握了一切有关礼乐的古代典籍。周室东迁以后，典册流布四方，士人由于有丰富的知识和技能，可以传播知识或出售技能得以生存，使过去由贵族垄断知识的局面被打破，庶民也拥有了知识，逐渐破除了贵族才能统治的"神话"，王官之学流散天下的历史过程，也就是进入《庄子·天下》篇"道术将为天下裂"之时代。⑤ 加之春秋战国的变

---

① 阎步克：《士大夫政治演生史稿》，北京大学出版社1996年版，第36、44页。
② 杜正胜：《古代社会与国家》，第18页。斯维至认古代社会（资本主义社会以前）重视等级，而很少使用阶级。等级是因为血缘关系来决定一个人的社会地位及其权利。它是世袭的、身份的，而阶级是根据一个人占有生产资料的多少或有无决定的。斯维至：《中国古代社会文化论稿》，第321页。
③ 余英时：《士与中国文化》，第7—16页。
④ 雷海宗、林同济：《文化形态史观》，台北：业强出版社1988年版，第91、92、101页。
⑤ 余英时：《士与中国文化》，第20页。

局，战争频繁，士人遭遇伤亡尤为严重，同时流动性增强。士人从固定的封建身份中获得解放，变成自由流动的"士农工商"四民之首。

"士人"又处于贵族社会的分界点上，在"大夫"与"皂"以下庶人阶层之间，是处于上下阶级的"中间阶层"，这种"中间阶层"的身份地位有其独特的历史品格：相对于上层贵族阶层来说，上层贵族既得利益深厚，不易遭受根本打击，故此倾向保守或反动，而下层"皂"以下庶人阶层本来即无可损失，因为缺乏基本利益而不图振作，只有作为中间阶层的"士人"虽拥有某些既得利益，但又无力强大以自保，极易受到根本打击。因此，也成为政治体系变迁中最为敏感、最为积极的一个阶层，甚至扮演了颠覆封建权威的催化剂角色。尤其春秋二百年以来，贵族专政和权力斗争，终于导致族情疏离，同氏族人之间发生政治斗争，而且对族人心狠手辣，赶尽杀绝。同时为政治斗争的需要扩张私人武装，这样卿大夫就开始养士之风，《左传·文公十四年》记"公子商人骤施于国，而多聚士，尽其家，贷于公有司以继之"。后来，这成为商人杀昭公太子舍而自立的重要力量。《左传·襄公二十一年》记"怀子好施，士多归之。宣子畏其多士也"。卿大夫家族养士的兴起，为贵族下层的士人提供了发挥他们才能的最好机会，依靠个人的勇力或智慧成为卿大夫私家党羽。士人与家臣不同，亦未必与贵族有人身依附关系，可以说是附着于贵族家族内的独特阶层，他们与贵族间的关系是基于当时政治背景所建立的一种新型的政治关系，也表明个人的才智与才干，即人的价值自此开始受到重视。[①]贵族由于世袭，养尊处优，不乏腐化无能之辈充斥各领导阶层，封建权威逐渐"形象腐蚀"（image-eroding），贵族越来越无力负担维护权力的任务，被迫选择民间有能力之士负担战争与贸易事宜，并且与后者分享从前贵族所垄断的统治权力，使后者逐渐成为一种新的阶层，即官僚阶层。随着世袭贵族越来越无力维持"地位与职位"的合一，官僚的地位也就越来越重要。

（四）求、由的尴尬处境："以道事君"与效忠"家主"

贵族无力垄断权力，封建的统治阶层因而产生转换，士人一有机会成为掌权精英，与既有的贵族精英竞争名利，乃企图以"成就特性"

---

① 朱凤瀚：《商周家族形态研究》，第489—490页。

(achievement)取代"家世特性"成为精英甄补与升迁的标准。由此，可以说西周封建权威的封闭式结构开始被打破，从生理遗传或关系的指定取向中超脱出来，官职权威也开启了较有弹性的权力运用，肇始了流动的象征体系，将政治机会开发给较多数的潜在士人阶层。[1] 由此，"士人"成为最有潜力成为精英分子及在事实上能够影响精英分子的决策的知识阶层。士庶阶层的政治觉醒程度显著提高，从而使其对"政治利益"的认知与意识不再是贵族的特权，也成为士人追求的目标，并且就士人阶层形成一套比较成熟的"中心价值体系"（central value system），其中包括一种高度自觉的统治国家的使命感及从道不从君的政治意识。孔子"以道自任"的精神表现得极为强烈：

> 士志于道，而耻恶衣恶食者，未足与议也。（《论语·里仁》）

> 士而怀居，不足以为士矣。（《论语·宪问》）

> 君子谋道不谋食。耕也，馁在其中矣；学也，禄在其中矣。君子忧道不忧贫。（《论语·卫灵公》）

以上说法，都是强调士的价值取向必须以"道"为最后的依据。故余英时说："中国知识阶层刚刚出现在历史舞台上的时候，孔子便已努力给它贯注一种理想主义精神，要求它的每一个分子——士——都能超越他自己个体的和群体的利害得失，而发展对整个社会的深厚关怀。这是一种近乎宗教信仰的精神。"[2] 孔子强调士人所当考虑的乃是"道"的得失而不是个人的利害关系，从而无论穷达都以"道"为依归，则自然发展出一种尊严感，而不为权势所屈。如果说西周初期之"士"只能固定在封建关系之中各有职事，则孔子之时的新兴"士人"不仅摆脱了封建身份的羁绊，并且心灵上也获得空前的大突破，即寻找"道"的最终依

---

[1] ［美］Parsons（派深思）：《社会的演化》，第18页。
[2] 余英时：《士与中国文化》，第25页。

据作为精神凭借,凭此即可批评政治社会、抗礼王侯。① 如果说孔子以"仁"、"贤"、"能"与"德"等为中心的价值体系作为新兴"士人"甄补行政人才的"普遍取向"(universalistic orientation),仅仅是新兴士人"仕"的主观条件(学而优则仕),另外还有孔子反复强调的客观形势,如孔子于《论语》中多次谈到"邦有道"与"邦无道"两种不同的历史情境。这也是孔子回答士人作为道的承担者,其进退出处所当守的伦理规范:

宪问耻。子曰:"邦有道,穀;邦无道,穀,耻也。"(《论语·宪问》)

子曰:"邦有道,危言危行;邦无道,危行言孙。"(《论语·宪问》)

子曰:"笃信好学,守死善道,危邦不入,乱邦不居,天下有道则见,无道则隐。邦有道,贫且贱焉,耻也;邦无道,富且贵焉,耻也。"(《论语·泰伯》)

子曰:"直哉史鱼!邦有道,如矢;邦无道,如矢。君子哉蘧伯玉!邦有道,则仕;邦无道,则可卷而怀之。"(《论语·卫灵公》)

以孔子的想法,"邦无道"的时候,最明智的做法是应该退缩而明哲保身,所谓"卷而怀之","隐"的目的是"藏道以待后人"。在"邦有道"的时候应该积极出用世实践,所谓"人能弘道,非道弘人"(《论语·卫灵公》),孔子五十岁以后在鲁国短暂的政治生涯和十四年的周游列国,所追求的正是"行道"的机会。到了晚年居鲁,特别是当几位弟子和孔子在理想(道的实践)与事功(道在现实中的扭曲)间,有了无可转圜的矛盾,才转而以"藏道"来定位自己。对孔子来说,"卷而怀之"只是

---

① 余英时:《士与中国文化》,第26、88页。这种学说也开启了传统儒家关于"道"(道统)与"势"(政统)的博弈与守护的悠久传统。

在山穷水尽、无路可走的时候，不得已的选择。① 但是在孔子的时代，有道之邦又在哪里呢？故终其一生始终面临着如何借助"现实权力"才能"恢复周道"的尴尬处境。

孔子一生始终坚持"士志于道"的坚定信念，也正是因为执着于此，故对冉有、子路在"季氏将伐颛臾"事件中的态度深表不满。《论语·先进》中记载孔子答季氏子弟（季子然）之问，所谓"大臣"与"具臣"之说，也正是以"道"为判断标准的：

> 季子然问："仲由、冉求可谓大臣与？"子曰："吾以子为异之问，曾由与求之问。所谓大臣者，以道事君，不可则止。今由与求也，可谓具臣矣。"曰："然则从之者与？"子曰："弑父与君，亦不从也。"

当季子然问起子路与冉有是否称得上"大臣"的时候，孔子说只有符合以道义事奉君主，如果劝谏不止，宁可辞职不干（以道事君，不可则止）的政治伦理才算"大臣"，而子路、冉有非欲事君以行其道，只可称为备位充数的、有办事才能的"具臣"而已。求、由二人虽非大臣，然也深明大义，若弑父弑君为乱国家，他们也是不会妄从的。② 这或许是对求、由二人的不满和最低限度的信心。在《论语·季氏》章孔子对冉有、子路二人的大发雷霆，似乎触及孔子对二人的最低限度的信心。孔子引周史官周任之言"陈力就列，不能者止"的古语，这是批评冉有应该竭尽全力以就其职位，如若不能胜任，就该离去，这也符合他一贯的"以道事君，不可则止"的政治伦理。在《宪问》中孔子又有"不在其位，不谋其政"的说法，所谓在其位，谋其政，谋而不听，当去位。故此，孔子认为冉求"危而不持，颠而不扶，则将焉用彼相矣"，犹如扶持盲瞽身边的"辅相"，危险不去搀扶，颠跌却不去扶助，要你这样的"相"有什么用呢？孔子说到这里，意犹未尽，最后综合起来，又设一组比喻："虎兕出于柙，龟玉毁于椟中。"喻指季氏伐颛臾，季氏如猛虎，由内向外，出笼伤人。"龟玉"如颛臾，"椟中"如"域中"，虎兕出笼，

---

① 王健文：《流浪的君子——孔子的最后二十年》，第 32—33 页。
② 潘重规：《论语今注》，第 238 页。另见孙钦善《论语本解》，第 141 页。

由外而内毁于域中，虎兕出柙，毁龟玉于椟中。孔子善喻，一事两喻，一因一果，因果相接，一喻外而内，一喻内而外，贴切周密，曲尽其意。指责冉求在其位，不仅是"不谋其政"，而且是毁其政，任而毁政，任而毁谋。这样，冉有、子路的做法与孔子对新兴士人的从政标准与理想就有很大一段距离了。对于此，冉有也是深有体会的，《论语·雍也》载：

  冉求曰："非不说子之道，力不足也。"子曰："力不足者，中道而废。今女画。"

冉有自我表白说，不是不喜欢孔子的学说，只是我自己的力量不够而已。孔子批评冉有似乎是寻找借口，即使力量不够，也应该走到半路才因疲乏而停止，而冉有画地自限，根本就没有开步走，意即冉有根本就不打算努力学道。孔子也曾在《论语·里仁》说："有能一日用其力于仁矣乎？我未见力不足者。"① 似乎只要用心坚持是能行"道"的，但我们不免要疑问：当冉有说"力不足"时，他的意思是指自己的能力不足呢？还是对孔子之道在现实世界中已经没有实践的条件的委婉的说法呢？也许冉有心里也有无限的焦虑与苦楚。而性子鲁莽的子路更是有对孔子大不敬的时候，《论语·子路》载：

  子路曰："卫君待子而为政，子将奚先？"子曰："必也正名乎？"子路曰："有是哉，子之迂也！奚其正？"子曰："野哉，由也！君子于其所不知，盖阙如也。名不正，则言不训；言不训，则事不成；事不成，则礼乐不兴；礼乐不兴，则刑罚不中；刑罚不中，则民无所错手足。故君子名之必可言也，言之必可行也。君子于其言，无所苟而已矣。"

鲁哀公六年，孔子从楚国回到卫国，当时正是卫出公辄四年，出公辄和他的父亲蒯聩争夺君位，弄到名分不分，纪纲荡然，所以孔子为维护传统的关系认为必须首先"正名"。"正名"者，即"君君、臣臣、父父、子子"，蒋伯潜云："蒯聩欲借他国之力以与子争国，则父不父矣。辄借口

---

① 潘重规：《论语今注》，第112页。另见孙钦善《论语本解》，第67页。

于祖父之命以拒父,则子不子矣。"如果父不父、子不子,则蒯聩、辄应该各打五十大板,但是子路对此乱局所开出的"正名"的法子,看不出具体的处理办法,因此认为孔子之"迂",结果被夫子训了一番。① 子路认为"正名"在危机四伏的卫国不是迫在眉睫的事情,也许是符合实际的说法。

(五)"过渡阶段"的社会:孔门政治理想的困局

孔子及孔门的教学、从政活动又可在此春秋战国之变局的大文化语境之下加以理解。孔子身处春秋战国之大变局,也就是由华夏古典世界向传统社会的过渡阶段,春秋晚期史官史墨引述《诗经》中的句子"高岸为谷,深谷为陵"(《左传·昭公三十二年》),来比喻封建解纽而导致社会各阶层发生天翻地覆的变化,并说明当时"社稷无常奉,君臣无常位"的现象,如《左传》《国语》说许多贵族已经到了沦落异国,自食其力的地步。② 应用西方社会学的研究术语,这是处于"过渡阶段"(transitional stage)社会所具有的特征。西周封建政治体系在春秋晚期出现一系列政治经济与文化思想的危机,在新的社会力量的推动下,古典世界正在急速地向中国的传统社会转进。在这一转变的过程中,一方面一些社会文化已从古典世界中走了出来;另一方面却又未能顺利地进入新的传统社会的范畴中去,在这青黄不接的阶段中,社会结构、价值系统与行为模式等都落入一个巨大的"形变"(transformation)之中。③ 春秋战国之际的巨大的社会变动成为中国古代历史中的关键时期,在郭沫若著《奴隶制时代》就把中国古代社会的转型时期定在此处。这是最近几十年一般史家的正统看法,也可以说是的见。从某些方面说,孔子的学说的成败与春秋晚期的"过渡阶段"的特征密切相关。

孔子是主张维护封建传统并且稍嫌违背潮流的封建秩序,孔子曾说:"殷因于夏礼,所损益可知也;周因于殷礼,所损益可知也。其或继周者,虽百世可知也。"(《论语·为政》)又说"周监于二代,郁郁乎文

---

① 王健文:《流浪的君子——孔子的最后二十年》,第94—95页。
② 许倬云:《春秋战国间的社会变动》,选自《求古编》,台北:联经出版事业公司1982年版,第319—352页。
③ [美] Fred Warren Riggs(雷格斯)著,金耀基编译《行政生态学》,第129页。

哉！吾从周。"（《论语·八佾》）孔子一方面"从周"；一方面又说："其或继周者，虽百世可知也。"并追慕尧舜之世，强调"君君臣臣"等，这些想法在传统面临"礼坏乐崩"时，孔子对古代礼乐文化发展所作的断案认为现在依然有效，只不过需要因革损益罢了，这样儒家显然奉行的是一条"维新"路线。① 相比后世墨家否定礼乐的激烈态度，这种主张很容易获得贵族阶层情绪上的认同。故孔子及孔门的儒家理念似乎较盛行于邹鲁等文化区域，因为这些地区也是封建主义的传统堡垒所在。孔子能在鲁国执政三个月，颇有政绩，也应该是鲁君与三桓支持的结果。同时孔子又是第一个对培育新兴士人阶层有巨大贡献的人，其大兴私学，以"有教无类"的知识传播方式来大量制造士人知识分子，打破了贵族教育的垄断。另在政治上主张唯才是举，如《论语·子路》载："仲弓为季氏宰，问政。子曰：'先有司，赦小过，举贤才。'"主张以挑选贤才来充当所属"有司"直接统治人民，并以"仁"、"贤"、"能"与"德"等"才干标准"（standards of competence）为精英甄补的依据，从而取代贵族特权的"关系特性"。侯外庐认为从孔子开始后便产生了古代哲人的"贤"者理论，《论语》关于弟子贤者的品德、性格、能力的记载很多，其"尊贤"的理论更是比比皆是，另还有所谓大贤小贤之别。② 如果说封建贵族的"亲亲"是先天的、遗传性的，则贤者是可以学习的，如《论语·子路》载："见贤思齐焉，见不贤而内自省也。"尊贤成为重要的政治条件，从而将取代氏族贵族"亲亲"的旧制。孔子主张士人精英的甄补突破了僵化的封建层级的限制，某些方面是与封建主义相违背，但是孔子对封建权威的极度容忍，又难免使庶民阶层沮丧，即使庶民具备了"仁"、"贤"、"能"与"德"等"才干标准"，也难免会屈从于贵族精英的认可，新一套的价值系统也不一定会轻易地取代老一套的价值系统。孔子的学说主张不仅涉及政治改革，也威胁到既得利益，一旦无限制地引入新兴士人知识阶层进入权力结构，又无疑将使封建秩序变质，也容易引起贵族的怀疑与猜忌。孔子及弟子周游列国而不被重用，估计与孔子学说中的士人品格也有很大关系。儒家政治理念的内在矛盾恰恰彰显了"过渡阶段"的社会特征，其实这种特征一直延续到孟荀的时代，比如孟子即强调"井田"

---

① 余英时：《士与中国文化》，第 24 页。
② 侯外庐：《中国古代社会史论》，第 291—293 页。

及"世禄",谨防"卑逾尊,疏逾戚"及为政不可得罪"公室"等,荀子更是严格强调等级的"分"等。也许正因为先秦孔门处于"过渡阶段",其一系列政治理念、处理君主关系与现实问题的原则与办法,均具有探索与启发性的意义,其面临的一系列理论问题与现实困境也是情理之中的事情。

陆九渊诠释《论语》的心学特色*

聊城大学哲学系 唐明贵

《论语》是孔子思想的主要载体,是儒家最根本的经典。自西汉起,后人为了弘扬孔子思想,为了彰显孔子思想的时代价值,便不断地对《论语》进行创造性地诠释,形成了各具特色的《论语》诠释。南宋的陆九渊便是其中的一位,他虽无《论语》注释之专著,但在其语录和各种形式的文章中,释读《论语》之语随处可见,体现他沉浸于《论语》之深,而其议论精彩之处俯拾即是,极富思想意义,带有明显的心学特色。

一 仁为"本然之心"

在中国儒学史上,仁是一种含义极广的道德范畴,本指人与人之间相互亲爱。孔子把它作为最高的道德原则、道德标准和道德境界。他第一个把整体的道德规范集于一体,形成了以"仁"为核心的伦理思想结构,包括孝、弟、忠、恕、礼、知、勇、恭、宽、信、敏、惠等内容。及至陆九渊,他以仁为人心,将仁的实质归结为"本然之心",使仁的思想更加丰富,恢复了仁学的目的论精神,仁学也真正成为一种时代精神。陆九渊说:"仁,人心也。为仁由己,而由人乎哉?我欲仁,斯仁至矣。仁也者,固人之所自为者也。"[①] 此所言之"仁"即人的本心,为仁由己而不由他,则表明自觉为仁的根源内在于人,不待外铄。只

---

* 本文是国家社科基金项目"宋代《论语》诠释研究"(11BZX047)的阶段性成果之一。
① 陆九渊:《陆九渊集》,中华书局1980年版,第377页。

要是自己一心向仁，就能达到仁之境界。可见，因为"为仁由己"，所以"由己"便同"人心"直接联系起来。如此一来，仁就被纳入了心学体系之中。

在陆九渊看来，"从心所欲不逾矩，此圣人之尽仁"①。而就一般人而言，只要下功夫，也能达至仁的境界，成为仁人。他说："常人固未可望之以仁，然亦岂皆顽然而不仁？圣人之所为，常人固不能尽为，然亦有为之者。圣人之所不为，常人固不能皆不为，然亦有不为者。于其为圣人之所为与不为圣人之所不为者观之，则皆受天地之中，根一心之灵，而不能泯灭者也。使能于其所不能泯灭者而充之，则仁岂远乎哉？仁之在人，固不能泯然而尽亡，惟其不能依乎此以进于仁，而常违乎此而没于不仁之地，故亦有顽然而不仁者耳。"② 这就是说，常人和圣人有同质之处，"皆受天地之中，根一心之灵"，只要常人能够"于其所不能泯灭者而充之"，就能成为仁人。

陆九渊认为，"仁"就是己好仁而欲人皆仁，己恶不仁而药人之不仁。他说："人非木石，不能无好恶，然好恶须得其正，乃使无咎。故曰：'惟仁者能好人，能恶人。'恶之得其正，则不至于忿嫉。夫子曰：'我未见好仁者，恶不仁者。'盖好人者，非好其人也，好其仁也；恶人者非恶其人也，恶其不仁也。惟好仁，故欲人之皆仁；惟恶不仁，故必有以药人之不仁。"③ 如何药人之不仁呢？陆九渊认为关键在引导人们去"己私"，他说："夫子所谓'克己复礼为仁'，诚能无毫发己私之累，则自复于礼矣。礼者理也，此理岂不在我？使此志不替，则日明月著，如川日增，如木日茂矣。必求外铄，则是自湮其源，自伐其根也。"④ 不假外求，只要反求诸己，去掉己私之累，就能达到"仁"。

陆九渊进而指出，只要人人保存仁心，人人好仁，人人克尽己私，就可以达到天下归仁。他说："然吾之独仁，不若与人焉而共进乎仁。与一二人焉而共进乎仁，孰若与众人而共进乎仁。与众人焉共进乎仁，则其浸灌熏陶之厚，规切磨砺之益，吾知其与独为之者大不侔矣。故一人之仁，

---

① 陆九渊：《陆九渊集》，第264页。
② 同上。
③ 同上书，第191页。
④ 同上书，第159页。

不若一家之仁之为美;一家之仁,不若邻焉皆仁之为美;其邻之仁,不若里焉皆仁之为美也。'里仁为美',夫子之言,岂一人之言哉?"① 个体与一家、一邻、一里以至人人都共进乎"仁"的道德境界,就建成以"仁"为美之邦。这是陆九渊"以仁为美"的理想社会。

二 忠信乃良心之存

"忠信"是儒家伦理道德中的基本规范之一。《礼记·儒行篇》曰:"儒有不宝金玉,而忠信以为宝。"又曰:"儒有忠信以为甲胄,礼义以为干橹。"可见儒家对"忠信"的重视。陆九渊在诠释《论语》经文时,也对"忠信"予以了重新解读,使其成为自己心学思想的重要组成部分。如在解释《学而》篇"主忠信"句时,他首先指出,"人不可以无所主",也就是说,人心应该有所主,如果无所主,"则恨恨然无所归依,将至于无所不为,斯固有所不可也"。不过,人有所主固然好,但是人"尤不可以主非其所主",如果"主非其所主,则念虑云为举出于其心之所主,方且陷溺于其中而自以为得,虽有至言善道,贤师良友,亦无如之何?"故"主非其所主","则又不若无所主者之或能入于善也"②,这就是说,人心之所主,对于个人能否向善至关重要。

接着,陆九渊指出,忠信是一种诚实无伪的品德,是"人之所固有,心之所同然"的普遍存在。他说:"忠者何?不欺之谓也;信者何?不妄之谓也。人而不欺,何往而非忠;人而不妄,何往而非信。忠与信初非有二也。特由其不欺于中而言之,则名之以忠;由其不妄于外而言之,则名之以信。果且有忠而不信者乎?果且有信而不忠者乎?名虽不同,总其实而言之,不过良心之存,诚实无伪,斯可谓之忠信矣。由是言之,忠信之名,圣人初非外立其德以教天下,盖皆人之所固有,心之所同然者也。"③这里,陆九渊把忠与信对解,忠就是不欺骗,信就是不说谎,忠信是相通的。人如果不欺骗,走到哪里能不忠?人如果不说谎,走到哪里会得不到信任?忠与信两者本来就不是互不相干的,就其不欺自己的心而言就叫作

---

① 陆九渊:《陆九渊集》,第377—378页。
② 同上书,第373—374页。
③ 同上书,第374页。

忠，就其言行不妄为而言就叫作信。忠与信二者名虽不同，但总其实质来说，不外乎良心所在，诚实而无虚伪，这就可称之为忠信了。讲忠信而强调"良心之存"，体现了其"心学"的特色。

虽然忠信之德为人心所固有，但是有些人因为没有反身而求，致使这种天赋之德性为物欲所蔽。他说："然人知生也，不能皆上智不惑。气质偏弱，则耳目之官，不思而蔽于物，物交物，则引之而已。由是向之所谓忠信者，流而放辟邪侈，而不能以自反矣。当是时，其心之所主，无非物欲而已矣。"圣人欲使人回归本心，离开"主忠信"无以成之。"然则圣人所欲导还其固有，舍曰'主忠信'，其何以哉？"① 也就是说，陆九渊认为，求放失之心必须反而求之，这便突出了个人的内省直觉。

在陆九渊看来，忠信之品德是协调君臣、兄弟、夫妇、朋友关系的普遍行为准则。"是故为人子而不主于忠信，则无以事其亲；为人臣而不主于忠信，则无以事其君；兄弟而不主于忠信则伤；夫妇而不主于忠信则乖；朋友而不主于忠信则离。"② 因此，人们的日常生活离不开忠信："视听言动，非忠信则不能以中理；出处语默，非忠信则不能以合宜。"③ 人们的文辞之学和六艺之技，也不能离开忠信之道，否则就会"崇奸而长伪"："凡文辞之学，与夫礼乐射御书数之艺，此皆古之圣贤所以居敬养和，周事致用，备其道全其美者。一出于忠信，则虽或能之，亦适所以崇奸而长伪，况其余乎？"④ 陆九渊进而把忠信看作人区别于动物，人之所以为人的重要标志。他痛斥那些不讲忠信的人，视其为禽兽。他说："呜呼！忠信之于人亦大矣。欲有所主，舍是其可乎？故夫子两以告门人弟子，而子张问崇德，亦以是告之；至于赞《易》，则又以为'忠信所以进德也'。诚以忠信之于人，如木之有本，非是则无以为本也；如水之有源，非是则无以为水也。人而不忠信，果何以为人乎哉？鹦鹉鸜鹆，能人之言；猩猩猿狙，能人之技，人而不忠信，何以异于禽兽者乎？呜呼！学者能审其所主，则亦庶几乎其可矣。"⑤ 由此可知，在陆九渊看来，人之所以贵于禽兽，是由于人有"忠信"。鹦鹉鸜鹆尽管能像人一样说话，猩

---

① 陆九渊：《陆九渊集》，第374页。
② 同上。
③ 同上。
④ 同上。
⑤ 同上书，第374—375页。

猩猿狙尽管具有人的技能，但由于它们没有"忠信"，故不能超越禽兽之列。这里，陆九渊虽然没能揭示出人与动物的本质区别，但他力图从道德性来区别人与动物的做法还是值得肯定的，这种主德主义立场，也使得陆九渊能够毕生致力于开掘本心，挺立人性的圣贤事业。

由于忠信如此重要，所以陆九渊也将其视为能成圣成贤之道。他说："国以君为主，则一国之事，莫不由君而出；军以将为主，则一军之事，莫不有将而出；家以长为主，则一家之事，莫不有长而出。人能以忠信为主，则念虑云为，举一身之事，莫不由忠信而出，然而不能进于圣贤者，吾未之信也。"① 陆九渊以国、军、家分别以君王、将领、家长为主而其事由其出为例，指出，假如人能以忠信为主，则其思虑言行均从忠信而出，则其人就能进入圣贤的行列。

总之，陆九渊将忠信内视为"良心之存"、"人之所固有，心之所同然"，外视为协调君臣、兄弟、夫妇、朋友关系的普遍行为准则，成圣成贤的必由之路，为挽救儒学伦理危机开出了一剂良药。

三 辨志、立志与义利之辨

义利之辨是宋儒理性思辨的重要论题之一，因此陆九渊也将义利之辨纳入了自己的心学体系，并在《论语》诠释中作了系统的引申和发挥。

陆九渊非常重视义利之辨，将其看作为学之要旨。他说："凡欲为学，当先识义利公私之辨。今所学果为何事？人生天地间，为人自当尽人道。学者所以为学，学为人而已，非有为也。"② 为学只在于学习如何做人，没有其他功利目的。他把"学为人"当作学习的目标，把义利之辨看作为学的根本所在。陆九渊进而指出，辨义利首先得会"辨志"——辨明志向，关于这一点，我们可以从他与弟子的对话中看出来。据《年谱》记载："陈正己自槐堂归，问先生所以教人者。正己曰：'首尾一月，先生谆谆然只言辨志。'"③ 而辨志的具体内容就是义利之辨。《语录上》记载："傅子渊自此（象山精舍——笔者注）归其家，陈正己问之曰：

---

① 陆九渊：《陆九渊集》，第375页。
② 同上书，第470页。
③ 同上书，第489页。

'陆先生教人何先？'对曰：'辨志。'正己复问曰：'何辨？'对曰：'义利之辨。'若子渊之对，可谓切要。"①傅子渊之所以得到称许，就在于其回答恰如其分地指出了陆氏为学之宗旨。

陆九渊为什么在义利之辨中强调"辨其志"呢？关键是因为在他看来，志向对于一个人的健康成长具有决定意义，志于义则习于义，志于利则习于利。他在解读"君子喻于义，小人喻于义"章时说："此章以义利判君子小人，辞旨晓白，然读之者苟不切己观省，亦恐未能有益也。某平日读此，不无所感：窃谓学者于此，当辨其志。"他认为，儒家以义利判君子小人，其核心问题是辨志。原因就在于，"人之所喻由其所习，所习由其所志"，也就是说人的认识来源于日常生活中的习染，而习染的结果却决定于人的志向如何。"志乎义，则所习者必在于义，所习在义，斯喻于义矣。志乎利，则所习者必在于利，所习在利，斯喻于利矣。"志于"利"者，必为"利"所趋，志于"义"者，则以"义"为行为准则，所以"学者之志不可不辨也"②。

在陆九渊看来，"义"是来源于人之本心的社会性心理素质，为人所固有，所以人人理应"喻于义"。他说："义也者，人之所固有也。果人之所固有，则夫人而喻焉可也。"但是在现实生活中真正做到"喻于义"的人并不多，这是因为"必有以夺之，而所志所习之不在乎此也。孰利于吾身，孰利于吾家，自声色货利至于名位禄秩，苟有可致者，莫不营营而图之，汲汲而取之，夫如是，求其喻于义可乎？"由于汲汲于利，所志所习发生了偏差，所以多数人丢失了原本属于自己的义。陆九渊将这种现象直接归咎于当时的科举制度，他说："科举取士久矣，名儒钜公皆由此出。今为士者固不能免此。然场屋之得失，顾其技与有司好恶如何耳，非所以为君子小人之辨也。而今世以此相尚，使汩没于此而不能自拔，则终日从事者，虽曰圣贤之书，而要其志之所乡，则有与圣贤背而驰者矣。推而上之，则又惟官资崇卑、禄廪厚薄是计，岂能悉心力于国事民隐，以无负于任使之者哉？从事其间，更历之多，讲习之熟，安得不有所喻？顾恐不在于义耳。"③科举取士，一是看

---

① 陆九渊：《陆九渊集》，第398页。
② 同上书，第275页。
③ 同上书，第276页。

其做文章的技艺如何,一是看能否投有司之所好。带来的后果就是士子们"惟官资崇卑、禄廪厚薄是计",而不能尽力于解决"国难民瘼",与圣贤的教导背道而驰。

陆九渊指出,只有那些异于常人的君子,才能不为外在的利所惑,所志所习皆在于义。他说:"君子则不然,彼常人之所志,一毫不入于其心,念虑之所存,讲切之所及,惟其义而已。夫如是,则亦安得而不喻乎此哉?然则君子之所以喻于义者,亦其所志所习之在是焉而已耳。"① 虽则如此,君子仍怕沦为小人,所以每日勉励,勿忘其志,"不可使之为小人之归,其于私欲之习,惧焉为之痛心疾首,专志乎义而日勉焉",不断加强自己的学习,力求做到"博学审问,慎思明辨而笃行之",广泛地多方面学习,详细审慎地问,慎重地思考,明确地分辨,坚定踏实地实行。由此"而进于场屋,其文必皆道其平日之学、胸中之蕴,而不诡于圣人。由是而仕,必皆共其职,勤其事,心乎国,心乎民,而不为身计。其得不谓之君子乎"②。只要志乎义,且能保持下去,君子无论是为文,还是从政,都可以无异于圣人,为安国定邦做出自己的贡献。

既然所志决定人的未来,因此陆九渊指出要想克服人们汲汲于利的趋向,就必须从源头上进行遏制,而遏制的方法就是立志。他说:"人惟患无志,有志无有不成者。"③ "若果有志,且须分别势利道义两途。"④ 他在解释"毋友不如己者"句时说:"耳目之所接,念虑之所及,虽万变不穷,然观其经营,要其归宿,则举系于其初之所向。布乎四体,形乎动静,宣之于言语,见之于施为,酝酿陶冶,涵浸长养,日益日进而不自知者,盖其所向一定,而势有所必然耳。"⑤ 可见最初之所志,对于个人的自我修养至关重要。不唯如此,它也是区分君子小人的重要标志。"人之技能有优劣,德器有小大,不必齐也。至于趋向之大端,则不可以有二。同此则是,异此则非。向背之间,善恶之分,君子小人之别,于是决矣。"⑥ 有鉴于此,陆九渊在释读"志于道"句时指出:"士之于道,由

---

① 陆九渊:《陆九渊集》,中华书局1980年版,第377页。
② 同上书,第276页。
③ 同上书,第439页。
④ 同上书,第440页。
⑤ 同上书,第375页。
⑥ 同上。

乎己之学。然无志则不能学，不学则不知道。故所以致道者在乎学，所以为学者在乎志。"① 也就是说，士子们要先立志，然后为学，才能致道。在他看来，圣人也是由志学开始，而后一步一步达到圣人境界的。据《语录上》记载：

> 或问："吾十有五而志于学，三十而立，既有所立矣，缘何未到四十尚有惑在？"曰："志于学矣，不为富贵贫贱患难动心，不为异端邪说摇夺，是下工夫；至三十，然后能立。既立矣，然天下学术之异同，人心趋向之差别，其声讹相似，似是而非之处，到这里多少疑在？是又下工夫十年，然后能不惑矣。又下工夫十年，方浑然一片，故曰五十而知天命。"②

这是说十五岁立志为学，做到不为利欲"动心"，不为邪说摇夺，下工夫去学。及至三十，"虽有所知，未免乍出乍入，乍明乍暗，或警或纵，或作或辍。至三十而立，则无出入、明晦、警纵、作辍之分矣"。然在四十岁之前，"于事物之间未能灼然分明见得。至四十始不惑"③。五十之前，虽"不惑矣，未必能洞然融通乎天理矣，然未必纯熟"。"至六十而所知已到，七十而所行已到。事不师古，率由旧章，学于古训，古训是式。所法者，皆此理之，非狗其迹，仿其事。"④ 通过去名利之念，不徇流俗，明理而自得，由"知到"、"行到"，达到完美的道德境界。

陆九渊讲"义利之辨"，是要人在做人的目标上进行一次价值的转换，确立以"义"为核心内容的人生价值观；并用此价值观去指导读书求知和道德践履。在他看来，只有人们内心向"义"，才能去私为公，不为物欲私利所蒙蔽。如此一来，陆九渊便在价值观层面找到了维系"道问学"和"尊德性"两种方法的公共理论平台。

由上可见，无论是仁义，还是忠信，在陆九渊看来，都与"心"有关。这样一来，陆九渊就通过对《论语》经文的创造性诠释，成功地把

---

① 陆九渊：《陆九渊集》，中华书局1980年版，第264页。
② 陆九渊：《陆九渊集》，第430页。
③ 同上书，第476页。
④ 同上。

哲学之心与儒家伦理联系起来，充分体现了"宇宙便是吾心，吾心即是宇宙"的心本论思想，充分体现了"六经注我，我注六经"的精神。这不仅是儒学解释意识成熟的标志及经学向哲学的解经形态转向的象征，而且暗示了新儒学中的陆王心学一派逐渐摆脱经学的倾向。①

---

① 陈少明：《六经注我：经学的解释学转折》，《哲学研究》1993年第8期。

对《论语》"今之学者为人"的诠释与宋代儒学的内倾

湖南大学岳麓书院　肖永明

《论语·宪问》中记载孔子之言："古之学者为己，今之学者为人。"此语成为宋代儒家"为己之学"建构的重要文本依据。朱熹《四书章句集注》引二程语进行解释："为己，欲得之于己也；为人，欲见知于人也。"① 以这一解释为基础，朱熹特别强调为人之学与为己之学的区分。在朱熹看来，为己与为人、为己之学与为人之学，其内涵、旨趣迥异，趋向相反，学者应当于本源处细加辨析。"今学者要紧且要分别一个路头，要紧是为己为人之际。"②

朱熹的这一观点，影响很大。不仅此后的朱门后学承袭这一观点，与程朱理学学者在诸多方面存在理论分歧与观点差异的陆王心学一派学者对朱熹的这一观点仍然十分赞同。如王阳明对为己、为人的理解与朱熹就是一致的："圣贤只是为己之学，重功夫不重效验。"③ "今之学者须先有笃实为己之心，然后可以论学。不然，则纷纭口耳讲说，徒足以为为人之资而已。"④ 清代乾嘉学者在学术旨趣、治学路径方面与程朱理学学者差异很大，对朱熹的《论语集注》中的很多内容也大加批评，但他们对为己、为人的理解，则大体与朱熹相同。

然而值得注意的是，在南宋以前，众多学者对为己、为人提出了自己

---

① 朱熹：《四书章句集注·论语集注》卷七，中华书局1983年版，第155页。
② 黎靖德：《朱子语类》卷八，中华书局1986年版，第139页。
③ 王阳明：《王阳明全集》卷三《语录三》，上海古籍出版社1992年版，第110页。
④ 王阳明：《与汪节夫书》，《王阳明全集》卷二十七《续编二》，第1001页。

的解说,其中在对"为人"的理解方面存在很大差异。① 考察先秦到宋代众多学者对"今之学者为人"的诠释,探究对为人的解说在南宋渐趋统一的原因,或许有助于我们进一步理解宋代儒学演变的趋向,从一个侧面了解经典阐释与时代、学术思潮的关系。

一 先秦汉唐时期关于"今之学者为人"的解释

荀子对"为己""为人"进行过阐述:"君子之学也,入乎耳,著乎心,布乎四体,形乎动静,端而言,蠕而动,一可以为法则。小人之学,入乎耳,出乎口,口耳之间,则四寸耳,曷足以美七尺之躯哉?古之学者为己,今之学者为人。君子之学也,以美其身,小人之学也,以为禽犊。"② 在荀子看来,"入乎耳,著乎心"的"为己"之学是君子之学,而"入乎耳,出乎口"的"为人"之学是小人之学。在这里,荀子从"小人之学也以为禽犊"的角度理解"为人之学"。所谓"以为禽犊",亦即将学问像"禽犊"一样作为馈赠他人的礼物,为学的目的不在于内在的自我完善,而在于取悦于人。这一理解是完全从负面理解为人之学,"为人"是贬义。

汉代以后的许多学者大体沿着荀子的方向进行。如孔安国说:"为己,履而行之,为人,徒能言之也。"③ 在这里,"为人"指的是只能空言而不能切实地践履。又如范晔说:"为人者,凭誉以显物;为己者,因心以会道。"④ 在这里,"为人"指的是为了外在的称誉而自我表现。在这些解释中,"为人"是负面的、受到否定的。

---

① 近现代学者对"为人"之学也有完全不同的解释。很多学者对"为人"从贬义理解。但钱穆先生《论语新解》说:"孔子所谓为己,殆指德行之科言。为人,指言语、政事、文学之科言。孔子非不主张学以为人,惟必有为己之本,乃可以达于为人之效。孟子特于古人中举出伊尹、伯夷、柳下惠,此皆为己,而为人之效亦见,故三子皆得预于圣人之列。孔子曰:'己欲立而立人,己欲达而达人。'己立己达是为己,立人达人是为人。孔门不薄为人之学,惟必以为己之学树其本,未有不能为己而能为人者。"见钱穆《论语新解》(生活·读书·新知三联书店2002年版)第269页。

② 荀子:《荀子·劝学篇》,《诸子集成·荀子集解》,上海书店影印本1991年版,第7—8页。

③ 何晏:《论语集解》,北京大学出版社2005年版,第57页。

④ 范晔:《后汉书·桓荣传》,中华书局1965年版,第1261页。

但对"为人"的理解并不一致。颜之推《颜氏家训》中对为人之学的理解就有了不同于荀子之处："古之学者为己，以补不足也；今之学者为人，但能说之也。古之学者为人，行道以利世也；今之学者为己，修身以求进也。"① 这一段表述值得注意。颜之推并没有将"为人"一概否定，而是将"为人"或者"为己"产生的效果归结为古之学者与今之学者这两个不同的主体，"今之学者为人，但能说之"，而"古之学者为人，行道以利世"。二者都是"为人"，但今之学者与古之学者"为人"所产生的效果却是不同的，在"古之学者"那里，"为人"也可以与"行道以利世"相联系，是正面的价值。也就是说，在颜之推看来，"为人"本身并不必然受到否定，"为人"的正面、负面两种不同结果取决于不同的主体。②

总体而言，先秦汉唐时期学界对"为人"的理解大多以荀子之说为基调，对"为人"进行了否定性的解释。但其他的解释也并存，"为人"有时也被从正面解释。

二 北宋及南宋初年对"为人"的理解

到北宋时期及南宋初年，学者们对"为人"的理解上的分歧进一步加大。两宋之际学者陈渊曾经谈到，当时人们在如何解释"为人"时，存在着很大的分歧与争论："古之学者为己，今之学者为人。所谓为己，尽其在我者而已，此甚分明。不知为人如何说？又谓子韶云，为人乃求人之知，恐不然。予曰：为人如有人则作，无人则辍之类是也。为己何干人事？此圣人发明古今学者之所以不同。大率后世作事都是为人，如五霸假仁义以尊周室徒悦其名，其诚安在？诚是为己，伪是为人。"③ 从陈渊之说中可以看到，当时学界对"为己"的解释有比较一致的看法，但是对"为人"则有多种解释而未能统一，以致"不知为人如何说"。

---

① 王利器：《颜氏家训集解》，中华书局1993年版，第171页。
② 余英时先生《朱熹的历史世界》一书中谈到，《论语·宪问》中"'为人'一词自来视之贬义，但王安石对此词有不同的用法"（《朱熹的历史世界》，生活·读书·新知三联书店2004年版，第129页）。此说似未考虑《颜氏家训》中已经关于"为人"的不同用法。
③ 陈渊：《默堂集》卷二十二，《文渊阁四库全书》本，上海古籍出版社影印本1987年版，第540页。

这反映出当时学界在对"为人"的解说上莫衷一是的情形。大致说来，北宋时期及南宋初年学界对"为人"的理解可以归纳为以下几种情况。

第一，没有贬义。北宋学者晁公遡称："某官少而多能，辅以博习，为己之学而为人之学，盖兼达于古今；在家必闻而在邦必闻，实有声于郡国。"① 从这一叙述看，其所谓"为人之学"是在"为己之学"基础上的进一步延伸，属于应该与"为己之学"并列、兼达的内容，显然并无贬义。

北宋末南宋初学者戴溪《石鼓论语答问》卷下："来解以治国平天下为为人，非也。何幸得人要治国平天下，盖为人之学不如此，只是要人说好。"② 从这段文字可以看出，当时有的学者将"为人"理解为"治国平天下"。

值得注意的是，当时还有学者认为为己、为人与佛学中的自觉、觉他或自利、利他可以互相对应。北宋晁迥《法藏碎金录》说："《楞伽阿跋多罗宝经》云：'缘自得胜进相，远离言说文字虚妄，趣无漏界自觉地，光明辉发，是名宗通。此一科合《论语》云'古之学者为己'。又，经云：说种种教法，以巧方便随顺众生，令得度脱，是谓说通。此一科又合《论语》云'今之学者为人'。于其本教又合自觉觉他、自利利他。"③ 在这里，儒家的"为己"被视为可以与佛教的自觉、自利相对应、比附的概念，而"为人"则被比附为佛教的觉他、利他。这一理解，与前述将"为人"理解为治国平天下在具体内容上有不同，但其精神实质与立场是一致的，都是对"为人"的褒扬。

第二，把"为人"的贬义仅仅限定在为学方面，在为学之外，则"为人"不仅没有贬义还有褒义。

杨万里《诚斋集》卷九十二载有一段关于"为人"、"为己"的议论："孔子曰：古之学者为己。杨子曰：今之学者亦为己，舍为学则无所不为己。孔子曰：今之学者为人。杨子曰：古之学者亦为人，舍为学则无

---

① 晁公遡：《嵩山集》卷二十四，《答利路杨提干启》，《文渊阁四库全书》本，第127页。
② 戴溪：《石鼓论语答问》卷下《宪问十四》，《文渊阁四库全书》本，第80页。
③ 晁迥：《法藏碎金录》卷二，《文渊阁四库全书》本，第458页。

所不为人。"① 按照杨万里之说,作为学者的理想范型的"古之学者"除了在为学方面"为己",在其他方面"则无所不为人"。在这里,对"为人"的褒贬取决于是在为学方面还是其他方面。

这种看法影响很大。明代罗伦《一峰文集》仍有类似观点并进行更加详尽的发挥:"吾闻之古之学者为己,今之学者为人。为人可耻也。古之仕者为人,今之仕者为己,为己可耻也。学而为人,仕而为己,是皆穿窬之类也。学耻为人,仁必如尧,孝必如舜,学必如孔子,无耻矣。仕耻为己,君必致于尧舜,民必措于熙皞,无耻矣。故曰耻之于人大矣,无耻之耻,无耻矣。宪使陈君文曜以耻名庵,学耻为人而志为己,仕耻为己而志为人。"② "为人"对于学者而言是耻,而对于仕者而言则是应当树立的志向。

第三,肯定并强调以"为己"基础上的"为人"。王安石说:"为己,学者之本也。墨子之所学者为人。为人,学者之末也。是以学者之事必先为己,其为己有余而天下之势可以为人矣,则不可以不为人。故学者之学也,始不在于为人,而卒所以能为人也。今夫始学之时,其道未足以为己,而其志已在于为人也,则亦可谓谬用其心矣。谬用其心者,虽有志于为人,其能乎哉!"③

南宋初王十朋也谈道:"为己则能为人,为人则两失之矣。"④ 在他们看来,为己是本,为人是末,为人是为己的自然结果,不能脱离为己而追求为人,否则就会失去根本,既不能为人,又不能为己。但到了"为己有余而天下之势可以为人"的时候,则不可以不为人。所以学者为学的最佳路径就是始于为己,而终于为人。

按照这一说法,"为人"需要建立在"为己"的基础上才能实现,如果以"为己"为基础,则"为人"不仅是值得肯定的,而且是必须的。他们所反对的只是脱离"为己"这一基础的"为人",而不是一概否定"为人"。王安石甚至认为,"夫禹之于天下,九年之间三过其门,闻呱呱

---

① 杨万里:《诚斋集》卷九十二,《文渊阁四库全书》本,第216页。
② 罗伦:《一峰文集》卷五,《文渊阁四库全书》本,第695页。
③ 王安石:《王安石全集》卷二十六《杂著·杨墨》,上海古籍出版社1999年版,第230页。
④ 王十朋:《梅溪集》后集卷二十九,《文渊阁四库全书》本,第626页。

之泣而不一省其子,此亦可谓为人矣"①。

第四,"为人"作贬义使用。北宋学者刘敞说:"子曰古之学者为己,今之学者为人。为己者,人知之亦乐之,人不知亦乐之者也。为人者,舍其田而芸人之田者也。"② 这里的"为人"含有明显的负面意义。二程也说:"为己,欲得之于己也;为人,欲见知于人也。"③ 在这里,"为人"是指学者不是为了自身的完善而是为了获得外在评价而表现自己。此语为朱熹《四书章句集注》所引述,朱熹正是在此解释的基础之上又进一步发挥,严辨为己之学与为人之学。

值得注意的是,程颐本人对"为人"的理解也有不完全一致之处。二程说:"蛊之象,'君子以振民育德'。君子之事,惟有此二者,余无他为。二者,为己、为人之道也。"④《河南程氏遗书》卷十九中还载有二程与弟子的一段问答:"问:'古之学者为己。不知初设心时,是要为己,是要为人?'曰:'须先为己,方能及人。初学只是为己。郑宏中云:"学者先须要仁。"仁所以爱人,正是颠倒说却。'"⑤ 从上引二程之语可以看出,二程在这里把为己、为人理解为为己以及人、育德以振民。按照这一理解,则为己、为人只有本末、先后之别,并无价值取向上的褒贬与相互对立。也就是说,在这里二程并未将"为人"作负面理解,而是将"为人"与"振民"相联系。这一理解,与前述"为人,欲见知于人也"之说是有根本差异的。也许是为了弥缝这一差异,后来吴本《二程遗书》刊刻时,为己、为人分别作治己、治人:"二者,治己、治人之道也"。但这一改动恰恰透露了二程在对"为人"理解上存在不一致之处的信息。

此外,二程还在论及"古之学者为己,今之学者为人"之语时,提出"古之仕者为人,今之仕者为己"⑥。按照此说,则学者应该为己,而仕者则应该为人。这里所谓的"为人"显然是就经世致用的角度而言的,

---

① 王安石:《王安石全集》卷二十六《杂著·杨墨》,第229—230页。
② 刘敞:《公是集·七经小传》卷下,《文渊阁四库全书》本,第40页。
③ 朱熹:《四书章句集注》,第155页。
④ 《河南程氏遗书》卷十四,程颢、程颐:《二程集》,中华书局1981年版,第140页。
⑤ 程颢、程颐:《二程集》,第247页。
⑥ 《河南程氏遗书》卷六,程颢、程颐:《二程集》,第90页。但明代有学者认为"古之仕者为人,今之仕者为己"是文中子提出的(见《粤西文载(二)》卷四十三,《文渊阁四库全书》本,第402页),不知何据。

这种理解与"为人,欲见知于人也"之说大相径庭。可见,在二程看来,"为人"的褒贬取决于其主体是学者还是仕者,这与前面述及的仅仅把"为人"的贬义限定在为学方面的情形是相同的。

总体而言,在北宋至南宋初,学界对"为人"的理解存在很大差异。大部分学者并未将"为人"作为贬义理解,一些学者从负面理解"为人",但贬斥色彩并不强烈。

三 朱熹对"为人"的定位及其统一"为人"解释的努力

朱熹一生,致力于为己之学的建构。他早年就"以先君子之余诲,颇知有意于为己之学"①。此后一直将建构、践行"为己之学"视为其终身追求,对自己专意于为己之学颇感自豪:"熹自少鄙拙,凡事不能及人,独闻古人为己之学而心窃好之,又以为是乃人之所当为而力所可勉,遂委己从事焉,庶几粗以塞其受中以生之责,初不敢为异以求名也。"②他把为己之学作为儒学的本质内涵,在其学术体系的建构过程中,"为己"成为其进行经典解释的重要立足点。如在《论语集注》中,朱熹多次从"为己"角度进行解释。如《论语·卫灵公》中有"子曰:君子病无能焉,不病人之不己知也。子曰:君子疾没世而名不称焉"一段,朱熹采用范氏之言,立足"学以为己"进行解释:"君子学以为己,不求人知。然没世而名不称焉,则无为善之实可知矣。"又如《论语·雍也》篇中有"子谓子夏曰:女为君子儒,无为小人儒"一段,朱熹采用程子之言,以"为己"、"为人"来区分君子小人:"君子儒为己,小人儒为人。"再如《论语·学而》篇中有"子曰:弟子入则孝,出则弟,谨而信,泛爱众,而亲仁。行有余力,则以学文"一段,朱熹在训释字词之后,采用程子之言,以为己之学作为标准对原文进行义理阐发:"为弟子之职,力有余则学文,不修其职而先文,非为己之学也。"

朱熹还将为己与对《大学》的"明明德"的义理阐发结合起来:"学

---

① 朱熹:《答江元适》第一书,《晦庵先生朱文公文集》卷三十八,《朱子全书》,上海古籍出版社、安徽教育出版社2002年版,第1700页。
② 朱熹:《与留丞相书》,《晦庵先生朱文公文集》卷二十九,《朱子全书》,第1280页。

者须是为己。圣人教人,只在《大学》第一句'明明德'上。以此立心,则如今端己敛容,亦为己也;读书穷理,亦为己也;做得一件事是实,亦为己也。圣人教人持敬,只是须着从这里说起。其实,若知为己后,即自然敬着。"① 在朱熹那里,为己成为最为根本、最为关键的问题,一切为学、修养都以此为起点。

值得注意的是,朱熹为己之学的建构是与对"为人"的否定批判相伴随的。朱熹将"为人"与"为己"直接对立,强调二者非此即彼、不可相容的关系:"为己之学,先诚其身。君臣之义,父子之仁。聚辨居行,无怠无忽。至足之余,泽及万物。为人之学,烨然春华。诵数是力,纂组是夸。结驷怀金,煌煌炜炜。世俗之荣,君子之鄙。维是二者,其端则微。眇绵弗察,胡越其归。"② 在这里,朱熹列举了为人之学的种种表现,实际上也在与为己之学完全对立的意义上阐发了为人之学的内涵,从而也就确定了"为人"的解释方向。

朱熹还努力将学界对"为人"的解释统一到自己所确定的方向上来。由于宋初以来学界对"为人"的解释意见纷纭,一些理学学者对"为人"也存在不同看法。朱熹的挚友、与朱熹在学术上又多次交流讨论的张栻则在其《论语解》中对"古之学者为己,今之学者为人"有如下解说:"学以成己也;所谓成物者,特成己之推而已。故古之学者为己而已,己立而为人之道固亦在其中矣。若存为人之心,则是徇于外而遗其本矣。本既不立,无以成身,而又将何以及人乎?"③ 这一解说,把"为人"解释为"成物",则为己与为人的关系就被阐释为成己与成物的关系。成己、成物之说出于《礼记·中庸》:"诚者,非自成己而已也,所以成物也。成己,仁也;成物,知也。性之德也,合内外之道也。"意指自身德性充盈,而后事天济众,成就他人。张栻在解说中所强调的是学者应该以追求自我完善为根本,专注于修身养性,外在的事业只是其内在德性的自然推衍与外在显现而已,不能舍本逐末,离开己立、己达而追求立人、达人。

张栻对"为人"的理解与朱熹是不同的。"己立而为人之道固亦在其

---

① 黎靖德:《朱子语类》卷十四,第261页。
② 朱熹:《学古斋铭》,《晦庵先生朱文公文集》卷八十五,《朱子全书》,第3991页。
③ 张栻:《论语解》卷七,《宪问》,《张栻集》,岳麓书社2010年版,第121页。

中矣"的说法并没有将"为人"作为完全排斥的对象,仅仅强调"为己"的根本地位,认为能够为己,达到"己立"的程度,则"为人"之道自然在其中。这与朱熹排斥、鄙弃"为人"的态度是不同的。朱熹对张栻这一解释颇为不满,在与张栻的信中指责此说为"错解"。他认为:"此'为人',非成物之谓。伊川以'求知于人'解之,意可见矣。"①

朱熹试图援引程颐之解说服张栻,但实际上由于二程本身对"为人"的理解存在前后不一致的地方,张栻的解说实际上也可以在二程那里寻找到依据。朱熹在论及"为人"的解释时,多次援引二程之说中与自己理解一致的地方,目的在于通过此举在二程对"为人"的不同理解中确立一种"正解",这也正是他统一"为人"解释的一种努力。

值得一提的是,《河南程氏遗书》卷二十五中载二程之言:"'古之学者为己',其终至于成物。今之学者为物,其终至于丧己。"② 但朱熹《论语集注》中"为物"改成了"为人":"古之学者为己,其终至于成物。今之学者为人,其终至于丧己。"③ 这一改动也透露出朱熹鄙弃、排斥"为人",试图统一"为人"解释的信息。

此后,随着朱熹之学的兴盛与朱学的广泛传播,朱熹对"为人"之学的理解逐渐占据学界的主流地位,为众多学者所认同、接受。如元代学者蒲道源谈道:"有为己之学,有为人之学。知义理之当然,必欲有得于己,孳孳焉,汲汲焉,老而不厌者,为己之学也。惟利禄之是要,必欲求知于人,营营焉,屑屑焉,终亦必亡者,为人之学也。夫知为人、为己之分,则庶乎可与言学矣。"④ 在这里,蒲道源对为己之学、为人之学的界定,是对朱熹之说的承袭。明代学者陈白沙称:"为学莫先乎为己、为人之辨,此是举足第一步。"⑤ 这种严辨为己、为人的态度,也是与朱熹一脉相承的。

---

① 朱熹:《与张敬夫论癸巳论语说》,《晦庵先生朱文公文集》卷三十一,《朱子全书》,第1377页。
② 程颢、程颐:《二程集》,第325页。
③ 朱熹:《四书章句集注·论语集注》卷七《宪问第十四》,第155页。
④ 蒲道源:《送薛仲章之宪司书吏序》,《闲居丛稿》卷十八,《文渊阁四库全书》本,第709页。
⑤ 黄宗羲:《明儒学案》卷五《白沙学案·语录》,中华书局2010年版,第89页。

四　对"为人"诠释的变化与宋代儒学内倾

朱熹对"为人"的解释及其严辨为己之学与为人之学的态度，其实质在于排斥对外在的声名、利禄的追求。在朱熹看来，"为人"不是追求内在的精神价值，不是为了内在德性的完善和人格的完满，而是驰骛于外，以世俗的、外在的评价为导向，这是君子所应该鄙弃、警醒的。在朱熹这里，"为人"的内涵开始固化，也正是从朱熹开始，此前有关"为人"的多种理解被排斥，对"为人"的解说逐渐统一到朱学的轨道上来。

对"为人"诠释的这种变化，与时代思潮与学术风尚有密切联系。北宋政治改革失败及当时学者围绕北宋政治事件所进行的反思，在很大程度上影响了学者们的理论思考方向，导致宋代儒学发展的重心由关注现实的社会政治实践，转向对内在的精神世界的探讨。对"今之学者为人"的诠释的变化，反映了宋代儒学内倾的过程。

宋代是一个君主宣称与士大夫"共治天下"的时代。士人学者经世致用、治国平天下的理想有了实现的渠道，热情高涨。他们以天下为己任，投身于社会治理。从北宋中期开始，学者们根据自己对儒家经典、对圣人之道的理解，设计出了各自的完美的社会政治秩序。从庆历新政到王安石变法，社会政治改革此伏彼起，一浪高过一浪。当时的众多士人学者在得君行道的时代氛围感染之下，以极大的热情投入以秩序重建为目标的社会政治实践当中。

庆历年间，以范仲淹为代表的一批士人学者有鉴于现实政治中的种种弊政，要求改弦更张，变法改制，发起了以试图恢复三代之治为目标的新政。陈亮曾经论及当时士人积极变法的情形说："方庆历、嘉祐，世之名士常患法之不变也。"① 庆历新政失败后，改革更易的呼声一直没有沉寂。到熙宁年间，王安石等儒家学者得君行道，又继续推行了一次规模更大的政治改革，将北宋时期的改制活动推向高潮。

在王安石变法过程中，位居权力中枢、负责指导全面改革、为政治变法提供理论基础的王安石等荆公新学学者与这场改革的关系自不待言，即使周敦颐、二程、张载等被后世视为王安石变法反对派的理学学者，尽管

---

① 陈亮：《铨选资格》，《陈亮集》，中华书局1974年版，第126页。

他们对于圣人之道有不同的理解，对进行社会改革的具体路径有不同的看法，但对社会改革却一直抱一种积极态度。熙宁新法初行之际，理学学者大多为朝廷终于下决心实行变法而感奋不已，他们对改革充满信心，寄予厚望并以极大的热情投身其中。据蒲宗孟所撰周敦颐《墓碣铭》载，熙宁变法初行之际，周敦颐颇受重用，得到擢升。而周敦颐则"以朝廷躐等见用，奋发感厉"。熙宁六年病逝之前，还在给蒲宗孟的信中表示："上方兴起数百年，无有难能之事，将图太平天下微才小智，苟有所长者，莫不皆获自尽。吾独不能补助万分一，又不得窃须臾之生，以见尧舜礼节之盛。"信中表达了自己不能共襄变法大业的遗憾，同时对于新政的殷殷期望之情也跃然纸上。《张子语录》中也载有张载对王安石新学新政的期许之言："世学不明千五百年，大丞相言之于书，吾辈治之于己，圣人之言庶可期乎！"① 程颢在改革初期也并不反对新政。熙宁二年四月，程颢曾经作为王安石的属官，直接参与了新法推行工作。在担任言官期间，还不断上疏阐明自己的变法主张。连朱熹也说："新法之行，诸公实共谋之，虽明道先生不以为不是。"②

在这种时代氛围之中，许多学者基于内圣外王的理想，不仅关注内在的心性修养，也对治国平天下的外王事业有强烈追求。二程就谈到学者为学，必须要以经世致用为指归："百工治器，必贵于有用。器而不可用，工不为也。学而无所用，学将何为也？"③ "穷经，将以致用也。……今世之号为穷经者，果能达于政事专对之间乎？"④ 王安石也谈道："夫身安德崇而又能致用于天下，则其事业可谓备也。"⑤ 这些议论表明当时学者对于传统儒家经世致用、兼济天下的理想的执着追求。由此也就不难理解，在对《论语·宪问》"古之学者为己，今之学者为人"进行阐释时，一些学者在内圣外王的思维框架中，将"为己"、"为人"分别对应于内圣、外王，并不将"为人"作为贬义，只是强调其对于"为己"的从属性。甚至还有人将"为人"直接等同为"治国平天下"。

王安石变法的失败及北宋的倾覆，使得许多学者将北宋亡国归罪于王

---

① 张载：《张载集》，中华书局 2010 年版，第 323 页。
② 黎靖德：《朱子语类》卷一百三十，第 3097 页。
③ 《河南程氏粹言》卷一，程颢、程颐：《二程集》，第 1189 页。
④ 《河南程氏遗书》卷四，程颢、程颐：《二程集》，第 71 页。
⑤ 王安石：《王安石全集》卷二十六《致一论》，第 255 页。

安石。建炎三年，有官员批判王安石："自熙宁间，王安石用事，肆为纷更，祖宗之法扫地，而生民始病。至崇宁初，蔡京托名绍述，尽祖安石之政，以致大患。"① 后来这种批判又进一步延伸到王安石之学，认为王安石以学术败坏天下人心："安石心术不正，为害最大，盖已坏了天下人心术。""安石顺其利欲之心，使人迷其常性，久而不自知。"②

基于这种认识，当时很多学者认为，要拨乱反正，就必须从整顿学术入手。而王安石新学的最大弊病就在于舍本逐末，未能抓住天下国家的根本，忽视内在的心性修养，而专注于外在的利欲追求，从而导致了社会政治领域的种种祸患。

为此，他们以正本清源的心态，将理论思考的重心从社会政治活动转向内在的心性修养。内在的德性修养被视为外在经世济民功业的基础，脱离内在的德性修养，外在的功业就无从谈起。如朱熹就谈道："治道必本于正心、修身，实见得恁地，然后从这里做出。"③ "明德为本，新民为末。……本始所先，末终所后。"④ 他们甚至往往将外王事业视为内在心性修养的自然结果，内圣就必然会外王。朱熹说："成己方能成物，成物在成己之中，须是如此推出，方能合义理。"⑤ 到南宋末期，理学学者真德秀甚至将《大学》中阐述的由格物致知，到诚意正心，到修身齐家，再到治国平天下的八条目中的治国平天下的外王事业虚化，认为格致、诚正、修身、治家"四者之道得，则治国平天下在其中矣"⑥。

这种观念的出现及其在学界主流地位的确立，表明宋代儒学内倾现象的形成，朱熹所建构的"为己之学"的观念被广泛接受。与"为己之学"的建构相伴随，朱熹将"为人"作为"为己"的对立面进行阐释，赋予了"为人"完全的负面的色彩。历代学者对"为人"的众多不同解说被排斥与否定，正是朱熹"为己之学"建构的必然结果。

---

① 李心传：《建炎以来系年要录》卷二十四，建炎三年六月己酉条，《文渊阁四库全书》本，第381页。
② 李心传：《建炎以来系年要录》卷七十九，绍元四年八月戊寅朔条，《文渊阁四库全书》本，第101页。
③ 黎靖德：《朱子语类》卷一百零八，第2686页。
④ 朱熹：《四书章句集注·大学章句》，第3页。
⑤ 黎靖德：《朱子语类》卷八，第132页。
⑥ 黄宗羲、全祖望：《宋元学案》卷八十一《西山真氏学案》，中华书局1986年版，第2706页。

朱子对《孟子》"尽心知性"的诠释

华东师范大学哲学系　方旭东

《孟子·尽心上》第一章（13.1）内容不长，却集结了中国哲学当中最重要的一些概念——心、性、天、命，义蕴极为丰富。按文意，可分三节：

1. 孟子曰：尽其心者，知其性也。知其性，则知天矣。
2. 存其心，养其性，所以事天也。
3. 夭寿不贰，修身以俟之，所以立命也。

对于理解孟子哲学思想，本章无疑不可轻忽。历代学者对本章的诠释也蔚为大观，内中，朱子《孟子集注》尤邃于义理，其说实可用作研究朱子本人之哲学主张。然而，与《孟子》当中其他一些著名章节的诠释被现代学者反复参详的情况相比[1]，本章所受的待遇却相当寥落，以笔者阅读所及，似乎只有港台学者牟宗三、黄俊杰曾加论列。这跟它在哲学上的重要性颇不相称。本文拟对这种局面有所改观。限于篇幅，本文集中讨论朱子对本章第一节的诠释，即朱子对《孟子》"尽心知性"的理解。本着推动学术进步的原则，本文拟在牟、黄两先生已有研究的基础上提出不

---

[1] 据不完全统计，对《孟子》1.1 做过研究的有黄俊杰，对 3.2 做过研究的有陈大齐、戴君仁、毛子水、徐复观、蔡仁厚、Nivison、冯友兰、黄俊杰、杨儒宾、李明辉，对 3.3 做过研究的有黄俊杰，对 6.5 做过研究的有 Nivison，对 11.3—5 做过研究的有 Nivison，对 11.6 做过研究的有 Shun，对 13.15 做过研究的有 Roetz，对 13.17 做过研究的有 Nivison。关于晚近对 3.2（"知言养气"章）的研究情况，可参看黄俊杰《孟学思想史论》（卷二）第五章《朱子对孟子知言养气说的诠释及其回响》，台北："中研院"中国文哲研究所筹备处，1997 年，第 191—252 页。

同意见。文章分两部分,第一部分介绍牟、黄两先生的主要观点,第二部分对其作出回应。

一

牟宗三对《孟子》"尽心知性"说的表诠主要见于《心体与性体》、《圆善论》两书,兹据两书归纳其要点如下。

(1) 尽心之"尽",是道德地尽,而非认知地尽,是充分实现或体现之意,非格物穷理之意。

> 依孟子,"尽心"之尽,是道德地尽,非认知地尽,是充分实现或体现之意,扩充之意,非格物穷理之意也。①

> "尽心"之尽是充分体现之意。②

(2) "尽心"之"心",是"道德的心"(Moral Mind),而非"认识的心"(Cognitive Mind),此种"心"亦即孟子所说仁义礼智之"本心",此本心即是人之性。

> 孟子所言之心实即"道德的心"(Moral Mind)也,此既非血肉之心,亦非经验的心理学的心,亦非"认识的心"(Cognitive Mind),乃是内在而固有的、超越的、自发、自律自定方向的道德本心。③

> 所尽之心即是仁义礼智之本心。④

> 此本心即是吾人之性。⑤

---

① 牟宗三:《心体与性体》中册,上海古籍出版社1999年版,第374页。
② 牟宗三:《圆善论》,吉林人民出版社2010年版,第97页。
③ 《心体与性体》中册,第35页。
④ 《圆善论》,第97页。
⑤ 《心体与性体》中册,第36页。

（3）"知性"之"知"是明白通晓之意，而非格物穷理之知。"知"是在实践中的证知。

> "知"是明白洞晓之意，非格物穷理之"知"也。"知"即在尽中知。①

> 知是在尽中知，此亦可读是实践的知，即印证义。……此知亦是认知义，在实践中证知也。②

（4）"知性"之"性"，是人的"内在道德性"之性，或所谓道德的创造性之真性。

> 盖性即吾人的"内在道德性"之性。③

> 孟子言性善是由仁义礼智之心以说性，此性即是人之价值上异于犬马之真性，亦即道德的创造性之性也。④

（5）"尽心知性"的意思是，能尽其心，则即可知性，即：能充分实现或体现人之本心者，便能明白人之性。

> 是则"尽其心者，知其性也"，句意是能充分实现或体现人之本心者，便能明白人之性，犹言"能尽其心者就知其性了"。⑤

> 你若能充分体现你的仁义礼智之本心，你就知道了你的道德的创造性之真性。⑥

> 孟子说："那能充分体现其仁义礼智之本心的人就可知道他的真

---

① 《心体与性体》中册，第374页。
② 牟宗三：《圆善论》，第97—98页。
③ 牟宗三：《心体与性体》中册，第23页。
④ 《圆善论》，第97页。
⑤ 《心体与性体》中册，第374页。
⑥ 《圆善论》，第97—98页。

性之何所是，知道他的真性之何所是就可知道天之所以为天（知道于穆不已的天道之何以为创生万物之道）。"①

据此，牟宗三对朱子的诠释做了全面否定，认为朱子：

（1）从"心性情三分"的格局去理解孟子，与后者"本心即性"的本心义不能相应。

> 彼（引者按：朱子）以"心、性、情三分"之格局去理解孟子，尤与孟子"本心即性"之本心义不相应。②

（2）拘于"性即理"的观念，错认"知性"为穷理。

> 拘于"性即理也"之一语，以为"知性"即是格物穷理，此则歧出之甚。③

（3）错误地用《大学》的"致知格物"模式去套《孟子》的"尽心知性"，从而颠倒了尽心知性之序。

> 朱子解尽心知性为致知格物，解存心养性为正心诚意，固误。④

> 彼（引者按：朱子）以《大学》之致知格物、格物穷理以明"知性"。又以为"尽其心者知其性也"其意是，"能极其心之全体而无不尽者，必其能穷天理而无不知者也"。又谓："以《大学》之序言之，知性则物格之谓，尽心则知至之谓也。"（参看《孟子·尽心章注》）是则"尽心"是由于"知性"，因果颠倒，不合孟子原句之语意。而历来亦无如此之读解者，此所谓异解也。⑤

---

① 《圆善论》，第97页。按：这是牟宗三对这一章所做的今译。
② 《心体与性体》中册，第48页。
③ 《心体与性体》，第371页。
④ 同上书，第25页。
⑤ 同上书，第371页。

> 朱子便把握不住，故其注此文全颠倒。①

总之，在牟宗三看来，朱子的哲学设准与孟子相去太远，导致他在注解孟子"尽心知性"时方枘圆凿，不足为训。

牟宗三以其对哲学概念的高度敏感，察觉到朱子的诠释与孟子原意有不能相应处，进而对朱子"尽心知性"的诠释提出了有史以来，也是迄今为止最严厉的批判。遗憾的是，这个批判到现在都还没有得到认真与有力的回应。

在牟宗三之后，有关孟子"尽心知性"章诠释的讨论，最值得重视的论文是黄俊杰的《孟子尽心上第一章集释新诠》（《汉学研究》第10卷第2期，1992年12月）。② 如果说牟著以哲思见长，那么，黄文则以史论擅场。黄氏出入中外古今诸家，尤可贵者，是其具有宏阔的东亚儒学诠释史视野，日、韩注疏亦能信手拈来，在资料占有方面，当世无人能出其右。黄俊杰于诸注特重朱子、焦循二家，认为朱子以《大学》解《孟》，焦循援《易》以入《孟》，尤具思想史意义，其眼光老到，由此可见一斑。黄俊杰注意到，朱子以格物穷理释尽心知性的做法引起明代王阳明、德川日本的伊藤仁斋、中井履轩，以及朝鲜李朝儒者丁茶山的批判，文中多所具引。关于"尽心知性知天"一语，黄俊杰推崇清儒陈澧之解："尽其心者，尽恻隐、羞恶、辞让、是非之心也。知其性者，知仁义礼智之性也。仁义礼智，皆由于天生蒸民，有物有则，故知性则知天也。所谓天者如此，无高妙之说也。"（《东塾读书记》卷三）

在"新诠"部分，关于朱子对"尽心知性"的注解，黄俊杰的评论有以下要点。

（1）他承认，朱注本于《大学》格物之精神以诠释孟子心性论，与孟学歧出甚大，但他却表现出同情的理解，肯定朱子解《孟》持论一贯，以其理之哲学赋予了孟学新意。

---

① 《圆善论》，第99页。
② 不知何故，此文未被作者收入1997年出版的论文集《孟学思想史论》（卷二）（简体字版《中国孟学诠释史论》，社会科学文献出版社2004年版），致使今日大陆很多学人亦无缘得识。

（2）他从朱注中复引申出两个哲学问题，其一，"心"与"理"是何关系？其二，"尽心"与"知性"孰先？

（3）他认为，第一个问题在朱子学中具有关键性的地位，具体呈现在朱子《大学·格物补传》。朱子基本上是以"心"、"理"两分的立场来诠释孟子以一本为特色的心性哲学，歧出甚大。不过，另一方面，朱子关于"心"、"理"关系的看法又有互动或贯通的一面。

（4）关于第二个问题，他认为，首先需要确定"尽"的含义，是指数量意义的尽，还是指本质意义的尽。他认为，按朱子之意，"尽心"之"尽"是对心之本质的掌握，而非对数量之计数。他还引证了日本德川儒者中井履轩的观点：尽是悉尽之尽，非穷尽之尽。他又肯定，朱子以"人之神明"解"心"是对孟子之"心"的善解。他指出，"尽心"与"知性"孰先的问题在先秦孟学系统中并不存在，因为二者同时具足，本无先后之分。但朱子既本《大学·格物补传》之宗旨以释孟，不免将德性问题转化为知识问题，自不能不面对"尽心"与"知性"孰先的问题。朱子立场甚为明确，认为"知性"相对于"尽心"有其优先性，其理论依据则是"性即理"。朱子以《大学》之"物格"解"知性"，不免引人疑窦，以为纯知识之穷理工夫无裨实用。他指出，朝鲜李朝儒者丁茶山对朱注的批判，可以代表18世纪东亚儒学史上实学派对朱子学的基本态度。后者称："夫以理为性，则凡天下之物，水火土石草木禽兽之理皆性也。毕生穷此理而知性，仍于事亲、敬长、忠君、牧民、礼乐刑军旅、财赋实践实用之学，不无多小缺欠。知性知天，无或近于高远而无实乎？先圣之学断不如此。"黄俊杰在这里为朱子做了一个辩护，指出，朱子《集注》所谓"知性则物格之谓"，实乃境界语，而非工夫语，系对"知性"工夫完成后所到达之境界之描述，因用语精简，致启后人疑窦。他还引了王夫之《读四书大全说》中评论朱子以物格解知性的一段话，认为可以代朱子答茶山之疑。

在"札存"部分，黄俊杰将朱子对"尽心"、"知性"、"存心"、"养性"的解释归纳为三项命题：（1）性即理，具有普遍性，所谓"知性"即探索此普遍性之理。（2）作为认知活动之"知性"，在发生程序上先于作为德性活动之"尽心"。（3）"心"既"具众理而应万物"，故"心"是认知心，而非道德心。这三项命题都受到朱子以后儒者的批判，其中，明儒黄宗羲的《孟子师说》的一段话可为代表。黄俊杰认为，黄宗羲与朱子有两大不同，其一，前者持"心即理"说，后者持"性即理"说；其二，前者主张气一元论，后者是理本论。

黄俊杰还提出，将"尽心知性知天"一语置于整个孟子思想系统观之，可得二义：其一，孟子认为，人之生命具有"既内在而又超越"的性格；其二，孟子思想结构以"连续性"为其特征，人从"个人"到"社会政治"到"宇宙"，是一个连续开展的阶段性历程，"个人"、"社会政治"及"宇宙"三个层次之间存有一种相互渗透、交互作用的关系。这两种"连续性"都是透过人心的"扩充"完成的。

综上所述，黄文对"尽心知性"的诠释做了透彻而详赡的研究，启人良多。与牟宗三相比，他对朱子的态度显然更富于同情，有些地方甚至为孟子做了回护，可是，他没有正面回应牟宗三对朱子的那些批评，而在一些基本的判断上他实际认同于牟宗三，比如，他同样认为，朱子以"理"解"性"，以《大学》"物格知至"解《孟》"尽心知性"，与孟子歧出甚大。

那么，在"尽心知性"问题上，是否真如牟、黄所言，朱子误解了孟子？笔者认为，牟、黄的看法在一定程度上是其误解朱子的结果，而朱子对孟子的解释在理论上亦有其未容推翻之处。以下试申述之。

二

牟宗三的注意力似乎主要为朱子以"理"解"性"以及认定"知性"先于"尽心"这些方面所牵引，这造成他对朱子"尽心"说的无视。他在表述自己对于"尽心"的理解时，无论是谈"心"，还是说"尽"，他想象中的理论靶子一定都是朱子（虽然他并未点名），至少，他给读者的感觉是如此。然而，在这个问题上，牟宗三实在是被他自己的先入之见误导了。如果我们仔细检读朱子的有关论述，将不难发现，牟宗三对于"尽心"的理解，其实是朱子本人早就说过了的。

依牟宗三之见，"尽心"之"尽"是道德地尽，非认知地尽。给人感觉，似乎朱子是把"尽"理解为"认知地"尽。

牟宗三又说，"尽"是充分实现或体现之意，扩充之意，非格物穷理之意也。众所周知，"格物穷理"是朱子招牌式的讲法。牟宗三这样说，会使读者不禁想到，朱子是以"尽"为格物穷理之意。

牟宗三的这些讲法都似是而非，容易对读者产生误导。这里涉及两个问题：

问题一，朱子有将"尽"理解为"认知地"尽吗？

问题二，朱子有将"尽"解释为"格物穷理"之意吗？

我们先从后一个问题开始。

从道理上讲，朱子喜说格物穷理是一回事，他有没有将"尽心"之"尽"说成"格物穷理"则是另外一回事，前者事关其哲学倾向，后者则事关具体的诠释实践，不可混为一谈。的确，朱子在解释"尽心知性"时提到了"格物穷理"，但是，"格物穷理"是被用来说明"知性"而非"尽心"的。这是因为朱子一向把"性"理解为"理"，"心"则是"具理者"，所以，与"穷理"意思最接近的是"知性"而不是"尽心"。①

> 心者，人之神明，所以具众理而应万事者也。性则心之所具之理，而天又理之所从以出者也。②

> 或问"尽心、知性"。曰："性者，吾心之实理，若不知得尽，却尽个什么？"③

> "尽心，知性，知天"，工夫在知性上。尽心只是诚意，知性却是穷理。④

---

① 以"尽心"为"穷理"，在思想史上另有其人——黄宗羲："《易》言'穷理尽性以至于命'，穷理者尽其心也，心既（疑当作即——引者注）理也，故知性知天随之矣；穷理则性与命随之矣。《孟子》之言即《易》之言也。"（《孟子师说》卷七，《黄宗羲全集》第一册，浙江古籍出版社1985年版，第147页）不难看出，黄宗羲以"穷理"说"尽心"，是其援《易》以解《孟》的结果。正是从这种观点出发，黄宗羲对朱子以"知性"为"穷理"的诠释颇有微词："先儒未尝不以穷理为入手，但先儒以性即理也，是公共的道理，而心是知觉，知得公共的道理，而后可以尽心，故必以知性先于尽心，顾其所穷乃天地万物之理，反失却当下恻隐、羞恶、辞让、是非之心之理矣。"（同上）黄宗羲没有点名，但其中所说的"以性即理也"的先儒自是朱子无疑。黄宗羲对朱子的这个批评，恰好证明了以尽心为穷理不是朱子的观点。

② 朱熹：《四书章句集注·孟子集注》卷十三，中华书局1983年版，第349页。

③ 黎靖德编：《朱子语类》卷六十，中华书局1986年版，第1422页。

④ 同上书，第1424页。

我们都知道,"穷理"是程朱对《大学》"格物"的解说,出于这一原因,他们常常将"格物"与"穷理"连在一起使用。我们说朱子不可能把"尽心"理解为"格物穷理",还存在一个有力的旁证,那就是:朱子反复提到,"知性"犹"物格","尽心"犹"知至"。"物"字对"性"字,"知"字对"心"字。

> 以《大学》之序言之,知性则物格之谓,尽心则知至之谓也。①

> 知性犹物格,尽心犹知至。②

> 知性者,物格也;尽心者,知至也。"物"字对"性"字,"知"字对"心"字。③

不需要再进一步解释,对于问题二,答案已不言而喻。

朱子不但没有将"尽"理解为"格物穷理",相反,他本人就是在"充分实现"的意义上理解"尽"的,这一点从朱子将"尽心"理解为尽心之体用可以看出。

> 《孟子》"尽心"之意,正谓私意脱落,众理贯通,尽得此心无尽之体。而自是扩充,则可以即事即物,而无不尽其全体之用焉尔。④

> 心之体无所不统,而其用无所不周者也。今穷理而贯通,以至于可以无所不知,则固尽其所无所不统之体、无所不周之用矣。是以平居静处,虚明洞达,固无毫发疑虑存于胸中;至于事至物来,则虽举天下之物,或素所未尝接于耳目思虑之间者,亦无不判断迎刃而解。

---

① 朱熹:《四书章句集注·孟子集注》卷十三,第349页。
② 黎靖德编:《朱子语类》卷六十,第1422页。
③ 同上。
④ 朱熹:《朱子文集》卷七十三"胡子知言疑义",《朱子全书》第二十四册,上海古籍出版社、安徽教育出版社2002年版,第3555页。

此其所以为尽心。①

当朱子说"尽其所无所不统之体、无所不周之用"时，很清楚，他的意思是说：心之体用都得到了完全的实现或发挥。同样，他在《孟子集注》中说的"极其心之全体而无不尽"（第349页），说的也是心之体（用）完全得到实现或发挥的意思。

朱子还具体描述了达到"尽心"之境后的表现：平居静处，胸中无毫发疑虑；事至物来，无不迎刃而解。

对以上分析做一小结：朱子在"充分实现"的意义上理解"尽"，并且，"格物穷理"在他那里主要是形容"知性"，换句话说，在他那里"尽"不是指"格物穷理"。

观此，朱子对"尽"的理解，与牟宗三所言有何差异？牟宗三所述"尽"之"实现"义，朱子已先他而言之。

在牟宗三的意识里，如果把"尽"理解为"格物穷理"，那就是将"尽"理解为"认知地"尽。既然现在我们已经证明，朱子是在"实现"的意义上而不是在"格物穷理"的意义上诠释"尽"，那么，也就不存在那样的问题：朱子将"尽"理解为"认知地"尽。也就是说，对于问题一，回答无疑是否定的。

至此，我们有理由认为，说朱子把"尽心"之"尽"理解为"认知地"，那是对朱子的误解。不过，需要指出的是，朱子本人要为这种误解负一定的责任。首先，他一再将"尽心"与《大学》中的"知至"比附，这就难怪人们会把他的"尽心"理解为某种认知活动。实际上，就朱子所用"知至"这个说法来看，其中的"知"是名词，对"心"而言，与"尽"相对的词是"至"。所谓"至"，如前所述，是"实现"之意。用"知至"说"尽心"带来的理解问题，朱子后来有所自觉，他发现，这样说会让人误以为"尽心"只与认识（知）有关，而"尽心"其实更多与力行（行）有关，遂改用"意诚"说"尽心"。这一层，牟宗三与黄俊杰都没有注意到，值得特别予以表出，以下就具录相关材料。

---

① 朱熹：《孟子或问》卷十三，《朱子全书》第六册，第994页。

问:"尽心只是知得尽,未说及行否?"曰:"某初间亦把做只是知得尽,如《大学》'知至'一般,未说及行。后来子细看,如《大学》'诚意'字模样,是真个恁地尽。'如恶恶臭,如好好色',知至亦须兼诚意乃尽。如知得七分,自家去做,只著得五分心力,便是未尽。有时放缓,又不做了。如知得十分真切,自家须著过二十分心力实去恁地做,便是尽。"①

"某前以《孟子》'尽心'为如《大学》'知至',今思之,恐当作'意诚'说。盖孟子当时特地说个'尽心',煞须用功。所谓尽心者,言心之所存,更无一毫不尽,好善便'如好好色',恶恶便'如恶恶臭',彻底如此,没些虚伪不实。"童云:"如所谓尽心力为之之'尽'否?"曰:"然"。②

黄先之问"尽心"。曰:"尽心是竭尽此心。今人做事,那曾做得尽,只尽得四五分心,便道了。若是尽心,只是一心为之,更无偏旁底心。'如恶恶臭,如好好色',必定是如此。如云尽心力为之。"③

"尽心,知性,知天",工夫在知性上。尽心只是诚意,知性却是穷理。心有未尽,便有空阙。如十分只尽得七分,便是空阙了三分。须是"如恶恶臭,如好好色",孝便极其孝,仁便极其仁。④

尽心者,发必自慊,而无有外之心,即《大学》意诚之事。⑤

由上可知,朱子对"尽心"的理解,从原来的"知至"说一转为现在的"意诚"说。朱子用《大学》的"意诚"来比附《孟子》的"尽心",是

---

① 黎靖德编:《朱子语类》卷六十,第1424页。此条为陈淳所录,其为朱子晚年议论无疑。这条材料后面,原编者加了一行小字注:"此段句意恐未真",有怀疑之意。然其下一连数条(出自不同记录者之手)都表达了同样意思,其真实性未容轻易否定。
② 同上。
③ 同上。
④ 同上。
⑤ 黎靖德编:《朱子语类》卷六十,第1424页。

因为他认识到"尽心"就是俗语所说的"尽心力为之"之意。所谓"尽心力为之",有多方面意思,一是指发自内心,自愿而为,无半点勉强;二是指心思专一,在这个意义上,"尽心"就是"一心一意"、"心无旁骛";三是指精力毫无保留,完全投入,有几分力就出几分力,"尽心"之"尽"就是"竭尽"之意;四是指真实不虚,既然主体完全投入了精力去做,这就是实实在在的行动,没有丝毫虚伪之处,在这个意义上,可以说"尽"就是"实"。这些意思,也正是朱熹在诠释《大学》"诚意"时赋予"诚"这个范畴的。

因此,朱子所理解的"尽心",是根据穷理工夫得到的道德认识或道德理性去切实践行。以知行术语观之,"知性"属"知","尽心"属"行"。从逻辑上说,知在行先,没有道德理性作为指南,道德行动又如何开展?如果说"知性"更多地属于对道德知识的客观了解,那么,"尽心"则更多地与道德实践能力有关,这种能力是指那种将已知之理运用、推广、扩充到具体道德实践中的能力。所谓"尽心",就是能妥善地处理一切道德事务,哪怕是从来没有遇到过的新问题。

> 尽心,如何尽得?不可尽者心之事,可尽者心之理。理既尽之后,谓如一物初不曾识,来到面前,便识得此物,尽吾心之理。①

> 尽心,就见处说,见理无所不尽,如格物致知之意。然心无限量,如何尽得?物有多少,亦如何穷得尽?但到贯通处,则才拈来便晓得,是为尽也。②

> 因看程子语录"心小性大,心不弘于性,滞于知思"说,及上蔡"心有止"说,遂云:"心有何穷尽?只得此本然之体,推而应事接物皆是。故于此知性之无所不有,知天亦以此。因省李先生云:'尽心者,如孟子见齐王问乐,则便对云云;言货色,则便对云云,每遇一事,便有以处置将去,此是尽心。'旧时之不晓,盖此乃尽心之效如此,得此本然之心,则皆推得去无穷也。如'见牛未见羊'说,则亦

---

① 黎靖德编:《朱子语类》卷六十,第1426页。
② 同上书,第1425页。

便是此心矣。"①

所谓"心之事"是指具体的道德知识或经验，这是无法穷尽的。所谓"心之理"是指处理问题的方法或原理，这是可以掌握的。掌握了基本方法或原理，人就可以应对各种问题，所谓"才拈来便晓得"。"理"是可"穷"可以"尽"的，这里的"穷"与"尽"不是数目上的穷尽，而是把握本质，也就是所谓"贯通"。按照朱子，人心本当具备这样的能力，只是由于气质之偏和物欲的之蔽，人失去了这种能力。

> 尽心，也未说极至，只是凡事便须理会教十分周足，无少阙漏处，方是尽。②

> 又曰："尽心如明镜，无些子蔽翳。只看镜子若有些少照不见处，便是本身有些尘污。如今人做事，有些子鹘突窒碍，便只是自家见不尽。此心本来虚灵，万理具备，事事物物皆所当知。今人多是气质偏了，又为物欲所蔽，故昏而不能尽知，圣贤所以贵于穷理。"又曰："万理虽具于吾心，还使教他知，始得。今人有个心在这里，只是不曾使他去知许多道理。少间遇事，做得一边，又不知那一边；见得东，遗却西。少间只成私意，皆不能尽道理。尽得此心者，洞然光明，事事物物无有不合道理。"③

"遇事做得一边又不知那一边"，也就是内心所具之理，尚未达到贯通的地步。而一旦贯通，无论做什么事，都合乎道理，都会处理得十分周全，"事事物物无有不合道理"。简单地说，"尽心"就是会办事。会办事，当然得有很多知识、懂很多道理。但，有很多知识，懂很多道理，并不等于会办事。关键在于会将已有的知识或道理加以运用。所以，虽然"尽心"离不开"知"，但它主要还是指将"知"落实到"行"的能力和决心。整个过程是由知到行，以知带行，以行证知。

---

① 黎靖德编：《朱子语类》卷六十，第1426—1427页。
② 同上书，第1427页。
③ 同上书，第1425—1426页。

如果朱子对知行的这些看法是可以接受的，那么，我们就不能不同意他对"尽其心者，知其性也"貌似反常的解读：这句话不是说"知性"是"尽心"的结果，而是说"知性"是"尽心"的条件。朱子的这种解读，只有从知行关系的哲学理论上才能得到根本性的辩护，不过，朱子本人却并没有打算一开始就从自己的哲学成见出发去诠释《孟子》而不顾任何文本上的考虑，相反，朱子为自己的解读首先找到了文法上的理由。

> 人往往说先尽其心而后知性，非也。心性本不可分，况其语脉是"尽其心者，知其性"。①

这里，朱子提到了语脉问题，似乎在他看来，单从这句话的语脉就可以判断出常识的读法"先尽其心而后知性"是错误的。是什么让朱子这样自信呢？秘密在"者"字上。

> "尽其心者，知其性也"。"者"字不可不仔细看。人能尽其心者，只为知其性，知性却在先。②

朱子暗示，"者"字是倒装式因果关系的标记。就古代汉语而言，"者"字是有这样的用法，朱子在《孟子》书中另一处就发现了这样的例子。

> 李问"尽其心者，知其性也"。曰："此句文势与'得其民者，得其心也'相似。"③

> 问："先生所解'尽其心者，知其性也'，正如云'得其民者，得其心也'语意同。"先生曰："固自分晓。寻此样子亦好。"④

"得其民者，得其心也"典出《孟子·离娄上》：

---

① 黎靖德编：《朱子语类》卷六十，第1422页。
② 同上。
③ 同上。
④ 同上书，第1423页。

> 孟子曰："桀、纣之失天下也，失其民也。失其民者，失其心也。得天下有道，得其民，斯得天下矣。得其民有道，得其心，斯得民矣。……"（7.9）

可以看到，《孟子》原文并没有出现"得其民者，得其心也"这样的话，但是可以找到与这句话的结构类似的表达："失其民者，失其心也。"考虑到孟子在这段话里是将"失其民"与"得其民"两种情形对举，从"失其民者，失其心也"可以推出"得其民者，得其心也"这样的话。根据上下文可知，"失其民者，失其心也"，意思就是：失其心，斯失民矣。翻成现代汉语，即：他们失去百姓的支持，是由于失去了民心。① 同理，"得其民者，得其心也"，意思就是：得其心，斯得民矣。翻成现代汉语，即：获得了民心，便获得百姓的支持了。②

从文法结构来看，"尽其心者，知其性也"与"失其民者，失其心也"、"得其民者，得其心也"十分相似，它们都可以写成"A 者，B 也"的形式，其中，B 是 A 的原因或条件。如果再考虑到这些例句都出自同一本书，朱子的确有理由认为，"尽其心者，知其性也"可以解释为"之所以能尽其心，是由于知其性"③。

> "尽其心者，知其性也。"所以能尽其心者，由先能知其性，知性则知天矣。知性知天，则能尽其心矣。不知性，不能以尽其心。④

> 尽其心者，由知其性也。⑤

---

① 此为杨伯峻译文（《孟子译注》，中华书局 2005 年版，第 171 页）。金良年的译文作：之所以失去了天下的民众，是因为失去了他们的心（《孟子译注》，上海古籍出版社 2004 年版，第 155 页）。

② 此为杨伯峻译文（《孟子译注》，第 171 页）。金良年的译文作：获得了他们的心就得到了天下的民众（《孟子译注》，第 155 页）。

③ 严格而言，"尽其心者，知其性也"与"得其民者，得其心也"在结构上并不完全一致：后者可以写成"AB 者，AC 也"的形式，而前者则不能。除非我们认为"尽"与"知"可以通用，否则，就不能将后者蕴含的逻辑关系套用到前者上。不过，也许在朱熹看来，这种差异根本就可以忽略不计。

④ 黎靖德编：《朱子语类》卷六十，第 1422 页。

⑤ 同上。

对于朱子提供的这种文法上的理由，反对者依然可以提出异议：即便存在《孟子·离娄上》那个例句，也不能因此就让人相信"者"字句在《孟子》书中都可以做这样的处理。说到底，朱子提供的只是一条孤证而已。

文法当然不是朱子的唯一理由，接下来他诉诸义理。如果说在诠释"知性"时，他的主要理论资源是来自程颐的"性即理"说，那么，在说明"尽心"是由于"知性"时，他更多吸收了张载与邵雍之说，而对程颐的观点则持保留态度。这是因为，程颐对"尽心知性"这句话的读法跟常规一样，也是以"知性"为"尽心"之果。

> 大抵禀于天曰性，而所主在心，才尽心即是知性，知性即是知天矣。①

> 尽其心者，我自尽其心。能尽其心，则自然知性知天矣。如言穷理尽性以至于命，以序言之，不得不然，其实只能穷理便尽性至命矣。②

程颐在读《孟子》"尽其心者，知其性也"这段话时，明显受到《易传》"穷理尽性以至于命"一语的影响。援《易》释《孟》的结果是，一方面，程颐照字面顺序把"尽心"读为"知性"的前件，另一方面，他又认为这种先后顺序并没有什么实质意义。因为，在他看来，心、性、命，其实只是一个道而已。

> 孟子曰："尽其心，知其性。"心即性也。在天为命，在人为性，论其所主为心，其实只是一个道。③

可是，对于朱子来说，《孟子》的"尽心知性"，其先后次序有其内

---

① 朱熹：《孟子精义》卷十三，《朱子全书》第七册，第791页。
② 同上。
③ 《河南程氏遗书》卷十八，程颢、程颐：《二程集》，中华书局1981年版，第204页。此条亦为朱子收于《孟子精义》卷十三，《朱子全书》第七册，第790页。

在义理，绝非可有可无。虽然在《孟子集注》中，他依然收录了程颐有关心性一理的说法："程子曰：'心也、性也、天也，一理也。自理而言谓之天，自禀受而言谓之性，自存诸人而言谓之心。'"① 但在具体解释"尽心知性"这句话时，他却用来自张载、邵雍的观点对程颐的这个说法做了修正。

> 心只是包著这道理，尽知得其性之道理，便是尽其心。若只要理会尽心，不知如何地尽。②

> 王德修问"尽心然后知性"。曰："以某观之，性情与心固是一理，然命之以心，却似包著这性情在里面。故孟氏语意却似说尽其心者，以其知性故也。此意横渠得知，故说'心统性情者也'，看得精。邵尧夫亦云：'性者，道之形体；心者，性之郭郭；身者，心之区宇；物者，身之舟车。'语极有理。"③

> 问："程子解'尽心、知性'处云：'心无体，以性为体。'如何？"曰："心是虚底物，性是里面穰肚稻草。性之理包在心内，到发时，却是性底出来。性，不是有一个物事在里面唤作性，只是理所当然者便是性，只是人合当如此做底便是性。惟是孟子'恻隐之心，仁之端也'这四句，也有性，也有心，也有情，与横渠'心统性情'一语好看。"④

朱子将张载的"心统性情"和邵雍的"心者，性之郭郭"归约为"心包性"或"性包于心"这样的命题。"心包性"或"性包于心"生动地说明，"心"只是一个外壳，"性"或"理"才是具有实质意义的内容。这样的"性"或"理"很容易被理解为某种实体性的东西。但这却不是朱子的意思。他特别声明，性只是理所当然者，"只是人合当如此做底"。

---

① 《四书章句集注·孟子集注》卷十三，第349页。
② 黎靖德编：《朱子语类》卷六十，第1422页。
③ 同上书，第1423页。
④ 同上书，第1426页。

因此,"知性"就是去了解那理所当然者,就是去了解人应当做什么。就此而言,像朝鲜李朝儒者丁茶山那样担心朱子以"尽性"为"穷理"会遗漏"事亲、敬长、忠君、牧民、礼乐刑军旅、财赋实践实用之学",未免有些无的放矢。

牟宗三认为,朱子从"心性情三分"的格局去理解孟子,对后者的"本心即性"的思路完全不能契合。然而,朱子即张载、邵雍之心包性论,不取程颐之"心性一理"论,如上所揭,实有其更深刻与复杂的理论考虑。而程颐从《易传》而来的"心性一理"论,很难说是对《孟》学的确解。孟子固然有"本心即性"的思想,但在"尽心知性"的具体语境中,用"本心即性"来进行诠释,则有削薄这章义理之嫌,错过其中可能蕴含的哲学问题,从诠释实践上看,不能算是佳构。而朱子的先"穷理"而后实现心之体用的诠释,则使自我认知与自我实现以及道德知识与实践能力等哲学议题凸显出来,在理论上给人更多启迪。

本文通过重新梳理朱子的有关论述,对前人观点做了回应,认为,说朱子有关《孟子》"尽心知性"的诠释与孟子哲学精神歧出,其论点、论据、论证颇多问题,在事实层面,对朱子有所误解,而在哲学层面,朱子的心性理论,尤其是"知性"而后"尽心"、先知后行的思路,仍有其不能驳倒的合理性。朱子的"尽心知性"诠释无论在孟学诠释史上,还是在中国哲学上,都有其重要意义。

《五臣解孟子》与宋代孟子学*

北京大学中国古文献研究中心　吴国武

唐宋之际，《孟子》之见重（有学者视作"孟子升格运动"）深刻影响当时的经学面貌，笔者曾在小书《经术与性理：北宋儒学转型考论》中从文献、思想、历史三个层面进行过一些简要的讨论。以下摘出其中片断：

> 北宋孟子学的发展，实际上是理学形成的重要方面。当然，北宋诸儒对孟子亦有不同的态度。过去学者，多将非孟的李觏（1009—1059）、司马光（1019—1086）、晁说之（1059—1129）等逐出道学家行列。就理学形成而言，非孟、翼孟并非最重要的因素。而且非孟思潮在北宋孟子学中的实际影响并不太大，翼孟思潮仍旧是主流。再有，非孟本身有一定的政治背景，比如尊王背景下的李觏指出孟子不尊周王，又比如反对王安石（1021—1086）的司马光、晁说之强调君臣名分。①

这种所谓"孟子学争议"②，当初具有何种性质，后来又转向何方，都是值得继续思考的问题。个人认为，以非孟、翼孟之争为线索来讲北宋孟学

---

* 本文的写作得到主要参与的国家社科基金重大项目"中国孟学史"和独立主持的2012年度国家社科基金一般项目"宋代经学佚著辑考汇释"（批准号12BZW072）的资助。另，本文初稿曾于2012年4月、12月分别在"国际四书学研讨会"（中国人民大学国学院等单位主办）和"宋代文学与思想国际研讨会"（台湾清华大学中文系主办）上宣读。

① 拙作《经术与性理：北宋儒学转型考论》，学苑出版社2009年版，第191页。
② 见黄俊杰《中国孟学诠释史论》第一章，社会科学文献出版社2004年版，第41页。

史有其不足之处，一些重要问题也难以得到合理的解释。

近年，笔者的兴趣转入宋代经筵讲经、经学编年和经学佚著的研究，试图重新梳理宋代经学史的发展脉络，对北宋孟子学也有新的想法。① 关于历史上第一次经筵进讲《孟子》的活动，笔者曾在小文《北宋经筵讲经考论》中提及：

> 元祐间在司马康（1050—1090）的提议下始讲《孟子》，是宋代《孟子》学转折的重要事件。……稍后，孟子学极盛，儒臣多有著作。……哲宗朝，讲《论语》《尚书》《孟子》《礼记》《诗经》诸经，《孟子》之进讲影响甚巨，是"四书"形成的关键期。②

然而遗憾的是，学界至今没有专题研究此次经筵进讲《孟子》及其讲章《五臣解孟子》的相关问题。③ 鉴于此，本文立足于宋代孟学史，拟从"元祐经筵进讲《孟子》始末"、"范祖禹（1041—1098）和吕希哲（1039—1116）的孟学思想"和"《五臣解孟子》对朱熹（1130—1200）孟子学的影响"三个方面来讨论《五臣解孟子》这部经筵讲章的来龙去脉、学术思想和历史地位。

一 元祐经筵进讲《孟子》始末

入宋以来，《孟子》之见重可以归结为两个阶段：第一阶段，宋初诸儒对《孟子》文本的校勘整理以及对孟子本人的推崇。比如，真宗朝孙奭（962—1033）领衔的国子监校勘《孟子》工作，种放（955—1015）作《表孟子》以表彰孟子，以高弁（？—？）、贾同（约970—约1030）

---

① 参考拙稿《拓展视野与重建系谱：以编年史为基础讨论宋代经学发展的几个问题》（未刊），"先秦文本及思想之形成、发展与转化研究计划"专题演讲，台湾大学中国文学系，2010年12月9日，台北。

② 拙文《北宋经筵讲经考论》，《国学学刊》2009年第3期（后收入北京大学中文系编《北大中文学刊2010》，北京大学出版社2010年版）。

③ 笔者所见，今人粟品孝《朱熹与宋代蜀学》（高等教育出版社1999年版）一书、《朱熹对范祖禹学术的吸取》（《成都大学学报》1999年第4期）一文涉及范祖禹的《孟子解》，王荷群《北宋孟子学案》（四川大学硕士学位论文，2005年）一文涉及吕希哲的《孟子解》，等等。

等为代表的山东学者大讲孔孟之道。第二阶段，宋仁宗至神宗朝诸儒在制度设计和义理发挥上开创孟子学的新格局。其间主要有两个努力方向：一是从仁宗景祐五年（1028）兖州邹县建成孟庙到神宗元丰七年（1084）孟子配享文宣王庙，地方、国家渐次礼遇孟子，提升礼典、祀仪的层级；二是从仁宗朝学校讲习《孟子》到神宗熙宁四年（1071）以《孟子》为兼经的贡举改革，士大夫群体对《孟子》的解释出现了碰撞交融的繁盛状况。① 至此，孔孟合称、《语》《孟》并举成为当时的共识。

虽然庆历新政、熙丰变法使士大夫群体不断分化，但倡导孔孟道统始终是新儒学各派的主流思想。正是在这样的背景下，哲宗（1076—1100）即位不久，便有了历史上第一次经筵进讲《孟子》的活动。

1. 进讲《孟子》的起因及相关情况

据范祖禹为司马康所作墓志铭，元祐五年（1090）"四月，诏讲读官奏对迩英阁。君初对，劝上自强于学，以孝德为治道之先。再对，又言：'孟子为书最醇正，王道尤明白，所宜观览。'上曰：'方读《孟子》。'寻诏讲筵官编修《孟子节解》为十四卷以进"②。

司马康，字公休，陕州夏县（今属山西）人。本为司马光从子，后过继为子。熙宁三年（1070）明经登第，释褐试秘书省校书郎，随侍父之左右。元祐元年（1186），司马光卒，遂服丧三年。元祐三年十一月，因范祖禹之荐除侍讲，预讲《尚书》。③ 官至右正言。两年后以疾卒，赠右谏议大夫。有《无逸讲义》一卷、《说命讲义》一卷、《孟子解》一卷（均佚）等，事见《宋史》卷三百三十六《司马光传》附传、《宋元学案》卷八小传。元祐五年，经筵仍讲《尚书》，司马康则依制多次奏对，议论多与其父同。比如，他初对时强调"以孝德为治道之先"，此乃司马

---

① 按：有趣的是，孔道辅（985—1039）建兖州邹县孟庙时请"学孔而晞孟"的孙复作记，而孙复另撰《春秋尊王发微》以"尊王"为志业；几乎同时，李觏作《常语》大讲"孟子不尊周王"。两相对比，令人深思。

② 范祖禹：《直集贤院提举西京嵩山崇福宫司马君墓志铭》，《范太史集》卷四十一，《景印文渊阁四库全书》本。

③ 范祖禹《荐讲官札子》（《范太史集》卷十四，元祐三年十一月十七日），贴黄后小字云："二十二日，司马康除侍讲。"按：司马光元祐元年九月卒，司马康服丧二十五月，至是服除为侍讲。

光的一贯主张。至于推崇孟子所论"王道",则与司马光的"疑孟"似有出入,需要稍作申论。

关于司马光的疑孟思想,主流意见认为司马光怀疑《孟子》一书是有感于王安石之尊孟而发的。虽然此说有一定的道理,但实际情况并非如此简单。学界根据晁说之、邵博(?—1158)的言论及南宋人非议王安石的材料,将司马光描绘成非孟的代表人物。司马光于元丰五年(1082)至八年撰写《疑孟》一事,他本人及其洛阳师友、门生却很少提及,可见此文在当时影响有限。相反,与他来往密切的人如程颢(1032—1085)、程颐(1033—1107)、范祖禹、刘安世(1048—1125)等不仅不提此事,反而以推崇孟子为能事。① 直到两宋之交,晁说之、邵博等少数几人致力于建构北宋疑孟、非孟思潮,将司马光塑造成非孟的主将。然而,如若细检宋人诸说,多数意见仅将司马光的疑孟思想视为"不知权"。而这种"不知权",与他重视礼义纲纪、君臣名分有关,观《资治通鉴》尤能知其一二。② 同门友杨新勋兄专门研究宋代疑经,他有比较公允的概括:"司马光疑孟与此后他人的非孟、诋孟还不一样,他并没有贬低孟子的言论……通过对《孟子》内容的调整,表现出一种在新时代对孔孟圣贤和道的推崇,这与北宋《孟子》升格运动一致。"③ 那么,如何理解司马光疑孟与司马康尊孟之间的关系呢?南宋黄震(1213—1280)的一段话颇可玩味。他说:

> 孟子劝时君行王道以救世,随其资禀,如诱小儿多方顺适,使之悦听如色,可使好如勇,可使好明堂,可使无毁,其要皆归于诱之及民。此孔子之所谓"可与权"者。而公(即司马光)也"平生诚实"一语,不妄视,议论之出于权者,宜非其所乐欤?谏议(即司马康)孝友笃实,本无异于公,而独喜孟子,称其醇正,其殆有见

---

① 比如,范祖禹为程颢之逝作哀词云:"盖自孟子没而中庸之学不传,后世之士不循其本而用心于末,故不可与入尧、舜之道。"(见《河南程氏遗书》附录《门人朋友叙述并序》,收入《二程集》,王孝鱼点校,中华书局2004年版,第334页;并见《范太史集》卷三十七)推崇孟子,可见一斑。

② 按:司马光于元丰七年进《资治通鉴》,记事有时不取《史记》而采用《孟子》之说,后人拘于《疑孟》思想而不得其解。

③ 见氏著《宋代疑经研究》,中华书局2007年版,第108页。

于孟子之心者乎？可以补温公之阙矣。善继善述，谏议有焉。①

从北宋经筵讲经制度来看，仁宗时大体确定先讲《论语》的进讲次序，哲宗即位亦是如此。元丰八年（1085）十二月至元祐二年（1087）九月，范纯仁（1027—1101）、傅尧俞（1024—1091）、黄履（1034—1101）、程颐、孙觉（1028—1090）、范祖禹等先后预讲《论语》。②接下来所讲的经书，仁宗朝依次为《孝经》《礼记》《尚书》等；神宗朝则略过《孝经》而讲《礼记》，后因王安石之请而中途改讲《尚书》。至哲宗朝，元祐二年十月至元祐五年（1090）十月，援神宗例，外加宰臣吕公著（1018—1089）之请，召讲《尚书》，同讲者有范祖禹、颜复（1034—1090）、吴安诗（约1048—？）、司马康等人。《论语》讲毕，吕公著进呈《三经要语》并说："臣伏思皇帝陛下睿哲之性，出于天纵，而复内禀慈训，日新典学，诚以尧、舜、三代为法，则四海不劳而治。今来《论语》终帙，进讲《尚书》。二书皆圣人之格言，为君之要道，愿陛下念兹在兹，以广圣德。"③

元祐五年四月，司马康建言进讲《孟子》，旨在阐明尧、舜、三代先王之道。六月，范祖禹等领旨编《孟子节解》。当时札子云：

> 臣等准入内供奉官徐浞传宣奉圣旨令讲读官编修《孟子节解》一十四卷进呈。臣等已知委讫，六月八日，臣司马康（假）、臣吴安诗、臣范祖禹、臣赵彦若、臣范百禄札子。④

此时，司马康因病告假。据《范太史集》卷十九《乞司马康给俸札子》，司马康告假时间为六月一日，故八日所上札子标明"司马康（假）"。但

---

① 《黄氏日抄》卷五十《读史》，《景印文渊阁四库全书》本。
② 详参拙文《程颐入侍经筵考——兼谈朱熹的讲读活动及程朱系谱的形成》，收入陈来、朱杰人主编《人文与价值：朱子学国际学术研讨会暨朱子诞辰880周年纪念会论文集》，华东师范大学出版社2011年版。
③ 《续资治通鉴长编》（以下简称《长编》）卷四百五，上海古籍出版社1984年版。按：范祖禹曾进呈《三经要语》，考核可知为同一部书，由两人共同编定。
④ 范祖禹：《编〈孟子节解〉札子》，《范太史集》卷十九。

是,《孟子节解》中有一卷应为司马康所作,惜其文已佚。① 另外几位情况如下。

吴安诗,字传正,建州浦城(今属福建)人,吴充(1021—1080)长子,先后为范镇(1009—1088)、吕晦(?—?)婿。荫补入仕,历礼部员外郎、右司谏。元祐四年十月,除直集贤院兼侍讲,与祖禹同在经筵,预讲《尚书》《孟子》等书。元祐七年十二月为秘书少监,崇宁间入元祐党籍,稍后卒。其弟安持(?—?),为王安石长婿。事见《宋史翼》卷六、《元祐党人传》卷四小传。入侍之初,同讲《尚书》,后同讲《孟子》。

范祖禹,字淳甫(夫),一字梦得,成都华阳(今属四川)人,范镇从孙,范百禄(1030—1094)从子,吕公著婿,又与司马康联姻。嘉祐八年(1063)进士,后预修《资治通鉴》。元祐元年九月,兼侍讲,预讲《论语》《尚书》《孟子》《礼记》等书。官至翰林学士。崇宁间入元祐党籍,寻卒。有《古文孝经说》(存)、《诗解》《论语说》《无逸讲义》《说命讲义》《孟子解》(均佚)等。事见《东都事略》卷七七、《宋史》卷三百三十七本传、《宋元学案》卷二十一小传。

至于赵彦若(约1034—约1096)、范百禄当时在经筵兼侍读,而非侍讲,故依例附于进呈札子之后。

2. 进讲《孟子》的过程

此次进讲,从何月开始,《长编》没有明确记载。今考范祖禹所作《祭司马谏议文》,其云:

> 某昨与公休同讲《无逸》,今讲书毕,一篇之义,已录上之。公休进对,请讲《孟子》,今则有诏讲《孟子》矣。此二书者,公休遗意也。……②

---

① 范祖禹《直集贤院提举西京崇福宫司马君墓志铭》(《范太史集》卷四十一)载:"君自文正公丧,居庐蔬食,寝于地,遂得腹疾。亲戚勉以肉食,终不肯。及免丧,毁瘠累然,治疗不愈,至是益侵。累奏乞留台宫观,诏不许。遣内侍赐御膳劳问。后乃予优告,犹力疾解《孟子》一卷。"

② 《范太史集》卷三十七《祭司马谏议文》。

此文作于元祐五年十一月。可知，是年十月讲毕《尚书》，十一月始讲《孟子》。此次进讲，原本应由司马康先讲，然其于九月病卒，故由范祖禹先讲。今检朱熹《孟子或问》，《梁惠王上》篇首章"孟子见梁惠王王曰"下有评："范氏之言，明白条畅，虽杂引经传之文，而无迁就牵合之病，其体与《大学》传文相似，所以告君者当如此矣。"① 范氏首讲，可以无疑。而且，他自始至终参与讲《孟子》，故朱熹《孟子》三书及其他材料多引其说。除范祖禹外，吴安诗、孔武仲（1042—1097）亦于前期预讲此书。

吴氏预讲，有两个证据。一则，《长编》卷四百五十五"元祐六年二月庚寅（初一日）"条载："是日经筵，吴安诗侍讲，冯京初赴侍读。……讲官讲《孟子》不为管、晏事。"有关"不为管、晏事"的文字，见《公孙丑上》篇"公孙丑问曰夫子当路于齐"章。二则，朱熹《孟子集注》所引"吴氏"一条，为《万章上》篇"万章问曰象日以杀舜为事"章。② 据此可知，五年十一、十二两月，已讲完《梁惠王上》《梁惠王下》两篇，至六年二月始讲《公孙丑上》篇。吴安诗是否参与了进讲《孟子》的全过程，还有待进一步考察。

孔武仲，字常父，临江军新喻（今属江西）人，与兄文仲（1033—1088）、弟平仲（1044—1102）称"临江三孔"。嘉祐八年（1063）进士，哲宗朝除国子司业、集贤校理。元祐五年九月，兼侍讲，补司马康卒后之阙，预讲《尚书》《孟子》等书。六年七月除起居郎，后官至礼部侍郎，寻卒。崇宁间入元祐党籍。尝诋王安石《三经新义》，有《书说》《诗说》《论语说》《金华讲义》《宗伯集》（均佚）等。事见《东都事略》卷一百十七、《宋史》卷三百四十四本传、《宋元学案》卷十二小传。其中，《孟子》讲章似原载于《金华讲义》一书中。考朱熹《孟子集注》所引"孔氏曰"五条，分别在《梁惠王上》《公孙丑下》《离娄下》《万章下》四篇中。③ 据此可知，孔氏从《梁惠王上》讲至《万章下》，共涉

---

① 《孟子或问》卷一，见朱熹《四书或问》，黄坤点校，收入朱杰人等主编《朱子全书》第六册，上海古籍出版社，安徽教育出版社2002年版，第921页。

② 按：蔡模（1188—1246）编著的《孟子集疏》将"吴氏"当作"吴棫"，其实吴棫（？—约1155）只有《论语说》而无《孟子》注，盖大误也。

③ 按：蔡模《孟子集疏》将"孔氏"作"孔文仲"，然孔文仲（1038—1088）既无《孟子》注且又卒于元祐进讲《孟子》之前，故蔡说非是。

及十篇内容。另，孔武仲与吴安诗来往密切，今传《清江三孔集》有诗为证，如《谒吴传正因赐》一诗疑作于同讲《孟子》期间。

后期预讲者，还有丰稷（1033—1107）和吕希哲两人。丰稷，字相之，又字泽夫，明州鄞县（今浙江宁波）人。嘉祐四年（1059）进士。哲宗朝除国子司业，迁国子祭酒。元祐六年十一月，兼侍讲、权给事中，补孔武仲迁起居郎后之阙，预讲《孟子》等。官至礼部侍郎，崇宁间入元祐党籍，寻卒。有《易传》《论语解》《礼记解》《孟子解》（均佚）等，事见《宋史》卷三百二十一本传、《宋元学案》卷十九小传。考朱熹《孟子集注》所引"丰氏曰"五条，集中在《尽心上》《尽心下》两篇。吕希哲，字原明，称荥阳先生，寿州（治所在今安徽凤台）人，吕公著长子，范祖禹内兄，吕本中（1084—1145）祖。少从胡瑗（993—1059）、焦千之（？—1080）等学，尝率诸生问学程颐，后遍从当世大儒游。荫补入仕。元祐七年（1092）六月，以范祖禹荐除崇政殿说书，预讲《孟子》《礼记》等书。八年二月为右司谏，官至秘书少监，崇宁间入元祐党籍，政和间卒。有《孟子解》（佚）、《吕氏杂记》（存）等，事见《东都事略》卷八十八本传、《宋史》卷三百三十六《吕公著传》附传、《宋元学案》卷二十三小传。考朱熹《孟子精义》所引"吕侍讲曰"十五条，也集中在《尽心上》《尽心下》二篇。据上可推，《尽心》二篇为丰氏、吕氏两人同讲，而《告子上》《告子下》两篇或即范氏、丰氏两人同讲。

此次进讲《孟子》何时结束，史无明文。据范祖禹《乞节讲〈礼记〉札子》（元祐七年九月十二日讲官同人）载："臣等奉旨讲《礼记》……"① 可见，至少在九月，经筵已开讲《礼记》。又，吕希哲入侍经筵讲毕《尽心》二篇，时间在七年六月。依制七、八两月又辍讲，故终讲时间当在是年六月。从元祐五年十一月至七年六月，经筵进讲《孟子》经历了约一年半的时间。

3.《五臣解孟子》的流传和存佚

绍圣元年（1094），哲宗亲政，启用新党人士，开始了新一轮的党争。此后，元祐学术备受斥责，元祐诸儒的经筵讲说亦不显，在北宋后期

---

① 见《范太史集》卷二十四，《景印文渊阁四库全书》本。

影响主要限于道学群体。根据当时的经筵制度，元祐进讲《孟子》时应有讲义，并保存在讲筵所。① 而范祖禹、孔武仲、吴安诗、丰稷和吕希哲五家各自的讲义，要么散在文集、语录之类的书中，要么单独有钞本传世，完整的《五臣解孟子》讲章很可能并未刻板。

尽管如此，这部讲章的重要内容在道学群体中仍有流传。比如，《范氏家传》引范祖禹说："孟子以王好货，劝以当如公刘与民同利；以王好色，劝以当如太王与民同欲。然臣窃以谓公刘非好货，乃是厚民；太王非好色，乃是正家。人君不可以好货，亦不可以好色。好货则贪而害民，好色则荒而害政。孟子事齐宣王，中才以下之君，故其言如此。"② 检《孟子或问》卷二，此段文字当出自《五臣解孟子》卷二《梁惠王下》"齐宣王问人皆谓我毁明堂"章中范祖禹的讲解。又比如，《吕氏家传》载："公（吕希哲——引者注）为说书凡二年，日夕劝导人主以修身为本，修身以正心为主，心正意诚，天下自化，不假他术；身不能修，虽左右之人且不能谕，况天下乎？"③ 比对可知，此段文字显然化用《五臣解孟子》卷十四《尽心下》"孟子曰言近而指（旨）远"章中吕希哲的讲解。我们推测，两人的《孟子》讲义被裁取编入各自的《家传》，在范氏、吕氏家族内部及相关道学群体中产生了实际的影响。

南渡以后，在高宗、孝宗及道学群体的大力推动下，元祐学术大盛，经筵讲读活动也进入了中兴阶段。道学人士由民间、地方渐次入朝廷，纷纷整理党禁时各家专著、文集和语录。今考，乾道年间成书的《郡斋读书志》是最早著录《五臣解孟子》一书的书目，所载卷数为十四卷，所列作者顺序正是范氏、孔氏、吴氏、丰氏和吕氏，与进讲顺序完全吻合，疑为讲筵所流出的传本。再看称引《五臣解孟子》的书籍，比如朱熹《孟子精义》、罗泌（1131—1189）《路史》，也多编撰于高宗绍兴至孝宗乾道间，所以这部讲章也有可能是南宋初期编定的本子。靖康、建炎以

---

① 按：神宗元丰元年（1078），经筵始创进讲义之制，所谓"经筵前一日进讲义"（见《玉海》卷二十六，《景印文渊阁四库全书》本）；哲宗元祐五年（1090），改为讲完的第二天进讲义（见《长编》卷四百三十八"元祐五年二月壬寅"条）。

② 《三朝名臣言行录》卷十三之一引，宋朱熹撰，李伟国点校，《朱子全书》第十二册，第811页。

③ 《三朝名臣言行录》卷八之二引，《朱子全书》第十二册，第642页。

来，道学群体重回经筵，包括《五臣解孟子》在内的元祐经筵讲章受到重视。绍兴初，范冲（1067—1141）、吕本中等人侍经筵讲经，促进了范祖禹和吕希哲等元祐诸儒学术的传播。绍兴八年（1138），尹焞（1071—1142）在经筵始讲《孟子》，其讲说虽以二程的解释为主，但也参考了《五臣解孟子》的意见。稍后，朱熹编《孟子》三书，摘引《五臣解孟子》的地方很多，范祖禹、孔武仲、吴安诗、丰稷和吕希哲的讲说也赖此而存。

朱熹之后，唯其门人辅广（？—1208年后）在《孟子答问》中对《五臣解孟子》多有评述，而真德秀（1178—1235）《孟子集编》则不出朱熹摘引的范围。① 南宋后期，蔡模（1189—1246）《孟子集疏》、赵顺孙（1215—1276）《孟子纂疏》所引内容比朱熹摘引要多，二人或亲见是书。宋末，仅见《景定建康志》有著录，而《直斋书录解题》却不载，可知此书流传已不广。元代是书尚存，故《至顺镇江志》著录为"六册"。宋元之际，饶鲁（1193—1264）等人的评论文字，大体纯据朱熹《孟子》三书所引。明代书目，唯《国史经籍志》卷二著录，或已失传。至清初，朱彝尊（1629—1709）《经义考》径将《五臣解孟子》与《孟子节解》混为一谈，时人已不知其详。②

此书佚文的存佚情况，学界较少专门关注。笔者曾以朱熹《孟子精义》《孟子或问》《孟子集注》三书及蔡模《孟子集疏》为主，旁考吕希哲《吕氏杂记》，吕本中《紫微杂说》《童蒙训》，朱熹《三朝名臣言行录》《朱文公文集》《朱子语类》，罗泌《路史》，真德秀《孟子集编》，赵顺孙《孟子纂疏》等书，去除重复条目，辑录佚文五十四条，涉及十一卷四十八章：范氏（范祖禹）有二十九条、孔氏（孔武仲）有五条、吴氏（吴安诗）有一条、丰氏（丰稷）有四条、吕侍讲（吕希哲）有十五条。此外，他人评论范氏解说之处涉及二十六章，范祖禹《论语解》中引用《孟子》并加以解说之处也还有十八条。

---

① 按：辅广《孟子答问》乃致力于解释《孟子集注》，其书虽不传但佚文存于赵顺孙《四书纂疏》等书中，笔者有辑录本。

② 按：稍后，翁方纲订正朱氏之说，所论盖是也（参《经义考补正》卷十，收入《丛书集成初编》，中华书局1985年版）。

二　范祖禹和吕希哲的孟学思想

《五臣解孟子》和其他元祐经筵讲章一样，是元祐学术的代表著作之一。然而，这五位作者的学术思想，学界的讨论还不够深入。笔者以为，五位讲官大致可以分作两类：一类属于当时道学群体的主要人物，如范祖禹和吕希哲；一类属于道学群体的次要人物或元祐学术中的其他群体，如孔武仲、吴安诗和丰稷。

这部讲章虽然出自五人之手，但其学术倾向大体相近。在讲解形式上，讲官们面对的是未成年的哲宗，所以他们的讲解基本上是敷陈详实、反复恳至、明白条畅、诲尔谆谆。① 在思想主旨上，讲官们的讲解也有共通之处。比如，他们突出孟子的政治理想在于"救民"，与孔子旨在"为邦正道"有差别，这使他们善于将孔孟学说统一起来。② 又比如，他们从孟子心性论中强调欲治天下必先"治心"，与《大学》《中庸》所讲修身正心结合起来，这使他们的议论具有浓厚的道学特征。③ "救民"和"治心"之论，反映了元祐诸贤有鉴于王安石变法的后果而竭力提倡的思想主张。就所见佚文来看，《孟子》诠释中的重要问题比如义利之辨、王霸之辨、经权关系、君臣关系、圣贤出处、君民关系、心性论、修养论，这部《五臣解孟子》都有论述。本节侧重讨论范祖禹和吕希哲的孟学思想。

1. 范祖禹及其孟学思想

作为元祐经筵第一讲官，范祖禹是承上启下的经学家和道学家，在北宋学术思想史上地位很高、影响很大。有关他的学术传承，学界向有涑水

---

① 按：以上十六字，全部化用朱熹《孟子或问》对范、吕诸儒讲解的评语。
② 《孟子集注》卷一《梁惠王上》"梁惠王曰晋国天下莫强焉"章引孔氏曰："孟子之论，在于救民。"（见《朱子全书》第六册，第252页）又，同书卷二《梁惠王下》"庄暴见孟子章"引范氏曰："孟子切于救民。"（见《朱子全书》第六册，第261页）
③ 《孟子集疏》卷十三《尽心上》"孟子曰易其田畴"章引范氏曰："古之明主，欲治天下，先治其心。"（《景印文渊阁四库全书》本）又，《孟子精义》卷十四《尽心下》"孟子曰养心莫善于寡欲"章引吕侍讲曰："治心之道……圣心清明，可以通性命之理，可以达道德之奥，治天下之操术，未有不由此也。"［见《论孟精义》，林嵩、黄坤点校，收入《儒藏》（经部四书类·四书总义之属），北京大学出版社2007年版，第681页］

学、蜀学和洛学三种说法，笔者倾向第一种意见。① 概略来说，范祖禹继承了司马光的学脉和思想，同时又兼有范氏蜀学和吕氏家学的特点，于程颢、程颐在师友之间，气象宽大，性情淳厚，不存门户之见。

具体到他的学问，朱熹有论："范淳夫论治道处极善，到说义理处却有未精。"② 观其经史著作和文集，朱熹的讲法非常有道理。"治道"是指"外王"方面，"义理"则指"内圣"方面。范祖禹将"内圣外王"有机结合，虽然在义理精微上比不过程颐，但在治道广大上却非常突出，成为司马光以后道学运动的庇护者和继承者。单就经学来说，范祖禹在孝经学、诗经学、尚书学等多个方面颇有成绩，但其主要精力则在《论语》和《孟子》二书上。他的《论语解》（或作《论语说》）《孟子解》两部讲章，进讲时间接近，进讲对象相同，具体解释也能够交相训释。如果合起来看，范祖禹思想主要是围绕"先王之道"进行的。他特别重视"仁"的学说，其《孟子解》正是沿着从"仁"再到"仁政"的理路展开。他说：

> 治天下莫大于仁。故前章云："尧舜不以仁政不能平治天下。"又曰："道二，仁与不仁而已矣。"又曰："三代之得天下也以仁。"又曰："爱人不亲，反其仁。"此章云："仁不可以为众也。"仁者，天德之至尊，圣人之最先。天之所以大者，仁而已。圣之所以为圣者，亦仁而已。《易·乾卦》"元"为四德之首。孔子曰："元者，善之长也，君子体仁足以长人。"在天则元，在君子则为仁。乾之德，以仁为首，故能统天。圣人之德，以仁为大，故能长人。天所以首出庶物，为万物父母者，为能养万物也。圣人所以首出庶民，为万民父母者，为能生养万民也。天子所居者天位，所治者天职，惟能好仁，则与天同德。而天之所覆，天之所载，日月所照，霜露所坠，无不归

---

① 见拙作《经术与性理：北宋儒学转型考论》，第238—239页。按：比如，司马光重"礼治"，范祖禹亦讲"治国以礼乐为急"（《论语精义》卷四下《泰伯》"师挚之始"章引范氏说，见《论孟精义》，第249页）。司马光好讲"至诚"、"不欺"，范祖禹亦讲"惟至诚而不可以欺"（《论语精义》卷六上《先进》"闵子侍侧"章引范氏说，见《论孟精义》，第316页）。又比如，司马光极重《中庸》、颇服扬雄，范祖禹在几部经筵讲章中亦引《中庸》、扬雄之说为据。至于范祖禹续作《古文孝经说》、预修《资治通鉴》更是二者学术关系的明证。

② 黎靖德编：《朱子语类》卷一百三十，王星贤点校，中华书局2004年版，第3105页。

之矣。①

与程颢的仁学相对比,范氏所谓"仁"不仅具有道德意义,也同样具有生命意义。程颢尝说:"万物之生意最可观,此元者,善之长也,斯所谓仁也。"② 范氏之说,与此语颇相近。"以仁统天"一语,似乎意味着"仁"已上升到本体的高度。如果参之以《论语解》诸书,范祖禹的仁学粲然可见。他的孟学思想,就是以《论语》为纲,尽可能弥合孔、孟之间差异,择善而从,最终统一到"治天下莫大于仁"上来。限于篇幅,下面分三个方面简要论述。③

第一,义利王霸问题。孟子主张言义不言利、崇王道黜霸道,北宋诸儒的看法大致有两类倾向:一类是区别义利、王霸,将二者对立起来,只取"义"和"王道";一类是兼取义利、王霸,将二者统一起来,具体讲法各不相同。虽然范祖禹和他的老师司马光一样属于兼取型,但二人的思想也有差异。以"义利之辨"为例:范氏从行为效应上明确讲出:"义者宜也,事得其宜,则利在其中矣。"④ "利在其中"即是《易·文言》所谓"利者义之和",这种观点发展了司马光"惟仁者为知仁义之为利"的意见。同时,他又从主观意图上强调"存心于义"的重要性,这与程颐的讲法有异曲同工之处,反映了道学群体将"利"合于"义"的努力。⑤再以"王霸之辨"为例:范祖禹区别"王道"、"霸道",在坚持"王道"的同时也不否定"霸道"的事功效应,甚至视之为"一善"。他明确讲到:"先正其身,而以德行仁,王者之事也;不能正其身,而以力假仁,霸者之事也。"⑥ 这种意见与司马光"王霸无异道"的观点完全不同。他

---

① 《孟子集疏》卷七《离娄上》"孟子曰天下有道"章引范氏说。
② 《河南程氏遗书》卷十一,《二程集》,第120页。
③ 有些问题比如"君臣关系",有文章曾涉及,在此不详述,参见陈逢原《朱熹孟子集注对宋代孟子议题的吸纳与反省》,滕文生主编《儒学的当代使命:纪念孔子诞辰2560周年国际学术研讨会论文》,九州出版社2010年版。
④ 《论语精义》卷二下《里仁四》"君子喻于义"章引范氏说,见《论孟精义》,第128—129页。
⑤ 《论语集注》卷一引程颐说:"君子未尝不欲利,但专以利为心则有害。惟仁义则不求利而未尝不利也。"《朱子全书》第六册,第247页。
⑥ 《论语精义》卷七上《子路十三》"苟正其身矣章"引范氏说,见《论孟精义》,第371页。

又说："按《论语》孔子曰：'桓公九合诸侯，不以兵车，管仲之力也。微管仲，吾其被发左衽矣！'孔子美齐桓、管仲之功如此，孟子言仲尼之门'无道桓、文之事者'。圣人于人，苟有一善，无所不取。齐桓、管仲有功于天下，故孔子称之。若其道，则圣人之所不取也。"① 范氏以为，圣子取霸者之功而不取霸者之道。这种弥合孔子、孟子异见的尝试，与二程的主张也不太相同。

第二，经权关系问题。孔子讲过"可与权"，孟子则更为强调"用权"，北宋诸儒大致有两类意见：一类意见只认可不变的常道，否认"权变"的正当性；一类意见尝试将"正道"和"用权"统一起来，具体讲法也有不同。司马光是前一类意见的代表人物，范祖禹则与二程、张载（1020—1071）诸儒倾向于后一类意见。作为经权统一论者，范祖禹说："天下之道，有正有权。正者万世之常，权者一时之用。常道人皆可守，权非体道者不能用也。盖权出于不得已者也。若父非瞽瞍，子非大舜，而欲不告而娶，则天下之罪人也。"② 他认为，道本身包括正和权两种表现形式。子娶不告父是不合礼制的，因为舜是圣人、瞽瞍则不父，故作为体道者的圣人可以"用权"。这一点，范氏在《论语解》中亦有类似表达。后来朱熹在《孟子集注》中没有取程颐之说，而是采用了范祖禹的意见，正如他自己所言"范氏之说，本孟子正意也"③。顺着"有正有权"的思路推而广之，范祖禹解释《孟子》时展现出较大的空间。

第三，心性论问题。孟子"道性善"是北宋诸儒争论的焦点，性无善恶、性善恶混、性善等意见均有不少信奉者，其中性善论逐步成为主流。范祖禹所主张的"性善"，不同于司马光的性善恶混说，也与程颐讲"心即性"、"性即理"不一样。范祖禹说："'人生而静，天之性也。'孟子曰：'人之性善，皆可以为尧舜。'言相近也。服尧之服，诵尧之言，行尧之行，是尧而已。"④ 以《乐记》之语来讲本然之性（即天之性），或许受到程颢的影响。范氏认为"性相近"之"性"就是本然之性，这与程颐讲成"气质之性"完全不同。至于"性"的内涵，范祖禹说："夫

---

① 《孟子集疏》卷一《梁惠王上》"齐宣王问曰齐桓晋文之事"章引范氏说。
② 《孟子集注》卷七《离娄上》"孟子曰不孝有三"章引范氏说。
③ 《孟子或问》卷七《离娄上》，《朱子全书》第六册，第956页。
④ 《论语精义》卷九上《阳货十七》"阳货欲见孔子"章引范氏说，见《论孟精义》，第457—458页。

性者何也？仁义是也。圣人以为仁义者生于吾之性，而不生于外。"① 既然仁义是天性，当然只可能生于内，这与程颢"仁义内在"说一脉相承。反过来，他又说："明仁义之在内，则知人之性善，而皆可以为尧、舜矣。"② 由于仁义内在于心而不待于外，所以"人人皆可以为尧、舜"。这种讲法，当然不如程张诸儒讲得透彻，也说明范氏在义理上还不够精微、圆融。

2. 吕希哲及其孟学思想

作为吕公著长子，吕希哲以吕氏家学为主，独得北宋中期各派大儒之传，又以程颐为师，内敛沉静，简要寡欲，儒佛兼通，和范祖禹一样也是承上启下的经学家和道学家，在北宋学术思想史上地位独特，影响深远。③

就程颐学谱来说，吕希哲从程颐问学最早，故杨时（1053—1135）有论："伊昔师门，实传圣学。道隆德尊，为时先觉。"④ 于二程门人，他实有师道之尊，故吕本中尝说："荥阳公初以师礼事伊川，后从诸老先生甚众。后来程门弟子，如谢显道、杨中立，亦皆以师礼事荥阳公。"⑤ 不仅如此，他和北宋后期整个道学群体来往密切。然而南宋以后，吕希哲在道学谱系的建构中受到排抑。就学问本身而言，吕希哲的思想可以用"正心诚意，少私寡欲"⑥ 来概括。在经学方面，他虽然不如范祖禹著述丰厚，但是颇能用力于《易传》《中庸》和《孟子》三书，济之以佛学，使吕氏家学呈现出心学的雏形。⑦ 限于篇幅，下面也只谈两个方面的问题。

第一，心性论问题。吕希哲结合吕氏家学和程张理学，从"正心诚

---

① 《范太史集》卷三十五《中庸论三》，《景印文渊阁四库全书》本。
② 《孟子集注》卷十一《告子上》"孟季子问公都子曰何以谓义内也"章引范氏说。
③ 按：吕公著好讲《大学》《论语》，强调"修身之道，以正心诚意为本"，希哲也极重"正心"、"诚意"；吕公著通观儒释诸家，其所谓"清心寡欲"几近于释家，希哲受其影响。
④ 《龟山集》卷二十八《祭吕侍讲文》，《景印文渊阁四库全书》本。
⑤ 见氏著《师友杂志》，收入《全宋笔记》第三编第六册，大象出版社 2008 年版。
⑥ 晁说之《晁氏客语》载："原明初作侍讲，剳子陈所学略云：'人君之学不在于遍读杂书，多知小事，在于正心诚意，少私寡欲。'"《全宋笔记》第一编第十册。
⑦ 按：侯外庐等主编《宋明理学史》第十一章《吕祖谦的理学思想及其后学》（人民出版社 1997 年版）涉及吕氏心学的问题。

意"来讲性之体、心之用。关于"性",他说:"人之性,无思也,无为也,寂然不动,循所往而行之谓之道。行则有为矣……人遵道而行,半途而废,则亦失性而丧道矣。是故人之致诚于有为,则有始有卒。天之诚行健而已,人之诚自强不息而已。"① 此说本《中庸》"天命之谓性,率性之谓道"、《周易·系辞》"易,无思也,无为也"、《周易·乾卦·文言》"天行健,君子以自强不息"三句。此"性"是本然之性,与"道"不可分,否则便会"失性"。关于"心",他又说:"心者,性之用也,可以成性,可以失性。得其养则道进而德长,所以成性;失其养则反道败德,所以失性。善养心者,正其思而已矣。……寡欲如此,而心不治者,未之有也。"② 此说,以性为体、心为用,又为成性、失性,与张载、程颐所讲颇不相同,似为胡宏心性论之先驱。成性之道在于养心,养心在于正思,正思即是寡欲,最终还是回到了吕氏家学。

第二,经权关系问题。他与范祖禹一样也主张经权统一,但在程颐的影响下讲法推进了一层。他说:"执中适权,则至于道矣。执中无权,无异杨子之为我,无异墨子之兼爱,是犹执一也。……所以道有正有权,体道之常谓之正,尽物之性谓之权。大哉正乎,天下之大本也。大哉权乎,天下之达道也。知正不知权,则违物;知权不知正,则失己。惟圣人为能立天下之大本,行天下之达道。孔子曰:'惟天为大,惟尧则之,荡荡乎民无能焉。'此尧之道,非在彼也,不可以彼名之;非在此也,不可以此名之;非在中也,不可以中名之,此尧之天道也。舜执其两端,用其中于民,汤不刚柔,敷政优优,此舜、汤体道之中以致用也。"③ 以"中"来讲经权,当出自程颐。他说:"杨子拔一毛不为,墨子又摩顶放踵为之,此皆是不得中。……执中而不通变,与执一无异。"吕希哲把"权"视作"天下之达道",与范氏所言"权不得已"的说法有差别。所谓"正"为

---

① 《孟子精义》卷十三《尽心上》"孟子曰有为者章"引吕侍讲说,见《论孟精义》,第645—646页。按:后来,其孙吕本中相沿而讲:"自佛与孔子,使学者知所先后皆然,未有不思而得,无为而成。由思至于无思,有为至于无为,然后为学之止,有意于善者不可忽也。"《宋元学案补遗》卷三十六引《仙居县净梵院记》。
② 《孟子精义》卷十四《尽心下》"孟子曰养心莫善于寡欲"章引吕侍讲说,见《论孟精义》,第681页。
③ 《孟子精义》卷十三《尽心上》"孟子曰杨子取为我"章引吕侍讲说,见《论孟精义》,第654—655页。

"天下之大本"、"权"为"天下之达道",与《中庸》所谓"中"、"和"相对应,也反映了《中庸》在吕希哲孟学思想中的突出位置。

三 《五臣解孟子》对朱熹孟子学的影响

作为元祐经筵唯一的《孟子》讲章,《五臣解孟子》是北宋孟子学的重要著作。随着两宋之际道学群体的持续关注,此书对于南宋孟子学,特别是朱熹孟子学思想产生了一定的影响。比如,尹焞对于范祖禹的《孟子》诠释有借鉴;吕本中、吕祖谦(1137—1181)对于吕希哲的孟子学有继承发展;四明学者的心学背景中亦有丰稷"养气如孟子"[①]的影子。

虽然,朱熹孟子学以二程学说为根基,在一些关键章句上并没有引用《五臣解孟子》的内容,但有很多解释和观念受到《五臣解孟子》的影响,特别是政治思想方面。拿范祖禹、吕希哲来说,朱熹对他们的态度具有两面性:一方面将二人归入《伊洛渊源录》的道学系谱中,另一方面又对二人的学术思想多加批评。本节侧重讨论朱熹择取五臣解说的情况和受范祖禹解说影响的诠释例子。

1. 朱熹择取《五臣解孟子》的情况

朱熹最早何时见到《五臣解孟子》,文献上没有记载。根据本文第一节的分析,他在绍兴年间应该已接触到范、吕诸儒的《孟子》讲说。至于他实际择取此书内容,大致经历了两个阶段。

第一个阶段,在乾道八年(1172)朱熹编定并刊《孟子精义》之前。我们知道,《孟子精义》的前身是《孟子集解》,绍兴三十年(1160)撰成初稿,当时所集"诸公《孟子说》"并不包括《五臣解孟子》。[②] 直到乾道年间,朱熹在致蔡元定(1135—1198)的一封信中说:

> 伯谏书中说托料理《孟子集解》,今纳去旧本两册,更《拾遗》《外书》《记善录》、龟山、上蔡《录》、游氏《妙旨》《庭闻稿录》《五臣解》(取范、吕二说),各自抄出,每段空一行,未要写经文,

---

[①] 李朴:《丰清敏公遗事》附录《赐谥清敏制》,《全宋笔记》第二编第八册。
[②] 参见束景南《朱熹年谱长编》卷上,华东师范大学出版社2001年版,第264—265页。

且以细书起止写之，俟毕集，却剪下粘聚也。每章只作一段，章内诸说只依次序列之，不必重出经文矣。两匠在此，略刊得数行矣。字画颇可观，未可印，未得寄去也。但此间独力，深恐校雠不精，为后日之累耳。向来见它人刊书重于改补，今乃知其非所乐。大抵非身处之，则利害不及而心乃公耳。①

朱熹拟将《五臣解孟子》中的范祖禹、吕希哲二家解释补钞入《孟子集解》稿，这表明他很重视范、吕二人的经说。有趣的是，流传于世的建阳初刻本《孟子精义》仅载吕希哲之说，完全没有保留范祖禹的解说文字。而久已不传的豫章郡学二刻本，史料中亦无补入范氏解说的记载。但是，朱子语录却载有朱熹与门人讨论《孟子集义》中涉及范氏解说的地方。一种可能是《精义》刊刻时没能钞补范氏的解说文字，另一种可能是有与今传《精义》不同、载范氏解说的《集义》本，未知孰是。②

第二个阶段，在淳熙四年（1177）朱熹撰成《孟子或问》《孟子集注》之时。主流意见认为，《孟子或问》一书是《集注》择取《精义》的产物，《或问》则是未收入《集注》的议论文字。朱熹说：

> 某数日整顿得《四书》颇就绪，皆为《集注》，其余议论别为《或问》。

事实上，《或问》所涉诸儒意见有不少是《精义》所无的，包括涉及范祖禹的四十一章解说文字。反过来，《集注》在《精义》基础上的删削或添入也值得注意。比如吕希哲之说，《精义》所引有十四条且文字较长，而《或问》只有三条涉及，到《集注》中则删成半条了；范氏之说，今传本《精义》一字不引，而《集注》增补至十七条，有些内容在《或问》中亦未涉及；孔武仲、吴安诗和丰稷三人之说，《精义》不载一语，《或问》

---

① 《晦庵朱文公续集》卷二《答蔡季通书》（九十三），《朱子全书》第二十五册，第4696页。

② 按：比如《朱子语类》卷五十二引谟录："梁惠王问利国，便是为己，只管自家国，不管他人国。义利之分，其争毫厘。范氏只为说不到圣贤地位上，盖'义者，利之和也'。"（第1220—1221页）周谟问学，当在淳熙六年（1179）之后，参见黄榦《周舜弼墓志铭》，《勉斋集》卷三十八。

亦不涉及,唯独《集注》裁取而用之。这些情况说明,朱熹择取选用《五臣解孟子》的过程相当复杂。

此后,朱熹较少直接提到《五臣解孟子》,因为他已将汲取的思想融入自己的经学、理学体系之中。

2. 朱熹孟子学中的《五臣解孟子》因素

从道学系谱和学术思想上来看,朱熹的学问根植于二程,出入周、张诸儒,直接得之于李侗(1093—1163)等人。至于二程门人后学,朱熹往往择善而从,甚至对有直接师承关系的杨时、罗从彦(1072—1132)也不乏批评。

就孟子学来说,朱熹对于谢良佐(1050—1103)、游酢(1053—1123)、杨时、尹焞的解释亦有微词,有时择取反不如范祖禹。比如"庄暴见孟子"章,范祖禹虽讲"与民同乐"之意但同时强调"礼乐治天下"的正道,而杨时只是讲"乐以和为主"。所以朱熹指出:"范氏以孟子之言为救时之急务,而杨氏亦以为姑正其本,则其意固皆以为,使孟子得政于齐,则夫所谓世俗之乐者必将以渐而去矣。但二公之说,皆有所未竟,故使人不能无疑。然从范氏之说而失之,不过为失孟子之意,而未害乎为邦之正道;从杨氏之说,则是古乐终不必复,今乐终不必废,而于孟子之意、为邦之道将两失之。此不可以不审也。"① 虽然朱熹将范、杨二说揽入《孟子集注》,但其倾向性还是明显的。

前文已揭,朱熹赞许范氏讲解治道处之精当,故而他袭用了范氏许多具体解释。比如"孟子将朝王"章,先儒往往从君臣关系上讲这件事,范祖禹则率先提出"宾师"之说,理顺了齐王与孟子之间的关系,为孟子的出处进退提供了合理的解释。他说:"孟子之于齐,处宾师之位,非当仕有官职者,故其言如此。"② 当孟子得知齐王不行王政后,作为宾师的他可以不再劝说齐王,所以范氏又说:"孟子在宾师之位,以仁义说齐王,幸而听其言,故发棠邑之粟。然而不行王政,孟子言终不合。及再饥,遂不复言,度其不可言也。"③ 这让我们联想程颐以布衣入侍经筵之

---

① 《孟子或问》卷二《梁惠王下》,《朱子全书》第六册,第927页。
② 《孟子集注》卷四《公孙丑下》,《朱子全书》第六册,第296页。
③ 《孟子集疏》卷十四《尽心下》"齐饥"章引范氏说。

事，当时程颐其实就是以宾师自居，强调自己与宰臣文彦博因身份不同而进言有异。后来，朱熹完全继承了"宾师"的解释。他说："孟子于齐，实处宾师之位，而未尝受禄，盖非齐王之所得臣也。其相见之节，王就而见孟子则可，孟子自往而见王则不可。王而召之，则既失礼矣，而托疾者，又不诚也，则若之何而可往哉？"①

此外，朱熹在义理观念上也受到范祖禹的一些影响。比如，"孟子曰莫非命也章"中的天命观，范祖禹说："立岩墙之下，则有覆压之虞；作不善之行，则有及身之灾。此乃人自取之，非正命也。桎梏而死则刑戮也，小人不能远害，是不知命故；被戮而死非正命也，君子不能远害，是不知命故。立岩墙而死者，非正命。"② 所谓"在天为命"，若人自取之，不能称之为"命"。若强谓之"命"，也只能说"非正命"。此处，朱熹与程张诸儒不同，反而遵循范氏的解说。他说："人物之生，吉凶祸福，皆天所命。然惟莫之致而至者，乃为正命……命，谓正命。岩墙，墙之将覆者。知正命，则不处危地以取覆压之祸。桎梏，所以拘罪人者。言犯罪而死，与立岩墙之下者同。皆人所取，非天所为也。"③

笔者以为，讨论北宋孟子学对朱熹的影响，不能拘泥于所谓"程朱系谱"，应该扩大到整个道学群体，包括《五臣解孟子》这部讲章及相关的讲官。

小　结

宋哲宗元祐五年至七年间，由司马光之子侍讲司马康动议，范祖禹、孔武仲、吴安诗、丰稷和吕希哲五人进讲《孟子》，是宋代孟子学史上的重要事件。作为历史上首次进讲《孟子》，此事可以和程颐入侍经筵相提并论。南宋以降，"程颐入侍经筵"成为道学命运的开端，而元祐进讲《孟子》一事及讲章《五臣解孟子》一书的学术意义和思想价值还缺乏足够的关注。

笔者详细考察元祐进讲《孟子》的原因、过程及影响，分析说明司

---

① 《孟子或问》卷四，《朱子全书》第六册，第 941 页。
② 《孟子集疏》卷十三《尽心上》"孟子曰莫非命也"章引范氏说。
③ 《孟子集注》卷十三《尽心上》，《朱子全书》，第 426 页。

马光与元祐诸臣讲《孟子》的关系,目的是尽可能还原《孟子》进讲的历史真相。在辑校《五臣解孟子》佚文的基础上,笔者重点分析范祖禹和吕希哲这两名重要讲官的为学旨趣及其孟学思想。范、吕二人是北宋经学史和道学史上承上启下的关键性人物,前者以司马光之学为本,偏重外王,形成了有特色的仁学;后者以吕氏家学为本,偏重内圣,显露出心学的倾向。作为经筵讲章的《五臣解孟子》,从北宋后期在道学群体中流传到南宋初年广受重视,朱熹对这部讲章有很大的兴趣,择取袭用了其中有价值的解释。

过去学界习惯于以非孟、翼孟来讲北宋孟子学史,相信本文的研究有助于我们重新思考宋代孟子学的发展脉络。

北宋文教举措与《孟子》的官学化*

北京大学《儒藏》编纂与研究中心　李峻岫

由汉至唐，《孟子》一直位列子书，至北宋则由子书跃而成为儒家经书，进入国家正统官学系统。对于宋代孟子由子升经的情况，前人已分别从思想史、文献学以及科举制度史等角度对其做了有益的探索①，但对北宋《孟子》升经过程的演进发展，目前尚缺乏充分的研究和总结。笔者认为，《孟子》升经的过程，也就是《孟子》的官学化进程，与宋代一系列的文教举措息息相关。本文拟从文献梳理的角度，对以下四个方面与《孟子》地位流变的关系作一初步考察：科举制的沿革变迁、官学教育的内容设置、官方主持的经籍校刻活动以及经筵制度。

一　科举制变革与《孟子》经学地位的确立

科举制始建于隋，但至宋代，方真正成为政府遴选官员的专有手段。② 这也意味着，科举制度在宋代对于士人社会有着更为广泛的影响，无论是政治、教育还是学术领域。正如学者所指出的，"用什么学科门类取士，远不止是学科之争，而是确定人才的培养方向，学术的发展指向，

---

* 本文系国家社科基金项目"唐至北宋之际孟学研究"（07CZX009）阶段性成果。

① 如徐洪兴《思想的转型——理学发生过程研究》，上海人民出版社1996年版，第92—110页；董洪利著《孟子研究》，江苏古籍出版社1997年版，第208—211页；杜泽逊《〈孟子〉入经和〈十三经〉汇刊》，《文献学研究的回顾与展望——第二届中国文献学学术研讨会论文集》，台北：台湾学生书局2002年版，第191—205页；程苏东《〈孟子〉升经考——简论两宋正经与兼经制度》，《中华文史论丛》2010年第3辑，第137—167页。

② 李弘祺：《宋代官学教育与科举》，台北：联经出版事业公司1993年版，第159页。

也是决定社会的价值导向"①。北宋围绕着科举考试门类、科目的设置论争不断,几经周折,而《孟子》在此期间也经历了浮沉、变迁,最终确定了"兼经"地位。

北宋初年,诸事草创,科举制度大致沿袭唐及五代,贡举设进士、九经、五经、开元礼、三史、三礼、三传、学究、明经、明法等科目。进士试诗、赋、论各一首,策五道,帖《论语》十帖,对《春秋》或《礼记》墨义十条。② 明经科将九经分为大经、中经、小经三等,《论语》《孝经》为"兼经"③,近乎唐制。明法科分《周易》《尚书》各为一科,附以《论语》《孝经》《尔雅》三小经;《毛诗》专为一科。④ 可见进士及诸科的贡举科目所涉经书仍在九经之内,另有《论语》《孝经》《尔雅》为"兼经"或"小经",而《孟子》仍与诸子等列。

贡举之外,又有不定期举行的制举考试。制举出题范围包括经籍、子史以及时务等,范围较广。宋仁宗时曾有两次制举以《孟子》文句为论题之一,一是景祐五年(1038)有论题为"治地莫善于助",二是庆历二年(1042)以"经正则庶民兴"为论题。⑤ 但此时《孟子》仅是作为子书之一,偶尔被列入制举的出题范围,并非常制。而且宋代的制举屡遭废罢,应制举者稀少,属于"冷门"科目。⑥

沿袭唐代的传统,进士科在宋代的众多科举科目中最受社会看重。不仅如此,进士科的取士标准在宋初也沿袭了盛唐重诗赋的取向,其负面影响就是使得士人的治学风气泛滥无根,缺乏对儒家经籍义理的深入研究。而明经科以帖经、墨义为取士之法,唯以记诵、墨守注疏为务,亦有不通义理、不能经世致用之弊。从真宗朝开始,一些学者逐渐意识到这些弊端,对科举取士的考试内容、标准及科目设置等提出改革建议。围绕考试

---

① 祝尚书:《宋代科举与文学》,中华书局2008年版,第44页。
② 见《宋史》卷一百五十五《选举志一》,中华书局1985年版,第3604页。
③ 明经科在宋初一度废止,宋仁宗嘉祐二年(1057)始恢复:"又别置明经科,其试法:凡明两经或三经、五经者,各问墨义大义十条,两经通八,三经通六,五经通五为合格,兼问《论语》《孝经》十条,策三条,分八场,出身与进士等。以《礼记》《春秋左氏传》为大经,《毛诗》《周礼》《仪礼》为中经,《周易》《尚书》《榖梁传》《公羊传》为小经。"见《续资治通鉴长编》卷一百八十六,十二月戊申,中华书局2004年版,第4496页。
④ 《续资治通鉴长编》卷二十六,雍熙二年夏四月丙子,第595页。
⑤ 分别见《宋会要辑稿·选举》十之二十二、二十四,上海大东书局1935年版。
⑥ 祝尚书:《宋代科举与文学》,第82—83页。

科目以诗赋为先抑或以经义、策论为先①，以及诗赋试的废立问题，北宋朝野曾发生数次激烈的论争和政策上的反复，并且与党争纠缠在一起，总的趋势是改革科举的浮薄文风，不专以诗赋取人；废除帖经、墨义的记诵之学，改试经义，以培养通经明道之士。伴随着这样一种科举制革新趋势，儒家经义的研习、义理之学的阐发得到推重，被认为是继承孔子之道、富含"道德性命之理"的《孟子》也由此而日益得到学者的推崇和关注。

真宗咸平五年（1002）张知白上疏建言，主张将考试内容限定在经史以及合于儒道的子书之内，同时改变科目顺序，先策论后诗赋，由此引导士人加强对儒道的关注。②

仁宗天圣五年（1027）正月，诏进士试"不得只于诗赋进退等第，今后参考策论，以定优劣"③，开始将策论的水平高低列为决定等第高下的因素，加重了对明经致用能力的考察。

景祐五年（1038）正月，知制诰李淑就进士试的出题范围奏言，请求将原本过于杂驳的进士试题范围加以规范，将其限定在经、子、正史典籍内，而小说、文集类等所谓异端、偏僻的文献则被除外。不但如此，李淑又建言将同为"儒学所宗"的《国语》《荀子》《文中子》等子书交付国子监印行，且要求对科举用书的来源、版本做严格限定，"只于国子监有印本书内出题"④。宋初太祖、太宗、真宗三朝曾连续由国子监主持校刻了大量图书文献，其中以经籍及子史著作为主。《孟子》在真宗大中祥符年间由国子监刊行，并由判国子监孙奭撰作《音义》。这次李淑又建言将同为"儒学所宗"的三部儒家子书交付国子监印行，说明科举考试的命题范围正逐渐集中到儒家典籍上来。宝元年间，李淑侍经筵，又对进士试诗赋、策论的先后顺序加以建言："愿约旧制，先策，次论，次赋及诗，次帖经、墨义，而敕有司并试四场，通较工拙，毋以一场得失为去

---

① 陈植锷先生指出，北宋的策论是以经义为主要内容。以经义、策论取士实际也就是对"以议论为形式、儒家之说为内容的义理之学"的重视。见陈植锷《北宋文化史述论》，中国社会科学出版社1992年版，第115页。
② 参见《续资治通鉴长编》卷五十三，十一月庚申，第1168—1169页。
③ 《宋会要辑稿·选举》三之十五。
④ 《宋会要辑稿·选举》三之十八、十九。此条又见于《宋会要辑稿·崇儒》四之七，但系于景祐四年十月。

留。"此次建言的结果是"稍施行焉"。①

仁宗朝对于进士试进行改革的呼声,至庆历年间日益高涨。庆历三年范仲淹主持庆历新政,奏言批评以诗赋、墨义为主的考核方法无益于国家取士,提出"精贡举"的改革方案:"进士先策论而后诗赋,诸科墨义之外,更通经旨。"②次年三月乙亥施行贡举新制,进士试采取先策、次论、后诗赋的考试方法,通考为去取,同时罢帖经、墨义,改变以往拘于声病偶切、章句记诵的做法,强调对儒家经旨、义理的考察,以选拔通经明道之士。③但这次贡举革新仅是昙花一现,庆历五年范仲淹被罢黜,庆历新政以失败告终,贡举方案也随之恢复旧制。

熙宁二年(1069)宋神宗任命王安石为参知政事,开始变法。王安石变法对科举制度的内容和形式都作了极大的调整。熙宁四年二月,王安石主持贡举改革,"先除去声病偶对之文,使学者得以专意经义,以俟朝廷兴建学校,然后讲求三代所以教育选举之法";"今定贡举新制,进士罢诗赋、帖经、墨义,各占治《诗》《书》《易》《周礼》《礼记》一经,兼以《论语》《孟子》。每试四场,初本经,次兼经并大义十道,务通义理,不须尽用注疏。次论一首,次时务策三道,礼部五道"④。进士试罢诗赋、帖经和墨义,专以经义、论、策取士;同时逐步取消原来的明经科以及诸科,改习进士科业。新的进士试内容完全罢废诗赋,以试经义取而代之,要求"务通义理,不须尽用注疏",重点考察对《诗》《书》《易》《周礼》《礼记》"本经"及《论语》《孟子》"兼经"经义的理解。考试的经书范围也与之前的规定有所不同,一是《春秋》和《仪礼》被取消,二是增加《孟子》为"兼经",与《论语》并列,替代了原先的《孝经》或《尔雅》。《孟子》至此正式列入贡举科目。不仅如此,《孟子》在熙丰时期还列入宗室应举的科目。熙宁十年六月癸未,诏宗室大将军以下,"有

---

① 《宋史》卷一百五十五《选举志一》,第3612—3613页。
② 《续资治通鉴长编》卷一百四十三,九月丁卯,第3435—3436页。
③ 《续资治通鉴长编》卷一百四十七,第3565页。贡举新制具体条例亦可参见《宋会要辑稿·选举》三之二十三至二十九。
④ 《续资治通鉴长编》卷二百二十,二月丁巳,第5334页。按,熙宁四年是下达贡举改革诏令的时间,其真正实施则在下一次开科的熙宁六年。参见祝总斌《北宋后期科举罢诗赋考》,《文史》2000年第4辑(总第53辑),第277页。

通一经兼《论语》《孟子》者，二年一许投状乞试"①。元丰二年（1079）正月丁亥，又诏令宗室大将军以下考试内容为"本经及《论语》《孟子》大义共六道，论一首，大义以五通，论以辞理通为合格"②。

王安石本人极为推崇《孟子》③，列《孟子》为贡举科目当然离不开王安石的个人喜好。同时，宋神宗本人对《孟子》的态度也值得我们注意。据《太平宝训政事纪年》卷四记载，熙宁三年参加科考的叶祖洽，因时为辅臣的同乡黄履告知神宗好读《孟子》，祖洽在考试答案中便多引《孟子》，由此高中状元。④ 又，《长编》卷三百二十九记载，元丰五年八月壬戌，王安礼奏言随州红蛾事，对神宗云："陛下平日喜《孟子》，独不闻'民为贵，社稷次之'之说乎？"⑤ 又，宣和四年三月五日，徽宗诏辅臣及馆阁之士观书于秘阁，所观翰墨有神宗书《孟子章句》，徽宗称"此先帝在藩邸时所作也"⑥。靖康元年殿中侍御史胡舜陟在奏议中云"神宗皇帝圣学高明，尤好其书（按，指《孟子》），故以之设科取士"⑦。据此数处记载可以推知，熙宁变法《孟子》能正式列入贡举科目，也离不开神宗本人对《孟子》的偏好和扶持。

当然，《孟子》列入贡举科目不能仅仅归因于王安石或神宗个人的态度，实际上更代表了相当一部分士人对于科举改革的诉求。正如学者所指出的，熙宁四年科举改革绝不是王安石一个人的观点，实际上在熙宁二年四月神宗诏议贡举之法时就已确立了其大体方向，熙宁四年的贡举和学校改革措施代表了当时士大夫阶层的主流愿望。⑧ 从更深远的意义上来说，熙宁变法废除了唐代以来科举以诗赋、帖经和墨义取士的考试制度，改为以经义和策论取士，突出了对儒家经典义理和经世致用能力的考察，促进了章句注疏之学向义理

---

① 《续资治通鉴长编》卷二百八十三，第6923页。
② 《续资治通鉴长编》卷二九九十六，第7198页。
③ 这一点前人论述颇多，在此暂不展开论述。
④ 王民信主编：《宋史资料萃编》第四辑，文海出版社1981年版，第159页。又见叶绍翁《四朝闻见录》卷一（《景印文渊阁四库全书》本），然"黄履"误作"黄裳"。
⑤ 《续资治通鉴长编》卷三百二十九，第7922页。
⑥ 《宋会要辑稿·崇儒》六之十二。
⑦ 《靖康要录》卷八，《景印文渊阁四库全书》本。
⑧ 近藤一成最早提出此点，见近藤一成《王安石的科举改革》，《日本中青年学者论中国史·宋元明清卷》，上海古籍出版社1995年版，第138—140页。林岩《北宋科举考试与文学》对此又有进一步阐发和论述（上海古籍出版社2006年版，第97—109页）。

之学的转化。元祐元年刘挚的上书中即有见于此:"熙宁初,神宗皇帝崇尚儒术,训发义理,以兴人才,谓章句破碎大道,乃罢诗赋,试以经义,儒士一变,皆至于道。"① 明确指出神宗时科举考试的变革举措直接影响到士人学风的转向,促使其趋向于义理之学。南宋周必大曾谓:"熙、丰以后,学者争言道德性命之理。"② 汪藻亦谓:"本朝自熙宁、元丰,士以谈经相高,而黜雕虫篆刻之习,庶几其复古矣。"③ 可以说,神宗朝以经义取士为理学的兴起提供了有利条件。④ 这一科举改革举措体现了唐宋之际治学风气和学术走向的转变,是中唐以来科举制变革发展的最终流衍和体现。⑤《孟子》正是因其富含"道德性命之理"而适应了科举改革的需求。自中唐杨绾提出以经义和策论取士,把《孟子》作为"兼经"列入考试内容,晚唐皮日休奏请以《孟子》设科取士,历经三百余年,至此《孟子》方被官方正式作为"兼经"列入举选科目。《孟子》取代《孝经》《尔雅》而与《论语》并列"兼经"的模式,也为之后以"四书"取士奠定了基础。

元祐时期,旧党执政,王安石的变法措施几乎均被废罢,唯有贡举改革措施得以保留。但其具体措施也遭到一些非议,围绕诗赋试的罢废还是恢复问题,朝野间议论纷纷,《孟子》的"兼经"地位也多少遭到了冲击。元祐元年(1086)闰二月,先是尚书省奏言,认为以经术取士,造成士人专守一经,"闻见浅陋,辞格卑弱"。礼部则请求重新以《春秋》取士,并立《春秋》博士。紧接着侍御史刘挚即上书请求恢复诗赋,与经义兼行。⑥ 朝廷诏群臣议论。

司马光奏言认为:"凡取士之道,当以德行为先,文学为后。就文学之中,又当以经术为先,辞采为后。……神宗皇帝深鉴其失,于是悉罢诗赋及经学诸科。专以经义、论策试进士。此乃革历代之积弊,复先王之令典,百世不易之法也。但王安石不当以一家私学,欲掩盖先儒,令天下学

---

① 《续资治通鉴长编》卷三百六十八,第8858页。
② 周必大:《题李西台和马侯诗》,《文忠集》卷十五,《景印文渊阁四库全书》本。
③ 汪藻:《鲍吏部集序》,《浮溪集》卷十七,四部丛刊影印武英殿聚珍本。
④ 参见林岩《北宋科举考试与文学》,第132—141页。另外,关于北宋科举改革对儒学复兴和宋学的推动意义,陈植锷《北宋文化史述论》第一章第四节"科举改革和宋学的演进"有较详论述,可参看。
⑤ 关于中唐科举制变革及以《孟子》为举选科目之议的情况,可参看拙著《汉唐孟子学述论》,齐鲁书社2010年版,第245—248页。
⑥ 《续资治通鉴长编》卷三百六十八,第8858—8861页。

官讲解及科场程试，同己者取，异己者黜。……又黜《春秋》而进《孟子》，废六艺而尊百家，加之但考校文学，不勉励德行，此其失也。"司马光一直是反对诗赋取士的①，因此他赞同神宗时罢诗赋而专以经义、论策取士的做法，但他反对王安石以一家私学垄断经学，同时对熙宁贡举改革中废黜《春秋》、增益《孟子》为科目的做法也甚为不满。他主张应"合明经、进士为一科，立《周易》《尚书》《诗》《周礼》《仪礼》《礼记》《春秋》《孝经》《论语》为九经，令天下学官依注疏讲说，学者博观诸家，自择短长，各从所好。《春秋》止用《左氏传》，其公羊、穀梁、陆淳等说，并为诸家。《孟子》止为诸子，更不试大义，应举者听自占习"②。司马光认为应恢复《春秋》的经学地位，并提出一种新的"九经"组合，即《春秋》经只立《左传》，除去《公羊传》和《穀梁传》，而代之以《孝经》和《论语》。对于《孟子》，司马光反对其作为"兼经"，认为应恢复其诸子书的地位，否则就是"废六艺而尊百家"。但司马光废黜《孟子》"兼经"的主张在当时并没有得到其他朝臣的共鸣，即便是同样反对王安石变法的旧党人士。如时任同知枢密院的范纯仁，司马光上奏前曾将奏稿拿给他看，范纯仁对其中黜《孟子》条即持反对意见："《孟子》恐不可轻，犹黜六经之《春秋》矣。更乞裁度！"③ 监察御史上官均亦反对恢复诗赋取士及专用王安石一家义，但他仍主张"请

---

① 司马光于英宗治平元年（1064）四月曾上《贡院定夺科场不用诗赋状》，见《司马光集》卷二十八，四川大学出版社 2010 年版，第 699—700 页。
② 《续资治通鉴长编》卷三百七十一，第 8976 页。
③ 同上书，第 8980 页。又，《续资治通鉴长编》此段话后又记范纯仁数语："'纯仁更有一说，上禀聪明。朝廷欲求众人之长而元宰先之，似非《明夷》莅众之义。若已陈此书，而众人不随，则虚劳思虑，而失宰相体。若众人皆随，则众人莫如相君矣。然恐为谄子媚其间，而正人默而退。媚者既多，使人或自信为莫己若矣，前车可鉴也。不若清心以俟众论，可者从之，不可，便俟众贤议之。如此则逸而易成，有害亦可改，而责议者少矣。若先漏此书之意，则谄谀之人能增饰利害，迎于公之前矣。'光欣纳之。"论者据此"光欣纳之"语，认为"司马光显然接受了范纯仁的意见，收回了将《孟子》剔出兼经的建议"（程苏东《〈孟子〉升经考》，《中华文史论丛》2010 年第 3 期，第 150 页）。但司马光《传家集》及《历代名臣奏议》中记载的此奏议内容皆同《长编》一样，均明确表示要剔除《孟子》，可见此奏议内容即是司马光最终上奏的奏稿，认为司马光采纳范议，"收回了将《孟子》剔出兼经的建议"，并无根据。事实上，朝廷诏群臣集议事在元祐元年闰二月二日，而司马光上奏则迟至三月五日，司马光欣然采纳的范纯仁建议，应该指的是"不若清心以俟众论"，即待众人陈论之后再上奏，而非关于《孟子》之废立。

令学者各占三经,杂以《论语》《孟子》"①,亦即保留《孟子》的"兼经"地位。

元祐二年十一月庚申,三省上奏新的贡举条例,得到了朝廷批准。其内容是:"一、考试进士分为四场,第一场试本经义二道,《论语》或《孟子》义一道,第二场试律赋一首、律诗一首,第三场试论一首,第四场问子、史、时务策三道。以四场通定去留高下。一、新科明法依旧试断案三道、《刑统》义五道,添《论语》义二道、《孝经》义一道,分为五场。仍自元祐五年秋试施行。"② 由此可见,尽管有司马光、上官均等人反对诗赋取士,但显然朝廷还是更倾向于恢复诗赋试,此条例中进士试兼试经义和诗赋,大体是依照了刘挚的建议。《孟子》经受了这次争议后,并没有罢去,但同之前作为必考科目相比,地位略有降低。"《论语》或《孟子》义一道",表明《孟子》与《论语》一起仅作为备选科目,供举子择取。作为诸科仅存的唯一科目——新科明法考试则仍然以《论语》《孝经》为所考经书。③

但始自元祐元年的科场之议至此并没有结束,此后迭经反复。元祐四年夏四月戊午下诏规定了新的贡举方案,在经义诗赋科外,又将经义专立一科,两科的试经义场中皆要考论《孟子》义一道,《孟子》又恢复为必考科目。④ 但这次规定出台不久即遭到了苏轼等重文之士的反对。苏轼认为,当前士人习诗赋者多,所以将经义、诗赋解额各取五分的做法不可行。⑤ 于是在元祐四年十二月庚申,朝廷又颁布了新的贡举条例,原四月颁布的经义科与诗赋科并立的政策又被取消,仍回复到元祐二年十一月进士科兼试经义和诗赋的做法,《孟子》也随之又降为备选科目。⑥

元祐八年九月,哲宗亲政,改年号为"绍圣",意为绍述神宗之改革事业。新党上台,于是神宗朝王安石推行的一系列改革措施又得以恢复,

---

① 《续资治通鉴长编》卷三百七十四,第9061页。
② 《续资治通鉴长编》卷四百七十,第9899页。
③ 熙宁四年王安石变法废止明经和诸科一切科目,熙宁五年为了解决原来应明经和诸科举人的遗留问题,又改设"新科明法","依法官例试法"。见《宋会要辑稿·选举》十四之一。
④ 《续资治通鉴长编》卷四百二十五,第10280页。
⑤ 《续资治通鉴长编》卷四百三十四,第10466页。
⑥ 《续资治通鉴长编》卷四百三十六,第10507页。

包括贡举科目中《春秋》经再遭罢废,诗赋试被取消而恢复以经义取士,等等。而《孟子》的地位从熙宁变法确立以来,在元祐更化中遭受些许冲击,至此在哲宗朝的绍圣宗旨下,终于得以稳固。绍圣元年(1094)五月四日,"诏进士罢试诗赋,专治经术,各专大经一、中经一,愿专大经者听。第一场试大经义三道,《论语》义一道;第二场试中经义三道,《孟子》义一道;第三场试论一首;第四场试子史、时务策二道"①。停诗赋而专考经义,《孟子》又恢复为必考的贡举科目。

神宗以降,科举考试科目虽然随党争、政局而有所更迭,但《孟子》的"兼经"地位却大致延续。举子们均需将《孟子》作为必修的经书之一,这样以《孟子》为题的经义之作自然也多了起来。在现存屈指可数、为数不多的宋人经义中②,尚留存有几篇以《孟子》为题的经义之作。除苏轼外,其他几位撰者皆为熙宁以后进士。如元丰五年进士黄裳有《论语孟子义》(见其《演山集》卷四十),绍圣四年进士刘安上有以《孟子》文句为题的经义三篇(见其《给事集》卷五"经义"),元符三年(1100)进士刘安节也有三篇(见其《刘左史集》卷二"经义")。史载,崇宁、大观年间,王安石、王雱、许允成的解《孟子》为"场屋举子宗之"③。由此亦不难想见,熙宁之后,随着《孟子》贡举科目"兼经"地位的确立,《孟子》在士人群体中产生了极大的影响。

熙宁年间王安石主持变法,对科举考试的内容和形式进行重要改革,确立了以经义取士的原则,《孟子》作为"兼经"被列为必考的举选科目之一,这标志着其经学地位的确立。尽管熙宁变法的各种政策包括科举改革措施在其后的政局里因新旧党争而几经更迭、反复废立,如围绕诗赋取士的废黜与恢复、《春秋》经地位的废立等几次三番更改贡举条例,其间亦有司马光奏言反对以《孟子》为"兼经",使《孟子》的地位遭到冲击,但最终其"兼经"地位仍得以保留。南宋时期,经义和诗赋之争虽然又反复出现,并实行经义和诗赋分科取士的考试制度④,但《孟子》的

---

① 《宋会要辑稿·选举》三之五十五。

② 据祝尚书先生统计,可靠的宋人经义,传世的只有九十多篇。见祝尚书《北宋科举与文学》,第323页。

③ 《郡斋读书志》卷十,孙猛校证《郡斋读书志校证》(上),上海古籍出版社1990年版,第420页。

④ 参见刘海峰、李兵撰《中国科举史》,东方出版中心2004年版,第204—209页。

"兼经"地位并未因此而发生变化,而是作为科举考试的必考科目一直得以延续。① 这也足以说明,《孟子》从子书升格为"兼经",固定为科举考试的经部类目,并非个别执政者偏好的结果,而是因为《孟子》适应了其时的社会需求。《孟子》的经学地位伴随北宋的科举制变革最终得到制度性的确立,这一过程展现出北宋治学风气和学术走向的转变,是科举制变革和儒学复兴的最终流衍和体现。天圣年间以《大学》《中庸》赏赐新科进士②,从熙宁变法开始《孟子》取代《孝经》《尔雅》而与《论语》并列"兼经",这些都为后世以"四书"取士奠定了基础。同时,科举考试内容和取士标准的变化又直接影响到士人群体的知识结构和价值取向,《孟子》列入举选科目无疑促进了士人对《孟子》的研习,客观上推动了孟学的传播和发展。

二 熙宁变法后《孟子》被列入官学教材

宋代官学有中央两级,中央官学先有国子监,后又设太学,地方官学则有府、州、县学。宋初官学凋敝,天圣、景祐间地方官学大量兴办,庆历、嘉祐间太学又得以兴建而大盛。③ 熙宁四年王安石主持变法,在太学中推行三舍法,力图将科举取士与学校教育结合起来。学校教育成为举选过程中不可缺少的一环。太学作为养士、选士之所,其教育内容也自然与科举紧密结合起来。《孟子》在熙宁贡举改革中被正式列入考试科目,确立了其经学地位,相应地,在太学中也逐渐被列为讲

---

① 程苏东指出,南宋朱熹"四书"概念的提出只是强化、确定了《孟子》的"兼经"地位,对于《孟子》的地位并没有实质性的提升,朱熹对于《论语》《孟子》等"四书"的定位也是"兼经"(程苏东:《〈孟子〉升经考》,第165—166页)。直至元代专用"四书五经"设科取士,《孟子》才因之步入正经的行列。

② 天圣五年四月,仁宗赏赐给新科进士《中庸》篇,并"令张知白进读,至修身治人之道,必使反复陈之"(《续资治通鉴长编》卷一百五,四月辛卯,第2439页)。天圣八年四月,又改赐《大学》一篇,"自后与《中庸》间赐,著为例"(《宋会要辑稿·选举》二之七)。可见《大学》《中庸》早在天圣年间就已经通过科举而得以流传,后来被道学家倚重,与《论》《孟》列为"四书",并非道学家的"孤明先发",而是有此思想背景和制度渊源。余英时先生评价此事曰:"就道学的起源而言,这是一个划时代的事件。"见余英时《朱熹的历史世界》(上),生活·读书·新知三联书店2004年版,第93页。

③ 见陈植锷《北宋文化史述论》,第120页。

授科目。

元丰元年（1078）十二月乙巳，建州进士虞蕃上书指摘太学考试有徇私之事，又云："《论语》《孟子》，道德之所在，圣贤之所为，陛下设科，使参大经，今未始有讲。乞令讲官依诸司例早入监，仍集诸生问答，间日一升堂，伏腊假不停说书，及非假故毋因循废讲。"① 请求将《论语》《孟子》列入太学讲授内容。次年，《孟子》被列入太学的讲授内容。据《哲宗正史·职官志》记载②，当时的太学设有博士十人，掌管"分经讲授、考校程文"，另有学谕二十人，"掌以所授经传谕诸生，及专讲《论语》《孟子》"③。也就是由学谕负责与学生沟通所授经传之义，同时还负责讲授《论语》和《孟子》。

元祐元年（1086）五月，朝廷因太学条制烦密，诏程颐、孙觉、顾临会同国子监长贰修立《国子监太学生条制》。④ 程颐撰《三学看详文》，其文曰："看详太学旧制，博士二人，同讲一经，《论语》《孟子》又置学谕分讲。圣人之道虽一，而治经家法各有不同。二人同讲一经，则学者所从不一。今立法，置博士十人，六人分讲六经，余四人分讲《论语》《孟子》。"⑤ 程颐认为博士应一人讲一经，同时有专门的博士讲授《论》《孟》。同时，程颐还提出对武学所治经书内容进行改革。原先所治《三略》《六韬》《尉缭子》"鄙浅无取"，应减去而更换为《孝经》《论语》《孟子》及《左传》言兵事。⑥ 其目的在于使"武勇之士能知义理"⑦。但程颐所立条制被礼部认为迂阔新奇而难以施行，最终修订太学学制之事不了了之。⑧

徽宗崇宁三年（1104）至宣和二年（1120），州、县悉行三舍法，由

---

① 《续资治通鉴长编》卷二百九十五，第7181页。
② 林岩指出，《哲宗正史·职官志》虽标明是"哲宗"，其关于太学的记载实际是对元丰二年所定太学制度的描述。见林岩《北宋科举考试与文学》，第191页。
③ 参见《宋会要辑稿·职官》二十八之六。
④ 《续资治通鉴长编》卷三百七十八，第9173页。
⑤ 《河南程氏文集》卷七，《二程集》上，中华书局2004年版，第562页。
⑥ 同上书，第563页。
⑦ 程颐：《论礼部看详状》，《河南程氏文集》卷七，《二程集》上，第572页。
⑧ 同上书，《二程集》上，第571—572页；《续资治通鉴长编》卷三百九十，元祐元年十月癸丑，第9494页。

州、县学升贡代替科举作为选士的手段。① 此阶段州、县等地方官学也将《孟子》列入学校教授、考课的科目。大观三年（1109）二月，提举黔南路学事戴安仁奏言："新民学生就学，其间亦有秀异。今欲乞立劝沮之法，分为上、中、下三等。上等为能诵《孝经》《论语》《孟子》及一经略通义理者，特与推恩。中等为能诵《孝经》《论语》《孟子》者，与赐帛及给冠带。下等为能诵《孝经》《论语》或《孟子》者，给与纸笔砚墨之费。"② 又，政和四年（1114）六月，礼部奏言："新差杨州司户高公粹，乞外州军小学生并置功课簿籍。国子监状：检承小学令，诸学并分上、中、下三等，能通经为文者，为上；日诵本经二百字、《论语》或《孟子》一百字以上，为中；若本经一百字、《论语》或《孟子》五十字者，为下。仍置历书之。欲依本官所请。"③ 这两次奏言都要求将《孟子》与《论语》或《孝经》一起作为地方学校生员考核的条件，并得到了朝廷的准许。可见，《孟子》自熙宁变法确立其"兼经"地位后，从元丰时期开始被列入官学教材，成为中央及地方各级学校的讲授、考核内容。

三　官方校刻经籍与《孟子》的刊印

北宋初年，雕版印刷术逐渐盛行，加之统治者稽古好文，官方集中力量先后校勘、刻印了大量经籍以及子史文献。景德二年（1005）邢昺对视察国子监书库的真宗奏言："（书板）国初不及四千，今十余万，经史正义皆具。臣少时业儒，观学徒能具经疏者百无一二，盖传写不给。今板本大备，士庶家皆有之，斯乃儒者逢时之幸也。"④ 可见宋初刻书之盛，为文献经籍的普及、传播提供了有利条件。《孟子》也在北宋初年官方大

---

① 崇宁三年下诏曰："天下取士，悉由学校升贡，其州郡发解及试礼部法并罢。"（《宋史》卷一百五十五《选举志一》，第3622—3623页。又见《宋会要辑稿·崇儒》二之二十一、《宋会要辑稿·选举》四之三、四等。）后世或据此以为崇宁三年至宣和二年实行三舍法期间，科举制罢废。但据学者考证，其时科举制并没有完全取消。金中枢指出省试、殿试一直存在，只是罢州府发解（金中枢：《北宋科举制度研究》，《宋史研究集》第十二辑，台湾"国立编译馆"中华丛书编审委员会1980年版，第88页）。林岩则进一步考证指出，解试亦只从大观三年才开始废除（林岩：《北宋科举考试与文学》，第225页）。
② 《宋会要辑稿·崇儒》二之二十四。
③ 《宋会要辑稿·崇儒》二之二十三。
④ 《续资治通鉴长编》卷五十九，景德二年五月戊申，第1333页。

规模组织校刻文献的范围之内，但其刊刻时间则在经史子集的诸多文献之后。

宋初校刻文献的工作历经太祖、太宗、真宗、仁宗诸朝。先是宋太祖时国子监校刻陆德明之《经典释文》①，宋太宗端拱元年（988）三月，国子司业孔维等又奉敕校勘唐孔颖达等《五经正义》，由国子监镂板刊行。淳化间，判国子监李至以诸经音疏文字讹舛颇多，请求重加刊定。真宗咸平元年（998）正月，又诏令详校诸经，刊正文字。② 咸平三年至四年，国子祭酒邢昺等校订七经疏义，模印颁行。③ 淳化五年（994）选官分校《史记》，前、后《汉书》。咸平三年十月校刻《三国志》《晋书》《唐书》。咸平六年四月校刻《道德经》并《释文》一卷。景德二年二月校定《庄子》，并以《释文》三卷镂板。景德四年校刻《文苑英华》《文选》及《韵略》。大中祥符四年（1011）校刻《列子》。直至大中祥符五年十月，始令国子监校勘《孟子》。由国子监直讲马龟符、冯元、说书吴易直同校勘，判国子监龙图阁待制孙奭、都虞员外郎王勉覆校，内侍刘崇超领其事。孙奭等人采稽唐代张镒《孟子音义》、丁公著《孟子手音》的注《孟》成果，仿照《经典释文》撰《孟子音义》二卷。④ 校勘完成之后又"诏两制与丁谓看详"。大中祥符七年正月，《孟子》及《音义》由国子监刊行。在校刻《孟子》之后，真宗朝后期和仁宗朝又先后校定、刊行了《玉篇》《齐民要术》《隋书》等史书以及医书，等等。其中景祐五年（1038）因知制诰李淑之请，还由国子监刊行了《国语》《荀子》《文中子》等儒家子书，作为科举考试用书的标准文本。⑤

有学者指出，大中祥符间国子监校刻《孟子》这条材料并不能说明

---

① 《玉海》卷四十三《艺文》"开宝校释文"条，江苏古籍出版社、上海书店1987年影印光绪九年浙江书局刊本。
② 《玉海》卷四十三《艺文》"端拱校五经正义"条。
③ 《玉海》卷四十三《艺文》"咸平校定七经疏义"条。
④ 另有题名为孙奭所撰的《孟子注疏》传世，南宋时收入"十三经"注疏，影响巨大。但自朱熹始，前人多认定为假托孙奭之名的伪作。近现代也有学者提出质疑，如余嘉锡《四库提要辨证》、董洪利师《〈孟子注疏〉与孙奭〈孟子〉学》（《北京大学学报》2006年第6期）等。笔者近有专门考论，认为是伪书无疑，参见拙文《〈孟子〉疏作伪问题考论》（《中国典籍与文化》2014年第2期），此处暂姑置不论。
⑤ 以上参见《宋会要辑稿·崇儒》四之一至七，另《玉海》卷四十三《艺文》"景德校诸子"条亦可参。

宋廷有意尊崇孟子，"从九经到正史到子部再到集部，宋初刻书正是按照书籍的重要性自高而下的顺序进行排序的。而校刻《孟子》不仅远远晚于校刻九经、《论语》《孝经》《尔雅》近二十年，比之正史、诸子、集部的一些重要经籍也要晚数年至十年不等。因此，从校刻来看，宋初并无尊崇《孟子》之意"①。此说不为无见。太宗、真宗皆崇奉道教，故《孟子》在诸子中的地位尚不及《老》《庄》《列子》更受官方推崇。但从孙奭奉敕所撰的《孟子音义序》中仍然可以看出官方对《孟子》的推崇和肯定。孙序云："夫总群圣之道者，莫大乎六经；绍六经之教者，莫尚乎孟子。自昔仲尼既没，战国初兴，至化陵迟，异端并作……惟孟子挺名世之才，秉先觉之志，拔邪树正，高行厉辞，导王化之源，以救时弊；开圣人之道，以断群疑。其言精而赡，其旨渊而通，致仲尼之教独尊于千古，非圣贤之伦安能至于此乎？"对于《孟子》倡明孔道、辅佐六经之功极力加以褒扬，这大概也表明了官方之所以校订、刊印《孟子》并仿照《经典释文》为其撰作《音义》的原因。唐陆德明所著《经典释文》为十二部经籍及《老子》《庄子》撰作"音义"，而没有纳入《孟子》，宋初补撰《孟子》之"音义"，可以看作对《经典释文》成果的补充。这意味着虽然《孟子》仍然被视为诸子，但其辅佐六经的作用得到了宋初官方的肯定。另外，直至景祐四年，《荀子》等儒家子书才由官方刊行，其刊刻时间远在校刻《孟子》之后，亦可以看出宋初官方对《孟子》的重视程度已不同于其他儒家子书。

宋廷曾屡次将国子监印行的典籍，包括《孟子》，赐诸辅臣、宗室、州郡以及周边的辽、夏等政权。如真宗大中祥符七年正月庚子，赐辅臣新印《孟子》。② 哲宗元祐八年（1093）三月庚子，诏令皇弟诸郡、王国公出就外学，赐九经及《孟子》《荀》《扬》各一部，由国子监印给。③ 英宗嘉祐八年（1056）四月丙戌，因西夏之乞求，赐予其国子监所印九经及正义、《孟子》、医书。④ 现存西夏文译本《孟子传》，经研究，判定其原作者是北宋中后期学者，被译成西夏文的时间则是西夏仁宗在位的公元1140年至

---

① 程苏东：《〈孟子〉升经考》，《中华文史论丛》2010年第3辑，第146页。
② 《续资治通鉴长编》卷八十二，正月庚子，第1862页。
③ 《续资治通鉴长编》卷四百八十二，第11472页。
④ 《续资治通鉴长编》卷一百九十八，第4802页。

1193年。① 这一例证恰好印证了宋代《孟子》学文献在西夏等少数民族政权那里也有传播及影响。大中祥符年间刊刻的《孟子》及《孟子音义》，实际代表了北宋前期官方认定的《孟子》的标准文本，通过官方力量下达至宗室、地方甚至周边政权，其刻印流传之广泛，文本之统一、权威性，无疑对《孟子》学在宋代前期的传播、发展产生较大的推动力。

北宋前期官方刻印的《孟子》仅有孙奭等校刻的版本和撰写的《孟子音义》，作为朝廷颁布的统一文本而流行。这一情况在神宗朝熙宁变法之后发生了改变。熙宁变法中王安石主持的贡举改革废除了旧有的诗赋取士方式，而代之以完全以经义取士。其中《孟子》被确立为"兼经"，列为考试的必考科目，标志着《孟子》官方正统经学地位的确立。为了统一经义，达到"一道德"的目的，朝廷设置经义局，由王安石主持编纂了《三经新义》等经学著作，并颁赐宗室、太学及诸州府学②，作为科举和学校的规范用书。除却《三经新义》等解经之作，王安石及其子王雱、门人许允成亦曾注解《孟子》③，以适应新的科举和教育制度的需要。熙宁九年（1076）八月，诏令王安石进呈其子王雱所注《孟子》。④ 但此书当时虽撰写完成，却并未由官方刊行。直至哲宗绍圣二年（1095），因国子司业龚原之请，王雱所撰《孟子义》始由国子监雕印颁行。⑤《宋史·龚原传》记载，龚原"请以安石所撰《字说》《洪范传》及子雱《论语》《孟子义》刊板传学者。故一时学校举子之文，靡然从之"⑥。在龚原的推动下，王氏父子的新学著作，包括《孟子义》由官方正式刊行，俨然成为学校教育和科举考试的标准用书，影响当时的学校、举业风气于一时。崇宁、大观年间，王氏新学的注《孟》之作被奉为科场之圭臬，"场屋举子宗之"⑦。

---

① 参见聂鸿音《西夏本〈孟子传〉研究》，《国学研究》第4卷，北京大学出版社1997年版，第635—648页。
② 《续资治通鉴长编》卷二百六十六，熙宁八年七月癸酉，第6525页。
③ 《郡斋读书志》卷十著录"王安石解《孟子》十四卷，王雱解《孟子》十四卷，许允成解《孟子》十四卷"（第420页）。
④ 《宋会要辑稿·崇儒》五之二十六。
⑤ 《宋会要辑稿·崇儒》五之二十七。
⑥ 《宋史》卷三百五十三《龚原传》，第11152页。又，据本传，龚原少与陆佃同师王安石。王安石改学校法，龚原尽力不少。
⑦ 《郡斋读书志》卷十，第420页。

元符元年（1098）冬十月癸巳，太学录邓珌请求选官刊正五经、《论语》和《孟子音义》。但从记载来看，这一请求似并未获准，朝廷仅下诏为《三经新义》编纂音义。① 《孟子音义》没有再作刊正的原因或许是因为王雱的《孟子义》在此前的绍圣二年刚由国子监印行颁布，成为新的官方权威文本。在这种情势下，《孟子音义》已没有再作刊正的客观需求。

随着《孟子》官学地位的确立，《孟子》也纳入官方主持的石经刊刻对象中。宣和五年（1123）席贡知成都，因见后蜀所刻石经尚无《孟子》经，席贡遂补刊《孟子》十四卷入蜀石经，第二年由运判彭慥主持完成，置于成都学宫。② 这是关于《孟子》最早被视同经书而刻入石经中的记载，也是最早出现的石经系统之"十三经"。③ 但此尚属于地方政府的举措。南宋绍兴十三年（1143）十一月，高宗"写六经与《论语》《孟子》之书皆毕"，因秦桧之请，刊石于国子监，并颁发墨本，赐路州学。④ 至此《孟子》终于刊入中央官学所立石经。⑤

四　经筵制度与《孟子》官学地位的稳固

宋代于宫中设经筵，由名儒硕学充当讲官，为皇帝讲经论史，形成了

---

① 《续资治通鉴长编》卷五百三，第 11981 页。
② 衢本《郡斋读书志》记载补刻《孟子》者为席旦，据学者考证，宣和间补刻《孟子》者当为席贡。南宋曾宏《石刻铺叙》卷上《益郡石经》著录蜀石经《孟子》十二卷，云："宣和五年九月，帅席贡暨运判彭慥方入石，逾年乃成，计四册。"其后又曰："宣和五年癸卯，益帅席贡始凑镌《孟子》，运判彭慥继其成。"（明卧云山房抄本，清《知不足斋丛书》本同）参见程苏东《蜀石经〈孟子〉刊刻者考辨》，《中国文化研究》2010 年春之卷，第 154—159 页；顾永新《蜀石经续刻、补刻考》，《儒家典籍与思想研究》第三辑，北京大学出版社 2011 年版，第 171—172 页。（按：顾文所引民国刘坦乾抄本《石经铺叙》，"方入石"误作"方八石"。）
③ 有论者以为《孟子》于后蜀时已刻入石经，如蒋伯潜《十三经概论》。据学者多方考辨，实际蜀石经《孟子》系北宋宣和间补刻，五代时尚未有之。参见徐洪兴《思想的转型——理学发生过程研究》，第 100 页注①；杜泽逊《〈孟子〉入经和〈十三经〉汇刊》，《文献学研究的回顾与展望——第二届中国文献学学术研讨会论文集》，第 192—194 页。
④ 《宋会要辑稿·崇儒》一之三十五。
⑤ 宋仁宗庆历、嘉祐间国子监曾刊刻石经，清代所见拓本中有《孟子》，但从相关文献记载来看，《孟子》应是后来补刻，北宋仁宗时所立石经只有八经，无《孟子》。见杜泽逊《〈孟子〉入经和〈十三经〉汇刊》，《文献学研究的回顾与展望——第二届中国文献学学术研讨会论文集》，第 195—197 页。

比较完善的经筵制度。在不同时期，经筵的讲授内容也有不同。一般由经筵官拟定，申报皇帝批准，由皇帝本人选定。① 从史料来看，自哲宗朝始，《孟子》已明确是经筵的讲授内容之一，这也是《孟子》官方学术地位确立的一方面表现。

司马光本人对孟子多有非议，著有《疑孟》，但其子司马康之思想取向却与其父不同。据文献记载，司马康在元祐五年（1090）四月迩英殿进讲时言"《孟子》于书最醇正，陈王道尤明白，所宜观览"，哲宗答曰"方读《孟子》"，随即下诏令讲筵官编修《孟子节解》。② 时隔两个月后，六月八日，时任讲筵官的司马康、吴安诗、范祖禹、赵彦若、范百禄完成《孟子节解》十四卷并进呈。③ 元祐六年二月庚寅日，经筵讲官讲《孟子》"不为管晏"事。④ 同月，右仆射刘挚叩问哲宗进学情况，哲宗以"见读《孟子》《论语》"作答。⑤ 十月，哲宗视察太学，国子监进书十七部，哲宗命留下《论》《孟》各一部。⑥ 又据晁说之《晁氏客语》记载，吕希哲元祐间为侍讲，"大雪，不罢讲。讲《孟子》，有感哲庙一笑，喜为二绝"。从这数处记载可以得知，《孟子》一直是年幼的哲宗学习的主要内容之一。前面我们已经提到，神宗喜读《孟子》，而哲宗本人对《孟子》的喜好及熟悉程度，当不亚于其父神宗。

与经筵教育相近的还有东宫皇储及诸王教育。如学者所说，经筵教育制度与皇储教育制度是一种交替互补的关系。经筵教育从制度角度而言不过是皇储教育的一种补充或延续。⑦《孟子》既然在哲宗时被列为经筵的讲读对象，那么自然相应地也被纳入了东宫及诸王的教育体系。绍圣三年（1096）正月十七日，诸王位说书傅楫曾奏言："将来诸郡王听读日，乞依旧互讲《论语》《孝经》《孟子》，如唐诗对句之类一切罢去。"诏从

---

① 参见朱瑞熙《宋代经筵制度》，《中华文史论丛》第 55 辑，上海古籍出版社 1996 年版，第 24—28 页。

② 《范太史集》卷四十一《直集贤院提举西京嵩山崇福宫司马君墓志铭》，《景印文渊阁四库全书》本。

③ 《范太史集》卷十九《编孟子节解札子》。

④ 《续资治通鉴长编》卷四百五十五，二月庚寅，第 10901 页。

⑤ 《续资治通鉴长编》卷四百五十五，二月丁巳，第 10914 页。

⑥ 《续资治通鉴长编》卷四百六十七，十月庚午，第 11150 页。

⑦ 陈东：《中国古代经筵概论》，《齐鲁学刊》2008 年第 1 期，第 56 页。

之。① 又，徽宗宣和元年（1119）七月，时为皇太子的赵桓奏言："本府讲读官李诗、耿南仲在府五年，除讲过《论语》外，今讲读过《御解道德经》并《孟子》及嘉言善行一千六百二十七事，裨益实多，未曾陈乞推恩。李诗、耿南仲并系待制，乞自宸衷指挥。"② 可见《孟子》在哲宗、徽宗朝一直是东宫及诸王学习内容之一。

靖康元年（1126），时任中书舍人兼太子詹事的晁说之对东宫进讲《孟子》提出异议，上言主张废《孟子》，只讲《孝经》《论语》而间日读《尔雅》。其奏札云："今国家五十年来于孔子之道二而不一也，其义说既归之于《老》《庄》，而设科以《孟子》配六经，其视古之黜百家而专明孔氏六经，不亦异乎！前者学官罢黜孔子《春秋》而表章伪杂之《周礼》，以孟子配孔子而学者发言折中于《孟子》而略乎《论语》，固可叹矣！"③ 可见晁氏之所以主张罢讲《孟子》，其实是不满于熙宁变法以来以《孟子》设科、入经，认为推尊《孟子》是表彰百家，与尊孔子、六经矛盾，进而影响到孔子及《论语》的地位。但这一奏言随即遭到了其他朝臣的反对。侍御史胡舜陟上言反驳晁说，列举了扬雄、韩愈以及本朝欧阳修、苏洵、苏轼等人提出的孔孟一致的言论，说明"孔氏之后，深知圣人之道者孟轲氏而止耳"，孟子之道同于孔子，故有"孔孟"之称。他更进一步指出晁氏之非孟是因为反对王安石新学而归咎于《孟子》。最后这场争议的结果是"奉圣旨，东宫依旧读《孟子》"④。最终《孟子》仍确立不移地被列为东宫进讲内容。

南宋高宗即位后，《孟子》的地位得到进一步的尊显和稳固，因高宗本人对《孟子》即特别尊崇。史载，高宗"每日温阅《孟子》五卷，爱其文词简明知要"，因而常信手将《孟子》的"王道政教之言"书于屏障。⑤ 经筵中也依旧进讲《孟子》。据载，从绍兴初开讲至绍兴十六年三月，《孟子》全部进讲完毕，高宗还特别派遣中使赐当讲官段拂鞍马、牙

---

① 《宋会要辑稿·帝系》二之十五。
② 《宋会要辑稿·职官》七之二十五。
③ 《景迂生集》卷三《奏审覆皇太子所读〈孝经〉〈论语〉〈尔雅〉札子》，《景印文渊阁四库全书》本。
④ 《靖康要录》卷八。
⑤ 《宋会要辑稿·崇儒》六之十三。

笏等物。① 曾经非议孟子的晁说之,建炎中宰相进拟除官,高宗怒斥之曰:"孟子发挥王道,说之何人,乃敢非之?"勒令其致仕。② 由此轶事亦可反映出其时《孟子》官学地位之尊崇已不容置疑。

以上主要就相关史料钩稽整理,从四个方面考察了北宋一系列文教举措下《孟子》的官学化进程。北宋围绕着科举考试门类、科目的设置,贡举条例数度更改。而《孟子》在此期间经历了浮沉、变迁,最终固定为必考内容,从子书升格为"兼经",确定了其经学地位。这一过程展现出唐宋之际治学风气和学术走向的转变,为后世以"四书"取士奠定了基础。自熙宁变法《孟子》确立其"兼经"地位后,《孟子》亦被列入中央及地方官学的讲授、考核内容。北宋前期官方认定的《孟子》的标准文本,是大中祥符年间孙奭主持校刻的《孟子》及《孟子音义》,后期则以王安石父子的新学著作《孟子义》作为官方规范用书;宣和末年,《孟子》又被刊入成都学宫所立石经。自哲宗朝始,《孟子》还明确纳入了经筵讲读及东宫、诸王教育体系。要之,熙宁变法之后,《孟子》被明确列为儒家经书,其官学地位自此得以稳固。北宋官方尊孟重孟的文教举措直接影响了士人群体的知识结构和价值取向,进一步推动了宋代孟学的传播和发展。

---

① 《宋会要辑稿·崇儒》七之六。
② 罗大经:《鹤林玉露》乙编卷一《非孟》,中华书局1983年版,第121页。

张九成对孟子性善论的诠释特点

中国政法大学人文学院　李春颖

张九成（1092—1159），字子韶，号横浦居士、无垢居士，《宋元学案》中立《横浦学案》。张九成一生著作颇丰，尤其是因为反对与金议和遭秦桧一党陷害，谪居南安十四年间，闭门读书，潜心著述，对诸经多有训解。张九成著作在其身后不久即刊行，并广为流传。但遗憾的是，由于他的思想被朱子斥为杂禅，其学说随着朱子学的兴起而迅速衰微，同时其著作也渐渐散佚。由宋乾道年间到明万历，其间不过四百年，张九成的著作竟已佚失大半，所存书目也多残缺。其著作中《孟子传》被认为儒学思想最为醇厚，《四库提要》中言："其言亦切近事理，无由旁涉于空寂，在九成诸著作中此为最醇。"①

《孟子传》又名《张状元孟子传》，现存两个版本。最早为宋刊本《张状元孟子传》残二十九卷，缺《尽心》上下篇，收入四部丛刊三编经部，张元济据苏州滂喜斋潘氏藏宋刊本影印，原本即有残缺。文渊阁四库全书本《张状元孟子传》残二十九卷，同缺《尽心》上下篇，提要称其底本为"南宋旧椠"。据张元济校勘记所言，四库全书底本乃今南京图书馆藏《张状元孟子传》，与滂喜斋潘氏藏宋刊本卷数相同，但行字不合。其间有滂喜斋本残缺，而此本有存，或为后来传抄者臆补。

现存《孟子传》残本，与历史记录书名、卷数差异较大。《横浦先生文集》后附有《家传》一篇，对张九成著述记录较为全面，其中称《孟子说》十四卷。陈振孙《直斋书录解题》卷三、《文献通考·经籍考》卷十一、焦竑《国史经籍志》卷二，三书均称《孟子解》十四卷。《郡斋读

---

① 《四库全书经部·孟子传提要》。

书附志》卷上则称《孟子解》三十六卷,季振宜《季沧苇书目》中称宋版《孟子解》三十二卷。以卷数推测,现存《孟子传》残本最有可能为《郡斋读书附志》所记《孟子解》三十六卷。就书名而言,历史记录张九成注经题名多为"说"或"解",未见"传",而现在所见两种宋刊本均题名《张状元孟子传》,可能是后来刊印时作了修改。

张九成倾十数年之力注释《孟子》,不拘于笺诂文句,采取"以意逆志"、"以时考之"的解经方法,阐明《孟子》中的君臣之义、王霸之辨、性善论等。他对《孟子》的注释独具特色,即有宋代理学家重于义理阐发的特点,也自觉地贯彻和强调自己的注释方法,并且时时回应着宋代以来学者对《孟子》的质疑和南宋朝廷面临的困境。

一 对疑孟非孟理论的回应

张九成作《孟子传》,除了以理学思想重新挖掘《孟子》深意这样的哲学考虑之外,我们从其气势恢宏的行文中,能处处看出他对现实问题的思索和回应。政治现实中的困境和思想界的多种学说并立[1],成为他注释和解读《孟子》的思想背景及问题意识。这一思想背景中,北宋以来的疑孟非孟思潮无疑是他要面对的最直接的挑战。

自韩愈提出"道统",将孟子作为儒家之道的传承者和排斥异端的卫道者,中国经学史上开始酝酿一场轰轰烈烈的变革。在这场变革中,产生了"五经"之外的"四书"作为儒家新的经典体系,《孟子》由"子"升"经",与《大学》《中庸》《论语》一起成为宋学的核心经典。在这场"孟子升格运动中",北宋的柳开、石介、孙复、欧阳修、王安石、张载、二程等人推尊孟子,明确肯定孟子作为儒家道统的真正传人。欧阳修说:"孔子之后,惟孟轲最知道。"[2] 二程也明确指出:"孔子没,曾子之道日益光大。孔子没,传孔子之道者,曾子而已。曾子传之子思,子思传之孟子。孟子死,不得其传。"[3] 将孟子作为孔子思想的真正传承者,并

---

[1] "多种学说并立",即包括儒、释、道三家思想的对立交流,也包括儒学内部不同学派的并存,如涑水学派、蜀学、湖湘学派、功利主义等等。

[2] 欧阳修:《与张秀才棐第二书》,《欧阳修全集》卷六十七,中华书局2001年版,第979页。

[3] 《河南程氏遗书》卷二十五,程颢、程颐:《二程集》,中华书局1981年版,第327页。

且在战国时期辟异端，有维护儒家道统之功。经北宋儒者对孟子的推崇，"尊孟思潮已成为宋初儒学复兴运动中的主流，直接推动经学中汉学向宋学的转型"①。

与此同时，对孟子的质疑甚至非难也成为当时思想界中的重要声音，其中不乏大儒的参与。司马光作《疑孟论》，嘲讽孟子"鬻先王之道以售其身"；郑厚叔在《艺圃折中》指责孟子"挟仲尼以欺天下"；晁说之作《诋孟》，甚至上疏"请去《孟子》于经筵"，疑孟非孟者就《孟子》中的君臣之道、王霸之辨、义利之辨、人性论等重要思想提出各自的质疑和批驳。这些质疑和批驳成为张九成注释《孟子》过程中主动面对和回应的理论问题。

二　君臣之道

君臣之道乃人之大伦，孟子周游列国，尤其眷眷于齐国，但终不得志。《孟子》七篇中记述了大量孟子与齐宣王、梁惠王、滕文公等诸侯的对答，其中孟子也明确表达了他对君臣之道的见解。孟子的事君之方和他对君臣之道的论述，遭到了非孟者的批驳。司马光认为："孔子，圣人也；定、哀，庸君也。然定、哀召孔子，孔子不俟驾而行……孟子之德，孰与周公？其齿之长，孰与周公之于成王？"②

孟子拒绝齐宣王召见一事，在战国时，景子就当面责问孟子，认为于礼不合，应如孔子"君命召，不俟驾"。宋代非孟者对孟子君臣之道的批驳，主要源自两个方面：一是孟子对君主的态度，与儒家圣人周公、孔子不同，进而认为孟子没有继承周孔思想的真谛；二是孟子以爵、齿、德三者作为天下达尊，削弱了君主地位的至上性，与传统的君尊臣卑理论相违。以上两点并非同属一个层面，对君尊臣卑绝对性的否认，是孟子以身体不适为借口拒绝齐宣王召见的理论基础。

张九成对本章的注释中，从"学先王之道"与"用先王之道"的差别来回应非孟者的质疑，"余尝谓孟子学先王之道而能用先王之道者也，

---

① 束景南、王晓华：《四书升格运动与宋代四书学的兴起》，《历史研究》2007年第5期。
② 黄宗羲：《宋元学案·涑水学案上》，《黄宗羲全集》第三册，浙江古籍出版社1992年版，第351页。

事变非常，其用不一，按迹而求，每见其参差不合矣"①。学先王之道者，未必能够因时制宜以先王之道行乎世。真正的儒者，对儒家之道不仅仅能记诵讲述，更要运用于具体生活中，处理应对现实事件。一以贯之的儒家之道一旦落实到现实生活之中，必然会散为万殊，有经有权，随事变化。这样来看，学先王之道易，而用先王之道难。

孟子对儒家之道能够学以致用，在与诸侯、弟子的往来问答中，启沃其内心的恻隐、羞恶、辞让、是非之端。以世俗礼节来看，孟子的做法有时不合于礼，我们若这样看待孟子，恰恰是因为自身学道不足，俗念不去，囿于习俗：

> 夫天下皆知父子主恩，君臣主敬，皆知召之则来，麾之则去为敬王矣，而不知以尧舜之道陈于王前之为大敬也；天下皆知君命召，不俟驾之为礼矣，而不知德齿之尊，学焉而后臣之之为大礼也。孟子大儒也，用先王之道者也。众皆以召之则去之为敬，而吾则独以陈尧舜之道为敬；众皆以不俟驾之为礼，而吾则独以德齿之尊，学焉臣之之为礼，是以高见远识卓然出乎世儒之上。②

"世儒"是张九成对非孟者的称呼，也是对大多数学道未成，尚不能将儒家之道施于日用者的称呼。世儒仅仅知道父子主恩、君臣主敬是礼，因而认为周公孔子之敬君，就是"招之则来，挥之则去"，"君命召，不俟驾"。若仅以行为上的毕恭毕敬作为君臣之礼的核心，就将儒家之道看得太过浅显，以为抓住了一些表象的片段，就得到了儒学真谛。在孟子看来，孔子对君主之敬，是以礼待君，若以礼待君为敬，则尊君主之贵是敬，尊有德者，尊年长者同样是敬；周公对君主之敬，是以圣王之道待君，辅佐君主成为尧、舜那样的圣王。因而周孔对君主之敬，行为虽各有差异，但就其根本，都是以儒家之道运用于君臣之际。

张九成通过论述世儒与孟子对先王之道的理解存在差别，进而展现孟子才是真正把握儒家思想核心的人，是孔子思想的传承者。孟子直指齐宣王易牛之心是不忍人之心，扩而充之，使之遍施于民，则是尧舜之道。

---

① 张九成：《孟子传》卷八，《景印文渊阁四库全书》本。
② 同上。

"孟子待齐王如此，是将以成汤待之也。其敬君，其有礼于君，天下岂复有如孟子者哉！"① 孟子打算朝见齐宣王，是以臣子之礼敬君主；齐宣王以疾病为由，召见孟子，是以万乘之尊为至贵，忽略尊德、尊齿之义。非礼而召，孟子不往，并非妄自尊大，以德、齿要君。而是希望以此引导齐宣王了解君臣之道的真正内涵，君使臣以礼，臣事君以敬，君臣之间无事非礼，如此方能效法尧舜圣王之道。孟子对儒学不仅仅能谈论讲授，更能在行为施设之中贯彻，通过日常言行，启发君主的向道之心。这更加印证了他的论断，孟子是"学先王之道而能用先王之道者"，非孟者正因为学道不精，未能真正把握儒家之道，因而常以世俗见解妄自揣测和质疑孟子。

> 孟子善用先王之道，其所为每出俗情之外。非独后世非之、疑之、訾之，而当时如陈臻、屋庐子、淳于髡之徒或以为非，或以为得间，或以为无贤，而况后世乎？故学者之学圣贤，当以道观，不当以俗情观，当得以心，不可追其迹。其或出或处，或嘿或语，或辞或受，裁自本心，一贯乎道。②

张九成对《孟子》的注释中，特别强调"用先王之道"，通过深入阐发儒家之道的内涵和具体运用中的一理万殊，不但回应了非孟者的质疑，而且分析了非孟的原因：以世俗观点来看待圣人，只从表面了解圣人的行迹，而不能深入思考圣人之所以如此行事的原因。"学者之观圣王，不当泥于一语，局于一说，当取先王之书贯穿博取而读之，必合于人情乃已。"③学者研习经典，不应拘泥于一字一句，甚至断章取义，当融会贯通，了解圣王之道，读书到此境地，才会明白先王之道与我自家的本心一致。从张九成的分析中，不难看出其理学特点，注重在现实生活及历史事件的万殊中，探求和挖掘儒家的一以贯之之道。儒家的一以贯之之道，在他看来，就是我与圣人相同的"本心"。

非孟者对孟子的责难中，还重点指出"天下有达尊三：爵一，齿一，德一"，是孟子以德、齿作为理由轻忽君主。对这条的分析和解答是余隐

---

① 张九成：《孟子传》卷八，《景印文渊阁四库全书》本。
② 同上。
③ 同上书，卷三。

之《尊孟辨》和朱熹《读余隐之尊孟辨》中的重要内容。但张九成不同，因为在他看来，孟子拒绝齐宣王召见这一行为本身，就是儒家之道的运用，是更深层次的以礼事君。至于以爵、德、齿作为三达尊，并非孟子拒绝齐宣王召见的理论基础，反而是在教化士大夫平日立身行事，不应专以富贵为重，应该以德性为重。"至引曾子：'彼以其富，我以吾仁；彼以其爵，我以吾义'之说，其使学士大夫以仁义为重，以富贵为轻……学者于此不可不精思也。"①

张九成对孟子君臣之道的处理，可谓置思精妙。"用先王之道"既是他对孟子的评价，更是他提出的一个新视角。以"用先王之道"的视角来理解和把握孟子，可以不被文字禁锢，更不被非孟者的思路牵引。张九成以是否把握儒家思想核心并能随事发用作为根本依据，恰当反驳了非孟者的批评，维护孟子作为亚圣的地位。

三　汤武革命

汤武革命是与君臣之道密切相关的一个问题，可以说是将君臣之道推至最极端的状况，将"推行王政"与"臣事君以忠"二者之间的矛盾充分展现出来，因而自古就是儒家内部的一个重要话题，也是评价孟子时不可回避的问题。孟子对汤武革命持非常激进的看法：

> 齐宣王问曰："汤放桀，武王伐纣，有诸？"孟子对曰："于传有之。"曰："臣弑其君可乎？"曰："贼仁者谓之贼，贼义者谓之残，残贼之人谓之一夫。闻诛一夫纣矣，未闻弑君也。"（《孟子·梁惠王下》）

孟子以仁义作为评价君主的标准，以"贼仁"和"贼义"来评价桀、纣，并断定桀、纣为一夫。也就是以违背仁义为依据，来取消桀、纣作为天子的合理性。桀、纣失去了天子的至尊地位，因而汤放桀，武王伐纣就不是臣弑君，而是诛讨失德之人。在今天看来，孟子对汤武革命的解释显得有点曲折委婉，因为在近代以来自由、平等、民主思想的冲击下，君主作为

---

① 张九成：《孟子传》卷八，《景印文渊阁四库全书》本。

天子的神圣性和至高性已经不复存在。若基于同情的理解，考虑到在中国传统社会中，君臣与父子一样，乃人之大伦，忠君就像孝亲一般，是颠扑不破的基本人伦。杀父弑君是最残忍的罪行，绝对不能被容忍，这样孟子对汤武革命的赞扬就非常激进了。

历代非孟者都着力攻击这一点，宋代的非孟者也不例外，司马光、李觏等人都因此质疑孟子的道统地位。李觏甚至将孟子与孙膑、吴起、苏秦、张仪等人并列作为祸乱天下的罪人，"吾以为孟子者，五霸之罪人也。五霸率诸侯事天子，孟子劝诸侯为天子，苟有人性者必知其逆顺耳矣。"① 李觏表明自己作《常语》批驳孟子，是为了正君臣之义，纠正"乐王道而忘天子"的世风。《常语》中评价汤武革命言：

> 曰："汤、武之生，不幸而遭桀、纣，放之杀之，而苴天下，岂汤、武之愿哉！仰畏天，俯畏人，欲遂其为臣而不可得也。由孟子之言，则是汤、武修行仁义，以取桀纣尔。呜呼！吾乃不知仁义之为篡器也。又《仲虺之诰》"成汤放桀于南巢，惟有惭德，曰'予恐来世以台为口实'"，孔子谓武"尽美矣，未尽善也"，彼顺天应人，犹觥觥如此，而孟子固求之，其心安乎哉？②

李觏的看法非常有代表性，他认为汤、武革命是臣子的不幸，遇到桀、纣这样的暴君，不得已而为之，且心存不安。孟子不但不能理解汤、武这种两难的处境，反而认为汤、武内修德性，外施仁政，以此篡夺君位。也就是说孟子将仁、义作为弑君篡权的凭借，非但不顾君臣之道，而且与儒家思想相悖。

李觏对君臣之道的维护和对孟子的批驳很容易理解。可是他对汤武革命的解释却存在显而易见的矛盾，作为臣子遭遇暴君暴政，固然是"不幸"，但这种不幸却不必然引出弑君以代之的革命。《汉书·儒林传》中黄生就提出了这样的问题："今桀、纣虽失道，然君上也；汤、武虽圣，臣下也。夫主有失行，臣不正言匡过以尊天子，反因过而诛之，代立南

---

① 李觏：《李觏集》附录一《常语》，中华书局1981年版。
② 同上。

面，非杀而何？"① 若真正贯彻忠君思想，汤、武完全可以安于臣子之位，尽心侍奉君主，迫不得已，也可以效法商之三贤："微子去之、箕子为之奴、比干谏而死。"② 而且孔子对微子、箕子、比干也明确表示了赞赏。

非孟者一方面维护君臣之道，另一方面又不否认汤武革命，将自己的思想处于矛盾之中。究其原因，除了作为臣子畏惧君权，不得不在政治上有所妥协之外，思想上的困境是更为重要的原因，即"推行王政"与"臣事君以忠"之间的矛盾。若主张对君主的绝对忠诚，那么几乎所有的王朝更迭都是弑君、篡位，暴君当道时，在理论上人民只能安于暴政的摧残和苦难才算是贯彻儒家的君臣之道，与儒家主张王政的思想相悖；若认为汤武革命是于普天之下推行仁政，那么所有的犯上作乱、杀父弑君都可以自誉为效法汤武，必然会破坏君臣大伦。齐宣王之所以有此问，大概也是为他取代周天子、朝诸侯、莅中国的政治理想寻找理论依据。

君主失德便可以被取代的思想，其实已经被绝大多数宋代儒者接受，仅仅是在理论上还存在上述的两难困境。例如余隐之、朱熹等人都认为尧、舜、禹、汤、文、武行为施设虽然不同，但都是"时措之宜"。这与张九成注释《孟子》时选择"用先王之道"的视角非常相似。张九成完全可以继续使用"用先王之道"的概念，以历史处境不同，先王之道的发用亦不同，来解释汤武革命。但在此处，他却完全放弃了一贯的注《孟》视角，采取存疑的态度。

> 余读此章，诵孟子之对，毛发森耸，何其劲厉如此哉？及思子贡之说曰："纣之不善，不如是之甚也。是以君子恶居下流，天下之恶皆归焉。"何其忠恕若此哉！夫孔门之恕纣如此，而孟子直以一夫名之，不复以君臣论，其可怪也！予昔观史，纣为武王所迫，自燔于火而死。武王入至纣所，自射之三发而后下车，亲以剑击之……呜呼！武王虽圣人臣也；纣虽无道，君也，武王尝北面事之，何忍为此事也！③

---

① 《汉书》卷八十八《儒林传》，中华书局1962年版，第3612页。
② 司马光：《疑孟论》，《宋元学案》卷七《涑水学案上》，《黄宗羲全集》第三册，第356页。
③ 张九成：《孟子传》卷四，《景印文渊阁四库全书》本。

张九成颇具文采，行文气势恢宏，但他秉承了古文运动以来"文以载道"的精神，避免文字过于华美，也极少在行文中煽情。此段文字一反常态，读者能轻易看出他的震惊、困惑、悲愤，甚至"余读之掩卷，不忍至于流涕"①。如前文引用汉代黄生的问题一样，张九成强调君臣地位的绝对性，即使桀纣为人暴虐，但始终是君主；即使汤武仁德，但毕竟是臣子。臣事君以忠这一原则，是不可撼动的。虽然他赞颂孟子拒绝齐宣王之召的举动，但在他看来，孟子拒绝的背后仍然是对君主尽忠，只是在表面行为上，孟子与周、孔略有差异。

> 或曰：此武王行天意，慰人心也。呜呼！天道乃使臣下行此事，岂天理也哉？人心乃欲臣下行此事，岂人心也哉？反复求其说而不得……夫汤之放桀，与夫卫之逐君，顾臣子所不当为矣。而武王乃至亲射之，以剑击之，以钺斩之。孟子至谓之诛一夫，而孔子、《中庸》又称大之。余读圣贤之书无不一一合于心，独于此而惨栗，若以为不当为者。②

张九成坚持儒家的君臣之道，对于孟子肯定汤武革命的论断，完全不能接受。甚至在史书中反复求索，对于武王伐纣这样臣弑君的惨烈，始终不能释怀。他清楚地知道，儒家传统中，无论是周公、孔子、子思、孟子，还是他尊奉的洛学，都肯定汤武为儒家圣王，但这种历史和经典的考证并不能在理论和情感上说服他。在他看来，人之本心就是天理，也就是道统传承下来的儒家之道。汤武革命于人心不合，便是于天理不合，也就是违背儒家一以贯之之道。这在张九成的理论中，是无法通过委屈解答来安置的。

他认为君臣之道是天理，因而臣事君以忠就成了绝对信条。现实生活中物情百态，人只要本于天理，具体行为上可以因时制宜，随事变化，这本就是儒家强调的有经有权。但儒家之道作为根本原则绝不能变化，若肯定某些特定历史时期中，儒家之道也可以权变，那么"道"本身就失去了作为本体的绝对性和恒常性。从这个角度看，张九成在理论上不可能

---

① 张九成：《孟子传》卷四，《景印文渊阁四库全书》本。
② 同上。

赞同臣弑君的行为，即使是汤对桀、武对纣这样的极端状况。

除了哲学上的考虑，张九成对汤武革命如此悲愤，"隐之于心，惨怛而不安，验之于事，则亲弑君首，悬之于旗，可乎？"① 伤痛和不安溢于言表，也与他的处境相关。张九成生于元祐七年，三十四岁时游学京师，次年金兵攻打北宋，他亲历了靖康之难。国家遭遇的危难和耻辱是当时有志之士共同的苦难，更何况他作为亲历者，更有深切的伤痛。绍兴二年，张九成参加殿试时，所作廷对句句皆言如何图得中兴，增强兵力，对金作战，迎回二帝，以雪国耻。金人在北方设傀儡政权大楚，立宋朝叛臣张邦昌为皇帝，册文中言"太宰张邦昌，天毓疏通，神姿睿哲，处位著忠良之誉，居家闻孝友之名，实天命之有归，乃人情之所傒，择其贤者，非子而谁？"② 以"实天命之有归"作为册封傀儡皇帝的借口，金国的侵略和臣子的背叛也可以打着天命所归的大旗，真是天大的嘲讽。张九成在廷对中点名嘲讽金国的傀儡政权，险些招来杀身之祸，但丝毫不影响他坚决反对与金议和。

正是看到了侵略与背叛这样的卑劣行径都可以打着天命所归的旗号，张九成深刻体会到，若肯定汤放桀、武弑纣的合理性，那么所有的犯上作乱都可以自誉为效法汤武，君臣之道便名存实亡。因此他坚决维护君臣之道，甚至赋予其天理的绝对性。

四　王霸之辨

孟子政治思想中的一个重要内容就是区分王政与霸政，将孔子的义利之辨推至政治领域，提出王霸义利之辨。这一区分固然是政治哲学上的洞见，但评价历史与现实时，断定何为王政、何为霸政却并不容易。人们对义与利有着各自不同的评判标准，而这一差异化的标准在面对来自现实政治的影响甚至压力时，就更加难以捉摸。

张九成注释孟子时，面对的不仅是非孟者对孟子王霸论断的猛烈攻击，更是南宋朝廷丧失中兴良机、内忧外患、岌岌可危的状况。因而《孟子传》中对王霸之辨的注释带有明显的时代影响，甚至多处痛心疾首

---

① 张九成：《孟子传》卷四，《景印文渊阁四库全书》本。
② 《大金吊伐录》卷四《册大楚皇帝文》。

的阐发就是张九成针对时政的论述：

> 孟子曰："以力假仁者霸，霸必有大国；以德行仁者王，王不待大。汤以七十里，文王以百里。以力服人者，非心服也，力不赡也；以德服人者，中心悦而诚服也，如七十子之服孔子也。《诗》云：'自西自东，自南自北，无思不服'，此之谓也。"
> 呜呼！善论王霸之道无出于孟子矣。盖霸者以智术为主，王者以至诚为主。至诚乃心所固有者，智术乃罔念所成者。以至诚行仁政，是其心出于救民耳，非有所冀也；以智术假仁政，是特假途以要利尔，岂以民为心哉？……故如霸者之所为，竭其智术侵人土地，取人城邑，可以为大国而已矣。然而怨结于心，特待时而发耳。如王者之所为，本不为广土地，充府库计也，故汤以七十里而天下归之，文王以百里而天下归之。汤之有天下，文王之三分，皆至诚所感，民心归之，如子之归父母，水之朝东海，岂强以智术驱之哉？特其心之所愿欲耳。①

张九成在王政与德，霸政与力的关系中，加入了至诚和智术这组概念。王政以至诚而行，民生才是君主内心所思；霸政以智术假借仁义而行，君主真正关心的是自己的私利。可以从以下两个方面来理解张九成的注释：一、对于仁及仁政的判断不能以行为和事功作为标准，而是应该以心理动机作为标准，判断一个人是仁者，一个政权是仁政，主要看他内心是否出于爱民，是否以至诚为主。二、孟子的王霸义利之辨中，义利的区分是难点，张九成认为此处的义利之别不在于是否言事功，而在于制定政令是以民生为出发点还是以君主个人利益为出发点。"有圣王之学，有霸者之学。圣王之学其本为天下国家，故其说以民为主；霸者之学其本在于便一己而已矣，故其说以利为主。"② 以民生为出发点，自然要求百姓生存所需的基本物质条件，君主也必须尽其所能创造这样的物质条件，这不是利，而是义。

可以看到，在张注中"王霸之辨"和"义利之辨"都更看重内在动

---

① 张九成：《孟子传》卷六，《景印文渊阁四库全书》本。
② 同上书，卷九。

机，也就是更偏向于对德性的要求。以此为标准，齐桓、晋文打着尊周天子的旗号，号令诸侯，至多算是智术超群，不可称"仁"。"如齐桓实欲袭蔡而假包茅之名，实欲服诸侯而假葵丘之名；晋文实欲伐楚而假避舍之名，实欲一战而霸而假大蒐伐原之名，虽一时风声威令足以耸动邻国，然而天下皆知其心出于智术……夫王者之心则不如是。"① 依此评判标准，不但齐桓晋文不可称仁，曾经被孔子许以"如其仁"的管仲也不能称仁，至于战国时期权炙一时的商鞅、孙膑、陈轸、苏秦、张仪、稷下诸人更是归于小人之列。

这一论断在张注中贯穿始终，从第一卷开篇即明确提出："先王之道衰，管仲以霸道坏人心；五霸之术衰，商鞅、孙膑、陈轸、苏秦、张仪、稷下诸人又以权谋纵横诡计坏人心，是以先王忠厚之风略不复见，而轻浮浅薄动成群党，喋喋咕咕专事唇吻，不问圣贤，妄有诋訾，殊可恶也。"② 此处"群党"一词值得留意。商鞅、孙膑等人大体属于法家和兵家，在各自国家中主张变法或善于兵法权谋纵横之术，可以批评其专事唇舌或不问圣贤，但批评其结为"群党"似乎是妄加之罪。若考虑到宋代的"朋党"之争，甚至导致朝廷中多次大规模罢免官员，此处"动成群党"的罪名就可以理解了。同样，若考虑到宋代士大夫严于君子小人之辨，张注中对于行为内在动机的重视，也更容易被理解。

在这一点上张九成与司马光对仁政的理解恰恰相反，司马光认为："夫仁，所以治国家而服诸侯也，皇、帝、王、霸皆用之。顾其所以殊者，大、小、高、下、远、近、多、寡之间尔。"③ 在司马光看来，仁作为一种为政理念、治国原则，所有君主都可以使用。仁相对于执政者来说，更像一种外在的标准或原则。张九成作为二程后学，认为仁首先是人性之中本有的德目，仁政是人内心德性的施发和外化，它来源于君主的不忍人之心。张九成与司马光对仁政理解的差异并不是特例，除却哲学思想上的差异，各自理论的背后都带有一些政治因素，正如朱维铮所言"司马光疑孟也有具体的对象，那就是他的政敌王安石"④。

---

① 张九成：《孟子传》卷六，《景印文渊阁四库全书》本。
② 同上书，卷一。
③ 《宋元学案》卷七《涑水学案上》，《黄宗羲全集》第三册，第359页。
④ 朱维铮：《中国经学史十讲》，复旦大学出版社2002年版，第22页。

稍晚一些的陈亮、叶适等持功利主义态度的儒者，也针对王霸之辨的问题对孟子及道学进行攻击，其立论规模大体延续了北宋非孟的思潮。陈亮针锋相对地指出孟子对管仲评价错误，"孔子之称管仲曰：'桓公九合诸侯，不以兵车，管仲之力也。如其仁！'又曰：'一匡天下，民至于今受其赐。微管仲，吾其被发左衽矣。'说者以为孔氏之门三尺童子皆羞称王伯，孟子力论伯者'以力假仁'，而夫子之称如此，所谓'如其仁'者，盖曰似之而非也。观其语脉，决不如说者所云，故伊川所谓'如其仁者，称其有仁之功用也'"[①]。陈亮认为事功是评价政治好坏及为政者贤愚的重要标准，管仲既然有九合诸侯、一匡天下之功，客观上使民受其利，这就可以称赞其为仁，至少是达到了仁之功用。王霸之辨若仅仅归于为政者内心的德性，由此导致对外在事功的轻视，将会造成内忧外患的政治灾难。

可见无论是张九成、朱熹等道学家尊孟，还是司马光、叶适等人非孟，都不仅就哲学思想而言，宋代尊孟及非孟思潮中还一直伴随着政治因素。当然，儒家思想本就兼具内圣与外王两方面，宋代的儒者又都积极参与社会治理，作者对时政的见解、评价在经典注释中有所体现，也是十分自然的。

五　性善论

在注释《孟子》过程中，援引宋代道学思想深化经文内涵，直探义理，是张九成《孟子传》的一大特点。这种注释特点在关于性善论、浩然之气、尽性知天等段落中尤其明显。

性善论是孟子人性论的核心内容，也是宋儒大力推崇孟子思想的原因之一。纵观中国古代关于人性善恶的论述，大体有"性相近，习相远"、生之谓性、性善论、性恶论、性善恶混、性三品等。性善说不过是众多人性论思想中的一家，而且在宋代之前并不占主流地位，反而是理论深度相对较弱但实践性强的性三品说获得了更多人的拥护。不但倡导古文运动的韩愈坚持人性分上、中、下三品，直至北宋很多儒者仍然认同此种论述，司马光反驳孟子性善论所依据的理论就是性三品。

[①] 《习学记言序目》卷四十九《皇朝文鉴》三。

> 告子云："性之无分于善不善，犹水之无分于东西。"此告子之言失也。水之无分于东西，谓平地也。使其地东高而西下，西高而东下，岂决导所能致乎？性之无分于善不善，谓中人也。瞽瞍生舜，舜生商均，岂陶染所能变乎？孟子曰："人无有不善。"此孟子之言失也。丹朱、商均，自幼及长，所日见者尧、舜也，不能移其恶，岂人之性无不善乎？①

司马光为反驳孟子"人无有不善"，举了舜、丹朱、商均三人为例，这也是性善论的反对者们最喜欢采用的论据。除了这三人外，还有叔鱼、杨食我、越椒等也常常用来反驳人人性善的理论。这些论据大体可分为三种：一、生于盛德之家，成长环境良好，却品行卑劣。二、生于败德之家，成长环境恶劣，却品行高尚。三、出生时就展现出或被断定为性恶。司马光所举例子中的舜属于第二种，丹朱和商均属于第一种。另外，叔鱼、杨食我、越椒属于第三种。第一种和第三种中任何一种假设成立，都可以作为反驳性善论的有力证据。②

以上三种例子，尤其是前两种，在世俗生活中并不少见。如此看来，相对于性三品，性善论与我们在日常生活中总结出的常识并不一致，因而更容易受到来自常识的攻击。但对于哲学家而言，常识不是终点更不是标准，有时甚至是需要被论证和被规定的。在宋儒寻求贯通天道与人道的努力中，性善论显然在理论上更契合宋儒的追求，这时性三品在理论上难以深究的缺陷，就显得不可弥补。

既然关于性善论已然存在众多的批驳，坚持性善论者就必须直面回应这些质疑，肃清理论上的障碍，正如孟子与告子的四组辩论是通过驳斥"生之谓性"说来进一步阐发"人无有不善"的思想。张九成以及北宋的其他道学者在注释、阐发孟子性善论时，都自觉回应非孟者的反驳。下文选取《孟子·告子上》中孟子与告子问答的第二则来展现张九成的注经特点，这也是上文司马光非孟所选取的段落：

---

① 《宋元学案》卷七《涑水学案上》，《黄宗羲全集》第三册，第355页。
② 第一种也常常与第二种一起被用来论证人不是全部性善或全部性恶，而且后天习染不能完全影响人的品性。

> 告子曰："性犹湍水也，决诸东方则东流，决诸西方则西流。人性之无分于善不善也，犹水之无分于东西也。"孟子曰："水信无分于东西。无分于上下乎？人性之善也，犹水之就下。人无有不善，水无有不下。今夫水，搏而跃之，可使过颡；激而行之，可使在山。是岂水之性哉？其势则然也。人之可使为不善，其性亦犹是也。"
> 告子之论性错指习为性，孟子之论性乃性之本体也。观其借水论性以为决诸东方则东流，决诸西方则西流，谓性随所之而见为善为恶，初无分也。呜呼！善恶习也，安可以习为性哉？孟子以人无有不善，水无有不下辟之，所谓天下之至论矣。夫人之性即仁义礼智信也。以赤子入井卜之，则人性本体之善可知矣。是孟子之论善非如告子与恶对立之善也，直指性之正体而言耳。①

张九成在注释中没有马上就非孟者所举的例子进行反驳，而是选择了先立论，说明自己的思想主张。这种做法非常明智，既然性善论在常识方面远不及性三品能左右逢源，那么坚持性三品者依据常识所举出的例证，就很难在常识层面对其进行有力反驳。张九成通过提高理论的深度，将论证从常识层面拉入本体层面，进而论证和维护性善论。他的立论主要有两点，一是提出"性之本体"与"习"的区别；二是提出性善之"善"并非告子的与恶对立之"善"。这两点立论是孟子原文中没有的，张九成在注释过程中加入自己的心性论思想，也就是援引宋代道学思想来注释孟子，并回应非孟思潮，这是张九成注释《孟子》的一个重要特点。

1. "习"与"性之本体"的区分

回到《孟子》原文，告子论性，前后四则虽然侧重不同，但大抵都是本于"生之谓性"。无论是第一则所言性犹杞柳、义犹桮棬，第二则所言性如湍水，第三则所言生之谓性，还是第四则所言食色性也，都是以人的自然本能作为人性，人性就是人生来具有的饮食男女等自然属性，而仁义等伦理道德则是后天教化而有。这是告子言性的基本原则。与之相反，孟子认为仁义是人性本有的属性，性不是指人的自然本能，而是指人生而

---

① 张九成：《孟子传》卷二十六，《景印文渊阁四库全书》本。

具有向善的趋向。

以第二则辩论为例,告子首言"性犹湍水也",可以向东流也可以向西流,本无一定趋向,人性亦然,本无善恶属性;孟子答"人无有不善,水无有不下",以水之就下作为水的固有之性,以性善作为人的固有之性。赵岐的注释在汉代经学中可谓兼具文字训诂和义理阐发。对于此段,赵注言:"告子以喻人性若是水也,善恶随物而化,无本善不善之性也。孟子曰:水诚无分于东西,故决之而往也。水岂无分于上下乎?水性但欲下耳。人性生而有善,犹水之欲下也……人之可使为不善,非顺其性也,亦妄为利欲之势所诱迫耳,犹是水也。言其本性,非不善也。"① 除却最后一句言人性本善,受利益欲望的引诱才为不善之举外,赵岐对孟子大义的阐释几乎是完全本于原文的。

了解原文的大意后再来分析张九成的注释。张注首先对比了告子"性犹湍水"之说与孟子"水之就下"之说,断言"告子之论性错指习为性,孟子之论性乃性之本体也"。这一论断实际上是区分了告子之性与孟子之性,认为二人所言并非指称同一对象。告子所言是"习",孟子所言是"性之本体"。将原文"性"之一字分判为"习"与"性之本体"二者。这种直探义理、明确立论的诠释方式与赵岐就本文阐发大意的思路差异鲜明,更勿论与单纯训诂考据的差异。

张九成之所以直接提出"习"来阐释告子之性,源于他的心性论思想。在他看来,人在现实生活中展现出来多种多样的趋向,大都是受"习"的影响。受外界环境地势的影响水可以向东亦可以向西,人在现实生活中也会受到所处境遇的影响,可以向善亦可以向恶。但这种受外界影响而有的差别并非人性的本然状态。告子所谓之性正是这种"随所之而见为善为恶"之性,习俗向善,人们大都向善,习俗薄恶,则多出诡诈之人。称其为"习",正是着眼于外在境遇的影响。与"习"相对,孟子言性善是指"性之本体",是超越现实善恶之上的人的本质属性。

张九成对现实人性与性之本体的区分,继承了北宋以来关于性善问题的思想脉络,与张载、二程以及杨时一致,在肯定性善的前提下,将现实

---

① 《孟子注疏》卷十一上,《景印文渊阁四库全书》本。

中的善恶差别归因于气禀。但张九成不采用程颢"生之谓性"①的说法，也不采用张载"气质之性"的说法，而是直接使用"习"。他认为告子所谓"生之谓性"实际上是在说"习"，根本不能称之为"性"。"习"在张九成思想中具有丰富的内涵，指外界环境和后天教化，也指人生而禀赋之气，前者称为染习，后者称为气习。

告子所言"性犹湍水"，张九成解释为"随所之而见为善为恶"，此处是指染习。染习是人后天所受到的习俗、环境、教育等影响，如文武民好善，幽厉民好暴。在张九成看来，告子以水论性，只看到人后天受环境习俗等影响，展现出或善或恶的差别，而没有看到人的最终本质在于生而禀赋至善之性。

但后天境遇的影响毕竟不能解释人的全部差别。比如叔鱼生而恶、文王生而善，这种生而具有的差别常常被用来责难性善论。这一问题其实已经超出了孟子与告子此段对话的内容，但是考虑到思想的连贯和圆融，张九成亦放在此段注释中。若说第一段是对原文大义的阐发和深度挖掘，第二段则是对原文可能涉及的问题进行扩展和补充：

> 然而叔鱼之生也，其母视之，知其必以贿死；杨食我之生也，叔向之母闻其号也，知必灭其宗；越椒之生也，子文知若敖氏之鬼不食，何也？曰：此其气习也，非性也。所谓习者，非一时之习，乃气禀之习也。繁弱之矢，力之激也，必至百步而后止；江湖之水，风之激也，必至数日而后定。叔鱼、食我之生，非性不善也，其习之深，正当其激而不已耳。孟子所谓搏而跃之，可使过颡；激而行之，可使在山，是岂水之性哉？其势则然也。盖指此而言耳。若夫后稷之生也，其母无灾，其始匍匐也，则岐岐然嶷嶷然；文王之在母也，母不忧，既生也，傅不勤，既学也，师不烦，此人性之本也，此孟子之所谓善也。凡为人类者皆当如此，不幸而为叔鱼、食我者，非其性也，习也，正孟子所谓其势则然也。然则何以直造性善之地哉？曰在

---

① 程颢言"生之谓性"与告子思想不同，不是以自然属性来指称人性，而是就人生而后"性即气，气即性"来说。关于程颢"生之谓性"的思想可以参看张学智教授《程明道之"生之谓性"及其歧解》一文，收录于《心学论集》，中国社会科学出版社2006年版，第52—65页。

讲学。①

他首先以责难者的口吻设问："然而叔鱼之生也，其母视之，知其必以贿死；杨食我之生也，叔向之母闻其号也，知必灭其宗；越椒之生也，子文知若敖氏之鬼不食，何也？"简而言之，若言人性善，那么如何解释叔鱼、食我这种出生之时就已展现其恶的人？对于性善论者而言，自古以来这问题就是一个有力的诘难。

张九成提出"气习"来解释人生而具有的差别，在设问之后直接回答"此其气习也，非性也。所谓习者，非一时之习，乃气禀之习也"。后天环境的影响，即染习不能解释人的所有差别，例如尧治理天下，可谓习俗醇厚，却出现像这样傲狠之人；家中父母弟弟顽劣傲狠，却成长出舜这样的圣贤；商纣暴虐，朝中却有微子启、王子比干。叔鱼、杨食我、越椒，出生之时就已展现其恶。这些先天而有的差别，在张九成看来不可以归结为性有善有不善，而是所禀赋之气不同，即气习不同。

在此需要简要说明一下张九成的宇宙论思想。他认为天地之间一气感通，万物皆为气化而成。气有和气、恶气等不同状态，因而气化为人之后就有了气习的差别。在主张性善的前提下，气习为人生而具有的差别提供了解释。贤与不肖、材与不材，是气习所至；性格的偏向，也是气习所至。这样的差别与生俱来，不是个人力量可以控制的，"所谓习者，乃气习之习。是其生也，适禀天地之恶德，受阴阳之乖气，其为不义亦性情所不能自己者也"②。生而禀赋天地恶气之人，其行为不仁不义，并不能完全归责于后天教化，恶的气习致使其行为多恶。

在对孟子与告子此段辩论的注释中，张九成首先区分了"习"与"性之本体"，认为告子所言之性是"习"，孟子所言之性才是"性之本体"。接下来就"习"这一概念进行了详细的阐发。人人都有至善之性，但受染习和气习的影响，造成了现实人性的差别各异。染习，指人后天所处环境的影响，其中最为重要的是整个社会的风俗，如文武之世，民众好善，幽厉之世，民众好暴；气习，指人生而禀赋不同的气，如象天生傲狠，舜天生贤德，微子启、王子比干天生忠良。染习与气习都是气，不是

---

① 《孟子传》卷二十六，《景印文渊阁四库全书》本。
② 《尚书精义》卷十七，《景印文渊阁四库全书》本。

性。外界对人的影响都落实在气上，实质上是不同状态的气与气之间相互影响，因而染习与气习都可以通过德行修养而改变，不是性之本体。这就在肯定性善的同时，也为现实人性的差别提供了解释。通过批评告子，张九成清晰而完备地阐述了他对性善思想的理解，系统阐发了他基于气论而构建起的心性论思想。

2. 性善之善不与恶对

在此段引文中，张九成有一句注释颇为引人注目："孟子之论善非如告子与恶对立之善也，直指性之正体而言耳。"大概是说孟子言性善之"善"与告子言性可善可恶之"善"不同，孟子之"善"是直指性之本体而言的。在阐发孟子性善思想的过程中，不但指出孟子与告子一者言性之本体，一者言习，还进一步指出二人所言之"善"并不相同。这并不是文本中讨论的问题，正如张九成自己所言，他的注释是在阐发孟子言外之义。

区分孟子所言之"善"与告子所言之"善"的内涵，是张九成注释孟子性善论过程中的一贯思想。"夫孟子之所论性善者，乃指性之本体而言。非与恶对立之善也。"① 张九成之言容易被理解为性无善无恶，与胡安国"孟子道性善，善云者叹美之词，不与恶对"② 所言之性无善无恶的思想相同。实际上，张九成与胡安国二者在思想上有着本质的差别。张九成多处言性善，并且认为孟子大有功于圣学之处即在其主张性善，善之于性，绝不是叹美可以概括的。"性善之善不与恶对"与"性无善无恶"不能简单等同，实际上它们是两个不同的命题。

善恶与性的关系，不仅张九成讨论，也是宋学贯通性与天道后自然而有的问题。宋代道学肯定性出于天，以此作为性善的形而上基础，用气禀来解释现实之恶，对性与气、善与恶如此划分，其本身就暗含了矛盾。性全然善，恶乃是气质的驳杂不纯，这确实可以在保证性善的基础上安顿恶的来源问题，但同时出现一个矛盾：善、恶属于不同的层面。这明显区别于通常善恶对举、将善恶视为一对平行概念的看法。如果以通常的善恶概念来理解性善，就会造成肯定性善，就可以同时肯定性恶这样的混乱。这

---

① 张九成：《孟子传》卷二十六，《景印文渊阁四库全书》本。
② 胡宏：《知言》卷四，《胡宏集》，中华书局1987年版。

也是苏轼指责孟子性善论的重要理由。①

出于自身理论构建的需要，也出于对非孟者的反驳，张九成在此段注释中特地指出"孟子之论善非如告子与恶对立之善"。在其他关于性善的注释中，他也多次提及这一论点。若要了解他如何维护孟子性善论以及为何提出性善之善不与恶对，就有必要简短回顾一下善恶问题在宋代的发展脉络。程颢对此问题的回答是：

> 生之谓性，性即气，气即性，生之谓也。人生气禀，理有善恶，然不是性中元有此两物相对而生也。有自幼而善，有自幼而恶，是气禀有然也。善固性也，然恶亦不可不谓之性也。盖生之谓性，"人生而静"，以上不容说，才说性时，便已不是性也。②

对此段的理解要区分"性"的不同含义，"生之谓性"是从有生之后来看，气禀的差异导致现实人性有善有恶；"不是性中元有此两物"，此处言"性"是从性之本体来看，此性乃天命之性。有生之后的善恶是由气禀差异造成的，善恶皆谓之性，是就"生之谓性"立论；有生之前"人生而静"，乃性之本体，性之本体中没有善恶二物相对而生。凡是就现实之人来说性，都是合气质而言的"生之谓性"，已不是性之本体。这段语录经过此后道学者的进一步阐释，发展出了性善以及性不可以善恶言，两种思想倾向。

如果单单以这段引文来推论，可以说在程颢语录中已经暗含了性无善无恶的思想——善恶均属于气禀，而性之本体无善无恶。这也是胡安国、胡宏所代表的湖湘学派"善不足以言性"的思想来源之一。

通观整段语录，程颢对性与善恶的关系并非截然二分。他以水的比喻来继续阐释，气禀之善恶如何影响元无善恶相对而生的性之本体，善恶均谓之性是从何种意义上来立论的：

---

① 苏轼："人性为善，而善非性也。使性而可以谓之善，则孔子言之矣。苟可以谓之善，亦可以谓之恶，故荀卿之所谓性恶者，盖生于孟子；而杨雄所谓善恶混者，盖生于二子也。性其不可以善恶命之，故孔子言之曰：'性相近也，习相远也'而已。"（《论语说·阳货篇第十七》，曾枣庄、舒大刚主编：《三苏全书》第三册，语文出版社2001年版，第255页）苏轼认为善恶相对而生，有善即有相对之恶，所以孟子之性善，可以逻辑地推出性恶之说。

② 《河南程氏遗书》卷一，《二程集》，第10页。

> 凡人说性只是说"继之者善也",孟子言人性善是也。夫所谓"继之者善也"者,犹水流而就下也。皆水也,有流而至海,终无所污,此何烦人力之为也;有流而未远,固已渐浊;有出而甚远,方有所浊;有浊之多者,有浊之少者。清浊虽不同,然不可以浊者不为水也……水之清则性善之谓也,故不是善与恶在性中为两物相对各自出来,此理天命也,顺而循之则道也,循此而修之各得其分则教也。自天命以至于教,我无加损焉。此舜有天下而不与焉者也。①

程颢认为,孟子所言人性善,与"继之者善也"相同。"继之者善",不但指出性出于天,更强调了现实人生顺承天道的趋势,就像水流均有向下的趋势一样。趋势是一种指向,并非都能顺利而完满地实现,就像水并非都能如其本然那般清澈而顺利地向下流入大海。有的水一直流入大海而没有污浊,有的水流到半途被污浊,这种受到污浊之水虽然已不是水的本然状态,但不能说就不是水了。实际上只是一股水,本然清澈,受到污染则浊,不是本来就有清水和浊水二物相对。性与善恶的逻辑关系也是如此:性善乃就性之本体而言,性出于天,人本应以不息的实践来顺承天。这种性本然应有的趋势在现实人生中顺利而完满地展开,就是善;本然之性在现实生活中受到污染、阻碍,不能如其本然应有的趋势那样实现,就是恶。

善恶不是性中本有的对等两物。善是人的本然趋势,就像水流之清,"此何烦人力之为也"。在现实生活中,性如其本然状态那般展开实现,是善;不能如其本然状态那般展开实现,就是恶。可见,相对于善,恶是后出的。善有其形而上来源——性,恶根本没有形而上的来源,它因性不能如其本然那般实现而得名。对此牟宗三在《心体与性体》中为我们提供了两种可能的解读,他说:"善不善之规定以比较而规定,如大小高下者然,乃是由是否能表现或易于表现本心性体或性理而规定。其能表现或易于表现本心性体或性理者为善才,否则为恶才,而善恶之差是由于气质使然,是则禀于气之才之有善恶实有本质的意义,非只是比较之差之相对

---

① 《河南程氏遗书》卷一,《二程集》,第10页。

的形式意义也。"① 按照牟宗三的说法，善恶可能是因比较而产生的形式义，也可以是实质义。形式义是说善恶因比较而产生，就像大小、高下是在比较中得出的，就单独的个体而言并不具有大或小的本质。于是，易于展现性体的为善，而相对来说不易于展现性体的为恶。实质义是说，气清就是善，气浊就是恶，善恶非因比较而得名。

对于善恶概念的两种区分，有利于厘清性与善恶的复杂关系。如果将善恶理解为实质义，气禀本身就具有或善或恶的本质，将善恶归给气禀，性与善恶就会出现断裂。既然气的属性就能决定人之善恶，那本原上的无不善之性还有什么意义？这样的断裂，很容易导致对性善论的否定，得出告子意义上的"生之谓性"，并推出韩愈"性三品"，或者扬雄的"性善恶混"。

上述引文中程颢所言善恶，更接近形式义，恶的规定来自所禀之气不能良好地展现性之本体。就生而后来说，性之本体展现的过程也就是现实人生顺承天命的过程。气禀清者，性之本体能够顺利而完全地展现出来，"自性而行，皆善也"②；气禀浊者，性之本体受到浊气的污染阻隔不能顺利而完全地展现出来，就是恶。恶不具有实质义，不是气禀自身包含恶的本质，而是相对于"自性而行"来说，浊的气禀不易于展现性之本体。恶并没有其形而上来源，不善即是恶，因而可以说恶是形式义。

性善乃是就性之本体、"天命之谓性"来说，性之本体全然为善。"生之谓性"是就生而后的现实人性来说，"所禀受"指禀受理、禀受气两方面，此性已是杂于气而言，在这个意义上可以说"性相近"。二程并不因为性之本体中无恶，就否认性善。因为恶不具有本质义而推出善也不具有本质义，这实际上是一种语言或者说语法上的过激。由比较而产生的形式义，可以用来理解恶，但善并非形式义。善的形而上来源是天理，是"天命之谓性"，性善即性之本体无不善。从本体来看，恶显然不是与善对等出现的，只有善的形而上来源，没有恶的形而上来源，现实人生中性善不能如其所是那般展开才成为恶。此后的道学者普遍接受这一点，如杨时、朱熹等。

---

① 牟宗三：《心体与性体》中册，上海古籍出版社1999年版，第264页。
② 《河南程氏遗书》卷二十五，《二程集》，第318页。

作为杨时弟子，张九成也继承洛学这一观点，所以在《孟子传》中着重阐明性善之善不与恶对：

> 是孟子之论善非如告子与恶对立之善也，直指性之正体而言耳。……文王之在母也，母不忧；既生也，傅不勤；既学也，师不烦，此人性之本也，此孟子之所谓善也。凡为人类者皆当如此，不幸而为叔鱼、食我者，非其性也，习也。①

孟子所谓性善，是就本然之性来立论的，这一点张九成与朱熹并无不同。但他与朱熹论述的重点不同，朱熹强调恶来源于气禀对性的蔽塞，他强调性之本体全然至善。在他看来，孟子所说的性善就指本然之性，此善不是恶相对的，这同样继承了二程"不是善与恶在性中为两物相对各自出来"的思想。

"不与恶对"强调了性善之善的绝对性。首先我们需要解释"与恶对立之善"为何义。日常使用善恶，是作为一组对等的概念，说善就暗含了有相对应的恶存在。如说划定某些人为善，就暗含了还有不善之人甚至恶人存在，因为相对于恶人来说，才有善人。这种善恶相对的用法与《老子》"天下皆知美之为美，斯恶已；皆知善之为善，斯不善已"逻辑相同。善恶相对而言，因比较而产生，所以二者必须同时出现，有善则有恶。苏轼对孟子性善的否定就采用这种逻辑。

张九成认为，性善绝非在这种善恶相对的意义上立论，就性之本体来说全然为善，根本不存在不善的性。"性善"与"人性之本"一样，都是指性的本然完足。"我有此性，尧亦有此性，舜亦有此性，岂有二理哉？"②"凡为人类者皆当如此，不幸而为叔鱼、食我者，非其性也，习也。"③凡是人类，均与尧舜一样具有本然之性；出生时就带有恶象的人，不是没有本然之性或者性恶，而是气习的影响。

性善之善不与恶对，是强调性之本体无不善，不能等同于性无善无恶论。张九成明确反对性无善无恶的说法，"告子以性为无善无不善，此不

---

① 张九成：《孟子传》卷二十六，《景印文渊阁四库全书》本。
② 同上书，卷十。
③ 同上书，卷二十六。

识性之正体者也"①。性善之善不与恶相对，与告子的性无善无恶实际上是两种不同的思想。那么二者究竟有何区别呢？

> 夫孟子之所论性善者，乃指性之本体而言。非与恶对立之善也。夫性善何自而见哉？于赤子入井时可以卜矣。今人乍见孺子将入于井，皆有怵惕恻隐之心。怵惕恻隐忽然而发，已堕于情矣。性发为情，乃为怵惕恻隐。以情卜性，可以见其为善矣。夫恻隐、羞恶、恭敬、是非人皆有之，其用则为仁义礼智，此性之所固有者，外物岂能铄之哉？②

性无善无恶，是主张性没有固有的倾向，就像水流并不确定向东还是向西，"决诸东方则东流，决诸西方则西流"；而性善之善不与恶对立，则主张性有确定的倾向，如见孺子入井，皆发恻隐之心。这里需要区别，孺子入井引发我本有的恻隐之心，并非因孺子入井我才拥有了恻隐之心。恻隐、羞恶、恭敬、是非不是从外界获得，而是性中固有的。与告子相比较，无善无恶之性，似一张等待涂鸦的白纸，因后天习染而产生善恶的差异；性善之善不与恶对，则是性之本体自身完足、无所缺欠。之所以在"性善"之外还要补充说"不与恶对"，是强调孟子所言"性善"，并非在我们日常所说的善恶相对的层面上，而是直指本然完足的性之本体。这样就厘清了苏轼以善恶对等所造成的误解和困难。

张九成在此段注释中提出"性善之善不与恶"相对的思想，与二程思想一致，是对二程善恶区分的进一步阐发，强调性之本体自身完足、至善完满，恶不是性中本有，性中没有善恶相对而存在。

此处还应注意到，宋代道学内部，性善论与性无善无恶论双方对于"善"采取了不同的用法。一、性善论者，无论说此善不与恶对，还是说"非吾所谓性善之善也"，强调的都是性善之"善"与日常善恶相对的用法不同。此"善"不与日常伦理层面的恶相对，也不同于日常使用的善。日常的善恶就后天已发来说，性善就本然之性、人生而静以上来说，属于本体层面，所以又言"吾所谓善，元也，万物之所资始而资

---

① 张九成：《孟子传》卷二十六，《景印文渊阁四库全书》本。
② 同上。

生也",这与二程"善便有一个元底意思"[①] 相似。二、性无善无恶论者,正好与性善论者相反,认为善就是日常善恶相对的用法,因而"以善为念",善与恶一样都是后天已发层面,性体感物而动才出现的。由此不言"性善",而主张性"无善无恶"。就理论本身来说,这两者都讲得通,但是以它们教化的结果却大大不同。主张性无善无恶,善恶不是性中本有,会使人不但去恶,也同时去善,仅仅执著于"无",就会带来无拘而放荡的生活。所以要看到持性善论者与持性无善无恶论者之间激烈而持久的辩论,不仅因为理论本身,还在于二者会对社会教化产生不同的影响。

六 发孟子遗意——《孟子传》的注释方法

通过分析《孟子传》中对君臣之义、汤武革命、王霸义利之辨、性善论等五个方面内容的注释,在理解孟子思想的同时,我们也可以了解更多注释者的思想。张九成在注释孟子的过程中,显然不回避自己的哲学思想和政治主张。就哲学思想而言,他在注释中贯彻了洛学,并以洛学为基础,驳斥北宋以来的疑孟非孟思想;就政治主张而言,张九成对金国入侵有着切肤之痛,力主对金作战收复失地,对内整顿吏治体恤民生,图得中兴,因此他坚决维护君臣之义,反对汤武革命的正当性,同时又强调君主当以民为心,臣子应忠于朝廷又不可愚忠妄行。

发"孟子之遗意"在张注中反复出现十五次之多,几乎遍及每个重要章节,是张注的一大特点。"此又孟子不言之遗意"、"此又孟子之遗意,余故表而出之"……这样的表述大都出现在张九成对某个观点展开一大段论述之后。对孟子遗意的阐发与其说是论述孟子隐而未发之意,不如说是注释者的自我表达。这也是经学的应有之义。

按照冯友兰对子学时代和经学时代的划分,自汉代罢黜百家独尊儒术开启经学时代,至今已有两千多年。儒家经典之所以历时两千年,经过历代儒生的注释阐发,仍然保持着鲜活的生命力,就在于注释经典本身,就是注释者及其所处的时代进行自我表述的一种途径。按照诠释学设定的诠释困境,每个注释者在解释经典时都不可能完全避免自己的意

[①] 《河南程氏遗书》卷二上,《二程集》,第29页。

见和历史、时代的影响。至少在宋代注释者看来，这种来自注释者和时代的影响不需要避免。若经学仅仅沦为名物度数典章训诂之学，那它如何传承儒家之道及圣王本心？如何指引儒生体认本心本性？如何影响一个时代的士风？

在这一点上，张九成作《孟子传》时显然选择了以"义理"为重。注释《孟子》既是体认本心的过程，也是阐发儒家之道的过程，这两者在理学家看来本就是一贯的。于是在张注中就有了阐发理学、"以意逆志"、"以时考之"等注释特点。

1. 理学特点

张九成承续了洛学对孟子思想的推崇，并将理学思想灌注到对《孟子》的注释之中。注释中较为明显的理学思想主要有以下几个方面：形而上层面的讨论，如理气问题；人性方面的讨论，如本心、性善等；心性方面的讨论，如性情关系、心性关系、已发未发、人心道心等；修养方面的讨论，如涵养于已发未发之间、主敬与主静等。除了在注释《孟子》过程中讨论这些重要的理学问题之外，张九成还自觉地总结梳理北宋以来的理学思想，回应理学发展过程中遇到的一些理论问题。

在上文第五小节"性善论"中，我们可以明显看出张注中讨论的问题已经远远超出了孟子原文，他开始关注性善的形而上依据。张九成将人性的讨论推至本体层面，认为天地之间无非气之流行，气化而为万物，因此人与万物之性都来源于气的本然状态。这种气本论无疑是他对张载思想的继承，在继承的基础上他还进一步深化了对人性的讨论，区分了"性"与"习"。张九成认为性是指人的本质属性，气禀清浊及后天环境习俗所造成的差异是"习"。他没有沿用张载和二程使用的"天命之性"和"气质之性"的区分，而是自己提出了"性"与"习"的差别，因为"气质之性"既然不是人的本质属性——性善，那么将其称之为"性"，就容易造成理解上的混淆和概念的混乱。他明确指出不能将"习"错认为"性"，否则就会犯与告子相同的错误。在《孟子传》关于已发未发、德福关系等主题的讨论中，张九成都试图在继承的基础上进一步深化北宋理学关注的问题。

这种对北宋理学的继承和推进，在注释中比较普遍，既展现了张九成在理论创新方面的自觉，也向我们暗示在他看来洛学的理论建构并没有在二程时代完成，也没有在他的老师杨时那一辈人中完成，它仍然在发展完善中，是正在进行时。对比张九成和稍晚一些的朱熹，对二程思想的搜集整理和解读是朱熹学术生涯中的一个重要部分，朱熹自觉作为二程后学维护并阐发洛学思想；张九成则不同，作为二程再传弟子，他对洛学更多是思想上的皈依，而不是身份的认同，所以"程门弟子"的身份并没有对他构成学派的限制，他不但在气论方面继承了张载的思想，甚至对佛道两家的心性思想都有所吸收。究其原因，一方面是因为在南宋初年道学还没有形成界限严格的学派，这一点从《诸儒鸣道》中收录的儒家作品范围就可窥一斑；另一方面是张九成自身思想较为开阔，广泛吸取各家各派思想，没有将构建和维护洛学正统地位作为自己的目标和责任。

2. "以意逆志"与"以时考之"

"以意逆志"与"以时考之"是张九成在注释中强调的两种解经方法，也是对疑孟非孟者错误解读经典的回应。

在张九成看来，儒家经典虽然是先贤对儒家之道的阐发和记录，但文字被记录下来时会受语境及时代背景的限制，并不一定能清楚正确地表达思想。这就需要读者在阅读经典的过程中，不能禁锢于文字本身，尤其不能拘泥于一字一句，而应该超越文字的限制，理解文字背后的深意。这不免让我们联想起流行于魏晋时期的言意之辨，认识到语言自身的限制后，我们对于如何解读经典，仍然可以有不同的选择，如王弼选择言不尽意，郭象选择寄言出意。王弼的注释是自觉接受文本的约束，阐发文字之中或文字背后蕴含的哲理；郭象却不同，他认为文字和其蕴含的哲理有时是脱节的甚至是相反的，这就给了注释者极大的发挥空间，甚至可以逆着文字表面的含义进行解读。张九成的"以意逆志"与"以时考之"显然更接近王弼而非郭象。

"以意逆志"强调对经典所蕴涵深意的把握，是张九成从《孟子》中寻到的解经方法。孟子言："故说诗者不以文害辞，不以辞害志，以意逆志，是为得之。"[①] 在谈及《北山》和《云汉》之诗时，孟子强调不能以文害辞、以辞害志，过度拘泥于文字本身，甚至断章取义，而掩盖了整首

---

① 张九成：《孟子传》卷二十二，《景印文渊阁四库全书》本。

诗真正要抒发的情感。"以意逆志"强调在理解经典时，要用心去领会作者想要表达的思想。这种解读经典的方法能够成立的基础，在于孟子认为"圣人与我同类"，经典不过对人人相同之心的记籍，"圣人先得我心之所同然耳，故理义之悦我心犹刍豢之悦我口"。张九成认为孟子对《诗》《书》的解读方法，正可以用来回应疑孟非孟者的错误解读："倘非深明天下之理而以意逆志，则夫探章摘句、据语求是之徒将倒打逆施矣。"① 疑孟非孟者大都没能全面了解和把握孟子的思想，仅仅摘录只言片语就展开批驳，从表面看这是读经方法的错误，从更深层次看这是没能对儒家之道有真正的理解。

"以时考之"强调还原语录和文字的时代背景，才能对经典的意涵有真正的把握。如"孟子曰：恭者不侮人，俭者不夺人。侮夺人之君，惟恐不顺焉，恶得为恭俭？恭俭岂可以声音笑貌为哉？"此段《孟子》原文没有涉及具体的谈论对象，仅是对恭、俭两种德行的讨论。张九成在注释中提出"余以孟子时时君世主考之，此一章当为宋王偃设"②。认为孟子这段话并非泛泛而言，而是针对宋王偃矫饰仁德的批评，这样来看，孟子此段论述就不仅仅是在道德层面，也是在政治层面对当时宋国治理状况的评价。对此张九成列举具体史实作为证明："余以当世之君考之，如驺衍适梁，惠王郊迎执宾主之礼；如燕昭王拥篲先驱，请列弟子之座而受业，皆出于诚意，非侮之也。自是驺衍负之耳。齐宣王自谓好货，亦非以俭求名也。独王偃欲行王政去关市之征，以惑乱天下，窃取一时之名，而其实侮夺人如此，此孟子所以志之。"③ 这些史实正是他运用"以时考之"的注释方法给出的时代背景。

在张九成看来，文字记录必然有其时代背景，因此要了解经典的意涵，就必须挖掘和考证其时代背景和谈话的语境，否则就容易产生错误的解读。"学者读圣贤书，不以其时考之，妄欲论说，恐不足发扬圣贤之意。故余以时考之，知其为王偃也，如其不然以俟君子。"④

其实"以时考之"也为我们理解张九成的注释给出了提示。正如

---

① 张九成：《孟子传》卷二十二，《景印文渊阁四库全书》本。
② 同上书，卷十六。
③ 同上。
④ 同上。

《孟子》成书有其特定的时代背景，《孟子传》的写作也有其时代背景。张九成生活的两宋之际和他关注的哲学及政治问题在注释中均有体现，这构成了《孟子传》独特的解读视角和注释方法。

《孟子》中的德性与关系

格拉斯哥大学哲学系　金　瑞

最近有一些关于德性范畴的讨论，即它们是应当被细致地划分成特定领域，还是应当被赋予更宽泛的外延，从而涵盖更广泛的行为[①]。在我看来，这些争论是不成熟的，因为怎样区分"德性"，才是应当被首先考虑的问题：我们应当如何来定义"德性"呢？中国传统观念与西方的一个显著差别在于，前者的德性是与一些特定的人伦关系相关联的——例如父子、朋友、君臣关系等。显然，这些，至少其中的一部分，是德性之一种。本文中，我引用了《孟子》中的一些章节，以便较为清楚地阐明德性以及与之相关的伦理关系。

其实这类德性对于了解德性为何物的人而言并不陌生[②]。通常，德性品格常被应用于"与他者的关系"，这种关系就是我们通常所说的社会关系。这也是亚里士多德认为"上帝无需德性品质"的原因之一。在他看来，上帝所做的最为精妙绝伦的活动莫过于思考，这种德性、学识和智慧是一种无需他者存在而可自己独立进行的实践活动（即便对人类来讲也是如此），同时，这也是人类所能做的最能超凡入圣的事情。上帝是主动（灵动）的，却不是实用性的；而人类不但受制于实用性，并且其行为也是和他者相关的。从这一层面来看，亚里士多德所认可的正义，是与他者相关的全部德性。由此看来，德性品格应当是存在"关系性"特征的。

[①] 最近的一场关于德性与早期的儒家伦理的讨论，见 Edward Slingerland 的《情境批判与早期儒家德性伦理》（"The Situationist Critique and Early Confucian Virtue Ethics"），《伦理学》第121卷，2011年第2期，第390—419页。

[②] 当然，这是一个开放性的问题，即对"自然"德性的理解，在德性问题本身中扮演何种角色。

但是，从另一层面来看，苏格拉底所界定的"德性"却是"他的"德性，而不是其他任何人的。从更为广义的层面来说，探讨德性的一大好处或者希望在于，人们能够对孰善孰恶有所区分。个体具有控制自己性情的能力。因此，无论这些德性是否得到践行，它们都是这一个体所独有的品质。当然，这一理论也同样适用于那些得到践行的德性。一个人如果擅长一项工作，那么这就是他的一种特性。

事实上，亚里士多德同样认为，社会中的不同角色都有德性——他甚至承认奴隶阶层也有自己的德性。这种结论源于一个事实，即一个城邦是一个复杂的整体，不同的人在其中承担不同的职责。在他看来，好的臣民并不总是等同于好人（良民并不总是意味着君子）；只有在某种特定的政体下，好人才是好的臣民（善政之下，君子才是良民）。但是，他更为著名的贡献还是界定了更具普遍意义的德性品质①。他既允许普遍德性的存在，同时也认可那些具有特殊意义的德性。

基于这样一个事实，即所有德性的践行都有赖于与他者的关系，但是德性却不会根据人际关系的不同而变得个性化②。事实上，亚里士多德认为每种优秀品格都是折中（golden mean，亦翻译为中庸）的代表，并据此对它们进行了详细区分。因此勇气也是一种与害怕与冒险情绪相关的折中特质。很明显，这一德性应当与那些诸如保卫城邦之类的问题密切相关，而亚里士多德的构想也确实如此。但是，它并没有被界定成诸如柏拉图《理想国》城邦中一个功能性区域（functional part）的那种德性。

这些特质由此可以在一种关系中发挥作用——如，成为一个好妻子——但是这种关系并不能使德性个体化。另外需要注意的是，"友情"正是亚里士多德眼中的一种德性——此处的"友爱"是术语，这是种从家庭延伸到政治的超凡脱俗的关系。性格和动机的不同，导致世上有不同层次的友情。有种普遍性的观点认为：德性在某种程度上是由与他者的关

---

① 参见柏拉图《美诺篇》72E-73A。苏格拉底问美德是什么，美诺回复说，是有美德的男人、女人和孩子。苏格拉底询问其中的决定性因素在哪里，美诺告诉他有很多。亚里士多德认为苏格拉底和美诺关于德性的判定都是合理的。

② 参见纳斯鲍姆《非相对美德：一种亚里士多德的方法》(Non-Relative Virtues: An Aristotelian Approach)，纽约：牛津大学出版社1993年版。我在《亚里士多德和荀子的勇气：一个强烈伦理观念映射的例子》一文中质疑过这种德性体系之于中国传统伦理问题的适用性，该文将在《瑞典远东古物博物馆》杂志发表。

系构成的：德性的存在并非依赖于关系体系中的一方，而是依赖于双方的共同努力。例如，亚里士多德认为，如果能分享做朋友的动机，那么双方就能享受到友情的乐趣；或者更确切地说，最好的友情需要双方德性（的共同维持）。换而言之，良性友情并非单方面存在的；但个人的美德是先决条件。

但是关于友谊的依赖还有另外一个方面：这种关系，要求关系双方必须尽其所能维持这一关系，更不要说将其延续下去了。这也就是说，有慈父才能有孝子，有明君才能有贤臣。关于这一问题还有很多探讨余地；因为一件事无法同时具备所有的普遍性。

对亚里士多德学说的简要介绍，对于我们理解诸如"仁、义、礼、知（智？）"这些在孟子学说中占据重要地位的品格体系具有重要作用。从一方面来讲，这些德性——我姑且使用这个术语来统率"仁、义、礼、知"等概念——必须要在非常特定的一种或一系列人伦关系中被践行，例如，"悌"是告诉你如何成为一个好兄弟；而"义"或"礼"等德性，其所对应的关系则没有前者那么明确。因此，后面所谈到的德性，虽然并不仅仅适用于某一种伦常关系，却是有所关联的。

孟子和亚里士多德的一个重要区别在于，孟子并不认为"国"或"君"能够负载全部德性功能，也不认为德性就是品格优异的体现①。那么，孟子又是如何诠释德性的呢？② 本文中，我将探讨如下问题，即个体德性并非完全取决于人伦关系：有一部分可以这么说，但有部分并非如此。同时，本文暂不讨论德的普遍性问题。③

毫无疑问，《孟子》中的德性是与个体相关的，例如在《孟子·公孙丑上》"夫子加齐之卿相"章中，孟子就曾探讨过不同种类的勇气。但是他同样也关注到"能"，孟子认为这是人生而具有的能力。这一观点在《孟子·梁惠王上》"齐桓晋文之事"章中的齐宣王身上得到充分展现。

---

① 我认为这也同样适用于《论语》。见拙文《对〈论语〉之"仁"的探讨》，《中国哲学杂志》2012 年 3 月刊，第 39 卷。

② 通常，关注会被直接引向一个问题，即德性由家庭向国家层面的转变，即从孝子向忠臣的转变。参《论语·雍也》"如有博施于民而能济众"篇。

③ 探讨德的普遍性就必须探讨"仁"的问题，《孟子·公孙丑上》中所提到的"四端说"被一些学者认为是其他德性的源头；同时，《孟子》中的"德"也常常被译为"德性"。下文中，我会涉及这些关于责任或义务的问题，在我看来，这些问题是与"德"相关的。

齐宣王的确具有"不忍"之心这种良能。但是,"不忍"之心对于理解良能作用不大。部分原因在"齐桓晋文之事"章中得以阐明。孟子试图展示齐王确实具有"不忍"之心,而且这并非"挟太山以超北海之类"的"不能",而是"为长者折枝"之类的"能"。这种"能"的概念远比单纯的"能力"丰富得多。这种"能"即包含了行为的方法要求,同时也包括了仁义需要。

论述德性与人伦关系问题比较有意思的一章见于《孟子·告子下》"人皆可以为尧舜"章。曹交问孟子,是否人人都能成为如尧舜一样的圣贤。孟子回答说应当这样做:"奚有于是?亦为之而已矣。"即,应当怎么去做呢,只有去"为"才行。

在长辈身后徐徐跟随以示尊重,那就是"悌",这是任何人都能做到的,只是有些人不去做罢了。尧舜之道,不过是孝、悌罢了。

> 徐行后长者谓之弟,疾行先长者谓之不弟。夫徐行者,岂人所不能哉?所不为也。尧舜之道,孝弟而已矣。(《孟子·告子下》)

为了实现践行尧舜之道的广泛性①,(孟子)建构了一种人人可行的行为模式。不过,书中对行为的动机和原因未置一词。理雅各(James Legge)将"悌"翻译为"弟弟的责任"②,这或许有失偏颇,却道出了孟子思想的特征:人伦关系将人置于责任之中。为什么呢?有无某些责任凌驾于伦理关系之上?这些责任是否同样适用于其他理性的人们?等等。并且,这些责任是如何牵涉德性的呢?对于任何一个热衷于德性的人来说,这些都是难题。这是非常复杂的问题。首先,一个很简单的想法就是,德

---

① 关于《孟子·公孙丑上》"人皆有不忍人之心"章所体现的普遍性及其论据见拙著《〈孟子〉"人皆有不忍人之心"章的德之普遍性及其论据》,见《亚里士多德学会论文集》2011年卷。

② 将其翻译成"不礼貌的弟弟",所表达的意义就被大大削弱了——参照我对"尧舜之道,孝弟而已"的评价。但是,有两方面是非常重要的。首先,它代表着礼:在《孟子》"人皆有不忍人之心"章中,恻隐之心是仁义的发端。其次,它提出了一个问题,即道德和礼仪是如何区分的,我认为孟子并没有指出其中的区别。此外,对于道德之"能"与身体之"为"之间的差别——"举百钧"和"为尧舜"之间的差别,孟子同样没有给予区分。

性本身就蕴含在责任履践之中①。因此，善行蕴含在履行义务之中。这些责任的来源留下了一个空白——是什么掌控了职责？这些职责为什么还一直保留？在本文中，所有关于这一问题的暗示，都是人们要践行尧舜之道——有人可能认为，这些行为是典范。并且遵循典范、履行责任的方式通常与尊重父母师长有关。

关于"尧舜之道，孝弟而已矣"这一节，我最想表达的一个观点是，孝悌被视为尧舜之道的整体。从表面上看，这似乎没有为其他美德留有空间；最起码，它导致了所有其他德性与孝悌关系的模糊不清。各种关系都是可能的——孝悌或许是源于仁，也或者代表着礼。如此，问题出现了，我们应当如何去思考其他的行为。例如，对一个小孩产生恻隐之心，或在此基础上有所行动，这可以被看作一种仁的践履，却不能被归为孝悌之列。

因此，有人可能认为，我们这里所说的孝悌，不过是一些无足轻重的例子。事实上，成为圣贤的可能性就是穷极一生的践行孝悌（或许会有人提出疑问，为什么此处丝毫没有提到"孝"呢）。一方面，谁都可以完成被加之的责任，"徐行后长者"并不困难。但是，有人会提出反对——在许多情况下，我们的问题在于难以辨别该去做什么，以及怎么去处理并坚持下去。再者，并不是所有的情况都如为长者开门那样简单易见，而且不是所有人都愿意去做。另一方面，这只是提供一些可供效仿的例子，然而，这一体系的缺点在于，它没有明确指出如何更为严谨地辨别、激励和执行这种责任。

《孟子·万章上》"象日以杀舜为事"章，提出了一个问题，即舜立为天子之后，为什么反而去照顾而并非惩罚企图伤害他的弟弟。对此，孟子这样作答：

> 曰："仁人之于弟也，不藏怒焉，不宿怨焉，亲爱之而已矣。亲之欲其贵也，爱之欲其富也。封之有庳，富贵之也。身为天子，弟为匹夫，可谓亲爱之乎？"

---

① 亚里士多德：《尼各马科伦理学》，德性是一种行为配置方式，在需要的时间和情形下，人们应当选择适当的行为。

舜厚待不仁的弟弟，甚至给其爵位和封赏（"封之有庳，富贵之也"）的行为备受争议。而舜对待弟弟的行为，正是源于"亲"与"爱"，基于让自己的弟弟"富"、"贵"的渴望。而且，关键在于，象的道德品质的低下丝毫没有淡化他们兄弟情谊，也没有影响责任的维系。由此可见，兄弟间的行为并没有相互性：伦理关系胜过德性。但是，这样就留下一个问题，即关系是如何体现德性的，为什么在这段关系中没有展示出其他的德性来？事实上，这种关系是单边的：舜是仁君的典范，他在如何对待兄弟方面也给后人树立了典范。所以，这种"悌"并不是相互性的，而是单向性的。

孝与悌是非常重要的一对名词。正如已深入探讨的悌一样，两者都具有（单向）从属性。因此，在《孟子》中，孝、悌对教育和政治都至关重要。值得注意的是，《孟子·公孙丑上》"人皆有不忍人之心"章，并没有以孝悌为例。那么它们又是如何与诸如仁之类的德性相联系的呢，这是一个有趣的问题。相关章节摘录如下：

> 谨庠序之教，申之以孝悌之养，颁白者不负戴于道路矣。①（《孟子·梁惠王上》）

在这里，这些德性的益处是整体性的，它不仅仅有益于德性高尚的人，而且惠及与之相关的普通人。但是我们有必要思考，孝悌的整体含义在这里并没有得到说明。下一段引文也同样如此，即孟子鼓励齐宣王（实为梁惠王——译者注）通过施行仁政而实现他的为政目标：

> 王如施仁政于民，省刑罚，薄税敛，深耕易耨。壮者以暇日修其孝悌忠信，入以事其父兄，出以事其长上，可使制梃以挞秦楚之坚甲利兵矣。（《孟子·梁惠王上》）

在这里，孝、悌构成了施行仁政的"四德"之一。有人会认为，仁与孝悌之间的关系是，孝悌源于仁，其他德性也源于仁。因此，与其说仁与其

---

① 与《孟子·梁惠王上》："谨庠序之教，申之以孝悌之义，颁白者不负戴于道路矣"略有不同。

他德性之间存在逻辑关系，不如说它们更具因果关系。再者，这些德性的益处是它们具有可执行性，例如，帮助齐国讨伐不仁的邻国燕。因此，德性的价值并非与生俱来的，而是在于拥有德性之后的结果，至少在孟子劝说齐王的时候，情况是这样的。

让我们再把目光转向"孝"。《孟子·离娄下》中提道："匡章，通国皆称不孝焉。"但是孟子却维护他说，匡章不属于世俗中五种不孝的任何一类，只是在道德路径上和他的父亲有分歧（"责善"），孟子认为，尽管朋友之间的"责善"是无可指责的，但是父子之间的"责善"却是不对的（"责善，朋友之道也；父子责善，贼恩之大者"）。由此可见，"责善"的对错标准会因不同的伦理关系而发生改变。这一问题的凸显，源于世人对匡章的评论；而孟子又用世俗所谓的五种不孝予以回应。五不孝即：（1）"惰其四支，不顾父母之养"；（2）"博弈好饮酒，不顾父母之养"；（3）"好货财，私妻子，不顾父母之养"；（4）"从耳目之欲，以为父母戮"；（5）"好勇斗很，以危父母"。

孟子反驳世俗通行观点（即"通国皆称不孝"）的时候，恰恰是在不断采用以上一系列被世俗所认可的观点。这让人多少有些疑惑。如果大家对这种"不孝"的认识都如孟子所说的那样清晰而明确，那么为什么又会公认匡章不孝呢？这或许不是一个非常严重的问题。"盛名之下，其实难副"的情况往往是普遍的。而孟子所批判的是横亘于判别标准和声誉之间的鸿沟。匡章并不应被认为"不孝"。更为重要的是，这也并不是在试图暗示这一系列的不孝行为是和天性相关的。即便父子之间相处的既定行为模式有赖于天性；然而，相关行为的细则（即什么行为是被许可，而什么行为是被禁止的等更进一步的行为规范），却有赖于世俗观点。因为按照（不孝）行为列表进行争辩，就只能采取穷举的方法：一一证明，匡章并无任何不孝之举。所有的这些只是行为模式，动机尚不在此列——问题的关键不在于你对你父母的态度，而是你的实际行为。其中最基本的义务是"顾父母之养"——当然，这是广义概念的"养"。有意思的是，这又引起了另一个问题，即关系间的冲突——换句话说，即对妻儿的爱凌驾于对父母的感情之上（"好财货，私妻子，不顾父母之养"）。与此同时，一方对另一方的"责善"却是被禁止的，因为这种做法会导致父子之间的"离"（见《孟子·离娄上》"父子之间不责善。责善则离，离则不祥莫大焉"）。由此可见，责任有赖于关系，决定性的问题在于，某人是否尽到了责任，而并非其是否具备这种品格。这里，责任压倒了品格。

也许有人会说，一切并非如此显而易见。这五种不孝的行为并不取决于个别行为——奇怪的棋局，给妻儿的异乎寻常的礼物——而是取决于习惯性行为。不孝之人是有不孝行为倾向的个体，因此他必然会展现出相应的行为。赞同这一观点的人或许会以第二种和第五种不孝为例——"好货财"以及"好勇斗很"，这两种情况想必是一些常态的倾向。

但是，难道孟子不认为匡章做了一些违背孝行的举动吗，即匡章批评了他自己的父亲？（其实我们并不知道他们之间到底发生了什么事情。）孟子承认，匡章的行为，把自己推向了"父子责善，贼恩之大者"的境地。那么为什么这种"责善"并不属于一般意义上的"不孝"呢？一种观点认为，这种"责善"并不会影响父母的福祉，因此也与"顾父母之养"的基本义务之间并没有冲突。另外一个问题，关系到"恩"的地位。如果我们认为"恩"属于德性，那么这个儿子不仅仅是不孝，而且是无德的。他违背了父母对他的慈爱与恩情——给予他生命，抚养他长大。按照这种思路，匡章"责善"的行为听起来是非常不孝的。但起决定作用的事情或许是，他责难自己的父亲（尽管及不恰当）并不是由于自己品格的低下，而是因为五种不孝行为意味着品行的堕落。

事实上，问题还可以进一步延伸。事实上匡章已经对自己的"责善"行为作出了惩罚——这里并不是说匡章对自己的行为作何感想，而是假定说孟子对他的行为作何评价。这正是他植根于内心深处的想法：这种惩罚——"出妻屏子，终身不养"——是他对其"责善"行为的救赎。因此，孟子礼遇匡章（"从而礼貌之"）归根结底是由于匡章的品性；他是能了解自己的过错，知道自己应当赎罪，并切实赎罪的人。

当然，《孟子》中的这种发展模式，是其德性理论的一个重要方面：人们通过家庭的教育，获知善待他人的方法。下面的引文是《孟子》中非常重要的一章，其中提出了一些重要的命题，即有关于"仁"在其德性体系中所处的位置：

> 孟子曰："人之所不学而能者，其良能也；所不虑而知者，其良知也。孩提之童，无不知爱其亲者；及其长也，无不知敬其兄也。亲亲，仁也；敬长，义也。无他，达之天下也。"（《孟子·尽心上》）

在这里,"仁"似乎是由父子关系决定的,其标准就是"亲亲",即把自己的父母真正当成父母来尊重(理雅各居然把"亲"翻译成孝道亲情);而"敬长"则是"义"。自然,这里最终强调的目标是"达之天下"。问题是德性中非常重要的两个概念,即"孝"和"悌",在此处却没有被提及。相反,我们也没有得到有关德性的更多细节。

> 孟子曰:"规矩,方员之至也;圣人,人伦之至也。欲为君尽君道,欲为臣尽臣道,二者皆法尧舜而已矣。不以舜之所以事尧事君,不敬其君者也;不以尧之所以治民治民,贼其民者也。"(《孟子·离娄上》)

上文强调了规矩和准则的重要性。此处孟子运用同类类比的手段,指出了圣人之道的重要性(同在《孟子·离娄上》孟子还提道:"离娄之明,公输子之巧,不以规矩,不能成方圆;师旷之聪,不以六律,不能正五音;尧舜之道,不以仁政,不能平治天下")——圣人是"人伦之至",是人伦关系的最高体现,正如在规矩的规范下画出的方圆一样完美。这种推论指出,德性在尧舜那里达到完满,并被视为典范。

此处所强调的人伦关系是君臣关系,而尧、舜又被分别视为君、臣的典范。从中我们可以清楚得知,圣人本身无法孤立地成为人伦关系的典范,值得效法的是圣人在伦理关系中履行责任的方法。

当然,如果在人际关系中不去效法相应的前贤,就会被认为对对方缺乏尊重。显然,从学派角度来看,与亚里士多德的哲学智慧不同,此处的圣人智慧体现为具体实践性。圣人的智慧在人伦关系中达到顶点,而远非将其从人伦关系中孤立出来。并且,正如被认为是规范的规和矩一样,这是一个规则的具体制定者,而不是一种抽象的理念范式。所以,如果这就是所有学习的目的所在——在人伦关系中做到完满和极致——我们就会期待应当有一处集中传授这种美德的学府。这也正是我们所发现的:

> 设为庠序学校以教之:庠者,养也;校者,教也;序者,射也。夏曰校,殷曰序,周曰庠,学则三代共之,皆所以明人伦也。人伦明于上,小民亲于下。有王者起,必来取法,是为王者师也。(《孟子·滕文公上》)

假设士人确实在学校接受了德育，那他们就将在人伦关系方面成为普通百姓的表率。孝、悌与"养"、人伦关系以及其他相关德性的关系问题，我们已经在前文中有所探讨。这一节中，作为"学"的重要领域，以上问题被再次强调；"明人伦"的政治功能得到阐明：如果人伦在上层统治者那里能得到阐明和贯彻，那么百姓就会珍视亲情，即所谓"人伦明于上，小民亲于下"。毫无疑问，此处的"人伦"是与贵族相关的，这也是"仁"的旧义；而且"人伦"只能通过上层统治者才能阐明。这种"仁"在下文中将会提到。

确实，孟子认为，对人伦的保存，起到了区分"庶民"和"君子"的作用：人伦被庶民所丢弃，却凭借君子而得以保存①：

> 孟子曰："人之所以异于禽于兽者几希，庶民去之，君子存之。舜明于庶物，察于人伦，由仁义行，非行仁义也。"（《孟子·离娄下》）

不仅如此，在不同的情况下，人伦关系同样可以用来区分人与禽兽。或许其重点在于，与禽兽不同，人具有处理各种关系的能力，这种能力在君子而非庶民那里得到体现。这种观点的有趣之处在于，不仅明察人伦造就了君子，而且君子之德应当是建立在明察人伦的基础之上。然而，下面一则引文却似乎与人伦存于君子的观点相悖。下文指出，人伦关系的渐渐明确，慢慢拉大了人与禽兽之间的距离：

> 树艺五谷，五谷熟而民人育。人之有道也，饱食、暖衣、逸居而无教，则近于禽兽。圣人有忧之，使契为司徒，教以人伦：父子有亲，君臣有义，夫妇有别，长幼有序，朋友有信。（《孟子·滕文公上》）

这则故事告诉我们，五伦关系是如何建立的——姑且把"道"称为途径，莱格将其译为"道德本质（德性）"；五伦各有侧重且明显与生计无关。

---

① 参见《孟子·告子下》"今居中国，去人伦，无君子，如之何其可也？"

尽管所有人都具有处理人际关系的能力，但是本节却并没有提到五伦是与所有人密切相关的。有趣的是，在孟子看来，人们的实践德性并非生而有之，而是圣人教化的结果。并且，与我们想象的不同，孟子并没有选择一些德性词汇来界定这些人伦关系，唯一的例外是君臣之"义"（此处，只有"义"是既表示人伦关系，也表示德性的词汇）。

作为结论，现在我来总结一下相关要点。我们从对德性的社会性问题的观照入手，并且注意到，德性不会因为社会关系的不同有不同。这种观点确实是我们在《孟子》中可以找到的。但是事情却远复杂得多。从匡章的例子中，我们能够清楚看到，尽管匡章"贼恩"，但依然因其仁德而得到了孟子的礼遇。匡章丝毫没有做出世人所公认的五种不孝行为，匡章与父亲"责善"隐含了其性格的缺陷。换句话说，孝是从更基本的人性角度被衡量和评价的。因此，尽管孝是一种与特定受众相关的德性，但是它与履行孝行的人的关系更为密切。当人们考虑另一个问题时——"悌"的施行也是与兄弟中的一方而非其他人密切相关的，如舜与象的例子——上述结论又得到进一步强化。

舜是圣人中当之无愧的德性典范。圣人智慧决定了舜的崇高地位，并使其成为人伦关系的典范，以及君臣关系的代表。无论是对君子还是对庶民来说，这些人伦关系都是日常生活的准则和规范。对于孟子而言，指出这一问题，远比穷尽式地列举所有德性和人伦关系来得重要。事实上，孟子在界定与人伦关系相对应的德性问题上是非常灵活的。这种灵活性（伴随着孟子对种种个案的思考和强调），致使我们在重建《孟子》的德性体系时困难重重。而这恰恰也是孟子的道德哲学吸引我们的真正原因，其德性理论并不受制于既定的框架，而是得益于一个个具体鲜活的例子，而这些恰恰是道德实践（德性践行）的应有之义。

（李华译，袁艾校）